ECONOMICS & MANAGEMENT

教育部经济管理类核心课程教材

商品学概论

（第7版）

万　融　陈红丽◎编著

Essentials of Commodity Science

中国人民大学出版社
· 北京 ·

图书在版编目（CIP）数据

商品学概论/万融，陈红丽编著．--7版．--北京：中国人民大学出版社，2019.11
教育部经济管理类核心课程教材
ISBN 978-7-300-27743-1

Ⅰ．①商… Ⅱ．①万… ②陈… Ⅲ．①商品学－高等学校－教材 Ⅳ．①F76

中国版本图书馆CIP数据核字（2019）第268581号

教育部经济管理类核心课程教材
商品学概论（第7版）
万　融　陈红丽　编著
Shangpinxue Gailun

出版发行	中国人民大学出版社		
社　　址	北京中关村大街31号	**邮政编码**	100080
电　　话	010－62511242（总编室）		010－62511770（质管部）
	010－82501766（邮购部）		010－62514148（门市部）
	010－62515195（发行公司）		010－62515275（盗版举报）
网　　址	http://www.crup.com.cn		
经　　销	新华书店		
印　　刷	北京市鑫霸印务有限公司	**版　　次**	1981年5月第1版
规　　格	185 mm×260 mm　16开本		2019年11月第7版
印　　张	17.25 插页1	**印　　次**	2021年4月第4次印刷
字　　数	411 000	**定　　价**	49.00元

前言

毛泽东同志曾经指出："人的认识，主要地依赖于物质的生产活动……一切这些知识，离开生产活动是不能得到的。"（毛泽东《实践论》（1937 年 7 月））① 人们要获得知识，无外乎有两种途径：一是学习理论知识，二是参与实践活动，二者缺一不可。实践体验是人们通过亲身经历得到的经验和结论。新时代的高等教育必须重视理论与实践的有机结合，把深化教育改革的着力点放在培养学生崇尚实践、学以致用、热爱创造上来。

商品生产、流通、消费活动中的科学技术与经济管理的交叉知识及实践体验对于经济管理专业本科教育与人才培养是必不可少的，这些商品学的基础知识与实践体验是连接经济管理各学科本科理论教育与应用实践的桥梁，它们有助于经济管理教育更好地适应新时代我国加速培养高素质的实用型、创新型人才的需要。

本书自 1981 年面世以来，蒙读者垂青，已修订至第 7 版，发行数十万册，被国内诸多高校的经济管理应用型专业选为专业基础课程的教材。

本书第 7 版的修订仍坚持"高质量、精品、经典"的教材建设目标，注意保持前 6 版教材的特色和建设成果。

首先，本次修订对原有框架进行了较大调整，将原第 11 章"商品与环境"、第 12 章"商品开发"删去，有关绿色产品的内容放到第 7 章第 3 节，全书保留原有的前 10 章，以保持教材的经典特色。删去第 11 章是基于目前环境知识的普及以及相关课程的开设，删去第 12 章则是考虑许多高校都开设了新产品开发的类似课程。在各章体系结构的调整上，第 7 章将"产品认证"与"服务认证"各列为一节，第 8 章增加了一节"商品检验的内容"，从而形成 5 节。

其次，本次修订通过对教材所涉及的现行的法律、法规、标准以及本学科和相关学科的有关研究成果的查新、验证、汇总和消化，及时更新补充了名词术语（概念）定义、资料数据、引导案例、知识应用以及其他必须更新或补充的教学内容。例如，更新补充的名词术语（概念）定义有：第 4 章的"质量"及其理解要点，以及"产品""服务""质量特性""商品质量特性"，第 5 章的"质量管理""质量管理体系"，第 7 章的"环境管理体系"，第 8 章的"检验""抽样""抽样检验"，等等。第 6 章更新了引导案例。知识应用的更新补充包括：第 2、3、5 章各一个，第 4、6、9 章各两个，第 7 章三个，第 10 章四个，第 8 章五个。更新补充的教学内容有：第 2 章的 HS 2017 版的修订，第 3 章"商品品种的一般分类"，第 4 章的"服务质量特性内容"，第 5 章的"全面质量管理的基本原则"，第 6

① 毛泽东．毛泽东选集：第 1 卷．第 2 版．北京：人民出版社，1991：282－283.

章的“标准的种类”“服务标准内容”，第7章的“食品生产许可”“绿色产品认证”“服务认证”“职业健康安全管理体系”，第8章的“商品检验的内容”，第9章的“防护包装”等。

再次，本次修订尽力改正上一版中的作者疏忽与排印错误，力求全书文字表达简练、准确、通俗易懂。为了便于学生阅读理解，还增加了大量实例和图片。

应该指出，各校、各专业对商品学概论课程的目标定位不同，学分与课时分配也不相同，教材使用者可以根据有限课时选讲若干要点并指导学生课后阅读和实践调研，也可根据实际需要，适当取舍教材部分章节。

本书第7版由万融负责前五章的修改、编写，陈红丽负责后五章的修改、编写，万融和陈红丽共同负责本书的审校。

由于编者水平有限，错误和不当之处在所难免，敬请读者和同行学者、专家批评指正。

编者

目　录

第 1 章 商品学的研究对象与内容

学习目的

1. 了解商品不同于一般物品、产品的特征。
2. 理解商品整体概念与层次、一般意义上的价值概念和商品使用价值的二重性。
3. 掌握使用价值与商品使用价值的概念，以及需要、商品、使用价值之间的关系。
4. 熟悉商品学的研究对象和主要研究内容。

引导案例

推销指南针：商品的使用价值

被美国商界推崇为“欧洲唯一推销专家”的英国人 H. M. 戈德曼在《推销技巧》一书中写道：“所谓推销，就是要使顾客深深地相信，购买了你的商品，他会得到某些好处。”这就是推销的本质。

戈德曼认为：“购买一种商品，目的在于满足某种需要。买卖只不过是达到这一目的的一种手段。”换句话说，人们购买的是某种物品（或某种服务）的使用价值。例如，为了满足照明的需要，人们购买电线、开关、灯头、灯泡及其他所需物品，装上电灯。从表面上看，顾客购买的是上述物品，但实质上顾客购买的是照明。又如，节假日购买公园门票，从表面上看，人们购买的是准许进入公园的凭证，但实质上人们购买的是在赏心悦目的公园获得的精神愉悦。

人们购买电视机为的是丰富业余文化生活；人们购买家具为了方便日常生活，使居室环境舒适；人们购买药品为了治疗疾病，使身体健康……人们为什么购买？是为了得到商品的使用价值。

既然人们购买的目的不是商品本身，那么推销员的眼睛就不应仅仅盯在商品上，应借助于商品想方设法使人们产生需要这种商品的欲望，对商品特点的介绍则应放在次要的位置。

戈德曼说：“人类有许多愿望和要求，同样，商品也有许多使用价值。”例如，同样是购买自行车，甲的目的是代步，乙的目的是锻炼身体，丙的目的是满足拥有豪华型自行车的愿望，丁则想买一辆旧自行车，因为放在楼下不会被盗……推销员向这四类顾客推销自行车，就要根据顾客不同的愿望，分别去满足他们的需求。

推销员要善于发现不同顾客的不同需求。如何发现不同顾客的不同需求，推销员要靠自己努力学习和在实践中积累经验。只要顾客一开口，老练的推销员就知道顾客需要什么。

戈德曼强调："商品是一种没有生命的东西，只有当它们被顾客使用并满足了顾客的某种愿望时，才发挥了它们的作用。因此，我们要牢牢记住，在每一次具体的推销活动中，如果推销员不仅仅是向顾客推销'商品'，而是向顾客推销'商品的使用价值'，效果会更好，工作会顺利得多。"

戈德曼还说："一位推销员着眼于推销'商品'，另一位推销员着眼于推销'商品的使用价值'，这两位推销员的销售量的差别一定很大。区别一流推销员和普通推销员的关键就是看他们是否懂得推销商品的使用价值。"

千千万万的商品和各种各样的服务可以帮助人们解决各种各样的问题，推销员在商品的海洋里大有用武之地。然而，许多推销员只知道商品的特点，不懂得推销商品的使用价值，他们在商品的海洋中就迷失了方向，找不到出路。有人曾经做过调查，八个推销员中有七个不知道推销商品的使用价值。

抓住"推销商品的使用价值"做文章，就是牵住了推销的牛鼻子，抓住了推销的主要矛盾，掌握了推销的实质。

第1节　商　品

商品是社会生产力发展到一定阶段的产物，是用于交换的劳动产品。在社会分工简单、生产力低下的时代，作为劳动生产物的产品因数量有限仅用来应付人们的基本需要。随着人类劳动技能、劳动工具和社会分工的发展以及生产效率的提高，数量渐多的产品在满足生产者自身需要后开始出现剩余，于是生产者的剩余产品被拿来同他人的剩余产品进行交换，以满足自己的其他需要，这样商品及其生产、交换就出现了。恩格斯对此进行了科学的总结：商品"首先是私人产品。但是，只有这些私人产品不是为自己的消费，而是为他人的消费，即为社会的消费而生产时，它们才成为商品；它们通过交换进入社会的消费"①。早期的商品交换方式是简单的以物易物，后来发展为以货币为媒介的较高级交换方式。商品交换和商品生产的出现标志着人类社会进入了商品经济发展阶段。

商品具有使用价值和价值两种基本属性，商品是使用价值和交换价值的统一体。商品的二重性是由生产商品的劳动二重性决定的。商品生产者有目的的具体劳动形成商品的使用价值，抽象劳动则形成商品的价值。马克思明确指出："商品的使用价值为商品学这门学科提供材料。"② 也就是说，商品的使用价值是商品学学科的研究对象。

① 马克思恩格斯全集．中文1版，第20卷．北京：人民出版社，1971：331.

② 马克思恩格斯全集．中文1版，第23卷．北京：人民出版社，1972：48.

一　商品的特征

商品具有不同于一般物品、产品的三个基本特征。

（1）商品是具有使用价值的劳动产品。某些天然物品，如空气、阳光、水等，虽然具有使用价值，但因其不是劳动产品，所以不能称为商品。没有使用价值、无法满足人们合理正当的需要，甚至会危害人体健康、危及生命财产的劳动产品，如假酒、假药，失效或变质的食品、药品或化妆品，乃至毒品等，也不能算作商品。

（2）商品是供别人消费即社会消费，而不是供生产者或经营者自己消费的劳动产品。马克思特别强调："一个物可以有用，而且是人类劳动产品，但不是商品。谁用自己的产品来满足自己的需要，他生产的就只是使用价值，而不是商品。要生产商品，他不仅要生产使用价值，而且要为别人生产使用价值，即生产社会的使用价值。"① 因此，人们自产自用的劳动产品，如农民留下自用的那部分农副产品，就不能归于商品。自用部分所占比例越大，该类产品的商品率就越低。某种产品的商品率是指一定时期内该种产品的商品量占同一时期该种产品生产总量的百分比。

（3）商品是为交换而生产且必须通过交换到达用户手中的劳动产品。恩格斯为了避免人们对商品概念的误解，在校订第四版《资本论》第一卷时，在第一章第一节专论商品的最后一段，特意加注一段话："……要成为商品，产品必须通过交换，转到把它当做使用价值使用的人的手里。"② 商品对其生产者或经营者来说，只是交换价值的物质承担者，具有间接的使用价值而没有直接的使用价值，否则他们就不会把它拿到市场上去卖。商品只有通过交换，到达认可和需要它的用户手中，才能实现其直接的使用价值，商品卖不出去，其使用价值就不能实现，结果其价值也无法实现。因此，即使是以交换为目的生产的产品，由于种种原因，在市场上得不到用户的认可而卖不出去，例如库存积压的滞销产品，也不是商品。由此可见，劳动产品只有通过交换到达用户手中才能成为商品，在交换之前尽管该产品是为了与他人交换而生产的，充其量也只能是潜在的商品。

如果不能准确地理解商品的上述特征，判断一种产品是否为商品也就失去了准则和依据，甚至会导致认识模糊或认识混乱。改革开放以来，理论界对商品的认识实践恰恰说明了这一点。以前人们只承认通常交换的物质形态的劳动产品是商品，知识形态、资金形态、劳务形态的劳动产品如技术成果、专利、股票、债券、服务等是不是商品，认识不清、把握不准，或墨守成规、盲目否定，直至它们纷纷进入市场交换，进入社会消费，才反过来认识到并承认它们也是商品。

我国商品学一直以来侧重于研究物质形态商品中的生活资料商品和生产资料商品。随着社会经济和科学技术的迅速发展，其商品研究范围也在逐步扩大，如开始涉及劳务形态商品、知识形态商品等。

---

① 马克思恩格斯全集．中文 1 版，第 23 卷．北京：人民出版社，1972：54.

② 同上。

二 商品的整体概念

商品的整体概念可以用商品球模型来形象地表示（见图1-1）。它包括四个层次的内容。

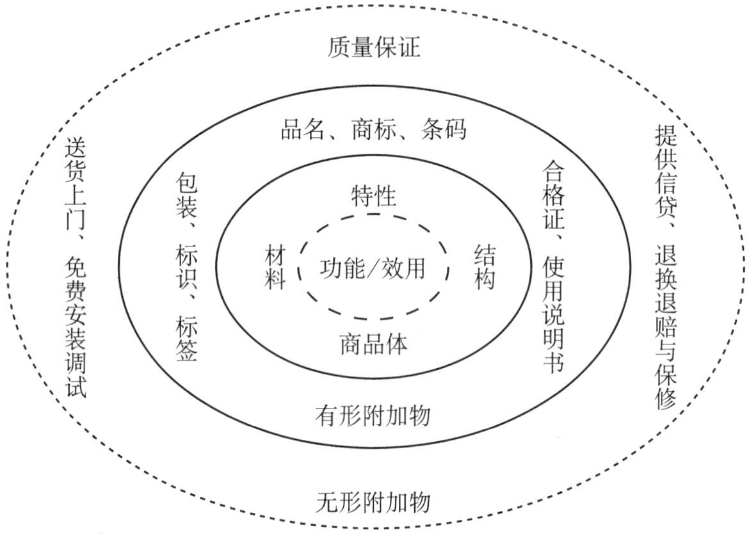

图1-1 商品概念模型——商品球示意图

（一）商品的功能/效用

商品的功能/效用是指商品为满足消费者的一定需要所能提供的可靠的、必需的功用或职能，如电冰箱的功能/效用是冷藏、冷冻食物。商品的功能/效用是商品概念的核心，营销学把这种功能/效用称为“服务或便利”。商品是通过其在使用或消费过程中所能提供的功能/效用来满足消费者需要的。因此，从本质上说，消费者购买的其实不是商品本身，而是商品的功能/效用。

（二）商品体

商品体是商品功能/效用的载体。它是人们利用原材料或零部件，通过有目的、有效的劳动投入（如市场调查、规划设计、加工处理等）创造出来的具体劳动产物。不同的使用目的（或用途）要求商品有不同的功能/效用，功能/效用又是商品体在不同使用条件下所表现出来的各种性能如化学性能、物理性能（力学、电学、光学、热学、声学等性能）、生理生化性能等的综合。商品体具备哪些性能是由商品体的成分组成（原材料或零部件的化学成分及含量等）和形态结构（原料或零部件的组织结构、成品形态、规格、内部联结与配合、色彩装饰的组合以及其他结构特征）所决定的。其中商品体的成分组成又决定了商品体可能形成的形态结构。因此，商品体是由多种不同层次要素构成的有机整体，是商品使用价值形成的客观物质基础。

(三) 有形附加物

商品的有形附加物包括商品名称、商标及注册标记或品牌、商品条码、商品包装及标识、专利标记、商品原产地标志或证明、质量及安全卫生标志、环境（绿色或生态）标志、商品使用说明标签或标识、检验合格证、使用说明书、维修卡（保修单）、购货发票等。它们主要是为满足商品流通（运输、装卸、储存、销售等）需要、消费（使用）需要以及安全和环境保护等需要所不可缺少的。其中，包装、商标等本身也是一种商品，它们既有使用价值，也有价值。商标还会随着商品生产技术的进步和经营管理水平的提高而增加新的价值。

(四) 无形附加物

商品的无形附加物是指人们购买有形商品时所获得的各种附加服务和附加利益。例如提供信贷、送货上门与免费安装调试、售后培训、售后退换退赔以及一定期限的保修、质量保证措施、一定时期内的优惠折扣、附加财产保险等。善于开发和利用合法的商品无形附加物，不仅有利于充分满足消费者的综合需要，为他们提供更多的实际利益，而且有利于企业在激烈的竞争中突出自己商品的附加服务和利益优势，提高其市场竞争力。

三　商品的属性

商品能满足人们的哪种消费需要，或者说对人们有什么用途，归根结底取决于商品所具有的属性。商品的属性是多方面的，可概括划分为自然属性和社会属性两类。

商品的自然属性包括：商品的成分、结构、形态和化学性质、物理性质（力学、电学、热学、光学、声学等性质）、生物学性质、生态学性质等。商品的自然属性是商品本身固有的属性。商品的社会属性包括：商品的经济属性、文化属性（民族、宗教、审美、道德等属性）、政治属性和其他社会属性。商品的社会属性不是商品与生俱来的，而是人们赋予它的。正是商品不同属性的组合，才能满足人们不同的消费需要。

一般来说，在形成商品的使用价值或有用性时，起直接和主导作用的是商品的自然属性，它是商品社会属性存在的前提和基础。

第2节　商品的使用价值

一　一般意义上的价值概念

商品使用价值中的“价值”概念显然不同于商品价值中的“价值”概念，它是一般或普遍意义上的价值概念。马克思指出：“‘价值’这个普遍的概念是从人们对待满足他们需要的外界物的关系中产生的。”①

① 马克思恩格斯全集．中文1版，第19卷．北京：人民出版社，1963：406.

马克思主义哲学认为，一般意义上的价值是指具有特定属性的客体对于主体需要的意义。它是揭示外部客观世界对于满足人的需要的意义关系的范畴。实际上，客体所具有的作用和满足人的生存和发展需要的意义，既可以是正面的，也可以是负面的。例如农药的正面意义在于它能够有效地杀灭危害农作物生长的物种（菌、虫、鼠、软体动物、杂草等），可减少农业生产劳动量，保持或提高农作物产量，但它的使用也会造成一些负面影响，如破坏土壤结构、土壤污染、水资源污染，一些农药不能降解或很难降解，会在比较高级的生物体内富集以致威胁人类健康。大多数人所说的价值，主要是指客体所具有的满足主体生存和发展需要的性质和能力，是客体对主体所具有的正面意义和正面价值。其中，价值主体可以是个人，可以是群体，也可以是社会。人只有通过自身的行为消除世界万物对人类生存发展具有的负面意义和价值，充分发挥和利用世界万物对人类生存发展具有的正面意义和价值，才能实现人类不断生存发展的根本目标。

我们在理解一般意义上的价值概念时，应该注意以下两点：

第一，价值关系是客观存在的。价值是客体对于主体的正面或积极意义，是客体对主体需要的满足。客体对于主体的正面或积极意义越大，其价值就越大；客体满足主体需要的程度越高，其价值也就越大。价值客体离开了价值主体及其需要，就无所谓好与坏、有用和无用，也就无所谓价值。

第二，价值都是历史的、具体的、相对的、动态的。人类社会是不断发展的，社会关系以及主客体之间的关系也是不断变化的，价值关系必然也要随着社会关系以及主客体关系的变化而变化，因此，不存在永恒不变的价值关系。

尽管价值关系是客观的，但在社会关系中居于不同社会地位的主体必然有着不同的社会需要，同一客体对于不同主体便具有不同的价值，同一主体对同一客体在不同条件下的价值判断也是不同的。这就是说，价值具有主体性，都是具体的、相对的，一切以时间、地点、条件为转移。

二 使用价值

使用价值一般是指物对于人或社会的正面价值。“使用价值表示物和人之间的自然关系，实际上是表示物为人而存在。”① 物之所以对人或社会有使用价值，恰恰在于物本身具有能够满足人或社会的需要的属性或者说物具有能够满足人或社会某种需要的能力。“如果去掉使葡萄成为葡萄的那些属性，那末它作为葡萄对人的使用价值就消失了。”② 因此，“物的有用性使物成为使用价值”③。

物的使用价值是由人的需要和物的属性两者之间的作用形成的。人们可以根据自己的需要，自觉能动地利用现有的自然物或者将其加工改造成符合目的的人工物（产品），或者从市场选用符合目的的商品，但这些物能否或可能在多大程度上使人的需要得以满足，即是否有使用价值或可能有多大的使用价值，又是由物本身的属性决定的。物的属性与人

---

① 马克思恩格斯全集．中文 1 版，第 26 卷．北京：人民出版社，1972：326.

② 同上，139.

③ 马克思恩格斯全集．中文 1 版，第 23 卷．北京：人民出版社，1972：48.

的需要的吻合程度或一致性程度，就决定了物对人的使用价值的大小。可以说，人或社会的需要是物的使用价值形成的前提，离开人或社会的需要，物就没有使用价值可言。物本身的属性是物的使用价值形成的客观基础。物的属性多种多样，可分别满足人或社会的不同需要，从而形成不同的使用价值。不同的物可以有不同的使用价值，同一种物也可以有不同的使用价值。需要注意的是，物及其属性本身还不是物的使用价值，物和它的属性只是物的使用价值的载体和客观基础。

三　商品使用价值

商品首先是物，商品使用价值的概念来源于物的使用价值。商品使用价值是指商品对于人或社会的正面意义或积极作用，或者说是指商品具有能够满足人或社会合理的正当需要的能力。

（一）商品的个别使用价值与社会规模使用价值

从量的方面来看，商品使用价值可以分为商品的个别使用价值与商品的社会规模使用价值。商品的个别使用价值是指个别商品所具有的能够满足人或社会某种需要的能力。商品的社会规模使用价值是指该种类商品社会总量能够满足社会对该种类商品的特定数量的需要的能力。显然，后者由前者构成，其区别主要在于量上的不一致。这种区分的意义在于：如果某部门生产的商品量超过了社会的需要量，那么超过社会需要的那部分商品的个别使用价值就得不到社会的承认，不能成为商品的社会规模使用价值的构成部分。

（二）商品的交换使用价值与消费使用价值

商品不同于一般的物，它是通过交换满足他人或社会消费需要的劳动产品。因此，商品对其生产者、经营者来说，虽然没有直接的消费使用价值，但有间接的使用价值，即可以用它来进行交换从而获得所需的货币或其他物品，商品成为交换价值的物质承担者，成为企业经济效益的源泉。马克思把这种使用价值称为形式使用价值。为了反映这种使用价值的客观存在及其本质，我们把它称为商品的交换使用价值。在商品的交换使用价值中，政治经济学意义上的价值充当了自己的对立物——使用价值的角色，价值作为特殊的有用性，满足了商品生产者、经营者的交换需要。马克思把商品对其消费者、用户所具有的直接的消费使用价值称为实际使用价值。它是由具体劳动赋予商品以各种有用性而产生的，是由商品的有用性在实际消费中所表现出来的满足消费者需要的作用形成的。我们把这种使用价值称为商品的消费使用价值。商品的交换使用价值反映了商品有关属性与人们的交换需要之间的满足关系。商品的消费使用价值则反映了商品有关属性与人们的消费需要之间的满足关系。广义的商品使用价值概念包含商品的交换使用价值和商品的消费使用价值。狭义的商品使用价值概念仅指商品的消费使用价值。通常人们所说的商品使用价值是指后者。

（三）研究商品使用价值二重性的重要意义

广义的、全面的商品使用价值是商品学学科的研究对象，它反映了商品使用价值的二重性。承认商品具有交换使用价值和消费使用价值二重性，无疑对商品学理论和实践的研究具有非常重要的意义。首先，坚持商品使用价值的二重性，有利于商品学彻底地从旧的计划经济体制中摆脱出来，更好地适应社会主义市场经济的新体制，从单一地强调商品的消费使用价值——“（物）品”的使用价值，忽视商品的交换使用价值——“商（交换）”的使用价值的研究，转向对“商”“品”的使用价值的全面研究。其次，坚持商品使用价值的二重性，有助于避免商品学研究中将商品使用价值与商品价值的对立绝对化，甚至将它们割裂开来，从而加深认识它们的对立转化和统一的关系，强调商品使用价值的研究必须同商品价值相联系。商品使用价值与商品价值在商品中的统一，还为商品学与经济管理学科的血缘关系以及商品学学科的交叉特点提供了重要的理论依据。最后，坚持商品使用价值的二重性，就是要求商品学在理论研究和实践中，必须重视商品交换使用价值及其实现规律的研究。商品的交换使用价值是通过商品生产活动形成并通过商品交换实现的，市场是商品交换的中心。因此，商品学必须加强对不同类别商品的市场研究。这部分研究内容应该放在商品学各论中，如食品商品学、服装商品学、汽车商品学、中药商品学等。

（四）商品使用价值的结构系统

商品使用价值是一个具有复杂结构的系统，包括不同的方面、不同的层次和不同的要素。通常可以分为静态和动态两类系统。

（1）商品使用价值的静态系统。把商品使用价值作为静态系统来考察，我们可以发现，它是由不同种类、不同层次的使用价值构成的。从满足需要的性质来看，包括商品的物质使用价值和精神使用价值；从主体的社会层次来看，包括商品的个人使用价值和社会使用价值；从客体的层次来看，包括商品的个体使用价值和群体使用价值；从主客体发生作用的地位来看，包括商品的主要使用价值和次要使用价值；从实现的客观依据来看，包括商品的现实使用价值和潜在使用价值；等等。

商品使用价值的静态系统是一个纵横交错的立体系统。全面地分析商品使用价值的静态结构，认识商品使用价值的各个方面，把握商品交换或消费活动的综合价值，对于我们选择商品交换或消费的目标具有重大意义。

（2）商品使用价值的动态系统。商品使用价值的实现要经历一个过程，即由潜在的使用价值向现实的使用价值转化的过程，我们把该过程称为商品使用价值的动态系统。商品使用价值的实现是分两个阶段完成的：第一阶段在交换过程中实现商品的交换使用价值；第二阶段在消费过程中实现商品的消费使用价值。如果商品的交换使用价值因故没有实现，那么商品的消费使用价值也无法实现。只有最终实现商品的消费使用价值，商品的使用价值才算真正实现。商品使用价值的动态系统包含三个基本要素，即需要、商品、使用价值。需要通过使用价值选择与定向以及创造而转化为商品，由此潜在的使用价值已经形成；商品再通过交换、消费实践转化为现实的交换、消费使用价值，即实现了商品使用价值；然后过渡到新的需要。如此循环，形成螺旋（见图1－2）。

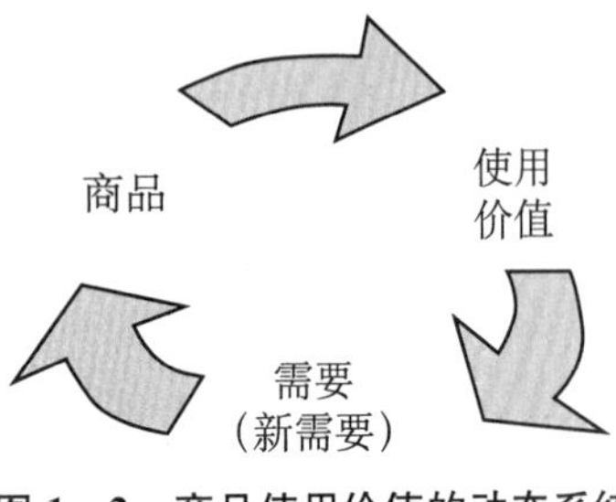

图1－2　商品使用价值的动态系统

第 3 节　商品学的研究对象、内容与任务

一　商品学的研究对象

商品学是研究商品使用价值及其变化规律的科学。

商品的自然属性是商品使用价值形成和实现的物质基础和必要条件。商品的社会属性（不仅仅是商品价值）则是商品使用价值形成和实现的充分条件。商品的社会属性对于满足社会需要、市场交换需要是必不可少的。商品是人有目的的劳动产物，随着人的认识的深入，科学技术的进步，社会经济的发展，人和社会需要的内容在发展变化，商品的属性也必须不断地改变以适应这些变化。

商品学研究商品的全面使用价值，应该注意把握商品使用价值的以下特征：商品自始至终处于社会中，商品使用价值是社会的使用价值；商品使用价值具有二重性；商品使用价值是相对的、动态的、发展的；商品使用价值与商品价值既对立又统一，不能人为地将其割裂开来。

商品使用价值的上述特征决定了商品学是从自然科学、技术科学与经济管理科学相交叉、相结合的角度，系统地研究商品使用价值的开发、形成、评价、维护和实现过程的规律的一门学科。商品学是一门综合性的交叉应用学科，它不仅涉及物理学、化学、生物学、医学、电子学、工艺学、农艺学、材料科学、环境科学等自然科学和技术科学，而且与营销学、物流学、产业经济学、国际贸易、企业管理、社会学、法学等社会科学也有交叉渗透与互补的关系。

二　商品学的研究内容

商品学的研究内容是由商品学的研究对象所决定的。

根据商品学的研究对象，其研究内容以商品体为基础，以商品—人—环境为系统，以商品使用价值在质和量上的表现形式——商品质量和商品品种——为中心，以商品属性不断满足商品交换和消费需要以及其他社会需要为主线。研究内容具体包括商品的成分、结构、性质；商品分类与编码；商品品种及其演变规律；商品质量及其影响因素；商品质量管理、质量监督管理、质量与安全认证；商品标准与标准化；商品检验；商品包装与商标；商品储运与养护；商品与资源、环境；商品开发；商品广告；商品文化；商品美学；商品法规；商品地理；各类商品营销学；商品消费科学与教育等。

商品使用价值的研究内容，在质的方面，主要通过商品质量来体现。商品质量一般是指个体商品满足人或社会需要的特性的总和。商品的质量等级和质量水平反映了商品特性满足人或社会需要的程度，是对商品质量优劣或好坏的区分。商品质量及其相关问题是商品学研究的一个核心内容。

商品使用价值的研究内容，在量的方面，主要是通过商品品种来体现。商品品种一般

是指群体商品满足人或社会需要的特征的总和。商品品种结构合理，规格、式样、花色、档次等丰富齐全且适销对路，才能满足不同的消费结构、消费层次和消费水平的要求。商品品种及其有关问题的研究是商品学的又一个核心内容。

由此可以归纳出：商品质量和商品品种以及它们的微观、宏观管理是商品学研究的核心内容。

商品学研究商品使用价值是为商品经济发展提供决策依据。为此，必须从系统的角度分析商品与商品、商品与人、商品与自然、商品与社会、商品与技术、商品与经济效益等结合面上的问题，处理好局部与全局的关系，实现系统的整体优化。

三 商品学的任务

商品学是为政府和企业对商品从规划开发、生产、流通、消费到废弃的全过程实行科学管理和决策服务的一门学科。商品学的总任务是：指导商品使用价值的形成，科学评价商品使用价值的高低，力求避免或减少商品使用价值的降低，促进商品使用价值的实现，努力满足人民日益增长的物质文化生活需要。商品学围绕总任务具体研究以下内容。

（一）指导商品使用价值的形成

商品学通过商品资源和商品市场的调查与预测、商品需求研究等手段，为政府部门实施商品（产品）结构调整、商品发展规划、商品科学分类、商品的质量管理与质量监督管理、商品的环境管理，制定商品标准及相应的政策法规等提供决策的科学依据；为企业提供有效的商品信息，提出商品基本质量要求和品种要求，指导商品质量改进和新商品开发，促进高新技术成果的商品化，提高经营管理水平，确保市场商品物美价廉、适销对路。

（二）评价商品使用价值的高低

商品学通过商品检验与鉴定手段，保证商品品种和质量符合规定的标准或合同，维护正常的市场竞争秩序，保护买卖双方的合法权益，创造公正、平等的商品交换环境。

（三）防止商品使用价值的降低

商品学通过确定适宜的商品包装、运输、保管的条件和方法，防止商品质量和数量发生不良变化而造成损失；或者通过现代电子与信息技术，提高商品开发、生产、流通对市场需求的快速反应能力，防止商品因过时而造成的损失，保证商品交换的正常进行。

（四）促进商品使用价值的实现

商品学一方面通过商品市场、商品信息、商品广告、商品消费心理等方面的研究，推动商品交换使用价值的实现；另一方面通过大力普及商品知识和消费知识，使消费者认识和了解商品，学会科学地选购和使用商品，掌握正确的消费方式和方法，促进商品消费使用价值的实现。

第 4 节　商品学的产生与发展

一　商品学的产生

商品学最早产生于德国。18 世纪初，德国的工业迅速发展，将进口原材料加工成出口工业品，从而扩大了原材料与工业品的贸易。这就要求商人必须具有系统的商品知识，否则难以胜任贸易工作。当时对商业教育提出了系统讲授商品知识的要求，以提高青年商人的业务素质。18 世纪后期，在商人和学者的努力下，德国的大学和商业院校开设商品学课程并开展商品学研究。商品学一词就来自德文 Warenkunde，译成英文为 Commodity Science & Technology。

德国的约翰·贝克曼教授在其教学和科研的基础上于 1793—1800 年编著出版了《商品学导论》。该书分为两册：第一册主要讲授商品生产技术方法、工艺学等方面的知识；第二册主要讲授商品的产地、性能、用途、质量、规格、分类、包装、鉴定、保管和主要市场等。贝克曼在该书中还指出了商品学作为一门独立学科的任务：(1) 研究商品的分类体系；(2) 商品的鉴定和检验；(3) 说明商品的产地、性质、使用和保养以及最重要的市场；(4) 叙述商品的制造方法和生产工艺；(5) 阐明商品品种及价格和质量；(6) 介绍商品在经济活动中的作用和意义。由于该书创立了商品学的学科体系，明确了商品学的研究内容，因此贝克曼被誉为商品学的创始人。他所创立的商品学体系称为"贝克曼商品学"或"叙述论的商品学"。目前人们认为商品学产生于 18 世纪末，即是以该书的出版时间为依据的。

二　商品学的发展

商品学自 19 世纪起相继传入意大利、俄国、日本、中国以及西欧和东欧的一些国家，商品学得到了迅速发展，商品学教育和研究也日益深入、广泛。1902 年，我国商业教育中开始把商品学作为一门必修课。

商品学由德国传入各国后，在发展过程中产生了两个研究方向：一个是从自然科学和技术科学角度研究商品使用价值，研究的中心内容是商品质量，称为技术论商品学；另一个是从社会科学、经济学角度，特别是从市场营销和消费需求方面研究与商品适销品种和经营质量相关的问题，称为经济论商品学。

随着现代科技和经济的高速发展，商品的"商"和"品"二重性受到人们的重视。人们感到真正的商品学应该将研究"商"为主的经济型商品学与研究"品"为主的技术型商品学相融合。于是，自 20 世纪 80 年代起，商品学开始步入技术型与经济型相互交融的现代商品学时代。

现代商品学围绕商品—人—环境系统，从技术、经济、社会、环境等多方面，运用自然科学、技术科学与社会科学相关的原理和方法，综合研究商品与市场需求，商品与资源合理利用，商品与环境保护，商品开发与高新技术，商品质量控制、质量保证、质量评价及质量监督管理，商品分类与品种，商品标准与法规，商品包装与商标、标识，商品形象与广告，商品文化与美学，商品消费与消费者保护等技术与经济问题。

▶ 本章小结

商品是商品学的基础，它具有不同于一般物品、产品的三个基本特征，包括功能/效用、商品体、有形附加物和无形附加物四个层次的内容。商品具有使用价值和价值两种基本属性。商品学的研究对象是商品的使用价值。为此，首先阐述了使用价值的本质，进而界定了商品使用价值的概念，分析了商品的交换使用价值、消费使用价值两种表现形式及其研究意义，描述了商品使用价值的静态、动态系统。商品使用价值决定了商品学的研究内容应该以商品质量和商品品种为核心。最后介绍了商品学的具体研究内容、学科的性质和任务以及学科的发展。这些内容是学好本课程的基础。

▶ 关键术语

商品	商品的整体概念	商品属性
使用价值	商品使用价值	商品的交换使用价值
商品的消费使用价值		

▶ 思考题

1. 以具体商品为例，试说明其功能/效用、商品体、有形附加物和无形附加物，并阐述它们之间的关系。

2. 如何正确理解商品使用价值的本质？商品学如何研究商品使用价值？

3. 为什么说商品使用价值是相对的、动态的、发展的？

4. 有些劳动产品如毒品不能算作商品或者说不具有使用价值，你同意这种说法吗？为什么？

第 2 章
商品分类与编码

学习目的

1. 了解全球统一标识系统的编码体系、国内外主要的商品分类与编码标准。

2. 理解商品分类和商品编码的基本原则与方法。

3. 掌握商品分类概念、分类标志的类型、分类标志选择原则以及常用分类标志的正确使用。

4. 掌握 EAN/UCC-13、EAN/UCC-8、UCC-12、EAN/UCC-14 代码的结构和应用以及它们与 EAN/UPC 条码的对应关系。

5. 熟悉商品条码的基本构成和常用商品条码的类型及其应用。

引导案例

超市商品的综合分类

在超市商品管理中，为了采购、理货的方便，商品分类一般采用综合分类标准，将所有商品划分为大分类、中分类、小分类和单品 4 个层次，目的是便于管理，提高管理效率。虽然超市各种业态经营品种存在较大差异，如小的便利店经营品种不到 3 000 种，超大型综合超市有 3 万多种，但商品分类都包括上述四个层次，且每个层次的分类标准也基本相同，只不过便利店各层次类别相对较少，大型综合超市各层次类别相对较多而已。

(1) 大分类。大分类是超市最粗线条的分类。大分类通常依据生产来源、生产方式、处理方式、保存方式等商品特性来分类，如畜产品、水产品、果蔬、日配加工食品、一般食品、日用杂货、日用百货、家用电器等。为了便于管理，超市的大分类一般以不超过 10 个为宜。

(2) 中分类。中分类是大分类中细分出来的类别，着重于商品功能、用途、制造方式、方法、产地等特性的区分。其分类标准主要有：①按商品的功能用途划分。如日配加工食品这个大分类下，可分出牛奶、豆制品、冷冻食品等中分类。②按商品制的个体特征归纳为每类群体商品特征，才能深入分析和了解商品的性质和使用性能，研究商品质量和品种及其变化规律，从而为改进和提高商品质量，开发新商品和新品种，商品的包装、运输、保养、检验、合理使用，提供科学的依据。

在教学中，按教学需要对商品进行科学分类，可以使讲授的知识系统化、专业化，便于学生理解和掌握。

第2节 商品分类的原则和方法

一 商品分类的基本原则

为了使商品分类能满足特定的管理目的和需要，必须遵循以下商品分类基本原则。

（一）科学性原则

分类目的和要求必须明确，拟分类对象的范围应准确界定。分类对象的名称是唯一的，要防止概念不清或一词多义。选择分类对象最稳定的本质属性（或特征）作为分类依据，使其能真正反映该对象有别于其他分类对象的本质特性。这样才能明显地区分开分类对象，使得分类清楚合理，经得起时间考验，确保商品分类体系的唯一性和稳定性。

（二）系统性原则

以分类对象的稳定本质属性（或特征）为基础，将选定的分类对象按照一定的顺序排列，每个分类对象在这个序列中都占有一个位置，反映出它们之间既有联系又有区别的关系，这就是商品分类的系统性原则。

（三）可延性原则

此原则要求在建立分类体系时应该设置收容类目，留有足够的空位，以便安置新出现的商品时不会打乱已建立的分类体系或将原分类体系推倒重来，同时，也为低层级的分类子系统在此分类体系基础上进行延拓和细化创造了条件。

（四）兼容性原则

兼容性是指相关的各分类体系之间应具有良好的对应与转换关系。建立新的分类体系时要尽可能与原有的分类体系保持一定的连续性，使相关的分类体系之间相互衔接和协调，同时考虑与国际通用的分类体系对应和协调，以利于推广应用，便于信息的查询、对比和交流。随着商品编码体系和商品信息技术的不断发展和完善，对于分类原则和类目设置的标准化要求越来越严格，这样有利于满足不同分类和编码体系之间信息交换的要求。

（五）整体最优化原则

分类应从系统工程角度出发，在满足整个管理系统（例如国家商品管理系统）总任务、总要求的前提下，尽量满足系统内各管理子系统（例如各行业商品管理系统）的实际需要。如果商品分类能同时满足整个管理系统和各管理子系统的管理需要，当然非常理想，但实际上，往往从某个管理子系统看来，某种分类是最经济、最实用的，对于整个管理系统来说却可能是不合理、不经济、不可取的；反之，若某种分类对于某个管理子系统不大合理、不大经济，但对于整个管理系统是最经济、最合理的，那么这种分类也是可取的。因此，分类时应首先强调系统的整体经济效益、整体的最优化，要求局部服从整体，在满足整个管理系统总任务、总要求的前提下，也要兼顾各管理子系统在分类上的要求。

二　商品分类的方法

商品分类方法主要有线分类法和面分类法两种。实践中往往将两种分类方法组合使用，通常以线分类法为主，面分类法为辅。

（一）线分类法

线分类法也称层级分类法，是将分类对象按照选定的若干分类标志，逐次地分成若干层级，每个层级又分为若干类目，排列成一个有层次的、逐级展开的分类体系。

在这个分类体系中，被划分的类目相对于由它直接划分出来的下一级类目而言称为上位类，划分出来的下一级类目称为下位类。上位类与下位类类目之间存在着隶属关系或整体与部分的关系。由同一个类目直接划分出来的下一级类目，彼此称为同位类。同位类类目之间存在并列关系。线分类法结构如图 2－1 所示。

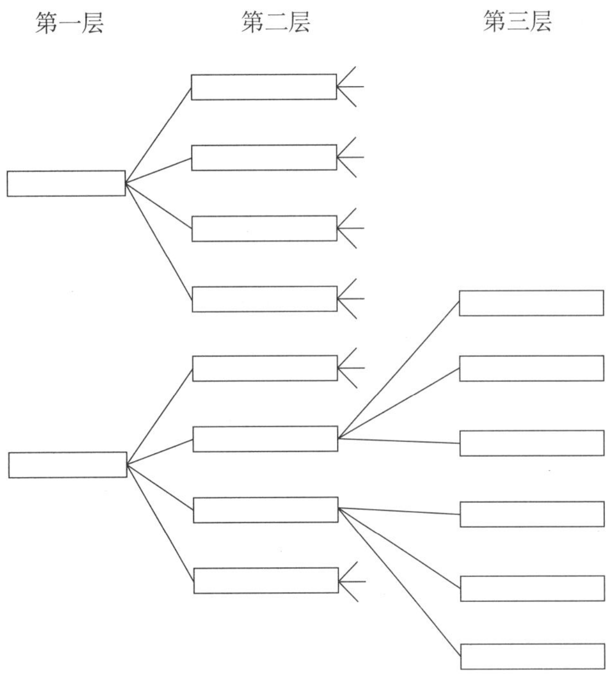

图 2－1　线分类法结构图

线分类法属于传统的分类方法，使用最为广泛。例如，家具商品可以按线分类法进行如表2-2所示的分类。

表2-2　线分类法实例

大类	中类	小类
家具	木制家具 金属家具 塑料家具 竹藤家具	床、椅、凳、桌、箱、架、橱柜

线分类法应满足以下要求：

（1）分类应从上位类到下位类依次进行，不宜有空层；

（2）上位类类目划分成若干下位类类目时，应按同一分类标志来划分；

（3）上位类划分出的下位类类目的总范围应与该上位类类目范围相等；

（4）同位类类目彼此所覆盖的范围不交叉、不重复。

线分类法的优点是信息容量大，层次性好，逻辑性强，符合传统应用的习惯，既对手工处理有好的适应性，又便于计算机处理。其缺点主要是结构弹性差，分类结构一经确定，不易改动。因此，采用线分类法编制商品分类目录时，必须预先留有足够的后备容量。

（二）面分类法

面分类法又称平行分类法，是把分类对象按选定的若干分类标志划分成彼此没有隶属关系的若干组独立的类目，每组类目构成一个"面"，再按一定顺序将各个"面"平行排列。面分类法结构如图2-2所示。

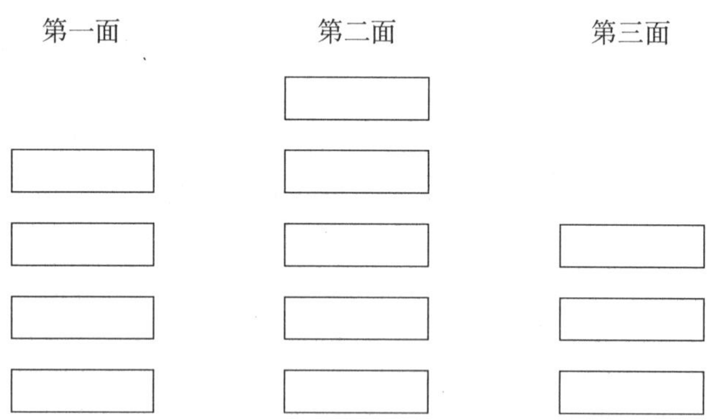

图2-2　面分类法结构图

用面分类法进行分类时，应根据需要将有关"面"中的相应类目按"面"的指定排列顺序组配在一起，形成一个新的复合类目。例如，服装的分类就是按照面分类法组配的（见表2-3）。把服装用的面料、式样和款式分为三个独立的"面"，每个"面"又包含若干独立类目，将这些类目按指定顺序组配起来，便可以得到诸如纯毛男式中山装、真丝女式连衣裙等有效的不同的复合类目。

表 2-3　面分类法实例

服装面料	式样	款式
纯棉 纯毛 真丝 涤棉 毛涤	男式 女式	中山装 西装 猎装 夹克 连衣裙

面分类法应满足以下要求：

（1）按照实际需要选择“面”；

（2）每个“面”或类目在分类体系中有固定的位置；

（3）“面”彼此所覆盖的范围不交叉、不重复，类目彼此所覆盖的范围不交叉、不重复。

面分类法的优点是具有较大的弹性，一个“面”内的类目改变不会影响其他的“面”；适应性强，可根据需要组成任何“面”，便于计算机处理，易于添加和修改目类。缺点是不便于手工处理，也不能充分利用其容量，尽管其可组配的复合类目很多，但实际可用的复合类目并不多，例如上面实例中的纯棉男式连衣裙、纯毛女式中山装等复合类目就没有实用意义。目前，一般都把面分类法作为线分类法的辅助方法。

第 3 节　商品分类标志

一　分类标志选择的基本原则

分类标志是编制商品分类目录和分类体系的重要依据和基准。进行商品分类，可供选择的分类标志很多，分类标志的选择应遵循以下基本原则：

（1）目的性原则。不同的分类标志具有不同的适用性，分类标志的选择必须满足政府主管部门或行业、企业、其他组织进行商品分类的管理目的和需要。

（2）稳定性原则。商品具有本质的和非本质的多种属性（或特征），应该选择商品最稳定的本质属性（或特征）作为分类标志，这样才能保证区分明确、分类清楚和分类体系的相对稳定。

（3）唯一性原则。商品分类时，在同一层级范围内，只能采用一种分类标志，不能同时采用两种或多种分类标志，以确保每种商品只能出现在一个类别里，不能在分类体系或目录中重复出现。

（4）逻辑性原则。分类体系中，上一层级的分类标志与下一层级的分类标志之间存在着有机联系。下一层级分类标志应该是其上一层级分类标志的合乎逻辑的继续和具体化。

（5）包容性原则。所选择的分类标志要能够包括所需分类的全部商品，并有不断补充新商品的余地。

二 常用的商品分类标志

商品的分类标志种类很多，至今仍很难找到一种能贯穿一个商品分类体系始终，并对所有商品层级类目划分都适用的分类标志。因此，在一个商品分类体系中常采用几种分类标志，往往是每一个层级选用一种适宜的分类标志。

在商品分类实践中，常用的分类标志有以下几种。

（一）以商品的用途作为分类标志

商品的用途与消费者需要密切相关，是体现商品使用价值的重要标志，也是探讨商品质量和商品品种的重要依据。以商品用途作为分类标志，不仅适合对商品大类的划分，也适合对商品类别、品种的进一步细分。例如根据用途的不同，可将商品分为生活资料商品和生产资料商品，生活资料商品可划分成食品、衣着用品、日用工业品、日用杂品等类别，日用工业品又可分为器皿类、洗涤用品类、化妆品类、家用电器类、文化用品类等，化妆品类商品还可划分为护肤用化妆品、美容化妆品、发用化妆品等，发用化妆品可再细分为洗发剂、染发剂、美发剂、生发剂、护发剂等，洗发剂又可进一步划分成干性发用洗发水、油性发用洗发水、止痒去头屑洗发水、洗发护发二合一洗发水等。许多按商品用途划分的类目名称已成为专有名词，如食品、医药品、饲料、文化用品、交通工具等。

以商品用途作为分类标志，便于分析和比较同一用途商品的质量和性能，有利于生产企业改进和提高商品质量，开发商品新品种，扩大品种规格，生产适销对路的商品，也便于经营者和消费者按需经营和选购。对于多用途的商品，一般不宜采用此分类标志。

（二）以原材料作为分类标志

商品的原材料是决定商品质量和商品品种的重要因素。由于所用原材料不同，商品具有截然不同的特性或特征，并反映在商品的成分、结构和性能以及加工工艺、包装形式和储运方式的较大差异上。

以原材料作为商品分类标志，不仅使分类清楚，而且能从本质上反映出每类商品的性能和质量特点、品种特征及其使用保管要求的差异。例如纺织品可根据原料的不同划分为棉纺织品、麻纺织品、毛纺织品、丝纺织品、化纤纺织品大类。这五大类纺织品因原材料不同，性能和风格各异，使用和保管要求也不相同。

原材料分类标志特别适用于原料性商品和原材料对成品质量影响较大的商品，但对那些由多种原料制成和成品质量及品种特征与原材料关系不大的商品（如电视机、洗衣机、家用轿车等）则不宜采用。

（三）以加工工艺作为分类标志

商品的加工工艺直接参与商品质量和品种的形成过程，是决定商品质量和品种的重要因素。

同一用途的商品使用的原材料相同，但由于加工工艺不同，其性能特征会有很大差异，从而形成截然不同的商品品种。例如茶叶按其加工中发酵程度不同，可分为红茶

(100%发酵)、黄茶 (85%发酵)、黑茶 (80%发酵)、乌龙茶 (60%~70%发酵)、包种茶 (30%~40%发酵)、青茶 (15%~20%发酵)、白茶 (5%~10%发酵) 和绿茶 (完全不发酵)。国际上通常只按不发酵、半发酵、全发酵三种发酵程度对茶叶进行简单分类 (见表 2-4)。

表 2-4　茶叶的国际简单分类

不发酵茶	半发酵茶					全发酵茶
绿茶	青茶 (乌龙茶)					红茶
0	15%	20%	30%	40%	70%	100%
龙井、碧螺春等	青茶	茉莉花茶	冻顶茶	铁观音	白毫乌龙	红茶

说明：百分数表示对应的茶叶品种在加工中的发酵程度。

用生产加工工艺作为商品分类标志，对那些可以选用多种加工工艺生产且性能和品种特征受加工工艺影响较大的商品更为适用，能够直接反映商品品种特征及风格。对那些虽然生产加工工艺不同，但成品性能特征不会产生实质性区别的商品，则不宜采用此种分类标志进行分类。例如粮食发酵法和工业合成法制得的酒精并无实质差别。

(四) 以商品的化学成分作为分类标志

商品的化学成分是形成商品质量和品种并直接影响商品质量变化的基本因素。在很多情况下，商品的主要化学成分可以决定商品的性能、用途、质量或储运条件，是决定商品品种、质量等级的重要因素。对这类商品进行分类时，应以主要化学成分作为分类标志，例如按主要化学成分的不同，化学肥料可分为氮肥、磷肥、钾肥等，合成纤维可分成丙纶、氯纶、涤纶、腈纶、锦纶等。

有些商品尽管主要化学成分相同，但若所含的少量或微量特殊化学成分不同，则可能形成质量、性能和用途完全不同的商品。对这类商品进行分类时，应该以特殊化学成分作为分类标志。例如玻璃的主要成分是二氧化硅，根据其所含特殊化学成分的不同可分为钢化玻璃 (含有氧化钠)、钾玻璃 (含有氧化钾)、铅玻璃 (含有氧化铅)、硼硅玻璃 (含有硼酸) 等；钢材也可按其所含的特殊化学成分划分为碳钢、硅钢、锰钢等。

按化学成分进行商品分类，对深入研究商品的性能和质量、储运条件以及使用方法等都有重要意义。化学成分已知且对商品特性影响较大的商品宜采用这种分类标志进行分类，但对于化学成分比较复杂或易发生变化及对商品特性影响不大的商品，则不适宜采用这种分类标志。

(五) 以商品的产地作为分类标志

商品的产地不同，其自然气候条件、地质条件、原料质量、加工方法、人文因素等会存在一定的差异，甚至是较大的差异，这就使得同类商品往往因产地差异而表现出不同的质量、品性、外观、口感、味道、风格等特征。例如，我国月饼可按产地分为苏式、广式、京式、潮式、滇式等类。苏式月饼口味浓郁，油与糖并重，外皮层多且薄，酥软白净、香甜可口；广式月饼轻油而偏重糖，外皮和西点类似，以内馅讲究著名；京式月饼以素见长，油与馅都是素的，做法如同烧饼，外皮香脆可口；潮式月饼饼身较扁，饼皮洁白，以酥糖为馅，入口香甜脆软、肥而不腻；滇式月饼主要是馅料采用了滇式火腿，饼皮疏松，馅料咸甜适口，有独特的滇式火腿香味。产地在商品分类实践中常用作品质受产地影响较大的农产品及其加工制品、中药材、玉器、宝石与珍珠及其制品等的品种再区分的分类标志。

第 4 节　商品代码与商品编码

一　商品代码及其类型

商品代码是指表示特定商品的一个或一组字符，这些字符可以是阿拉伯数字、拉丁字母或两者的组合。由阿拉伯数字组成的代码称为数字代码。数字代码结构简单，使用方便，易于推广，便于人和机器识别和处理，目前被人们普遍采用。由拉丁字母组成的代码称为字母代码。字母代码的特点是便于记忆，可提供便于人们识别的信息，但不利于机器的识别和处理，并且只适用于分类对象数目较少的情况，因而在实践中很少使用。由拉丁字母和阿拉伯数字混合组成的代码称为字母数字代码。字母数字代码兼有数字代码和字母代码两者的优点，结构严密，直观性好，但给计算机输入带来不便，输入效率低，错码率高，故其使用不广泛。一个代码中所包含的有效字符的个数称为代码长度。代码字符排列的逻辑顺序称为代码结构。

就商品学研究的范围而言，商品代码主要用于商品分类或商品在流通中的全球统一标识（也称 GS1 标识）的信息交换与共享。由此，商品代码可以进一步划分为商品分类代码和商品全球统一标识代码（本书将其简称为“商品标识代码”）。商品分类代码是依据商品的属性（或特征）进行的分类和代码化表示，是确定商品逻辑与归属关系的一组数字代码。例如国际上通行的《商品名称及编码协调制度》（HS）、《主要产品分类》（CPC）和我国的《全国主要产品分类与代码》等主要商品（产品）分类目录采用的都是商品（产品）分类代码。商品标识代码是对零售商品、非零售商品、物流单元、位置、资产及服务进行全球唯一标识的一组数字代码。例如国际上通用，我国也广泛采用的 EAN/UCC-13、EAN/UCC-8、EAN/UCC-14 标识代码等，都是商品标识代码。

二　商品编码与编码原则

（一）商品编码的概念

商品编码是指按一定规则赋予商品易于计算机和人识别的代码。

商品编码有利于商品交易、交换过程中信息的交换与共享；商品编码实行标准化、全球化，还有利于商品信息管理的规范、统一和高效率，降低管理成本，提高经济效益，促进商品流通和公共服务的发展。

（二）商品编码的基本原则

1. 商品分类代码的编制原则

通常商品分类和商品编码是分别进行的，商品科学系统分类在先，合理编码在后。商品科学系统分类为编码的合理性创造了前提条件，编码不合理会直接影响商品分类体系、商品目录的实用价值。编制商品分类代码必须遵循以下原则：

（1）唯一性原则。必须保证每一个分类编码对象仅有唯一的一个商品代码，即每个商品代码只能与指定的商品类目一一对应。

（2）简明性原则。商品代码应简明、易记，尽可能减少代码长度，这样既便于手工处理，减少差错率，也能减少计算机的处理时间和存储空间。

（3）层次性原则。商品代码要层次清楚，能清晰地反映商品分类关系和分类体系、目录内部固有的逻辑关系。

（4）可扩性原则。在商品代码结构体系里应留有足够的备用码，以适应新类目的增加和旧类目的删减需要，使扩充新代码和压缩旧代码成为可能，从而使分类代码结构体系可以进行必要的修订和补充。

（5）稳定性原则。商品代码确定后要在一定时期内保持稳定，不能频繁变更，以保证分类编码系统的稳定性，避免造成人力、物力、财力的浪费。

（6）统一性和协调性原则。商品代码要同国家商品分类编码标准相一致，与国际通用的商品分类编码标准相协调，以利于实现信息交流和信息共享。

总之，在编制商品分类体系和商品分类目录时，对上述编码原则应根据使用的要求综合考虑，力求达到最优化效果。

|知识应用 2-1|　　超市商品编号使用管理与维护

在商品编号使用一段时间后，可能会因旧商品淘汰、新商品导入而删减或增加某些编号，因此编号的使用与维护相当重要。

（1）分类编号的连贯性与完整性。加入新商品时，商品是否正确归类相当重要，编号时要注意连贯性与完整性，切勿随意穿插。例如，新增某种猪肉水饺，新的品项最好紧接在旧的猪肉水饺品项之后，切勿任意穿插，否则会破坏完整性与连贯性，徒增管理使用时的不便。

（2）固定时间删除不用的号码，并加以登记管理。对于要删除的商品，最好能在固定时间将其货号删除，不可不定时地任意删除，以免造成整套编号混乱的情况，如每月底删除一次或每半年删除一次。删除的号码必须登记，一旦引进同类的新商品，这些货号便可以优先使用。

（3）由专人从事商品分类与编号及维护管理的工作。由专人负责商品分类与编号，分类与编码的理念能得到贯彻，系统管理也才能做得比较好，若由不同的人来做，可能会由于个人对商品分类与编码的理解不同而有迥然不同的做法，容易产生混乱。

（4）分类时要预留增设的空间。

2. 商品标识代码的编制原则

编制商品标识代码，必须遵守唯一性原则、无含义性原则和稳定性原则。

（1）唯一性原则。编码时要严格区分商品的不同项目。基本属性或特征相同的商品应视为同一商品项目，同一商品项目的商品应分配相同的商品标识代码。基本属性或特征不同的商品要视为不同的商品项目，不同商品项目的商品必须分配不同的商品标识代码。任何导致同一个商品项目有多个代码（称作“一物多码”）或同一个代码对应多个商品项目（称作“一码多物”）的错误编码，都是违反唯一性原则的。

（2）无含义性原则。无含义性是指商品标识代码对编码对象只起标识作用而无任何其他附加含义，也就是说，商品标识代码既与商品本身的基本属性或特征无关，也与厂商性质、所在地域、生产规模等信息无关。

对于一些商品，在流通过程中可能需要了解其附加信息，如生产日期、保质期、批号及数量等，此时可采用应用标识符（AI）来满足附加信息的标注要求。应用标识符（2～4位数字）用于标识其后数据的含义和格式。

（3）稳定性原则。商品标识代码一旦分配，只要商品的基本属性或特征没有发生变化，就应保持不变。若商品项目的基本属性或特征发生了明显的、重大的变化，则必须分配一个新的商品标识代码。

在某些行业，比如医药保健业，即使商品的成分只有微小的变化，也必须分配不同的商品标识代码。在其他行业则要尽可能地减少商品标识代码的变更，以保持其稳定性。

三 商品编码方法

（一）商品分类代码的编制方法

商品分类代码是有含义代码，除对编码对象起标识作用外，还具有其他特定含义。它不仅作为编码对象的唯一标识，还能起到代替编码对象名称的作用，能提供编码对象的有关信息。

商品分类代码常用的编制方法有顺序编码法、系列顺序编码法、层次编码法、平行编码法（特征组合编码法）等。

（1）顺序编码法。顺序编码法是按照商品类目在分类体系中出现的先后次序，依次给予顺序数字代码的编码方法，其优点是使用方便，易于管理，但代码本身没给出任何有关编码对象的其他信息。

（2）系列顺序编码法。它是一种特殊的顺序编码法，是将顺序数字代码分为若干段（系列），使其与分类编码对象的分段一一对应，赋予每段分类编码以一定的顺序代码的编码方法。其优点是可以赋予编码对象一定的属性（或特征），提供有关编码对象的某些附加信息，但是附加信息的确定要借助代码表。它的缺点是当系列顺序代码过多时，会影响计算机处理速度。

例如我国国家标准《全国主要产品分类与代码 第1部分：可运输产品》（GB/T 7635.1—2002）中“小麦”（第五层级，小类类目）在进一步细分到第六层级（细类类目）时，“冬小麦”“春小麦”的代码采用了系列顺序编码法，“白色硬质冬小麦”“白色软质冬小麦”

等类目代码则采用了顺序编码法（见图 2-3）。

第五层级（小类）代码	01111	小麦
第六层级（细类）代码	01111•010	冬小麦
（与第五层级代码之间用圆点隔开）	—•099	
	01111•011	白色硬质冬小麦
	01111•012	白色软质冬小麦
	⋮	
	01111•100	春小麦
	—•199	
	01111•101	白色硬质春小麦
	01111•102	白色软质春小麦
	⋮	

图 2-3　顺序编码法与系列顺序编码法实例示意

（3）层次编码法。层次编码法是按商品类目在分类体系中的层级顺序，依次赋予对应的数字代码的编码方法。它主要用于线分类体系。国家标准《全国主要产品分类与代码 第 1 部分：可运输产品》（GB/T 7635.1—2002）和《全国主要产品分类与代码 第 2 部分：不可运输产品》（GB/T 7635.2—2002）就是采用层次编码法。例如 GB/T 7635.1 全部采用数字代码，其长度是 8 位，代码结构分成六层（见图 2-4），分别命名为大部类、部类、大类、中类、小类和细类。其中，第一至第五层各用一位数字表示，第一层代码为0～4，第二、五层代码为 1～9，第三、四层代码为 0～9。第六层用三位数字表示，代码为 001～999，采用顺序码和系列顺序码（分段码），顺序码为 011～999，系列顺序码为个位数是 0 或 9 的三位代码。第五层和第六层代码之间用圆点（•）隔开。第六层代码 001～009 为特殊区域，其所列商品类目按不同的属性或特征再分类或按不同的要求列类，以满足各部门管理的特殊需要。

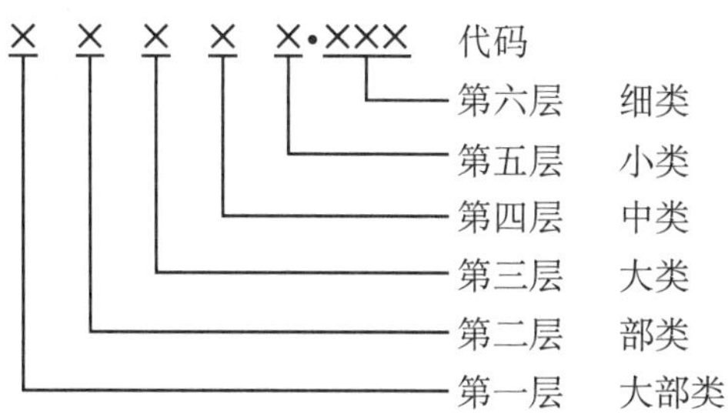

图 2-4　GB/T 7635.1—2002 代码结构

层次编码法的优点是代码较简单、逻辑关系好、系统性强、信息容量大，能明确地反映分类编码对象的属性、特征及其隶属关系，容易查找所需类目，便于管理和统计。层次编码法的缺点是弹性较差，为延长其使用寿命，往往要用延长代码长度的办法，预先留出相当数量的备用码。

（4）平行编码法。平行编码法也称特征组合编码法，是将编码对象按其属性或特征分为若干面，每一个面内的编码对象按其规律分别确定一定位数的数字代码，面与面之间的代码没有层次关系和隶属关系，最后根据需要选用各个面中的代码，并按预先确定的面的排列顺序组合成复合代码的一种编码方法。它多用于面分类体系，其优点是编码结构有较好的弹性，可以比较简单地增加分类编码面的数目，必要时还可更换个别的面。这种编码法有代码容量利用率低的缺点，因为并非所有可组配的复合代码都有实际意义。

在编码实践中，当把分类编码对象的各种属性（或特征）分列出来后，可依据其某些属性（或特征）使用层次编码法编码，按照其余的属性（或特征）使用平行编码法编码，这样可以择其优点，弃其缺点。

（二）商品标识代码的编制方法

商品标识代码是国际物品编码协会（GS1）的全球统一标识系统（GS1 系统，也称为 EAN • UCC 系统）编码体系的主体部分，即图 2－5 所示的流通领域中所有的产品与服务的标识代码。为了便于机器快速识读和处理，这些标识代码能够以条码符号来表示。条码符号是由条、空模块按一定规律排列组成的符号。条码符号及其对应的标识代码就组成了商品条码，其中条码符号供条码扫描设备识读，标识代码则供人直接识读或者通过键盘输入计算机。

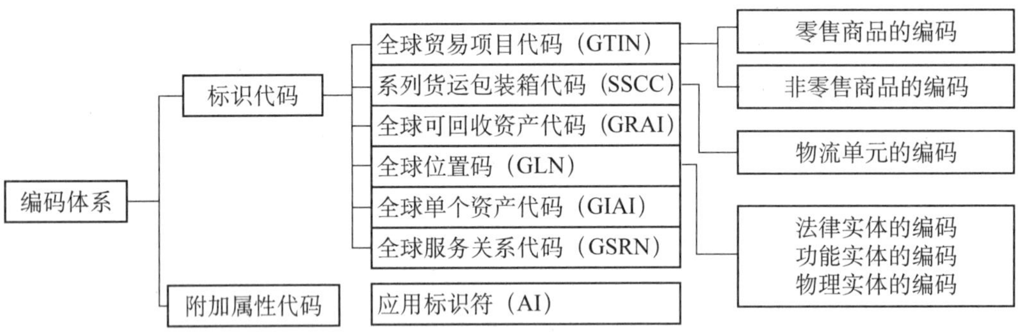

图 2－5　GS1 系统编码体系

1. 全球贸易项目代码（GTIN）

贸易项目是指任意一项商品（产品或服务）可以在供应链的任意一点进行标价、订购或开具发票，以便所有贸易伙伴进行交易。对贸易项目进行编码和以条码符号表示，能够实现商品零售（POS）、进货、存补货、销售分析以及商品运输、配送、仓储或批发等业务运作的自动化。全球贸易项目代码（Global Trade Item Number，GTIN）是为全球贸易项目提供唯一标识的一种代码。GTIN 有四种不同的代码结构：GTIN-13（EAN/UCC-13）、GTIN-8（EAN/UCC-8）、GTIN-12（UCC-12）和 GTIN-14（EAN/UCC-14）。

按照流通领域的特点，贸易项目可以分为零售贸易项目和非零售贸易项目。零售贸易项目是指在零售端通过 POS 机扫描结算的商品，如一听啤酒、一瓶洗发水和一瓶护发素的组合包装等。非零售贸易项目是指不通过零售端 POS 机扫描结算而进行配送、仓储或批发等操作的商品，如一个装有 24 条香烟的纸箱或一个装有 40 箱香烟的托盘。

按照标识的对象计量特性，贸易项目又可分为定量贸易项目和变量贸易项目。定量贸易项目是指按照相同的规格和成分，如类型、大小、质（重）量、内容、设计等，来生产和销售的贸易项目，通常按照商品件数计价销售，如一瓶可乐或一箱可乐，可以是零售的，也可以是非零售的。变量贸易项目是指在质（重）量、尺寸、包含的项目数或体积等特性中有一项是变化的贸易项目，也就是指那些按基本计量单位计价，以随机数量销售或配送、仓储或批发的商品，例如按长度计价的地毯、预先包装好且按质（重）量销售的干果、按件数订购与交货并按重量开具发票的鱼等，可以是零售的，也可以是非零售的。

（1）零售贸易项目标识代码的编制

在我国，零售商品的标识代码主要采用 EAN/UCC-13 代码结构，也有采用 EAN/UCC-8、UCC-12 代码结构的。

● EAN/UCC-13 代码。EAN/UCC-13 代码由 13 位数字组成，其代码结构如表 2-5 所示。

表 2-5　EAN/UCC-13 代码结构

结构种类	厂商识别代码	商品项目代码	校验码
结构一	N_1 N_2 N_3 N_4 N_5 N_6 N_7	N_8 N_9 N_{10} N_{11} N_{12}	N_{13}
结构二	N_1 N_2 N_3 N_4 N_5 N_6 N_7 N_8	N_9 N_{10} N_{11} N_{12}	N_{13}
结构三	N_1 N_2 N_3 N_4 N_5 N_6 N_7 N_8 N_9	N_{10} N_{11} N_{12}	N_{13}
结构四	N_1 N_2 N_3 N_4 N_5 N_6 N_7 N_8 N_9 N_{10}	N_{11} N_{12}	N_{13}

①前缀码：厂商识别代码左起的前 3 位数字（$N_1N_2N_3$）为前缀码，是国际物品编码协会（GS1）分配给某个国家（或地区）编码组织的代码，详见表 2-6。GS1 分配给中国物品编码中心的前缀码为 690～699。

②厂商识别代码：厂商识别代码用来在全球范围内唯一标识厂商，其中包含前缀码。我国厂商识别代码由 7～10 位数字组成，经中国物品编码中心负责分配和管理。当厂商生产的商品品种很多，超过了商品项目代码的编码容量时，允许厂商申请注册一个以上的厂商识别代码。

③商品项目代码：商品项目代码由 2～5 位数字组成，一般由厂商编制，也可由中国物品编码中心负责编制。提倡厂商遵循无含义编码的原则，即商品项目代码中的每一个数字既不表示分类，也不表示任何特定信息，最好以流水号形式为每个商品项目编码。这样，由 4 位数字组成的商品项目代码可有 0000～9999 共 10 000 个编码容量，由 5 位数字组成的商品项目代码则可标识 100 000 种商品。

④校验码：校验码为 1 位数字（N_{13}），用来检验 N_1～N_{12}的编码的正误，它的数值是根据 N_1～N_{12}的数值按照国家标准 GB 12904—2008 附录 B 的校验码的计算方法算出的。

例如，某瓶装长城干红葡萄酒的 EAN/UCC-13 代码是 6901009904747，其中 6901009 是中国粮油食品进出口（集团）有限公司的厂商识别代码（含前缀码 690），90474 是该种瓶装长城干红葡萄酒的商品项目代码，最后的一位 7 是校验码。这样的编码方式保证了无论在何时何地，6901009904747 唯一对应该种商品。

表 2－6　GS1 已分配给各国（或地区）编码组织的前缀码

前缀码	编码组织所在国家（或地区）/应用领域	前缀码	编码组织所在国家（或地区）/应用领域
000～019 030～039 060～139	美国	540～549	比利时和卢森堡
		560	葡萄牙
		569	冰岛
020～029 040～049 200～299	店内码	570～579	丹麦
		590	波兰
		594	罗马尼亚
050～059	优惠券	599	匈牙利
300～379	法国	600～601	南非
380	保加利亚	603	加纳
383	斯洛文尼亚	604	塞内加尔
385	克罗地亚	608	巴林
387	波黑	609	毛里求斯
389	黑山共和国	611	摩洛哥
400～440	德国	613	阿尔及利亚
450～459 490～499	日本	615	尼日利亚
		616	肯尼亚
460～469	俄罗斯	618	象牙海岸
470	吉尔吉斯斯坦	619	突尼斯
471	中国台湾	621	叙利亚
474	爱沙尼亚	622	埃及
475	拉脱维亚	624	利比亚
476	阿塞拜疆	625	约旦
477	立陶宛	626	伊朗
478	乌兹别克斯坦	627	科威特
479	斯里兰卡	628	沙特阿拉伯
480	菲律宾	629	阿拉伯联合酋长国
481	白俄罗斯	640～649	芬兰
482	乌克兰	690～699	中国
484	摩尔多瓦	700～709	挪威
485	亚美尼亚	729	以色列
486	格鲁吉亚	730～739	瑞典
487	哈萨克斯坦	740	危地马拉
488	塔吉克斯坦	741	萨尔瓦多
489	中国香港特别行政区	742	洪都拉斯
500～509	英国	743	尼加拉瓜
520～521	希腊	744	哥斯达黎加
528	黎巴嫩	745	巴拿马
529	塞浦路斯	746	多米尼加
530	阿尔巴尼亚	750	墨西哥
531	马其顿	754～755	加拿大
535	马耳他	759	委内瑞拉
539	爱尔兰	760～769	瑞士

续表

前缀码	编码组织所在国家（或地区）/应用领域	前缀码	编码组织所在国家（或地区）/应用领域
770～771	哥伦比亚	884	柬埔寨
773	乌拉圭	885	泰国
775	秘鲁	888	新加坡
777	玻利维亚	890	印度
778～779	阿根廷	893	越南
780	智利	896	巴基斯坦
784	巴拉圭	899	印度尼西亚
786	厄瓜多尔	900～919	奥地利
789～790	巴西	930～939	澳大利亚
800～839	意大利	940～949	新西兰
840～849	西班牙	950	GS1 总部
850	古巴	951	GS1 总部（产品电子代码）
858	斯洛伐克	955	马来西亚
859	捷克	958	中国澳门特别行政区
860	南斯拉夫	960～969	GS1 总部（缩短码）
865	蒙古国	977	连续出版物
867	朝鲜	978～979	图书
868～869	土耳其	980	应收票据
870～879	荷兰	981～983	普通流通券
880	韩国	990～999	优惠券

注：前缀码只表示商品代码或条码的注册地，不表示商品的原产地。

|知识应用 2-2|　仅以商品条码判断原产地不可靠

近来有传言称，奶粉包装袋（罐）上条形码的前几位表示产地，其中，中国的产地编码是 690～699。不管是国产奶粉，还是进口后在中国分装的进口奶粉，都是以 69 开头的条形码，如果不是 69，则不是中国生产，肯定为原装进口。这是真的吗？

商品条码（barcode）由一组规则排列的条、空及其对应的代码组成，是表示商品特定信息的标识。商品条码在全球范围内具有唯一性。这样的唯一性通过一个名为 GS1 的全球统一标识系统得以实现。在这个系统中，每种贸易项目都拥有一个独特的商品全球贸易项目代码（Global Trade Item Number，GTIN），这个代码（或代码的一部分）就是商品条码中的那串数字。至于那些条和空，则是 GTIN 按规律转化为可供计算机识别的图形符号，以实现自动的信息读出。与单纯基于数字的编码系统相比，条码的出现使计算机识别成为可能，与传统的人工录入信息相比，大大提高了效率，同时也提高了可靠性。其实，商品条码与商品原产地无关。例如，条形码前三位 690～699 仅代表该条码的注册国是中国，其原产地或者分装地可能是世界上任何一个国家，因此，仅仅通过商品条码来判断原产地并不可靠。

资料来源：刘国信．仅以商品条码判断原产地不可靠．中国包装，2013（7）．

● EAN/UCC-8 代码。EAN/UCC-8 代码由 8 位数字组成，其代码结构如表 2－7 所示。

表 2-7 EAN/UCC-8 代码结构

前缀码	商品项目代码	校验码
N_1 N_2 N_3	N_4 N_5 N_6 N_7	N_8

①前缀码：$N_1N_2N_3$是前缀码，由国际物品编码协会分配给中国物品编码中心。

②商品项目代码：4 位数字，由中国物品编码中心负责分配和管理。

③校验码：校验码为 N_8，用来检验 N_1～N_7的编码的正误，其数值是根据 N_1～N_7的数值按照国家标准 GB 12904—2008 附录 B 的校验码的计算方法算出的。

● UCC-12 代码。UCC-12 是由美国统一代码委员会（UCC）统一制定的通用产品标识代码，由 12 位数字组成，其代码结构如表 2-8 所示。UPC-A 条码和 UPC-E 条码是 UCC-12 代码的条码表示。通常情况下，不选用 UPC-A 和 UPC-E 商品条码，只有当商品出口到北美地区并且客户指定时，才申请使用它们。

表 2-8 UCC-12 代码结构

UPC 商品条码的代码	厂商识别代码和商品项目代码	校验码
UPC-A 条码的代码结构	N_1 N_2 N_3 N_4 N_5 N_6 N_7 N_8 N_9 N_{10} N_{11}	N_{12}
示例	00123456789	5
UPC-E 条码的代码结构	N_1 N_2 N_3 N_4 N_5 N_6 N_7	N_8
示例	0012345	7

（2）非零售贸易项目标识代码的编制

定量的非零售商品通常分为单个包装的非零售商品、含有多个包装等级的非零售商品两类。单个包装的非零售商品是指独立包装但又不适合通过零售端 POS 机扫描结算的商品，如独立包装的电冰箱、洗衣机等。其标识代码可以采用 EAN/UCC-13 代码结构。含有多个包装等级的非零售商品是指货物内含有多个包装等级，如装有 24 条香烟的一整箱烟或装有 6 箱烟的托盘等。其标识代码可以选用 EAN/UCC-14 或 EAN/UCC-13 代码结构。采用 EAN/UCC-13 代码结构时，与零售贸易项目的标识方法相同。采用 EAN/UCC-14 代码结构时，就是在原有的 EAN/UCC-13 代码（不含校验码）前添加包装指示符，形成新的校验码。

● EAN/UCC-14 代码。在我国，非零售商品的标识代码主要采用 EAN/UCC-14 和 EAN/UCC-13 两种代码。EAN/UCC-14 代码用于标识定量或变量的非零售商品的包装单元。EAN/UCC-14 代码结构如表 2-9 所示。

表 2-9 EAN/UCC-14 代码结构

指示符	内装商品的 GTIN-13（不含校验码）	校验码
N_1	N_2 N_3 N_4 N_5 N_6 N_7 N_8 N_9 N_{10} N_{11} N_{12} N_{13}	N_{14}

包装单元 EAN/UCC-14 代码中第 2～13 位代码就是其内装零售商品 EAN/UCC-13 代码的第 1～12 位代码。指示符 N_1的赋值区间为 1～9，其中 1～8 用于定量的非零售商品，9 用于变量的非零售商品。最简单的方法是按顺序分配指示符，即将 1，2，3，……，分别分配给非零售商品的不同级别的包装组合。

变量的非零售商品是指其内所含商品是以基本计量单位计价，数量随机的包装形式，例如待分割的牛肉。变量的非零售商品的标识代码采用指示符为 9（$N_1=9$）的 EAN/

UCC-14 代码结构。

表 2－10 是变量的非零售商品的订购和交货的示例。

表 2－10　变量的非零售商品的代码结构

过程	描述	所用的单元数据串/项目的符号标识
供应商的目录	以 kg 为单位批量销售的未包装的卷心菜	GTIN：97612345000049
订单	100kg 的卷心菜	100kg×97612345000049
交货	2 个贸易项目 第一箱： 重量＝42.7 kg 第二箱： 重量＝57.6 kg 如果以托盘形式交货	第一箱： 01 97612345000049 3101 000427 第二箱： 01 97612345000049 3101 000576 托盘：00 376123450000010107
发票	项目的 GTIN 和全部重量（100.3kg）及每 kg 的价格	97612345000049 100.3kg×价格/kg

表 2－10 中供应商的目录包含一个商品项目，即以 kg 为单位批量销售的未包装的卷心菜。订购 100kg 卷心菜的订单，要求以两箱交付。应用标识符（01）表示后面所跟数据为商品的 GTIN，每箱都用卷心菜的 GTIN 标识。应用标识符（3101）表示后面所跟数据为商品重量。如果是以托盘的形式交货，则用该物流单元的 SSCC 标识，应用标识符（00）表示后面所跟数据为物流单元的 SSCC。发票涉及交货的 GTIN 及数量，同时显示总重量及每 kg 的价格，可以核实交付的重量是否与订购的数量相符。

应用标识符（AI）是定义其后数据域含义与格式的前缀。应用标识符由 2～4 位数字组成。当非零售商品在流通过程中需要标识附加信息时，如生产日期、保质期或有效期、批号及数量等，可采用应用标识符。应用标识符示例如表 2－11 所示。

表 2－11　应用标识符示例

应用标识符（AI）	数据含义	格式	备注
10	批号	批号 $X_1 \cdots X_{20}$	数字和/或字母表示 长度可变，最长 20 位
11	生产日期	年　月　日 $Y_1Y_2M_1M_2D_1D_2$	6 位数字表示
13	包装日期		
15	保质期		
17	有效期		
21	系列号	系列号 $X_1 \cdots X_{20}$	数字和/或字母表示 长度可变，最长 20 位
30	总量（包装内）	总量 $N_1 \cdots N_8$	最长 8 位数字
410	交货地 EAN • UCC 全球位置码	$N_1 \cdots N_{13}$	13 位数字表示
412	供货方 EAN • UCC 全球位置码	$N_1 \cdots N_{13}$	13 位数字表示

2. 系列货运包装箱代码（SSCC）

物流单元是指在供应链中为运输、仓储、配送等建立的包装单元。例如一箱有不同颜色和尺寸的 12 件裙子和 20 件夹克的组合包装，一个含有 40 箱饮料的托盘（每箱 12 盒装），都可以视为一个物流单元。系列货运包装箱代码（SSCC）是为物流单元提供唯一标识的代码，具有全球唯一性。它可用 UCC/EAN-128 条码符号表示。

SSCC 是无含义、定长为 18 位的数字代码，由扩展位、厂商识别代码、系列号和校验码 4 部分组成。SSCC 分为四种结构，见表 2－12。

表 2－12　SSCC 结构

结构种类	扩展位	厂商识别代码	系列号	校验码
结构一	N_1	$N_2\ N_3\ N_4\ N_5\ N_6\ N_7\ N_8$	$N_9\ N_{10}\ N_{11}\ N_{12}\ N_{13}\ N_{14}\ N_{15}\ N_{16}\ N_{17}$	N_{18}
结构二	N_1	$N_2\ N_3\ N_4\ N_5\ N_6\ N_7\ N_8\ N_9$	$N_{10}\ N_{11}\ N_{12}\ N_{13}\ N_{14}\ N_{15}\ N_{16}\ N_{17}$	N_{18}
结构三	N_1	$N_2\ N_3\ N_4\ N_5\ N_6\ N_7\ N_8\ N_9\ N_{10}$	$N_{11}\ N_{12}\ N_{13}\ N_{14}\ N_{15}\ N_{16}\ N_{17}$	N_{18}
结构四	N_1	$N_2\ N_3\ N_4\ N_5\ N_6\ N_7\ N_8\ N_9\ N_{10}\ N_{11}$	$N_{12}\ N_{13}\ N_{14}\ N_{15}\ N_{16}\ N_{17}$	N_{18}

SSCC 代码结构中，扩展位由 1 位数字组成，取值 0～9；厂商识别代码由 7～10 位数字组成；系列号由 6～9 位数字组成；校验码为 1 位数字。

3. 全球位置码（GLN）

全球位置码是对参与供应链等活动的法律实体、功能实体和物理实体进行唯一标识的代码，也称为供应链参与方位置代码。法律实体是指合法存在的机构，如供应商、客户、银行、承运商等。功能实体是指法律实体内的具体部门，如某公司的财务部。物理实体是指具体的位置，如建筑物的某个房间、仓库或仓库的某个门、交货地等。

GLN 由厂商识别代码、位置参考代码和校验码组成，用 13 位数字表示，具体结构如表 2－13 所示。其中，厂商识别代码由 7～9 位数字组成，位置参考代码由 3～5 位数字组成，校验码为 1 位数字，计算方法见国家标准 GB/T 16828—2007 附录 A。

表 2－13　GLN 代码结构

结构种类	厂商识别代码	位置参考代码	校验码
结构一	$N_1\ N_2\ N_3\ N_4\ N_5\ N_6\ N_7$	$N_8\ N_9\ N_{10}\ N_{11}\ N_{12}$	N_{13}
结构二	$N_1\ N_2\ N_3\ N_4\ N_5\ N_6\ N_7\ N_8$	$N_9\ N_{10}\ N_{11}\ N_{12}$	N_{13}
结构三	$N_1\ N_2\ N_3\ N_4\ N_5\ N_6\ N_7\ N_8\ N_9$	$N_{10}\ N_{11}\ N_{12}$	N_{13}

当用条码符号表示 GLN 时，应与 GLN 应用标识符一起使用。例如（410）6901234567892表示将货物运到 GLN 为 6901234567892 的某一物理位置，（410）为交货地的应用标识符。条码符号必须采用 UCC/EAN-128 条码，其条码符号表示示例见图 2－6。

(410)6901234567892

图 2－6　GLN 条码符号表示示例

4. 全球可回收资产代码（GRAI）与全球单个资产代码（GIAI）

国际通用的资产标识代码可分为两类，即全球可回收资产代码和全球单个资产代码。可回收资产是指具有一定价值，可重复使用的包装、容器或运输设备等，如啤酒桶、高压气瓶、塑料托盘或板条箱等。单个资产是指具有特定属性的物理实体，如飞机零件、机车车辆、牵引车等。

全球可回收资产代码（GRAI）是指在商品条码系统中，用于在全球范围内唯一标识可回收资产项目的代码。对于这种资产，因其在全球范围内流动，若没有全球性的一个标识，很难进行跟踪和管理。GRAI 的使用实现了可回收资产的全球跟踪和全部有关数据的记录。全球可回收资产代码由必备的 GRAI 和可选择的系列号构成，其中 GRAI 由填充位、厂商识别代码、资产类型代码、校验码组成，为 14 位数字代码，分为 4 种结构，见表 2-14。其中，填充位为 1 位数字“0”，它是为保证全球可回收资产代码的 14 位数据结构，在厂商识别代码前补充的 1 位数字；厂商识别代码由 7～10 位数字组成；资产类型代码由 2～5 位数字组成；校验码为 1 位数字。

表 2-14　全球可回收资产代码及系列号的结构

结构种类	全球可回收资产代码（GRAI）				系列号（可选择）
	填充位	厂商识别代码	资产类型代码	校验码	
结构一	0	N_1 N_2 N_3 N_4 N_5 N_6 N_7	N_8 N_9 N_{10} N_{11} N_{12}	N_{13}	$X_1 \cdots X_j$ （$j \leqslant 16$）
结构二	0	N_1 N_2 N_3 N_4 N_5 N_6 N_7 N_8	N_9 N_{10} N_{11} N_{12}	N_{13}	$X_1 \cdots X_j$ （$j \leqslant 16$）
结构三	0	N_1 N_2 N_3 N_4 N_5 N_6 N_7 N_8 N_9	N_{10} N_{11} N_{12}	N_{13}	$X_1 \cdots X_j$ （$j \leqslant 16$）
结构四	0	N_1 N_2 N_3 N_4 N_5 N_6 N_7 N_8 N_9 N_{10}	N_{11} N_{12}	N_{13}	$X_1 \cdots X_j$ （$j \leqslant 16$）

当唯一标识特定资产类型中的单个资产时，在 GRAI 后加系列号，系列号由 1～16 位可变长度的数字字母型代码构成。

表 2-14 中，厂商识别代码由中国物品编码中心分配和管理，资产类型代码由获得厂商识别代码的资产所有者负责编制并保证唯一性，校验码根据 GRAI 的前 13 位数字算出，系列号由获得厂商识别代码的资产所有者负责编制。例如，啤酒桶回收的全球可回收资产代码采用表 2-14 规定的结构一，XXX 啤酒集团公司的厂商识别代码为 6901234，该公司分配给可回收啤酒桶的资产类型代码为 56789，按规定计算方法算出校验码为 2，此啤酒桶采用可选择的系列号为 000008，则其全球可回收资产代码为 0690123456789000008。当用 UCC/EAN-128 条码符号表示全球可回收资产代码时，该代码应与全球可回收资产的应用标识符（AI）（8003）一起使用，见图 2-7。

图 2-7　XXX 啤酒集团公司可回收啤酒桶可回收资产代码应用示例

全球单个资产代码（GIAI）是指在商品条码系统中，用于在全球范围内唯一标识单个资产的代码。它是由厂商识别代码和单个资产参考代码（小于或等于 30 位的数字字母代码）两部分组成，分为 4 种结构，见表 2－15。其中，厂商识别代码由 7～10 位数字组成，单个资产参考代码由 1～23 位数字字母组成。

表 2－15　全球单个资产代码结构

结构种类	厂商识别代码	单个资产参考代码
结构一	$N_1\ N_2\ N_3\ N_4\ N_5\ N_6\ N_7$	$X_8 \cdots X_j$ （$j \leqslant 30$）
结构二	$N_1\ N_2\ N_3\ N_4\ N_5\ N_6\ N_7\ N_8$	$X_9 \cdots X_j$ （$j \leqslant 30$）
结构三	$N_1\ N_2\ N_3\ N_4\ N_5\ N_6\ N_7\ N_8\ N_9$	$X_{10} \cdots X_j$ （$j \leqslant 30$）
结构四	$N_1\ N_2\ N_3\ N_4\ N_5\ N_6\ N_7\ N_8\ N_9\ N_{10}$	$X_{11} \cdots X_j$ （$j \leqslant 30$）

全球单个资产代码的厂商识别代码由中国物品编码中心分配和管理，单个资产参考代码由获得厂商识别代码的资产所有者负责编制。全球单个资产代码可用于各参与方对资产的追溯。例如，飞机零部件追溯过程的全球单个资产代码采用表 2－15 规定的结构一，该飞机制造厂的厂商识别代码为 6901234，该厂分配给某飞机零部件的单个资产参考代码为 001S1A1C1008，则其全球单个资产代码为 6901234001S1A1C1008。用 UCC/EAN-128 条码符号表示全球单个资产代码时，该代码应与全球单个资产的应用标识符（AI）（8004）一起使用，见图 2－8。

图 2－8　某飞机制造厂飞机零部件全球单个资产代码应用示例

5. 全球服务关系代码（GSRN）

全球服务关系代码是指在商品条码系统中，用来标识服务关系中服务对象的全球统一的代码。一般是由服务提供方为任一特定的服务关系分配一个唯一的标识代码，它用于存储和提供给服务接受方有关的服务数据。例如在患者注册时，作为服务提供方的医院可使用 GSRN 为患者分配区别于其他医疗机构服务的唯一代码，在患者住院期间的每个阶段和移动中，GSRN 都被读取并记录在数据库中，以确保患者的安全和可追溯。GSRN 可用于图书馆图书借阅管理、医院住院患者管理、俱乐部会员管理、服务合同管理等。

全球服务关系代码由厂商识别代码、服务对象代码和校验码三部分组成。它是 18 位数字代码，具有四种代码结构，见表 2－16。

表 2－16　全球服务关系代码结构

结构种类	厂商识别代码	服务对象代码	校验码
结构一	$X_1X_2X_3X_4X_5X_6X_7$	$X_8X_9X_{10}X_{11}X_{12}X_{13}X_{14}X_{15}X_{16}X_{17}$	X_{18}
结构二	$X_1X_2X_3X_4X_5X_6X_7X_8$	$X_9X_{10}X_{11}X_{12}X_{13}X_{14}X_{15}X_{16}X_{17}$	X_{18}
结构三	$X_1X_2X_3X_4X_5X_6X_7X_8X_9$	$X_{10}X_{11}X_{12}X_{13}X_{14}X_{15}X_{16}X_{17}$	X_{18}
结构四	$X_1X_2X_3X_4X_5X_6X_7X_8X_9X_{10}$	$X_{11}X_{12}X_{13}X_{14}X_{15}X_{16}X_{17}$	X_{18}

其中，厂商识别代码为 7～10 位数字，由中国物品编码中心统一分配；服务对象代码为 7～10 位数字，由获得厂商识别代码的服务提供方负责编制并保证唯一性；校验码为 1 位数字。例如，名称为“XYZ”的图书馆（服务提供方）的厂商识别代码为 6901234，该图书馆分配给借阅者（服务对象）ABC 的服务对象代码为 5678912345，按规定计算方法算出的校验码为 5，则借阅者 ABC 的全球服务关系代码为 690123456789123455。在用 UCC/EAN-128 条码符号表示全球服务关系代码时，该代码应与全球服务关系的应用标识符（AI）（8018）一起使用，见图 2－9。

图 2－9　图书借阅证示意图

第 5 节　商品条码

一　商品条码及其应用

（一）商品条码的概念与类型

商品条码是由一组规则排列的条、空及其对应的供人识别字符组成的标识。具体地说，商品条码中条、空排列组合部分称为条码符号，其对应的供人识别字符也就是该条码表示的标识代码。条码符号具有操作简单、信息采集速度快、信息采集量大、可靠性高、成本低等特点。商品条码的基本构成如图 2－10 所示。

商品条码主要有 EAN/UPC，ITF-14，UCC/EAN-128 三种类型。其中 EAN/UPC 条码又有 EAN-13，EAN-8，UPC-A 和 UPC-E 四种类型。零售商品的条码标识主要采用 EAN/UPC 条码。非零售商品的条码标识主要采用 ITF-14 条码或 UCC/EAN-128 条码，

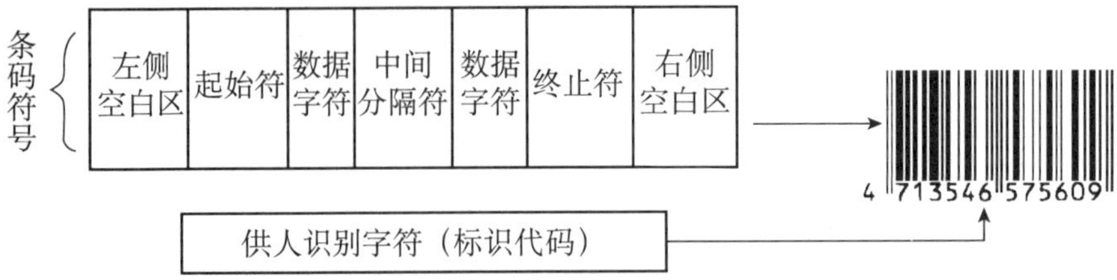

图 2-10　商品条码的基本构成

也可使用 EAN/UPC 条码。物流单元的条码标识主要采用 UCC/EAN-128 条码。厂商的物理位置、职能部门等位置的条码标识、服务关系的条码标识也都采用 UCC/EAN-128 条码。

商品条码与商品标识代码的对应关系如图 2-11 所示。

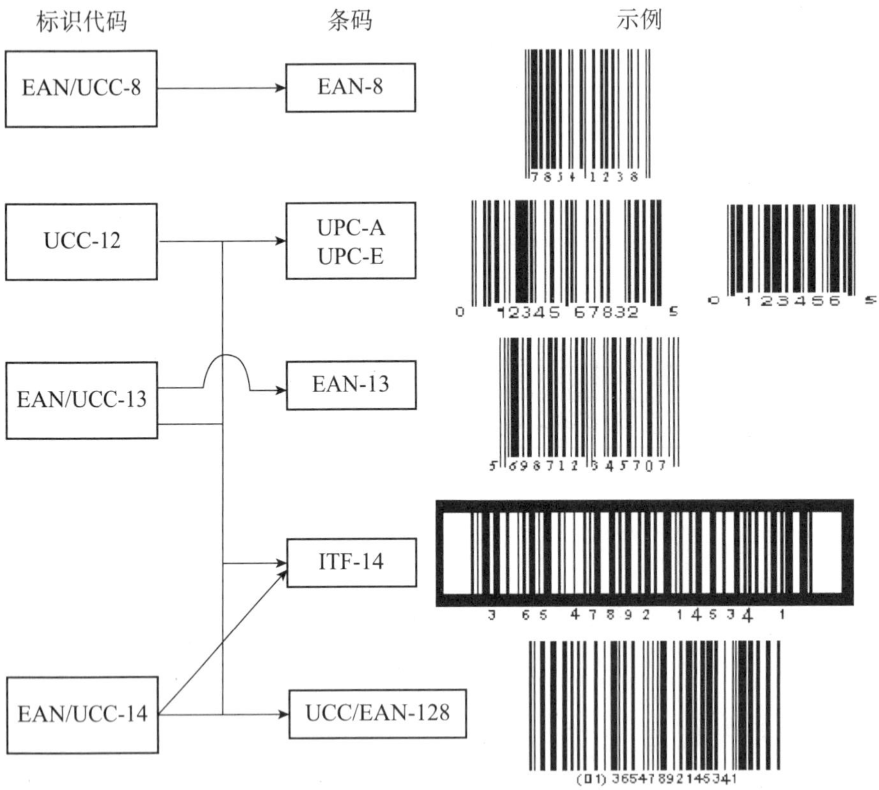

图 2-11　商品条码与商品标识代码的对应关系

选择何种条码符号是由各种不同代码自身特征所决定的。例如，EAN/UCC-8 这种代码只能用 EAN-8 条码符号来表示，UCC-12 代码可用 UPC-A 或 UPC-E 条码符号表示，EAN/UCC-13 代码只能用 EAN-13 条码符号表示，EAN/UCC-14 代码可用 ITF-14 或 UCC/EAN-128 条码符号表示。

商品条码一般直接印刷在商品包装容器或标签纸上（如烟、酒、饮料、食品、药品、洗涤用品等），或者制成挂牌悬挂在商品上（如眼镜、手工艺品、珠宝首饰、服装等），或者制成不干胶标贴贴在商品上（如化妆品、家用电器、油脂制品等）。

条码作为一种集光、机、电和计算机技术为一体的高新技术，提供了快速、准确地进行数据信息采集输入的有效手段，解决了计算机数据输入速度慢、错误率高等瓶颈难题，现已成为商品流通业、供应链管理特别是电子数据交换（EDI）和国际贸易的一个重要基础。

（二）商品条码的产生和发展

1973年，美国统一代码委员会（UCC）从若干条码候选方案中选定了IBM提出的Delta-Distance条码系统，以此为基础制定了通用产品代码和条码（UPC），并在食品杂货业首先进行UPC条码的应用尝试，接着在美国和加拿大超级市场成功推广应用。

1974年，英国、联邦德国、法国、意大利等欧洲12国的大型制造商和销售商代表决定成立欧洲条码系统筹备委员会。1977年，欧洲物品编码协会（European Article Numbering Association，EAN）正式成立。在吸取UPC条码技术的基础上，欧洲物品编码协会开发出了与UPC条码系统兼容的EAN条码系统，并在欧洲乃至除北美以外的各大洲推行普及且相当成功。EAN组织实际上已成为国际性组织，欧洲物品编码协会在1992年正式更名为国际物品编码协会（EAN International），仍简称EAN。

随着贸易全球化的发展，EAN与UCC两大组织也从分治、竞争走向了合作、联合。2002年11月，美国统一代码委员会和加拿大电子商务委员会正式加入EAN，并宣布从2005年1月1日起，EAN条码也能在北美地区正常使用，且美国、加拿大新的条码用户将采用EAN条码标识商品。这标志着国际物品编码协会开始真正成为全球化的编码组织。2005年2月，该协会正式向全球发布了更名信息，将组织名称正式变更为GS1。

GS1的成立使一个以全球统一的编码体系为核心，集条码、射频识别等自动数据采集技术和电子商务数据交换等技术为一体的，服务于供应链管理的开放的标准体系（见图2-12）成为现实，创造了一个无缝的供应链流通环境，极大地促进了传统商务和电子商务的发展。

二　常用的商品条码与店内条码

（一）EAN/UPC条码

（1）EAN-13条码。EAN-13条码是用于表示EAN/UCC-13代码的条码标识，又称标准版EAN商品条码。它主要用于零售商品或非零售商品的标识。EAN-13条码是由其上部的条码符号及其下部的供人识别字符（EAN/UCC-13代码）两部分组成，如图2-13虚线内所示。该条码符号是按照二进制和模块组配法原理进行编码的。组成EAN-13条码符号的条或空的基本单位是模块，当放大系数为1.00时，其标准宽度为0.33mm。一个标准宽度的“条”模块表示二进制的“1”，一个标准宽度的“空”模块表示二进制的“0”。EAN-13条码符号中，每个“条”或“空”分别由1～4个标准宽度不等的模块组

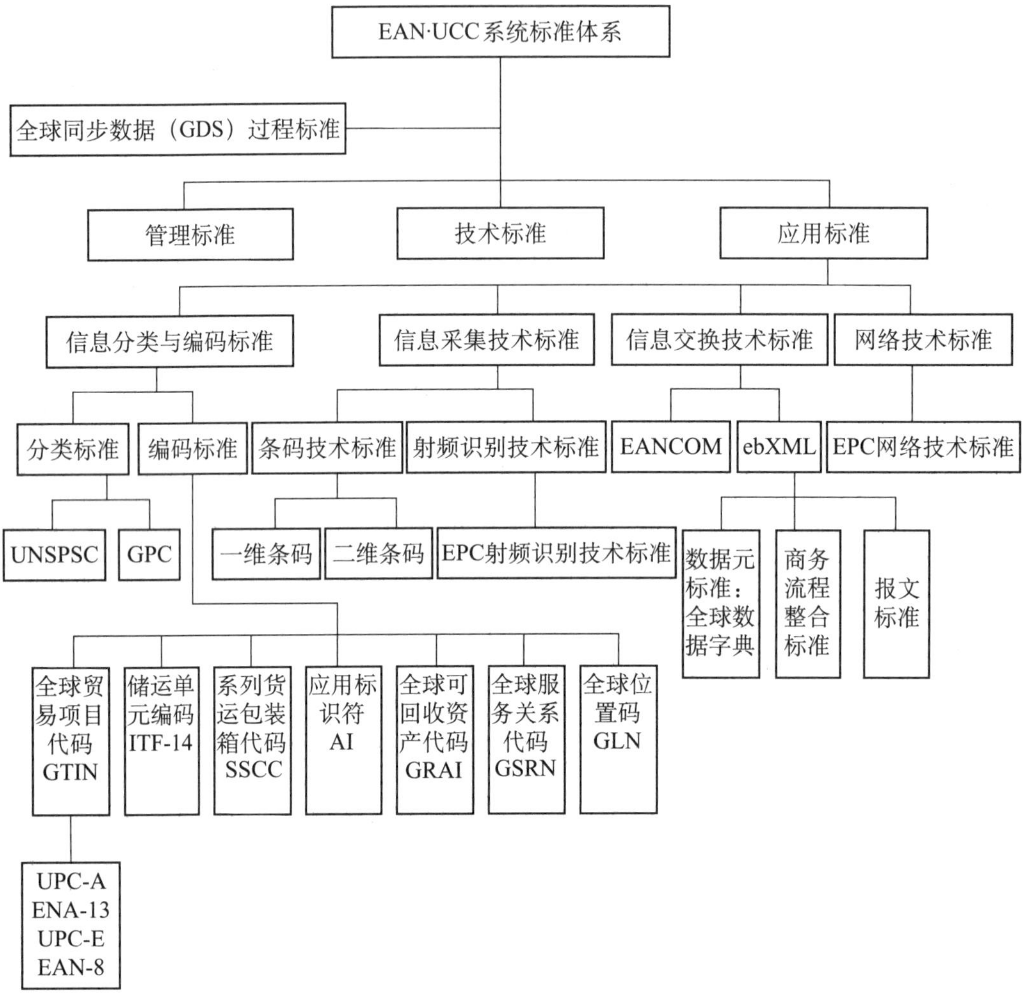

图2-12　全球统一标识系统（EAN·UCC系统）标准体系

成，如最窄的“条”或“空”仅由1个标准宽度的模块组成（二进制表示为1或0），最宽的“条”或“空”则由4个标准宽度的模块组成（二进制表示为1111或0000）。EAN条码的字符集为数字0～9，每个条码字符由不同宽度的2个“条”和2个“空”构成，总共由7个标准宽度的模块组成。例如，图2-13的左侧数据符中表示数字“2”的条码字符就是图2-14的右半图（0011011），也就是说，该条码字符的第1个“空”为2个标准宽度模块（二进制为00），第1个“条”为2个标准宽度模块（二进制为11），第2个“空”为1个标准宽度模块（二进制为0），第2个“条”为2个标准宽度模块（二进制为11），该条码字符共由7个标准宽度的模块组成。

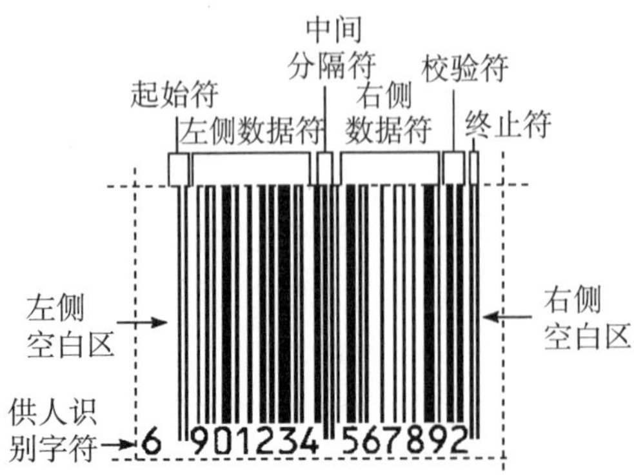

图2-13　EAN-13条码示例

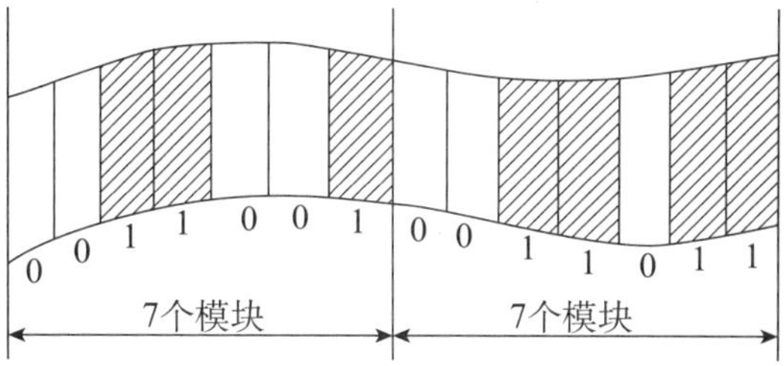

图 2－14　条码字符的构成示例

EAN 条码符号是由宽度不同的条与空按照特定的编码规则组合而成的。EAN-13 条码符号由左侧空白区、起始符、左侧数据符、中间分隔符、右侧数据符、校验符、终止符、右侧空白区 8 个部分共 113 个模块组成（见图 2－15），通过扫描识读，将其所含信息转换成计算机可识读的二进制信息。关于 EAN/UCC-13 代码结构，前面已作介绍。

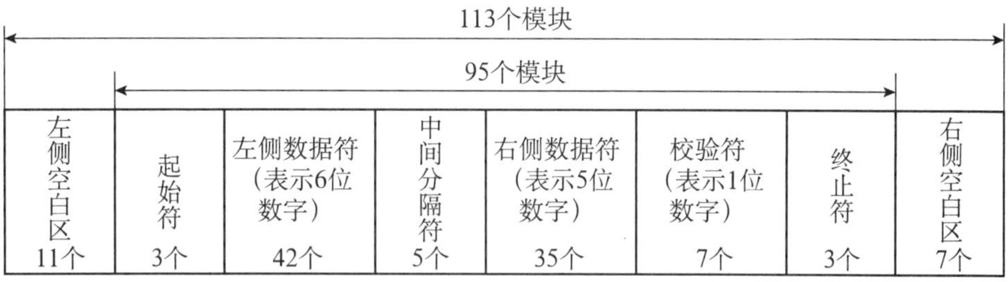

图 2－15　EAN-13 条码符号构成示意图

（2）EAN-8 条码。EAN-8 条码是用于表示 EAN/UCC-8 代码的条码标识，又称缩短版 EAN 商品条码，如图 2－16 虚线内所示。它主要应用于包装面积较小的贸易项目。由于缩短版条码不能直接表示生产厂家，只有在不得已时才使用它。其符号结构与 EAN-13 商品条码的符号结构基本相同，由左侧空白区、起始符、左侧数据符、中间分隔符、右侧数据符、校验符、终止符、右侧空白区 8 个部分共 81 个模块组成（见图 2－17）。它与 EAN-13 条码符号的区别在于压缩了左、右侧数据符及其条、空模块数量。

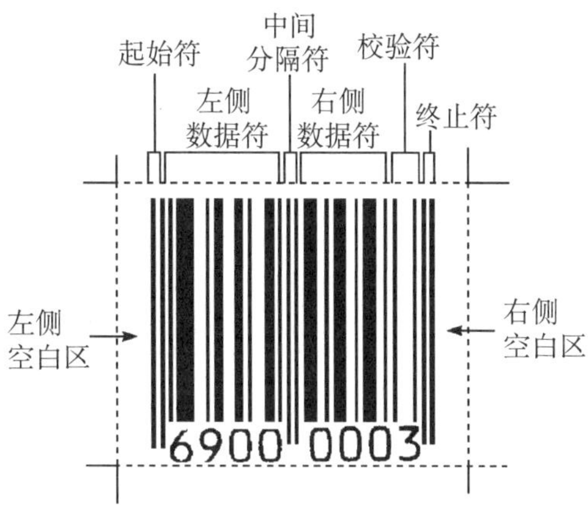

图 2－16　EAN-8 条码示例

（3）UPC-A 条码。UPC 条码与 EAN 条码完全兼容，也是一种模块组合型条码。

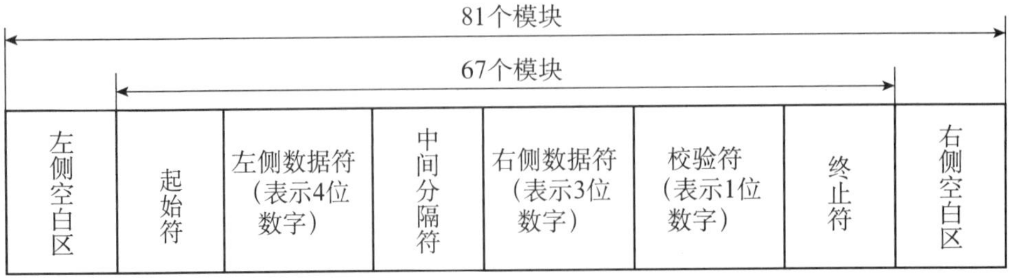

图 2-17　EAN-8 条码符号构成示意图

UPC-A 条码是 UPC 条码的标准版（如图 2-18 虚线内所示），它主要用于北美地区零售商品或非零售商品的标识。UPC-A 条码的供人识别字符是 UCC-12 代码，代码结构从左向右分成厂商识别代码（$N_1N_2N_3N_4N_5N_6$，其中 N_1 也是系统字符）、商品项目代码（$N_7N_8N_9N_{10}N_{11}$）和校验码（N_{12}）三部分。厂商识别代码由 UCC 分配给申请厂商，商品项目代码由厂商自行编码，校验码的计算方法与 EAN/UCC-13 代码的校验码的算法相同。UPC-A 条码的系统字符用来标识商品类别，其应用规则如表 2-17 所示。

图 2-18　UPC-A 条码示例

表 2-17　系统字符的应用规则

系统字符	应用范围	系统字符	应用范围
0，6，7	规则包装的一般商品	4	零售商自用的店内码
2	不规则重量的变量商品	5	商家的代金券
3	药品及医疗用品	1，8，9	备用码

UPC-A 条码符号由左侧空白区、起始符、左侧数据符、中间分隔符、右侧数据符、校验符、终止符和右侧空白区 8 个部分组成，共 113 个模块，但其在各部分的分布与 EAN-13 条码不同。

（4）UPC-E 条码。UPC-E 条码是北美地区使用的 UPC 条码的缩短版（见图 2-19），其代码的系统字符 N_1 总是为零，也就是说只有系统字符为零的 UPC-A 条码才能转换成 UPC-E 条码。UPC-E 条码的代码由 8 位数字构成，其系统字符 N_1 和校验码 N_8 分别位于起始符和终止符的外侧，中间的 6 位数字 $N_2N_3N_4N_5N_6N_7$ 为商品项目代码，是按规则去除 UPC-A 条码所表示的 UCC-12 代码中的零而得到的。UPC-E

条码符号没有中间分隔符。只有当商品或其包装很小，无法印刷 UPC-A 条码时，才允许使用 UPA-E 条码。

系统字符→0 896003 9←校验码

图 2-19　UPC-E 条码示例

（二）ITF-14 条码

ITF-14 条码是表示 EAN/UCC-14 代码的条码标识，只用于标识非零售商品。ITF-14 条码对印刷精度要求不高，较适合直接印于瓦楞纸或纤维板的储运包装箱上，故也称“箱码”。

ITF-14 条码符号由矩形保护框、左侧空白区、起始符、7 对数据符、终止符、右侧空白区组成（见图 2-20）。

① ② ③ ④ ⑤ ⑥

1 54 00141 28876 3

①——矩形保护框
②——左侧空白区
③——起始符
④——7对数据符
⑤——终止符
⑥——右侧空白区

图 2-20　ITF-14 条码示例

（三）UCC/EAN-128 条码

UCC/EAN-128 条码是 EAN · UCC 系统中唯一可用于表示附加信息（如产品批号、规格、数量、生产日期、有效日期等）的非定长条码，主要用于非零售贸易项目、物流单元的标识，也可用于服务、位置的标识。UCC/EAN-128 条码允许表示可变长度的数据，并且能将若干信息编码在一个条码符号中。SSCC 和相关的 EAN · UCC 应用标识符以及附加信息数据都可用它表示。

UCC/EAN-128 条码是由条码符号及其所表示的供人识别字符（应用标识符、非零售贸易项目的 EAN/UCC-14 代码或货运单元的 SSCC-18 代码及其他附加信息数据）组成，如图 2－21 所示。

（1）不含附加信息数据的UCC/EAN-128条码

（2）储运单元、货运单元的UCC/EAN-128条码

图 2－21　UCC/EAN-128 条码示例

UCC/EAN-128 条码符号，从左至右由 6 个部分组成：左侧空白区、双字符起始图形（起始符 Start A 或 Start B 或 Start C 和功能字符 FNC1 组成）、数据字符（包括应用标识符）、校验符、终止符、右侧空白区。起始符 Start A 或 Start B 或 Start C 的选择决定了条码符号所用的数据字符集分别是字符集 A 或字符集 B 或字符集 C。功能字符 FNC1 用于标

识 EAN · UCC 系统。

|知识应用 2-3|　　食品安全追溯

近年来国内外食品安全事件不断发生，引起各国政府、企业和消费者的共同关注。追溯作为保障食品安全的一种重要手段，受到各国政府、行业组织和企业的高度重视。

自 2000 年开始，中国物品编码中心开展对国内外的追溯政策、法规和标准的技术跟踪与研究，把追溯概念引入中国，经过十几年的努力，在标准制定、项目建设、应用推广等方面都取得了一定成绩，承担了《重要产品追溯 追溯码编码规范》等多个追溯国家标准和行业标准的制订工作，建成国家食品（产品）安全追溯平台，开展对外追溯合作，有效地推进了我国追溯体系的建设和完善。

2012 年中国物品编码中心承担国家发改委批准实施的国家重点食品质量安全追溯物联网应用示范工程，建成国家食品（产品）安全追溯平台，实现了上亿种产品的责任主体追溯和 3 000 多家企业的产品过程追溯。

中国物品编码中心还加强了与国家市场监督管理总局、商务部等部委和地方政府的沟通与合作，推动 GS1 标准在国内政府主导的食品安全追溯平台上的广泛应用；在全国建立了 100 多个蔬菜水果、水产品、加工食品等追溯应用示范；参与食品安全追溯建设项目；开展对外追溯合作，为我国追溯体系建设提供有力支持。

（1）基于 GS1 标准（商品条码）的追溯技术。

当前全球供应链长且复杂，全供应链追溯面临诸多挑战，为了实现端到端的全供应链追溯，不同追溯系统之间必须具有互操作性。GS1 标准作为全球通用的商务语言，用于自动准确地标识、采集和共享信息，从而确保产品、服务和信息每天在世界各地的供应链中高效安全地移动，为互操作性提供基础。目前 GS1 标准已在全球 150 多个国家和地区的 200 多万家企业成功应用 40 多年，全球有 60 多个国家和地区采用 GS1 标准进行追溯。

GS1 作为国际非营利的标准化组织，自 2000 年左右便开始研究如何采用全球统一的编码标识体系 GS1 标准来帮助企业建立有效的追溯体系，以满足政府合规的要求、商业需求和自身管理的需求等。截至目前，GS1 已经制订了《GS1 全球追溯标准》和《GS1 全球追溯关键控制点和一致性准则》等标准，制订了生鲜果蔬、肉禽和鱼类等行业追溯指南，为政府和企业建立追溯体系提供借鉴。

基于 GS1 标准的追溯技术，是采用 GS1 标准对追溯对象、追溯参与方和位置等进行编码和标识，并通过 GDSN（全球数据同步）、EDI（电子数据交换）、EPCIS（电子产品代码信息服务）等实现主数据、交易数据和物理事件数据的交换。一旦出现食品安全问题，能够快速准确地查出食品问题出现的环节，直至追溯到生产源头，从而确保食品撤回和召回的高效性和准确性，为政府产品质量监管提供有效手段，最大限度地降低企业的损失，保护消费者利益。

（2）8 个步骤帮助企业建立有效的追溯体系。

第 1 步：掌握相关知识。着手收集、研究相关资料，深入了解最新的追溯标准、解决方案、实施步骤和成功案例，选择合适的服务咨询机构和追溯技术。

第 2 步：分析自身情况。对内部运营情况以及外部环境进行分析，会涉及法律法规、合同合约、合作伙伴的商业需求和消费者需求等。综合考虑各种因素，决定企业如何开展追溯项目。

第3步：建立工作框架。追溯的实施需要多部门加入。建立工作组，明确企业内外部各参与方及其责任，制定工作计划。

第4步：分析追溯业务需求和环境。根据成本、自身管理需求等明确追溯范围、追溯模型、追溯要求（比如确定追溯到托盘、包装箱、批次还是单品级别）等。确定追溯系统的目标、实施架构和实施期限，分析业务流程，梳理产品流和信息流，包括输入、输出、内部流程及三者间的关联，确定与追溯参与方所交换产品的类型。

第5步：设计追溯系统。确定关键控制点和操作流程中需要控制的要素；选择合适的编码标识、数据采集和共享技术；制定详细的实施工作分解计划和时间表；设计并实施电子信息系统。

第6步：构建追溯系统。执行差距分析，建立追溯系统的组件，并选择参与方进行试点。

第7步：部署和使用追溯系统。按计划实施追溯系统，编制文件和培训，并解决追溯系统的实施和维护问题。

第8步：追溯系统持续改进。必须提供监控和维护程序，定期进行常规的内部测试，以保持追溯系统的持续性高质量。

资料来源：中国物品编码中心，http：//www. ancc. org. cn/Application/FoodSafety. aspx.

（四）店内条码

我国标准《商品条码 店内条码》（GB/T 18283—2008）将店内条码定义为："前缀码为20～24的商品条码，用于标识商店自行加工店内销售的商品和变量零售商品。注：8位店内条码的前缀码为2。"

我国对店内条码的使用有严格的规定，其中《商品条码管理办法》第二十二条规定："销售者应当积极采用商品条码。销售者在其经销的商品没有使用商品条码的情况下，可以使用店内条码。店内条码的使用，应当符合国家标准《商品条码 店内条码》（GB/T 18283—2008）的有关规定。生产者不得以店内条码冒充商品条码使用。"通常店内条码只能用于商店内部自动化管理系统，不能对外流通。

店内条码的编码按照其码位可分为13位代码（标准码）和8位代码（缩短码）两类。其中13位代码又分为"不包含价格等信息的13位代码"（PLU-13代码）、"包含价格等信息的13位代码"（NON PLU-13代码）两种类型。当设备扫描到标识PLU-13代码的店内条码时，通常由计算机将存在商品主档的价格检索出来，这类店内条码主要用于销售量大的商品。标识NON PLU-13代码的店内条码，因已含有商品价格，故多用于以基本计量单位计价的商品。

（1）不包含价格等信息的13位代码。PLU-13代码由前缀码、商品项目代码和校验码组成，其结构见表2-18。

表 2－18　不包含价格等信息的 13 位代码结构

前缀码	商品项目代码	校验码
$X_{13}X_{12}$	$X_{11}X_{10}X_9X_8X_7X_6X_5X_4X_3X_2$	X_1

①前缀码：$X_{13}X_{12}$ 为前缀码，其值为 20～24。

②商品项目代码：X_{11}～X_2 为商品项目代码，由 10 位数字组成，由商店自行编制。

③校验码：X_1 为校验码，为 1 位数字，根据前 12 位计算得到，用于检验整个代码的正误。

(2) 包含价格等信息的 13 位代码。NON PLU-13 代码由前缀码、商品种类代码、价格或度量值的校验码、价格或度量值代码及校验码 5 部分组成。其中，价格或度量值的校验码可以缺省。包含价格等信息的 13 位代码共分为 4 种结构，如表 2－19 所示。

表 2－19　包含价格等信息的 13 位代码结构

结构种类	前缀码	商品种类代码	价格或度量值的校验码	价格或度量值代码	校验码
结构一	$X_{13}X_{12}$	$X_{11}X_{10}X_9X_8X_7X_6$	无	$X_5X_4X_3X_2$	X_1
结构二	$X_{13}X_{12}$	$X_{11}X_{10}X_9X_8X_7$	无	$X_6X_5X_4X_3X_2$	X_1
结构三	$X_{13}X_{12}$	$X_{11}X_{10}X_9X_8X_7$	X_6	$X_5X_4X_3X_2$	X_1
结构四	$X_{13}X_{12}$	$X_{11}X_{10}X_9X_8$	X_7	$X_6X_5X_4X_3X_2$	X_1

①前缀码：$X_{13}X_{12}$ 为前缀码，其值为 20～24。

②商品种类代码：由 4～6 位数字组成，用于标识不同种类的零售商品，由商店自行编制。

③价格或度量值代码：由 4～5 位数字组成，用于表示某一具体零售商品的价格或度量值信息。

④价格或度量值的校验码：结构三和结构四包含价格或度量值的校验码，为 1 位数字，根据价格或度量值代码的各位数字计算得到，用于检验整个价格或度量值代码的正误。

⑤校验码：X_1 为校验码，为 1 位数字，根据前 12 位计算得到，用于检验整个代码的正误。

(3) 8 位代码。8 位代码由前缀码、商品项目代码和校验码组成，其结构见表 2－20。

表 2－20　店内条码的 8 位代码结构

前缀码	商品项目代码	校验码
2	$X_7X_6X_5X_4X_3X_2$	X_1

①前缀码：由 1 位数字组成，其值为 2。

②商品项目代码：X_7～X_2 为商品项目代码，由 6 位数字组成，由商店自行编制。

③校验码：X_1 为校验码，为 1 位数字，根据前 7 位计算得到，用于检验整个代码的正误。

(4) 店内条码的符号表示和要求。店内条码的符号表示和要求与商品条码 EAN-13 相同，见 GB 12904 相应条款。

|知识应用 2-4|　　射频识别技术在日常生活中的应用

射频识别（RFID）技术，又称电子标签，是自动识别技术的一种。RFID的技术原理起源于第二次世界大战时期，盟军利用无线电数据技术来识别敌我双方的飞机和军舰。战后，随着芯片和电子技术的提高和普及，欧洲率先将RFID技术应用到公路收费等民用领域。到21世纪初，RFID在民用领域的价值开始得到世界各国的广泛关注，特别是在西方发达国家，RFID技术大量应用于门票防伪、生产自动化、门禁、公路收费、停车场管理、身份识别、货物跟踪等领域。21世纪初，RFID进入中国，很快得到政府的大力支持，2006年6月，中国发布了《中国射频识别（RFID）技术政策白皮书》，目前中国已经初步形成了从标签及设备制造到软件开发集成等一个较为完整的RFID产业链。

RFID的工作原理是：标签进入磁场后，如果接收到阅读器发出的特殊射频信号，就能凭借感应电流所获得的能量发送出存储在芯片中的产品信息，或者主动发送某一频率的信号，阅读器读取信息并解码后，送至中央信息系统进行有关数据处理。

当然，表面看起来射频识别技术与条码很相似，但射频识别技术与条码其实是两种不同的技术，有不同的适用范围。两者最大的区别是：条码是可视技术，扫描仪在人的指导下工作，只能接收它视野范围内的条码，相比之下，射频识别不要求看见目标，只要在接收器的作用范围内就可以被读取。条码本身还有其他缺点，如果标签被划破、污染或脱落，扫描仪就无法辨认目标。条码只能识别生产者和产品，不能辨认具体的商品，贴在同一种产品包装上的条码都一样，无法辨认哪些产品先过期。射频标签的芯片内存有产品的详细信息：产品的名称、产地、材料、批次、生产日期以及产品有效期等。

射频识别是一种非接触式的自动识别技术，这也是其重要的优点之一，它能穿透雪、雾、冰、涂料、尘垢和条码无法使用的恶劣环境阅读标签，并且阅读速度极快，大多数情况下不到100毫秒。通过射频信号自动识别目标对象并获取相关数据，识别工作无须人工干预，可在各种恶劣环境下工作。RFID技术还可识别高速运动的物体并可同时识别多个标签，操作快捷方便，故大量运用于流程跟踪和维修跟踪等交互式业务。

目前射频识别普遍运用于物流和供应链管理、生产制造和装配、航空行李处理、邮件/快递包裹处理、文档追踪/图书馆管理、动物身份标识、运动计时、门禁控制/电子门票、道路自动收费、一卡通等。相信在不久的将来射频识别技术在我们的日常生活中会发挥更重要的作用！

资料来源：百度文库，http：//wenku. baidu. com/view/32c29c3d10661ed9ad51f3fd. html.

第6节　商品目录与商品分类编码标准

一　商品目录

商品目录是指在商品分类和编码的基础上，用表格、文字、数码和/或字母等全面记录商品分类体系和编排顺序的文件形式。具体来说，商品目录就是由国际组织或国家或行业或企业依据商品分类编码的要求，对所管理的商品种类用一定的书面形式，并经过一定程序固定下来的商品总明细表。

商品目录一般包括商品名称及计量单位、商品代码（或编号）和商品分类体系三部分，因此商品目录又叫商品分类目录。编制商品目录的工作也属于商品分类。

商品目录是商品分类的具体表现，只有根据商品分类原则编制的商品目录才能使各类商品眉目清楚，有利于商品管理的科学化、信息化、高效化。由于编制商品目录的主体、目的、对象、内容不同，商品目录也各式各样。

根据商品目录不同的适用范围，商品目录可分为国际商品目录、国家商品目录、行业（部门）商品目录、企业商品目录四类。

（一）国际上通行的商品目录

目前，国际上公认和广泛采用的国际商品分类目录主要有：世界海关组织制定的《商品名称及编码协调制度》（The Harmonized Commodity Description and Coding System，HS）、联合国统计司组织制定的《国际贸易标准分类》（Standard International Trade Classification，SITC）、联合国统计司与原欧共体统计部门共同制定的《主要产品分类》（Center Product Classification，CPC）、国际公约《尼斯协定》的《商标注册用商品和服务国际分类表》（International Classification of Goods and Service for the Purpose of the Registration of Marks）等。

（二）国家商品目录

国家商品目录是指由国家指定专门机构编制和发布的在各行业中实行分类统一指导的全国性商品（产品、物资）目录。如我国《全国主要产品分类与代码》（GB/T 7635—2002），美国的《联邦物资编目系统》，日本的《商品分类编码》等，就属于此类商品目录。

（三）行业（部门）商品目录

它是指由行业或其主管部门组织编制并发布的为该行业（部门）所采用的商品目录。如我国商务部发布的国内贸易行业标准《小商品分类与代码》（SB/T 10454—2008），原国家质检总局、海关总署编制的《出入境检验检疫机构实施检验检疫的进出境商品目录》，海关总署编制的《中华人民共和国海关统计商品目录》，国家税务总局发布的《商品和服务税收分类与编码》，国家统计局发布的《统计上使用的产品分类目录》等。

（四）企业商品目录

企业商品目录是指由商品生产、储运、批发、零售和服务性企业自行编制的，通常仅适用于本企业生产经营管理需要的商品目录。例如，零售企业的商品目录包括全部商品目录和必备商品目录两种。全部商品目录是零售企业制定的应该经营的全部商品种类目录。必备商品目录是零售企业制定的经常必备的最低限度商品品种目录。必备商品目录不包括企业经营的全部商品种类，只包括其中的主要部分。必备商品目录是按照商品大类、中类、小类顺序排列的。每一类商品都必须明确标出商品的品名和具体特征。必备商品目录确定以后，再根据顾客的特殊需要和临时需要加以补充与完善，便成了零售企业全部商品目录。

上述商品目录使用范围不同，但也存在密切的联系。国家商品目录应考虑与国际商品目录的协调，以便于信息交流和处理。同样道理，行业（部门）或企业商品目录的编制也必须符合国家商品目录的分类原则和指导思想，并在此基础上结合本行业（部门）和本企业的业务需要，进行适当的细分和补充。

各类商品目录应相对稳定，以使各类信息具有可比性、稳定性，这样有利于协调各行业（部门）、各企业、各环节的工作。商品目录并不是一成不变的，应随着商品生产和商品经济的发展予以适时修订，这样才能发挥商品目录在商品流通活动中的作用。

二 重要的国内外商品分类编码标准

（一）《国际贸易标准分类》（SITC）

1950年联合国统计司公布了由它组织制定的《国际贸易标准分类》（SITC）。SITC是主要用于国际贸易统计的商品分类目录。SITC于1960年和1975年进行了两次修订。联合国自1976年开始按照SITC编制国际贸易的统计资料。1986年SITC第三次修订版（SITC Rev. 3）问世。1988年SITC与HS（《商品名称及编码协调制度》）一起在国际范围内正式实施。2006年，联合国又公布了SITC第四次修订版（SITC Rev. 4）。

目前SITC的分类对象仅限于可运输的有形商品，未涉及不可运输的服务、资产类商品，只用于国际贸易中可运输商品的专门统计。SITC选用的分类标志主要有：商品的特性及原材料、工艺过程和加工处理程度、市场需求情况和用途、在国际贸易中的重要性以及技术发展等，并兼顾了产业源的原则。

SITC的编码结构采用五位阿拉伯数字的层次码表示，第一位数字表示部类，前两位数字表示类，前三位数字表示组，前四位数字表示分组，若再细分，五位数字表示分出的基本项目。该分类目录将商品分为10部门、68类、262组、1 023个分组和2 970个基本目。《国际贸易标准分类》第四次修订版的部门、类的两级类目及其名称见表2-21。

表2-21 《国际贸易标准分类》第四次修订版（SITC Rev. 4）

第0部门　食品和活动物	第1部门　饮料及烟草
第00类　活动物，第03类动物除外	第11类　饮料
第01类　肉及肉制品	第12类　烟草及烟草制品
第02类　乳制品和禽蛋	第2部门　非食用原料（不包括燃料）
第03类　鱼（非海洋哺乳动物）、甲壳动物、软体动物和水生无脊椎动物及其制品	第21类　生皮及生毛皮
	第22类　油籽及含油果实
	第23类　生胶（包括合成胶及再生胶）
第04类　谷物及谷物制品	第24类　软木及木材
第05类　蔬菜及水果	第25类　纸浆及废纸
第06类　糖、糖制品及蜂蜜	第26类　纺织纤维（不包括毛条及其他精梳毛条）及其废料（未加工成纱或织物的）
第07类　咖啡、茶、可可、香料及其制品	
第08类　牲畜饲料（不包括未碾磨谷物）	第27类　粗肥料，第56类所列的除外，及原矿物（煤、石油及宝石除外）
第09类　杂项食品及其制品	

续表

第 28 类　金属矿及金属屑 第 29 类　未另列明的动物及植物原料 第 3 部门　矿物燃料、润滑油及有关原料 第 32 类　煤、焦炭及煤砖 第 33 类　石油、石油产品及有关原料 第 34 类　天然气及人造气 第 35 类　电流 第 4 部门　动植物油、脂和蜡 第 41 类　动物油脂 第 42 类　未加工的、已提炼的或精致的非挥发性植物油脂 第 43 类　已加工的动植物油脂，未列明的不适宜食用的动植物蜡及动植物油脂的混合物或产品 第 5 部门　未另列明的化学品和有关产品 第 51 类　有机化学品 第 52 类　无机化学品 第 53 类　染料原料、鞣料及色料 第 54 类　医药品 第 55 类　香精油和香膏及香料；盥洗用品及光洁用品 第 56 类　肥料（第 27 类所列除外） 第 57 类　初级形状的塑料 第 58 类　非初级形状的塑料 第 59 类　未另列明的化学原料及其产品 第 6 部门　主要按原料分类的制成品 第 61 类　未另列明的皮革和皮革制品，以及裘皮 第 62 类　未另列明的橡胶制品 第 63 类　软木及木材制品（家具除外） 第 64 类　纸、纸板以及纸浆、纸和纸板的制品 第 65 类　纺织纱（丝）、织物，未另列明的成品及有关产品	第 66 类　未另列明的非金属矿产品 第 67 类　钢铁 第 68 类　有色金属 第 69 类　未另列明的金属制品 第 7 部门　机械及运输设备 第 71 类　动力机械及设备 第 72 类　特种工业专用机械 第 73 类　金属加工机械 第 74 类　未另列明的通用工业机械和设备及其未另列明的机器零件 第 75 类　办公用机器及自动数据处理设备 第 76 类　电信、录音及重放装置和设备 第 77 类　未另列明的电力机械、装置和器械及其电器配件（包括家用电气设备的未另列明的非电动部件） 第 78 类　陆用车辆（包括气垫式车辆） 第 79 类　其他运输设备 第 8 部门　杂项制品 第 81 类　预制建筑物，未另列明的卫生、水道、供暖和照明设备及配件 第 82 类　家具及其零件：床上用品、床垫、床垫支架、软垫及类似填制的家具 第 83 类　旅行用品、手提包及类似容器 第 84 类　各种服装和服饰用品 第 85 类　鞋类 第 87 类　未另列明的专业、科学及控制用仪器和装置 第 88 类　未另列明的摄影仪器、设备和材料以及光学产品 第 89 类　未另列明的杂项制品 第 9 部门　《国际贸易标准分类未另分类》的其他商品和交易 第 91 类　未按品种分类的邮包 第 93 类　未按品种分类的特殊交易和商品 第 96 类　非合法货币的铸币（金币除外） 第 97 类　非货币用黄金（金矿砂及精矿除外）

(二)《商品名称及编码协调制度》(HS)

《商品名称及编码协调制度》(HS) 是原海关合作理事会（1994 年更名为世界海关组织）在《海关合作理事会商品分类目录》(CCCN) 和联合国的《国际贸易标准分类》(SITC) 的基础上，参照国际上主要国家的税则、统计、运输等分类目录，于 1983 年开始制定，1988 年批准实施的一个多用途的国际贸易商品分类目录。其应用方向是满足海关对外贸易统计和货运公司的需要，是税则目录和统计目录合一的商品分类目录，主要适用于国家间进出口商品的关税征收和统计，又称税则目录。该目录问世以来，已为 200 多个国家（地区）所采用，在国际贸易的关税、咨询和谈判、交流以及统计中广泛使用。

我国海关自 1992 年 1 月起开始采用 HS，使进出口商品归类工作成为我国海关最早实现与国际接轨的执法项目之一。1992年6月，我国海关总署代表中国政府正式签字成为《商品名称及编码协调制度公约》的缔约方。

商品名称及编码协调制度的国际公约建立了商品名称及编码协调制度委员会，一般每4～6年对《商品名称及编码协调制度》（HS）进行全面的重审和修订。目前HS已经历七个版本，分别是1988年、1992年、1996年、2002年、2007年、2012年和2017年版本。HS 2017版与HS 2012版相比，共有242组修订，主要关注环境保护、生态可持续发展、科学技术的新变化和国际贸易新业态的发展等方面。

HS的分类原则遵循一定的科学原理和规则，将商品按人们所了解的自然属性、生产部类和不同用途来分类排列，同时，还照顾了商业习惯和实际操作的可能。HS将国际贸易涉及的各种商品分为21类97章，每一章由若干品目构成，品目项下又细分出若干一级子目和二级子目。

我国海关采用的HS分类代码码位为10，前6位数是HS国际标准编码，第7、8两位数是根据我国关税、统计和贸易管理的需要加列的本国子目，同时，还根据代征税、暂定税率和贸易管制的需要对部分税号增设了第9、10位附加代码。2017年版HS的类、章两级类目及其名称见表2-22。

表2-22　2017年版《商品名称及编码协调制度》的类、章两级类目及其名称

类/章	名称
第1类	活动物，动物产品
第1章	活动物
第2章	肉及食用杂碎
第3章	鱼类、甲壳动物、软体动物及其他水生无脊椎动物
第4章	乳品；蛋品；天然蜂蜜；其他食用动物产品
第5章	其他动物产品
第2类	植物产品
第6章	活树及其他活植物；鳞茎、根及类似品；插花及装饰用簇叶
第7章	食用蔬菜、根及块茎
第8章	食用水果及坚果；柑橘属水果或甜瓜的果皮
第9章	咖啡、茶、马黛茶及调味香料
第10章	谷物
第11章	制粉工业产品；麦芽；淀粉；菊粉；面筋
第12章	含油子仁及果实；杂项子仁及果实；工业用或药用植物；稻草、秸秆及饲料
第13章	虫胶；树胶、树脂及其他植物液、汁
第14章	编结用植物材料；其他植物产品
第3类	动、植物油、脂及其分解产品；精制的食用油脂；动、植物蜡
第15章	动、植物油、脂及其分解产品；精制的食用油脂；动、植物蜡
第4类	食品；饮料、酒及醋；烟草及烟草代用品的制品
第16章	肉、鱼、甲壳动物、软体动物及其他水生无脊椎动物及其制品
第17章	糖及糖果
第18章	可可及可可制品
第19章	谷物、粮食粉、淀粉或乳的制品，糕饼点心
第20章	蔬菜、水果、坚果或植物其他部分的制品
第21章	杂项食品
第22章	饮料、酒及醋
第23章	食品工业的残渣及废料；配制的动物饲料
第24章	烟草、烟草及烟草代用品的制品

第 5 类　矿产品
第 25 章　盐；硫黄；泥土及石料；石膏料、石灰及水泥 第 26 章　矿砂、矿渣及矿灰 第 27 章　矿物燃料、矿物油及其蒸馏产品；沥青物质；矿物蜡
第 6 类　化学工业及其相关工业的产品
第 28 章　无机化学品；贵金属、稀土金属、放射性元素及其同位素的有机及无机化合物 第 29 章　有机化学品 第 30 章　药品 第 31 章　肥料 第 32 章　鞣料浸膏及染料浸膏；鞣酸及其衍生物；染料、颜料及其他着色料；油漆及清漆；油灰及其他类似胶粘剂；墨水、油墨 第 33 章　精油及香膏；芳香料制品及化妆盥洗品 第 34 章　肥皂、有机表面活性剂、洗涤剂、润滑剂、人造蜡、调制蜡、光洁剂、蜡烛及类似品、塑形用膏、牙科用蜡及牙科用熟石膏制剂 第 35 章　蛋白类物质；改性淀粉；胶；酶 第 36 章　炸药；烟火制品；火柴；引火合金；易燃材料制品 第 37 章　照相及电影用品 第 38 章　杂项化学产品
第 7 类　塑料及其制品；橡胶及其制品
第 39 章　塑料及其制品 第 40 章　橡胶及其制品
第 8 类　生皮、皮革、毛皮及其制品；鞍具及挽具；旅行用品、手提包及类似容器；动物肠线（蚕胶丝除外）制品
第 41 章　生皮（毛皮除外）及皮革 第 42 章　皮革制品；鞍具及挽具；旅行用品、手提包及类似容器；动物肠线（蚕胶丝除外）制品 第 43 章　毛皮、人造毛皮及其制品
第 9 类　木及木制品；木炭；软木及软木制品；稻草、秸秆、针茅或其他编结材料制品；篮筐及柳条编结品
第 44 章　木及木制品；木炭 第 45 章　软木及软木制品 第 46 章　稻草、秸秆、针茅或其他编结材料制品；篮筐及柳条编结品
第 10 类　木浆及其他纤维状纤维素浆；回收（废碎）纸或纸板；纸、纸板及其制品
第 47 章　木浆及其他纤维状纤维素浆；回收（废碎）纸或纸板 第 48 章　纸及纸板；纸浆，纸或纸板制品 第 49 章　书籍、报纸、印刷图画及其他印刷品；手稿、打字稿及设计图纸
第 11 类　纺织原料及纺织制品
第 50 章　蚕丝 第 51 章　羊毛、动物细毛或粗毛；马海毛纱线及其机织物 第 52 章　棉花 第 53 章　其他植物纺织纤维；纸纱线及其机织物 第 54 章　化学纤维长丝；化学纤维纺织材料制扁条及类似品 第 55 章　化学纤维短纤 第 56 章　絮胎、毡呢及无纺织物；特种纱线；线、绳、索、缆及其制品 第 57 章　地毯及纺织材料的其他铺地制品 第 58 章　特种机织物；簇绒织物；花边；装饰毯；装饰带；刺绣品

第59章　浸渍、涂布、包覆或层压的纺织物；工业用纺织制品 第60章　针织物及钩编织物 第61章　针织物或钩编的服装及衣着附件 第62章　非针织或非钩编的服装及衣着附件 第63章　其他纺织制成品；成套物品；旧衣着及旧纺织品；碎织物
第12类　鞋、帽、伞、杖、鞭及其零件；已加工的羽毛及其制品；人造花；人发制品
第64章　鞋靴、护腿和类似品及其零件 第65章　帽类及其零件 第66章　雨伞、阳伞、手杖、鞭子、马鞭及其零件 第67章　已加工羽毛、羽绒及其制品；人造花；人发制品
第13类　石料、石膏、水泥、石棉、云母及类似材料的制品；陶瓷产品；玻璃及其制品
第68章　石料、石膏、水泥、石棉、云母及类似材料的制品 第69章　陶瓷产品 第70章　玻璃及其制品
第14类　天然或养殖珍珠、宝石或半宝石、贵金属、包贵金属及其制品；仿首饰；硬币
第71章　天然或养殖珍珠、宝石或半宝石、贵金属、包贵金属及其制品；仿首饰；硬币
第15类　贱金属及其制品
第72章　钢铁 第73章　钢铁制品 第74章　铜及其制品 第75章　镍及其制品 第76章　铝及其制品 第77章　（保留为HS将来所用） 第78章　铅及其制品 第79章　锌及其制品 第80章　锡及其制品 第81章　其他贱金属、金属陶瓷及其制品 第82章　贱金属工具、器具、利口器、餐匙、餐叉及其零件 第83章　贱金属杂项制品
第16类　机器、机械器具、电气设备及其零件；录音机及放声机、电视图像、声音的录制和重放设备及其零件、附件
第84章　核反应堆、锅炉、机器、机械器具及其零件 第85章　电机、电气设备及其零件；录音机及放声机、电视图像、声音的录制和重放设备及其零件、附件
第17类　车辆、航空器、船舶及有关运输设备
第86章　铁道及电车道机车、车辆及其零件；铁道及电车道轨道固定装置及其零件、附件；各种机械（包括电动机械）交通信号设备 第87章　车辆及其零件、附件，但铁道及电车道车辆除外 第88章　航空器、航天器及其零件 第89章　船舶及浮动结构体
第18类　光学、照相、电影、计量、检验、医疗或外科用仪器及设备、精密仪器及设备；钟表；乐器；上述物品的零件、附件
第90章　光学、照相、电影、计量、检验、医疗或外科用仪器及设备、精密仪器及设备；上述物品的零件、附件 第91章　钟表及其零件 第92章　乐器及其零件、附件

第 19 类　武器、弹药及其零件、附件
第 93 章　武器、弹药及其零件、附件
第 20 类　杂项制品
第 94 章　家具；寝具、褥垫、弹簧床垫、软坐垫及类似的填充制品；未列名灯具及照明装置；发光标志、发光名牌及类似品；活动房屋 第 95 章　玩具、游戏品、运动用品及其零件、附件 第 96 章　杂项制品
第 21 类　艺术品、收藏品及古物
第 97 章　艺术品、收藏品及古物

（三）《主要产品分类》（CPC）

联合国统计司为了协调已用于各种目的的产品分类目录，并考虑到 HS 和 SITC 使用的局限性，产生了对全部产品进行统一分类的设想。1976 年联合国统计司批准了《活动和产品分类综合体系》（Integrated System of Classifications of Activities and Products），于 1977 年开始正式使用。此后十年里，联合国统计司和欧共体的统计部门成立了分类联合工作组，并举行了多次会议和一系列相关专家组会议，讨论发展一个包含货物和服务的新的完整的产品分类体系，称为"主要产品分类"。

联合国统计司在 1987 年第 24 届会议上讨论了第一个完整的 CPC 草案，在 1989 年第 25 届会议上讨论修改并通过了最终草案，定名为《暂行主要产品分类》（Provisional Center Products Classification，PCPC）。1991 年联合国出版了 PCPC。

PCPC 经过六年的使用实践，1997 年联合国统计司在第 29 届会议上讨论并通过了修改后的该目录，定名为《主要产品分类》（CPC 1.0 版），并取代 PCPC。1998 年 CPC 1.0 版正式公布使用。为了解决 CPC 1.0 版的不足之处，2002 年联合国统计司又对 CPC 1.0 版做了进一步增订，推出了 CPC 1.1 这一新订正版本。

CPC 吸取了 HS，SITC 和 ISIC Rev. 3（《国际标准产业分类》第三次修订版）中的分类原则，确保各种重要的国际商品（产品）分类目录和 ISIC 目录之间的协调一致与相互兼容。

CPC 涵盖了商品、服务和资产等全部产品的分类编码，适用于各种不同类型的数据处理和统计。

CPC 的分类原则是按产品的物理性质、加工工艺、用途等基本属性和产品的产业源来划分。其编码系统分五个层次，由五位数字组成，从左至右，第一位数字标识为各个大部类，编码为 0～9；第二位数字标识为部类（由前两位数识别），每个大部类下，可分成 10 个部类；第三位数字标识为大类（由前三位数识别），每个部类可分成 10 个大类；第四位数字标识为中类（由前四位数识别），每个大类进一步分成 10 个中类；第五位数字标识为小类（由五位数识别），每个中类可分成 10 个小类。从理论上讲，CPC 的全部编码系统可形成 65 610 个类目，实际上只使用了其中的 10 个大部类、71 个部类、294 个大类、1 162 个中类和 2 093 个小类，共有 3 630 个类目。由此可见，其编码系统还有很大的发展空间和扩充余地。

（四）《全国主要产品分类与代码》国家标准（GB/T 7635—2002）

国家标准《全国主要产品分类与代码》分为两个部分，即《全国主要产品分类与代码 第1部分：可运输产品》(GB/T 7635.1—2002) 和《全国主要产品分类与代码 第2部分：不可运输产品》(GB/T 7635.2—2002)。

GB/T 7635.1—2002与联合国统计司的CPC的可运输产品部分相对应，一致性程度为非等效。分类代码表由五大部类组成，如表2-23、表2-24所示。此部分采用层次码，依次为大部类、部类、大类、中类、小类和细类（见图2-4）。代码结构的前五层与联合国统计司的CPC相同，每层1位码，其内容采用了联合国统计司的CPC可运输产品的全部类目和代码（447“武器和弹药及其零件”除外），与联合国统计司的CPC的5位代码结构相对应；第六层是新增加的产品类目（细类），用3位码表示。分类代码表中共列入51 219个产品类目。

表2-23 《全国主要产品分类与代码 第1部分：可运输产品》的各大部类、部类的类目及名称

代码	名称	代码	名称
0大部类	农林（牧）渔业产品；中药	29	天然皮革、再生革和皮革制品及非皮革材料的同类制品、鞋
01	种植业产品	3大部类	除金属制品、机械和设备外的其他可运输物品
02	活的动物和动物产品	31	木（材）和木制品、软木制品、稻草、麦秆和缏条材料制品
03	森林产品和森林采伐产品	32	纸浆、纸和纸制品；印刷品和相关物品
04	鱼和其他渔业产品	⋮	⋮
06	中药	38	家具，其他不另分类的可运输物品
1大部类	矿和矿物；电力、可燃气和水	39	旧物、废弃物或残渣
11	无烟煤、烟煤和褐煤等煤；泥炭（包括煤加工产品等）	4大部类	金属制品、机械和设备
12	原油和天然气等	41	主要金属材料
⋮	⋮	42	除机械设备外的金属制品
16	其他矿物	⋮	⋮
2大部类	加工食品、饮料和烟草；纺织品、服装和皮革制品	49	交通运输设备
21	肉、水产品、水果、蔬菜、油脂类等加工品		
22	乳制品		
⋮	⋮		

表2-24 《全国主要产品分类与代码 第1部分：可运输产品》代码结构示例

代码						产品名称
2						加工食品、饮料和烟草；纺织品、服装和皮革制品
2	1					肉、水产品、水果、蔬菜、油脂类等加工品
2	2					乳制品
2	2	1				经处理的液体乳和奶油
2	2	1	1			经处理的液体乳
2	2	1	1	1		原味乳
2	2	1	1	1	011	全脂巴氏杀菌乳
2	2	1	1	1	012	部分脱脂巴氏杀菌乳

续表

代码						产品名称
2	2	1	1	1	013	脱脂巴氏杀菌乳
2	2	1	2			奶油
⋮	⋮	⋮	⋮	⋮	⋮	⋮
2	4					饮料
2	4	1				乙醇（发酵）、蒸馏酒、利口酒等配制酒和其他含酒精饮料
2	4	1	1			酒精浓度不低于 80%（体积分数）的未改性乙醇
2	4	1	2			任何浓度的改性乙醇和其他酒精
2	4	1	3			酒精浓度低于 80%的未改性乙醇、蒸馏酒、利口酒等配制酒和其他含酒精的饮料
2	4	1	3	1		酒精浓度低于 80%的未改性乙醇
2	4	1	3	2		蒸馏酒
2	4	1	3	2	011	大曲酒
2	4	1	3	2	012	小曲酒
2	4	1	3	2	013	麸曲酒
⋮	⋮	⋮	⋮	⋮	⋮	⋮
2	8					针织或钩编的织物（或品），服装及衣着附件针织或钩编的织物（或品）
2	8	1				针织或钩编的织物（或品）
2	8	2				服装及衣着附件
2	8	2	1			针织或钩编的连裤袜、紧身裤袜、长筒袜
2	8	2				中筒袜、短袜和其他袜子
2	8	2	2			针织或钩编的服装
2	8	2	2	1		针织或钩编的男式或男童套服、大衣、短大衣、上衣、夹克衫、长裤、短裤及类似服装
2	8	2	2	2		针织或钩编的男式或男童衬衫、内裤、睡衣裤、长袍及类似服装
2	8	2	2	2	011	针织或钩编的纯棉男式衬衫
2	8	2	2	2	012	针织或钩编的棉混纺男式衬衫
2	8	2	2	2	013	针织或钩编的纯毛男式衬衫
⋮	⋮	⋮	⋮	⋮	⋮	⋮

GB/T 7635.2—2002 与联合国统计司的 CPC 的服务、资产的部分相对应，一致性程度为非等效。该部分由五个部类组成，如表 2-25 所示。这部分也采用层次码，分别是部类、门类、大类、中类和小类，每层 1 位码，其代码结构如图 2-22 所示。

表 2-25　《全国主要产品分类与代码 第 2 部分：不可运输产品》的各部类及其名称

部类	名称
5 部类	无形资产；土地；建筑工程；建筑物服务
6 部类	经销业服务；住宿服务；食品和饮料供应部分；运输服务；公用事业；商品销售服务
7 部类	金融及有关服务；不动产服务；出租和租赁服务
8 部类	商务和生产服务
9 部类	社区、社会和个人服务

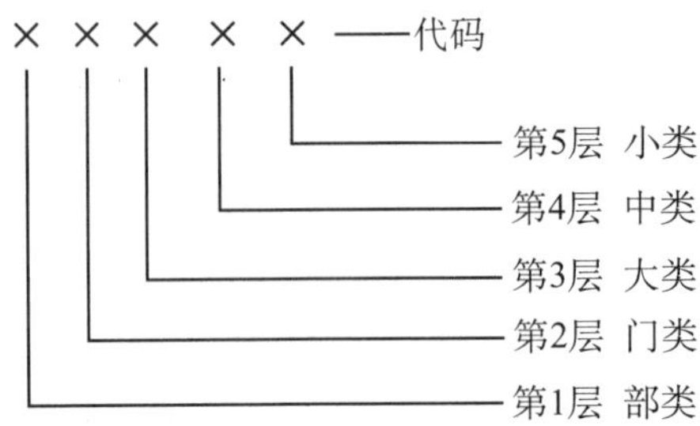

图2-22 《全国主要产品分类与代码 第2部分：不可运输产品》的代码结构

|知识应用2-5| 小商品分类标准：一个通向国际化的流通平台

虽然“义乌指数”已于2006年发布，但是对商品指数的精确度，负责发布指数信息的义乌商城集团市场发展服务分公司总经理助理成俊平一直有一个遗憾——发布指数的17类商品并没有经过系统的分类，也就是说，这些类别存在重复或遗漏的可能。

国际上尚没有一套专门针对小商品的分类标准。“随着小商品种类的累积增加，我们注意到义乌市场里已经出现了小商品名称不规范、归类混乱等现象，并且开始影响到生产、经营、流通和出口等环节。”成俊平说。在义乌经商多年的商人高龙龙在采购商品时遇到了困惑，“像这样精美的餐具，在这里要到工艺品区才能找到。”高龙龙告诉记者，由于语言和文化上的差异，欧美和阿拉伯地区的客商在商品分类上遇到的问题还要更多。

“为了保证市场持续发展，规范市场管理，我们急需一套关于小商品的分类标准。”在义乌商城集团市场发展服务分公司总经理胡志龙手中，记者看到了一本《小商品分类与代码》。这本由浙江中国小商品城集团股份有限公司起草，中商流通生产力促进中心负责研究和编制的分类标准，历时两年时间编制完成，其间得到了商务部、海关总署、国家统计局、清华大学等的支持。2008年7月，商务部批准并发布了国内贸易行业标准《小商品分类与代码》(SB/T 10454-2008)，并于2008年11月开始执行。

《小商品分类与代码》将目前市场上的小商品按照属性划分为16个大类、9 105个子类、6个级层，基本上囊括了目前所有的小商品品种，同时也为新品种的增加留出了编码空间。比如在编码中，儿童开裆裤的一级分类为服装类，二级分类为儿童服装，三级分类为裤子，四级分类为开裆裤，编号为09010101，这个编码之下还要分为四类，分别是纯棉、纯麻、纯丝和其他。

据中商流通生产力促进中心主任、《小商品分类与代码》编制组组长刘普合介绍，此次发布的《小商品分类与代码》采用联合国统计司编制的《主要产品分类》(CPC)的思想，在分类标志的选择上，以材质、加工工艺、产品用途等属性作为主要分类标志。“但是我们编制的分类相比更加细致。”刘普合为记者举了一个例子：CPC中的“伞”与“手杖”“纽扣”等产品合为一个类目，代码为3892，《小商品分类与代码》则对“伞”进行了细分，包括工艺伞、直杆伞、二折伞、三折伞、沙滩伞、其他伞具、伞具配件、伞柄、伞骨、伞珠、其他伞具配件等。

“对于正在经历转型的义乌市场来说，《小商品分类与代码》的编写意义重大。”义乌市委书记吴蔚荣表示，“目前在世界上，没有一个地方能像义乌一样，聚集这么多的小商品，而及早掌握小商品分类的话语权，对外国客商在中国的小商品采购具有重要的参考意义，将极大加快义乌市场的国际化进程。”

资料来源：女装网，http：//www.nz86.com，2008-11-01.

▶ 本章小结

为了满足商品生产和流通活动及其科学管理的需要，必须对商品进行分类和编码。如何根据分类编码的目的要求，正确选择适当的分类标志，是确保商品分类编码体系稳定和实用的关键，因此必须掌握常用的分类标志及其优缺点，熟悉分类标志的选择原则并遵循商品分类的基本原则，这样才能最终实现分类编码的目的。商品分类方法主要有线分类法和面分类法两种，各有利弊，应根据实际情况加以选择，目前的分类体系都是以线分类法为主、面分类法为辅。

商品分类代码是商品的身份证，用于分类，反映出该代码的商品与其他商品之间的联系和区别，对于核算、统计、征税、生产、贸易、储运、消费等经济活动的有效管理具有重要意义；商品标识代码使用条码标识，容易实现信息的自动识别、收集、处理和交换，提高效率和效益。商品条码是由可机读的条码符号及其对应的供人识读代码（商品标识代码）组成的标记。商品编码是依照科学的、标准化的、统一的原则赋予商品一定的、唯一的代码或条码的过程。

建立与国际标准相协调和兼容的商品分类和编码体系或商品目录，是我国社会主义市场经济快速发展以及更好地融入全球经济的迫切需要，这就需要我们首先要了解和研究国际上通行的重要的商品分类编码目录体系，其次要借鉴其优点，结合我国实际情况和特点为我所用。本章介绍的几个重要的商品目录标准，恰恰也是本章前面所介绍知识的具体运用。

在本章的学习中，同学们不仅要在理论上对分类和编码有所了解，还要到实践中结合具体的实例运用所学知识去分析和解决有关问题，以加深对相关知识的理解。

▶ 关键术语

商品分类	线分类法	面分类法
商品分类标志	商品代码	层次编码法
商品标识代码	商品条码	物流条码
商品目录		

▶ 思考题

1. 什么是商品分类？商品分类的作用是什么？

2. 商品分类的方法主要有几种？结合具体的商品实例（如办公用品、家具、饮料、服装），尝试用所学的分类标志和分类方法对其进行简单的分类。

3. 在商品分类实践中，常用的分类标志有几种？试比较它们的优缺点和适用范围。

4. 在实际生活中商品编码运用在哪些方面？在社会生活中有何重要意义？

5. 科学的商品分类应遵循哪些基本原则？试以你收集或调查得到的某大类商品的分

类目录或分类体系为例，结合这些原则，分析其合理性和可以改进的地方。

6. 商品分类编码的可扩性原则在具体应用时如何体现？

7. 广州白云山制药厂生产的“白云山”牌风油精，其零售包装上条码下部的数字代码为6902401002291，试解释该代码的构成及含义。

8. 平时注意包装箱上的条码，尝试运用所学知识理解其供人识别字符的信息和含义。

9. 什么是商品目录？运用所学知识去分析购物网站所展示的商品目录，寻找改进的方法和思路。

第 3 章
商品品种

学习目的

1. 掌握商品品种和商品品种结构的概念以及商品品种发展规律。
2. 熟悉商品品种分类和类别。
3. 了解商品品种、质量和效益的关系。
4. 理解商品品种结构优化与合理化的途径。

引导案例

货架缺货意味着商店供应的商品品种不全

埃默里大学（Emory University）对全球性的缺货问题进行了研究，它对 19 个国家 45 000 名消费者进行了 28 个专项研究，其结论是：缺货是个严重且普遍存在的问题！它在不同国家、地区之间有着惊人的相似之处：高的缺货率（缺货的商品数占总商品数的百分比）往往表现在畅销品种和促销品种上；星期天和星期一的缺货情况最严重；货架缺货对零售商的影响（46%的销量损失）大于对制造商的影响（35%的销量损失）；经常性的货架缺货最终会导致消费者不再光顾。

商品生产的目的是满足人们不断增长的物质和文化生活的需要。只有不断地改善和更新商品品种，提高商品品种与消费需求相符合的程度，才能充分地满足人们的消费需求，才能全面地提高商品的市场竞争力，并获得最佳的经济效益。因此，研究商品品种的形成、发展和变化的规律是商品学的重要组成部分，并构成一个专门的研究领域。

第 1 节　商品品种的概念

本章所讨论的商品品种的概念，实际上是一个广义的商品品种概念，它是指具有某种共同特征的商品群体。这个广义的概念，既包括微观的商品品种概念，也包括中观、宏观的商品品种概念。从这个意义上说，商品品种反映一定商品群体的整体使用价值或社会使用价值。从全社会来说，大类商品的品种及其结构应与全社会的消费需求和消费结构相符合，其他各类商品的品种应与社会不同阶层、不同社会集团的人的消费层次和水平相吻合。

我们所研究的商品品种是一个庞大的、复杂的、敞开的、动态的、可控制的系统，其运动和发展受一定的客观规律限制，如技术学规律、经济学规律、管理学规律、一般品种规律、特殊品种规律等。因此，商品品种问题是多种多样的和复杂的，既有工程技术问题，又有经济学、管理学和商品学问题。许多商品品种问题都具有综合性特点，需要多学科共同研究来解决。

商品学主要研究商品品种发展和变化的规律，包括一般品种规律和特殊品种规律。一般品种规律是指对所有商品都适合的品种规律，如商品品种最佳扩大的规律、商品品种最佳组合和构成的规律、商品品种完善的规律、商品品种更新的规律、商品品种结构与消费结构相适应的规律等。特殊品种规律是指只适用于某类商品的品种规律，如食品、纺织品、服装、鞋类、化妆品、洗涤用品等类商品的品种最佳构成的规律等。商品品种规律只有与技术学规律、经济学规律、管理学规律等相结合，才能阐释商品品种的发展和变化，实现商品品种的最佳构成，使商品品种与消费需求相适应的程度达到最佳，从而促进商品使用价值的最终实现，获得最好的经济效益。

在商品品种的研究上还存在以下问题：没有从根本上把握或认清商品品种及其规律；商品品种与人们不断增长的物质文化需要尚不适应；商品品种不完善、品种构成不合理可能影响到经济活动的正常运行和人民生活质量的改善；商品品种的完善以及商品品种与消费需求相适应程度的提高还没有完全建立在科学的基础上。因此，研究商品品种问题，不断提高商品品种及其结构与消费需求及消费结构间的相适应程度，具有重要的社会和经济意义。

|知识应用 3-1|　　高铁餐饮品种增加到 400 余种

蒙古馅饼、流亭猪蹄、胶东大馍……现在登上高铁、动车组，除了盒饭，可以享用的美食又多了不少。中国铁路总公司在全国高铁、动车组列车上统一推出了“中国铁路餐饮”系列产品，希望能更好地满足旅客多样化、个性化、高品质的旅行餐饮需求。

高铁上吃什么，一直是旅客热议的话题。中国铁路总公司推出的“中国铁路餐饮”系列产品，针对不同区域、不同季节、不同时段、不同消费需求，在原有快餐盒饭基础上，研发推出包子、饺子、面条及多种富有地域特色的餐食，品种由原来的 300 余种增加到 400 余种，旅客选择更加丰富。

菜品增加了，最受欢迎的招牌菜都保留着。以济南铁路局的高铁新菜单为例，高铁营养套餐目前有四个菜系、37 种产品，从 15 元至 80 元不等，其中保留了最受旅客欢迎的招牌菜“青岛大虾营养套餐”。这份套餐创下近三年销售 55.8 万盒的纪录，把饭盒连在一起，可以绕天安门广场 50 圈。菜品选择多了，价格档次也多了。“这次还推出了不少 15 元以下的餐食，满足不同旅客需求。”中国铁路总公司运输局营运部副主任黄欣说。

这么多品种，饮食安全有保证吗？据介绍，高铁食品全部为冷链供应，在工厂将食品烹熟后急速降温冷却，生产、包装、运输、销售全过程低温进行，最大限度保持食物的新鲜度和口感，而且不破坏饭菜的营养成分、不变色、不变味。当旅客有用餐需求时，利用微波炉适当加热，3～5分钟即可出炉成品。

高铁餐食有严格的管控体系。作为国内首个“高铁中央厨房”，山东济铁旅行服务有限公司青岛高铁餐饮管理公司于2015年7月成功获得国际食品安全风险管理体系HACCP认证。这套最初用于保证美国宇航员食品安全的风险管控体系，现在也用来“守护”高铁乘客了。

资料来源：http://bbs1.people.com.cn/post/129/1/2/157107361.html.

第2节 商品质量、品种与效益

一 商品使用价值规律

商品使用价值是商品满足人们一定需要的有用性的总和。它不仅在社会规模和社会总量上有量的规定性，而且有质的规定性。这种质既不同于单个商品满足人们某种需要的自然属性，也不同于个别商品使用价值作为交换价值物质承担者的社会属性，而是那种由市场交换所形成的，存在于每种商品社会使用价值中的社会必要值或标准值。

商品只有通过交换才能进入消费领域，实现其使用价值，因此，商品使用价值就遇到了市场上同行业之间、购买者之间的比较、鉴定。正是这种生产经营者和生产经营者之间、购买者与购买者之间的比较、选择和竞争关系，使每一种商品的使用价值在市场上形成了统一的社会标准，反映在主观上，就是大众认可的标准和国家规定的标准。这种由人们的社会活动引起的每种商品使用价值的社会必要标准必然反过来作为一种异己的力量强加于生产当事人，对每个商品生产者起同等的、客观的、必然的外在强制作用，强迫其按社会标准或高于这个标准为社会生产使用价值。在其他条件不变的情况下，某种商品的使用价值如果低于这个社会必要标准，就难以被社会和消费者接受；反之，商品使用价值等于或优于社会必要标准，就容易被社会和消费者接受。

随着国际贸易的发展，国内标准发展为国际标准。随着时间的推移、市场竞争的加剧和供求的变化，商品使用价值的社会必要标准也自发地发生变化，其表现出来的强制作用也越来越大。各国及各个生产厂家对商品使用价值的生产越来越重视，商品质量会不断提高，式样会不断更新，品种会越来越丰富，最终实现高层次、高标准地满足各类用户和消费者的需要。

由商品交换产生的存在于同类商品使用价值中的社会必要标准及其对生产者的反作用，称为商品使用价值规律。商品使用价值规律是商品经济的基本规律之一，它的内容和基本要求是：商品交换使各部门的商品使用价值之间存在一个客观社会标准，各商品生产者必须根据这个社会必要标准制造和销售商品。只要有商品经济存在，使用价值规律就必然发挥作用。随着商品经济的发展和竞争的加强，商品使用价值规律将发挥越来越大的作用，并直接推动商品质量的提高、品种的增加和产业创新，促进生产力发展。

与价值规律通过价格机制调节经济活动一样，商品使用价值规律也通过社会必要标准这一机制引导和鞭策人们的生产行为，调节质量、品种的运行和发展。价值规律和使用价值规律都要求企业不断采用新技术，但前者的着眼点在于节约劳动，降低成本，使自己的商品比别人的更便宜，以获取较多的超额剩余价值和利润；后者的着眼点则是使商品质量更高，品种更优化，使用价值更高。

商品经济竞争大致经历了如下三个阶段：首先是商品数量和市场占有率的竞争；其次是在市场被分割完毕的情况下，为了巩固市场占有率和扩大销售额，企业必然开展以降价为主要内容的竞争；最后是使用价值方面的竞争。当降价达到极限时，企业开展质量竞争；当质量竞争达到极限时，企业开展产品品种、花色、式样、包装、规格直至花样翻新的相关服务等方面的竞争；当这些竞争达到极限时，企业就会开发新产品、新服务，实现产品、服务的更新换代；最后，导致国民经济新行业、新部门的分化和创立。这就是商品使用价值规律的运行轨迹，也是生产力发展的次序。

二　质量、品种、效益与使用价值

质量和品种是实现商品使用价值的前提。商品的质量必须与品种结合起来才能保证商品使用价值的顺利实现，从而获取经济效益。商品使用价值包括商品个体的使用价值和商品群体的使用价值。商品质量的优劣，是个体商品的特性（性能）能够满足消费者和用户需求的程度高低的问题，说明商品特性满足人们需求的深度，反映商品个体的使用价值。商品品种的齐全与对路，是一个特定种类和特征的商品群体能否满足消费者和用户不同消费层次、水平、嗜好以及特定数量的需要的问题，说明商品特征满足人们需求的广度，反映商品群体的使用价值。商品质量和商品品种是决定商品使用价值大小的两个方面，也是决定销售和经济效益的两个关键因素。商品使用价值（UV）与商品品种（S）、商品质量（Q）之间的关系可用以下函数关系来表示：

$$UV=f(S, Q)$$

经济效益是指经济活动中劳动占用、劳动消耗与取得的有用成果之间的比较。与以往相比，用同样的投入取得更多的产出或用较少的投入取得同样的产出，就是提高了经济效益；反之，则表明经济效益下降。然而，到了现代商品经济尤其是供给大于有效需求的时代，竞争激烈，消费者和用户挑选余地大，商品的质量、品种需求更高、更复杂，经济效益也就由简单形态步入复杂形态。现在，商品品种已构成效益的基础，如果品种不对路，投入再多的劳动或生产再多的商品，其经济效益都可能为零；商品质量已成为效益的关键，品种虽对路，但质量不合格，经济效益同样可能为零。因此，现代商品经济在经济效益的投入和产出上加上了质量、品种两个沉重的砝码，效益只能带着这两个重负上升。显然，和以往的数量效益型道路相比，质量、品种效益型道路是一条更艰难的道路。要真正走上质量、品种效益型道路，除了企业内部领导要增强质量、品种意识，强化质量、品种管理，提高全员劳动素质，采用先进技术外，关键还要从外部加大环境压力入手，建立质量持续升级、品种不断扩展的市场机制环境和法规控制环境。

质量、品种、效益三者是有机的统一体，它们之间是相互依赖、相互制约的。求效益，就必须抓质量，上品种；上品种，不抓质量，品种自然被淘汰；抓质量，不抓品种，质量无法体现；抓质量、上品种而不求效益，生产就失去了目的，质量、品种自行消亡。

当前，企业在新产品、新服务开发和产品、服务结构调整时，首要的是运用各种手段，调查市场需要和消费者需求，搞清商品的质量和品种发展潜力、生产潜力以及市场对各类商品的容量，研究、分析和预测市场结构和消费结构及其变化趋势。在科学预测的基础上，企业只有制定出切实可行的商品开发和商品结构调整的近期和长期目标，运用先进的技术，加强质量和品种管理，才能使生产出来的商品在质量、品种上都有很强的市场竞争力，从而使经济效益不断提高。

|知识应用3-2|　农作物5年内完成一次品种更新换代

日前，农业部农作物新品种选育与推广工作会明确提出，争取5年内完成一次品种更新换代，主要农作物品种产量水平在现有基础上提高5%以上，品质显著改善，稳产性、适应性、抗逆性、安全性明显提高，适宜机械化品种比例较大幅度提高。

品种是农业科技的重要载体，也是体现一个国家农业科技和生产力水平的重要标志。目前我国良种增产贡献率为43%，与欧美发达国家的60%以上相比还有很大差距。农业部副部长余欣荣指出，建设种业强国的当务之急是要加快选育推广一批高产、优质、多抗、广适的突破性新品种，到2020年良种覆盖率达到97%，种子商品率达到80%，良种增产贡献率超过50%。为保障我国粮食等重要农产品的有效供给，必须对农作物品种更新换代提出更高要求。

从保障粮食安全的角度看，我国正处于食物结构快速升级阶段，粮食消费需求仍将刚性增长，在耕地面积不可能增加的情况下，只有靠提高单产来实现，国内外的实践证明，主要途径是寻求品种在产量潜力上更大的突破，这迫切需要选育和推广一批高产、稳产品种。

从转变生产方式的角度看，我国农业正处于向专业化、标准化、规模化、集约化加快转变的进程中，随着农村劳动力转移和农民素质结构性下降，迫切需要破解“谁来种地”“怎样种地”的问题，必须大力培育新型经营主体，加快推进农业生产机械化、设施化。近年来我国棉花、油菜生产出现下滑，除价格因素外，品种不能适应机械化生产也是重要因素。因此，品种选育和推广必须要适应机械化作业、设施化栽培、轻简化管理的要求，促进良种良法配套、农艺农机融合。

从国际竞争力的角度看，企业竞争的核心是品种的竞争。跨国公司投巨资搞研发，源源不断推出新品种，并以品种输出方式抢占国际市场，国际10强销售额占到全球市值53%以上，其中先锋公司的玉米品种占全球玉米产量20%以上。我国企业要在市场上获得竞争优势，必须选育推广优于国外品种的优良新品种，切实把握品种的主动权。

当前，我国品种选育和推广工作还不能适应发展现代农业和建设种业强国的要求，主要表现在：突破性品种不多、育种机制不适应、育种技术不适应、新品种权保护力度不够。对此，余欣荣提出，加快新品种的选育与推广。首先，要加快挖掘一批有用基因和优异资源，加强种质资源收集鉴定保护与利用工作，挖掘优异基因，创制优异育种材料，收集保护珍稀资源。其次，要加快突破性品种选育，以市场为导向，立足自主创新，健全新型新品种选育体系，支持企业开展商业化育种，支持科研单位开展常规作物育种，推动科企合作，搭建分子育种公共平台。再次，建立公正精准科学的品种审定体系，加强农业植物新品种权保护，通过种子工程项目，全面提升品种试验能力，优化品种试验布局，完善品种试验技术和标准，切实加强品种审定源头管理。此外，要进一步抓好新品种展示示范推广工作，粮棉油生产大县都要开展新品种展示示范工作，推进新品种引进示范场建设，进一步加大新品种展示示范经费支持，加强对示范场投入。

资料来源：中国网，http：//finance. china. com. cn/roll/20130911/1803521. shtml.

第3节　商品品种类别与结构

一　商品品种的分类与类别

（一）商品品种的一般分类

商品品种分类是商品分类在商品品种中的具体应用，是按不同的分类标志对商品品种进行的归类与区分。广义地说，商品分类所划分出来的大类、中类、小类、细类等都是按不同质的差别来逐次细分的，它们都可以视为不同的商品品种，因此有大类商品品种、中类商品品种、小类商品品种、细类商品品种（规格、花色、式样、型号、生产厂商、品牌等）的说法。一般来说，商品品种的分类标志主要有三类：一是按产品的生产部门及其生产分工分类；二是按商品的流通形式以及流通内容分类；三是按消费需求的类型或内容分类。

按照产品的生产部门及其生产分工进行分类，产品可划分为工业产品和农业产品；工业产品可再分为重工业产品和轻工业产品；农业产品可再分为种植产品、林产品、畜牧产品、水产品等。往下还可再细分，如重工业产品又可分为钢铁产品、石油产品、化工产品、机械产品等；轻工业产品可分为日用工业品、纺织品、食品、医药用品、家用电器等；种植产品可分为粮食、棉麻、油料、糖料、烟草、蔬菜、水果等。我们还可以从宏观到微观再对它们进行细分。这种分类不同于消费需求分类，因为同一产品有多种用途，同一类消费需求可以由不同的产品来满足。

按照商品的流通形式以及流通内容进行分类，商品可分为期货商品、专卖商品（烟、酒）、批发商品、零售商品、拍卖商品、网购商品、直销商品等；商品可以分为进出口商品与内销商品；商品又可以分为零售商品与非零售商品；零售（或非零售）商品可再分为定量零售（或定量非零售）商品和变量零售（或变量非零售）商品等。它们还可按照商品特性特征（如来源、产地、用途、成分、包装规格、品牌等）进一步细分。

按照消费需求的类型和内容，商品可以分为高、中、低档商品，或者分为日用品、选购品和特殊品，也可以分为常年性消费品和季节性消费品，或者分为耐用品和消耗品。如果将消费需求划分得再细一点，那么商品又有不同规格、型号、式样、花色、品牌等的细分。

商品品种分类合理化的意义在于能充分体现使用价值满足生产、流通和消费需求的程度。具体来说：（1）它是一个国家、一个民族经济和文化发展的重要标志；（2）它是满足人们需要、丰富人们生活和提高生活水平的一个重要标志；（3）它是生产全面顺利发展的必要保证；（4）它是扩大和加速商品流通的前提；（5）有利于开展市场竞争；（6）有利于节约生产成本、流通费用和消费者开支。

(二) 商品品种的应用类别

由于商品的品种繁多、特征各异，商品品种的应用类别划分方式也多种多样。不同商品品种的应用类别表明其在商品流通中特有的品种特征。

(1) 按照商品品种形成的领域可划分为生产品种和经营品种。生产品种是指由工业或农业提供给商业企业的商品品种。经营品种是指批发商或零售商销售的商品品种。工农业生产的商品品种和商业经营的商品品种，一方面取决于特定经济形式下的资源状况和生产技术能力，另一方面取决于顾客消费需求的结构及其变化。

为获得好的经济效益，生产部门必须有合理的产品结构、适销的商品品种以及高水平的商品质量，并要根据目标市场需要和用户消费需求不断调整生产品种和开发新品种；商业部门必须按照市场定位与所在商圈的顾客需求以及自己的资金和场地等销售能力资源，确定和调整企业发展战略中的商品品种计划，重视商品品种的构成、完善、策略等问题。

商品品种计划是指商业企业计划或规划其经营商品品种的组合。商业企业在确定和调整品种计划时要考虑以下诸因素：消费需求、消费水平、消费者购买力、商品的档次（质量和价格水平）、品种构成、竞争状况、盈利的基准点、销售能力资源（如资金、场地等）等。

商品品种构成是指商业企业所经营的各类商品及每类商品中不同品种规格商品的组合。影响商品品种构成的主要因素是商圈内消费者的年龄、性别、职业、偏好、民族及地方风俗习惯等。

商品品种策略是指零售商业部门根据消费需求的变化不断改变或调整商品品种所采取的措施。常用的措施有以下三种：①扩大商品品种，如增加新商品或新品种，增加短缺品种，使商品品种系列化；②压缩商品品种，如淘汰获利不佳的老商品品种、过剩及多余品种；③调整或改变商品品种，如调整或改变质量等级、价格等级、商品档次等。

(2) 按照商品品种的横向广度或商品品种的结构可划分成复杂的商品品种和简单的商品品种。商品品种的广度是指具体商品类别中的变种（品种）数目。例如灯泡、肥皂、锤子等只有很少的品种，属于简单商品品种，服装、鞋、食品等有相当多的品种，属于复杂的商品品种。服装的品种类别见表3-1。

表3-1　服装的品种类别

	女服	男服	童装	婴儿服
外衣	大衣 风衣 上衣 裙子 短外衣 夹克衫 套装 裤子 衬衣 针织衫 皮革服装 工作服 衣饰中小配件 （手套、提包）	大衣 风衣 西装 短上衣 夹克衫 裤子 针织衫 皮革服装 工作服 衣饰中小配件 （手套、提包）	同男服和女服相似 童裤 连衣裙 连衣裤 风雪衣	小洗礼服 小连衣裙 户外套服

续表

	女服	男服	童装	婴儿服
内衣	胸衣 内衣 睡衣 晨衣 长筒袜 连裤袜 短袜	衬衣 内衣 睡衣 晨衣 短袜	同男女内衣相似	小衬衫 小孩短上衣 小裤子 连体衣 尿布、襁褓 睡袋
运动服	运动衣、体操服、运动裤、网球衣、滑雪服、游泳衣、旅行衣、猎装			

（3）按照商品品种的纵向深度可划分为粗的品种和细的品种。在制定商品计划或规划时，一般是指粗的商品品种。在订立供货合同时，要详细规定商品的所有特性值（参数），包括规格、颜色、式样、包装等，这时就涉及细的商品品种。

（4）按照商品品种的重要程度可划分为日常用商品品种（必备商品品种）和美化、丰富生活用商品品种，主要商品品种和次要商品品种。

（5）按照商业部门的行业习惯或特征也可划分商品品种类别。例如杂货、食品、医药品；纺织品、皮革制品、家具；五金制品、家用器皿、玻璃制品、瓷器；电子电器商品、玩具、体育用品；文具纸张、办公用品、书；钟表、首饰、乐器、照相器材等。具有这些行业习惯或特征的商品品种大多由专营商店或百货公司的各商品部来经销。

（6）根据消费者的某方面需要也能够划分商品品种类别。例如，按照生活范围的需要可划分为从属于消费者的不同商品品种（配套品种）：卧室用品、儿童用品、家用纺织品、家用电器、园艺用品、洗涤用品、装饰品、办公用品、文化用品、厨房用品等，这种商品品种划分便于消费者购买；按照活动范围的需要可划分为野营用品、旅行用品、休闲用品等商品品种。按照消费者的某方面需要来划分商品品种，打破了传统的行业，出现了许多专门商店，有利于商品销售和消费者选购。

二　商品品种结构

商品品种结构是在一定范围的商品集合体中，对于各类商品及每类商品中不同品种的组合状况及其相对数量比例的客观描述。相对数量比例是指在所管理的商品集合体总量中，按满足不同层次消费需求，各类商品及每类商品中不同品种规格商品的数量所占的比例。商品品种结构框架是金字塔形的，图3-1和图3-2给出了服装和食品的品种结构框架。

商品品种是消费者对商品广度的要求，它是商品结构（商品品种组合）状况的反映，也是消费需求结构的反映。总的来说，商品品种结构应适应消费需求结构及其变化。具体商品品种构成应考虑具体的消费需求，如消费者年龄、性别、职业、民族、消费水平和地方风俗等。消费需求和消费结构不是一成不变的，是随科学技术水平、人口组成、社会经济发展水平等的变化而变化。这种变化一般呈上升趋势，因而商品品种结构也是一个动态的高级化过程。调整商品品种结构，首先要调查消费需求，研究分析市场结构和消费结构，及时捕捉市场信息，掌握市场和消费结构的变化趋势。

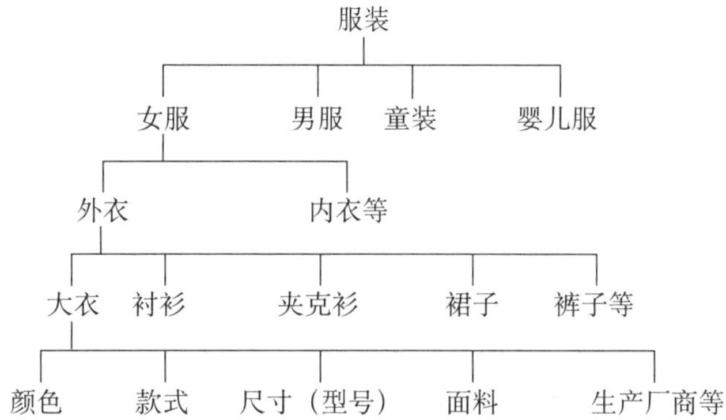

图 3－1　服装的品种结构框架示例

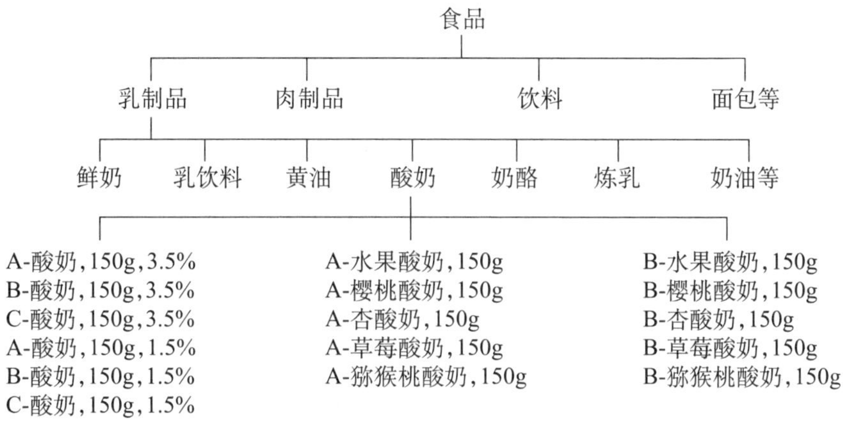

图 3－2　食品的品种结构框架示例

商品品种结构是否合理，实质上是商品能否满足广大消费者多样化、多层次、多方面的消费需求问题，也是人们对商品的不同需要在量的方面如何得到满足的问题。为了促进商品品种结构的合理化与优化，应重视商品品种和品种结构的研究。

研究商品品种结构，包括老品种的改进和淘汰以及新品种的开发，必须从满足社会需要出发。商品品种结构的决策要考虑两个因素，即市场引力和企业实力。市场引力包括商品对国计民生的影响、市场容量、利润率、销售率、增长率等，是社会需要状况的反映。企业实力是指企业满足市场要求的能力，包括市场占有率、生产能力、技术能力、销售能力等综合因素。只有对市场引力和企业实力进行定性、定量分析，在分析的基础上确定老品种的改进和新品种的开发，才能使生产的商品满足消费需求，使商品品种结构与消费需求结构相符。

商品品种结构合理化的总原则是，商品品种结构必须与人们的实际需要和消费结构及其变化相适应。首先，商品品种必须与消费需求相符合，商品品种结构必须同消费需求结构相一致，这就是说，商品品种必须适应不同社会阶层、不同社会集团、不同人群的消费水平和消费偏好。其次，随着社会的发展，人们的需要和消费需求结构会不断发生变化，商品品种结构也应随之变化和调整，以保证商品品种结构与消费需求及其结构的相符程度达到最佳化。

第4节　商品品种的发展规律

商品品种及其结构和消费需求及其结构之间的关系是以一定的对应形式存在的，商品品种的发展也有一定的规律。商品品种的发展规律可概括为以下几个方面。

（一）商品品种的多样性与统一性规律

商品品种的多样性是由人和社会的需要的差异性和多样性造成的。商品品种的多样性不是随意的，它必须以消费需求为基础，保证商品品种系列和使用特性统一。这是使商品的品种和质量满足社会需要的一种技术保证，是产需之间利益协调一致的方式。

商品类别、品种、花色、规格等要齐全，这就是说，凡是商品消费所需要的都应该齐备，不应缺门断档，这样才能满足消费者多种多样的需要。当然，对于品种齐全应该正确理解：（1）它是相对的而非绝对的，即以大致能满足消费需要为准则，不必拘泥于样样齐备和一应俱全，以免造成不必要的积压；（2）商品类别、品种、花色、规格等的数量并非固定不变，应随消费需求的发展和变化而调整；（3）要集中精力保证人们需要的基本商品和主要品种；（4）商品品种和消费需求之间、商品品种和类别之间都存在一定的比例关系，这是消费结构、购买水平和投向所决定的。在满足人们的需要时，只有实现商品的每单位生产成本获得最大利润，商品品种的多样性才表现为最佳状态。

（二）商品品种合理增长的规律

经济发展水平越高，商品品种就越多，越丰富多彩。商品品种越丰富，人们选择商品的范围和自由度越大，人们不断增长的需要被满足的程度也就越高。因此，保持和开发相当数量的商品品种，是使社会主义市场经济持续发展和人民生活质量持续改善的客观要求。但是，商品品种也不能盲目发展和无限增加，一方面商品品种的开发和增长必须建立在市场需要的基础上，否则即使增长了，最终也会因没有销路而滞销；另一方面我们还应该考虑如何用尽量少的商品品种来满足尽可能多的消费需要，也就是运用标准化原理科学合理地简化商品品种的问题，因为商品品种简化有利于生产控制、产量提高和降低成本。

（三）商品品种新陈代谢的规律

商品品种存在着新陈代谢的规律。这是因为消费需求的结构会因经济的发展和变化，特别是购买力的提高和投向的变化而变化，使原来一部分适应市场需要的品种变成不适应而被淘汰，同时，为了适应市场的新需要会有新的品种不断地涌现出来，从而形成品种的新陈代谢规律。

许多商品都有其生命周期，商品上市以后经过一个或长或短的时间，从增长至兴旺直至萎缩，最后退出市场，不再适应市场的商品从原来新兴的、时尚的商品变成老化的乃至被淘汰的商品。新陈代谢，推陈出新，这是一个进步。只有新陈代谢，商品供给的有效程度才能提高，才能提高满足消费的程度，不断地克服积压和脱销，提高生产和流通的经济效益。当然，新陈代谢并不意味着一切老商品都要被淘汰，所要淘汰的是没有需要的商品，品质优良、为消费者所喜爱的传统商品和名牌商品不仅不会被淘汰，相反要保持和发扬。同时，也不意味着一切新商品都能替代老商品。新商品要经过市场检验、评价，在竞争中显示出比老商品优越，才能适应市场需要，才能代替不再被市场需要而要被淘汰的老商品。新陈代谢并不意味着从类别、品种到花色的多层分类同步更新，可能上一层次变动，也可能上一层次不变，下一层次部分以新代旧。新陈代谢中被淘汰的商品并不意味着永远被淘汰，有的商品在特定条件下可能再生，除了因经济发生困难或严重供不应求的特殊情况外，一般是由于消费需要再现，因此发生循环——复古、怀旧所致，这在花色、款式上比较常见，但循环并非完全重复，往往伴有原有品种的新改进。

一般来讲，商品品种更新的速度越快，更新的比例越大，市场上的新商品、新品种就越多，使用价值高的新商品、新品种和更现代化、更先进的商品及其品种就越多，消费者的需要能够得到更好、更全面的满足。但是决不能认为商品品种更新的速度越快、比例越大越好。如果商品品种更新的速度太快、比例太高，造成生产和流通中不必要的品种经常变换，无法有效管理控制，则难以获得经济效益。商品品种更新的最佳速度和比例的标准是：用于商品生产、流通和消费的每单位成本获得所涉及商品及其品种的最高使用价值。按照行业或企业的特点、商品的种类、品种更新的类别等，商品品种更新的速度和比例是有差别的。例如对于纺织服装行业来讲，其商品受款式、花色的影响较大，品种更新的速度就较快，更新的比例也较大；对于粮食种植业来说，其商品生产周期长，更新过程复杂且风险大，品种更新速度相对慢得多，更新比例也较小。

加速商品品种的更新换代是一般经济规律。随着科学技术的进步和消费需求的不断变化，商品品种更新的周期越来越短，商品品种的更新速度也不断加快。国家和企业必须根据社会实际需要和技术经济条件，确定不同商品品种的最佳更新速度和比例，制定品种更新的近期计划和长远规划，及时开发新品种，改进或淘汰老品种。在社会主义市场经济条件下，不断更新和完善商品品种的作用和意义重大，这是由以下因素所决定的：

（1）生产的商品品种不合理会造成商品滞销和积压，使生产效益下降；不断更新和完善商品品种对于增加社会生产效益和提高社会生产率越来越重要。当前，商品品种已成为经济效益的基础。

（2）改善整体商品供给的质量，不只是通过改进和提高各种商品的质量来实现，很大程度上取决于商品品种的更新换代。商品品种的有效更新是改进和提高整体商品供给质量的重要前提，通过商品品种更新也可以提高商品质量。

（3）人们的生活水平不仅由物质商品的数量决定，而且由整体商品供给、商品品种组合和品种结构的质量来决定。

（4）在国际范围内，把全面完善商品品种、提高商品的科学技术水平置于显著地位。

（5）商品品种完善和合理化的程度、商品品种的特征、商品品种更新换代的速度和比例越来越成为一个国家生产力发展水平的重要标志，也是运用自然科学规律和社会科学规律，特别是运用技术和经济规律的指标。

|知识应用 3-3|　7-Eleven 便利店的缺货管理

日本伊藤荣堂及 7-Eleven 会长铃木敏文说，7-Eleven 便利店成功的四个原则是：商品齐全、鲜度管理、清洁维护、亲切服务。这四点看上去非常简单，只有 16 个字，这些要求在业内的大部分企业往往都会被重复提及，但是为什么7-Eleven在坚持上述四个原则之后能在业内脱颖而出呢？这个现象正是我们要关注的：把简单的事情始终贯彻下去，把一件平常的事情做到极致。

商品齐全是首要原则

在上述四个原则中，铃木敏文将商品齐全放在了第一位，将商品新鲜程度、清洁和服务态度列在其后。为什么对于一家面积100平方米左右的便利店来说，商品齐全却是最为重要的呢？铃木敏文认为，便利店定位于方便顾客，如果顾客在门店中无法购买到自己需要的商品，便利店的便利特点就无从谈起。一个商品不全的门店是难以吸引顾客光临的，更难以在竞争激烈的商业环境中生存下去。因此，商品齐全就成为7-Eleven便利店的首要原则。

商品齐全，顾名思义，就是门店货架上的商品丰富，品类齐全。这里的商品齐全并不是普通意义上的齐全。便利店的商品种类是有限的，一般的7-Eleven门店的单品数量在3 000种左右。如果你以家乐福综合超市的商品结构模式来衡量7-Eleven品类结构，那肯定会在商品总数上有很大的差距。对于7-Eleven来说，其商品齐全的标准是根据消费者的基本需求设定的商品结构，以满足商圈内的目标顾客群体的基本需求为目的，陈列所有商品，避免商品出现缺货现象。那么，7-Eleven是如何做好缺货管理的呢？

拒绝缺货，没有任何借口

铃木敏文告诫门店：门店成功除了整齐清洁、态度亲切之外，如果这家店有其他商店没有的商品，或者同一种类的食品，味道却更胜一筹，更加新鲜，就会让消费者觉得这家门店具有一定的魅力，并不是一年到头都陈列同样的商品就可以提升消费者对商店的忠诚度。例如，当台风到来造成停电，大家都需要蜡烛，其他门店没有货，只有7-Eleven有，这自然就能给消费者留下深刻的印象，这个时候，就可以感觉到消费者对商店有忠诚度了。

然而，大部分管理者的想法往往和顾客相反。例如，附近商店的商品缺货时，他们会认为自己的门店也缺货是情有可原，无所谓，但是从顾客的立场来看，他们会认为“搞什么？7-Eleven和其他的商店也是一样的嘛！”如此一来，就无法提升消费者对商店的忠诚度了。不管其他商店是否存在缺货现象，只要是顾客需要的商品，7-Eleven都尽量做到一应俱全。

对于一家便利店来说，维护客情关系是一件非常重要的事情。当7-Eleven没有货，门店的服务人员应当怎么答复呢？“对不起，没有货了！”如果门市人员丢下这样一句话就把顾客打发了，门店辛辛苦苦建立起来的客户忠诚度和依赖关系都会随着顾客的离去而化为泡影。这个时候，如果门店的人员说：“我想您可以去××商店，应该会有的。”顾客马上感觉到了亲切，这就是站在消费者立场替消费者着想，这句话也在无形中将缺货所带来的损失减少到最小。大部分服务人员却是不告诉顾客其他商店有货，让其他店也争取不到顾客，所以才会说“对不起，没有货了”就了结了。门店对于每一个顾客的态度都应当是友善和真诚的，凡事都要站在消费者的立场着想，这才是经商的基本原则。对于7-Eleven来说，站在消费者的立场就是当消费者上门来购买东西时，货架上陈列的都是消费者想要购买的商品，推说因为天气突然变了，来不及更换商品，或者为缺货找各种理由，都不能成为拒绝顾客的理由。

铃木敏文非常反对所谓的“经验论”，他一再强调，在各种书籍当中，最不应该看的是know-how的书，这些都只是归纳过去的东西罢了，面对新的时代，根本发挥不了任何作用。时代在变，顾客与价值也在变。

7-Eleven的创业精神就是“先破坏，再创新”。每一个地区的消费者都有不同的消费习惯和消费心理。最初加盟美国7-Eleven时，日本的7-Eleven门店发现在美国总部设定的很多规则并不适用于亚洲。例如，一般亚洲的消费者和欧美的消费者不同，欧美的消费者通常会在超市一次购买整个星期的食物，他们的冰箱多在500升以上，但大部分的亚洲消费者家中的冰箱在300升以下。多数的亚洲人都会认为在店内冷藏的东西比放在自家冰箱里的东西鲜度更好，基于这种心理，消费者会强烈认为到店内购买的东西比较新鲜，这就是亚洲人的购物习惯。由于亚洲消费者对于食品的鲜度非常敏感，很少有人会囤积食品，把买回来的东西放在冰箱保存。基于这种不囤积食品的习惯，7-Eleven必须准确下达商品订单，以减少缺货可能造成的机会损失。

关于畅销商品的缺货问题

每一家商店几乎都存在畅销商品缺货和不良库存的问题，造成这些问题的原因就是忽视根本，不良库存的问题其实是“果”，单品管理不佳是“因”。铃木敏文举了一个比较极端的例子，通常在便利店的靠墙处会放有一组冷藏冰柜，里面储存着大量各式饮料，如果门店在冷藏冰柜中放入100瓶一天只能卖一瓶的牛奶，结果将会如何？这种做法就等于堆放了100天的库存。这个例子有点极端，但是真的就有店家做出这种愚蠢的事情而无动于衷。

在7-Eleven便利店，缺货的商品十之八九都是冷藏冰柜中的商品。若一家商店不是堆着过多的商品，就是缺货连连，那么绝对会造成营业额上相当大的损失。因此，门店必须先要了解市场上整体消费趋势、目标顾客的喜好，分析不同门店的经营特色，选择和陈列适合自己商店的商品。

时代在变，消费者对于商品品质的要求也在提高。一旦出现滞销商品占用货架，门店的商品周转速度就会越来越慢。当门店的滞销商品数量越来越多时，门店中可供畅销商品和新商品陈列的空间就越少，因此，在门店确定商品策略时，必须要先了解需求的变化，随需应变设定不同商圈环境的商品结构。

如何应对突发的补货

30年前，日本的7-Eleven还只有几十家分店时就提出了全年无休的口号，可是到了正月过年时，几乎所有的商店都无法正常营业，因为过年时，不管是批发商还是制造商全都放假了，完全无法补货，于是有人提出建议，可以在门店附近寻找空间增加库存量，结果遭到了铃木敏文的严厉驳斥，他说现在只有几十家门店，这么做或许可以应付过去，但是当门店的数量增加到数千家时，应该怎么办呢？因此，无论如何都必须找到批发商和制造商进行协商，请它们协助补货，务必为门店提供365天全年无休的服务。

除此之外，遇到台风、道路条件受到限制或者中秋节等道路大堵车时，门店也可能无法补货，如果是一般的门店，大概都会无可奈何地选择放弃，7-Eleven却设法突破障碍。例如，2004年10月23日，日本新潟县发生了大地震，正在休假的铃木敏文火速赶到现场，要求管理人员立刻着手收集道路状况信息以及可能配送的卡车信息，在最短的时间内把救援物资送到灾民手中。面对这次突发的紧急事件，7-Eleven做了最坏的打算，如果道路状况不佳，可以先用卡车，再用脚踏车，甚至用人扛运送都不是问题。次日早上，7-Eleven终于以卡车和直升机接力运送的方式完成了几乎不可能完成的任务。

通过这个例子，我们可以看到7-Eleven是多么重视商品的物流和缺货问题，为消费者提供齐全的商品是多么重要，没有齐全的商品，顾客会说原来7-Eleven也缺货啊！为了这样一个成功原则，7-Eleven付出了大量的努力。

季节型上货不如从消费者的需求出发

对于便利店来说，天气和温度变化的影响是非常大的，但许多人只相信温度计，却忽视人的实际感觉。例如，当天气预报说明天将达到30℃时，许多经营者会判断明天很热，要多进些消暑饮料，但是他们往往忽略了前一天的温度。铃木敏文特别重视皮肤的感觉。如果昨天气温是25℃，今天是30℃，今天一定会觉得很热，但若昨天是35℃，今天是30℃，可能就不会觉得很热，就算温度相同，如果湿度相差很大，感觉也会相差很远。

一般情况下，凉面的销售旺季是每年8月份，但7-Eleven认为在冬季室内一般都会开暖气，时间长了会觉得又热又干，所以凉面可以卖得好。在此假设下，7-Eleven在2月份就将凉面摆上货架了。如果便利店假设天气冷，凉面卖不出去，在货架上就只放几个凉面，那么客人根本不会察觉凉面上架了，销售也就无从谈起，因此，每逢新品凉面上市时，7-Eleven就会举行试吃活动，借此带动人气。这就是铃木敏文强调气温与皮肤的感觉必须相互印证的原因。

天气会影响各类商品的销售情形。如果门店无法掌握此一时彼一时顾客所青睐的商品，就无法提供对消费者有吸引力且齐全的商品。门店本应该是先看四周环境再下商品订单，再验证销售业绩，但事实上，大多数门店都是先看销售业绩，再判断环境，然后把业绩不好归咎于天气不佳、顾客懒得出门等，让环境成了营业额不振的替罪羊，这样是无法让营业额增长的。

因为下雨所以营业额大幅滑落，有这种想法的人实在过于武断了。假如一直都是晴天，突然下起雨来，销售额的确会急速滑落，如果连下两天的雨，顾客虽然不方便购物，但到了第三天不管雨下得多大，销售情形都会转好，这就是消费者的心理。经营便利店绝对不能只将天气状况作为思考的依据。

经营便利店是一种以心去感受的行业，早春时节的20℃可能会让人觉得很热，但是从夏天到秋天这段时间的20℃却令人觉得很凉快，同样是20℃，湿度是40%和湿度是70%的感受也完全不一样，当然受到欢迎的商品也会随之发生变化，对于上述情况，服务人员必须通盘考虑。门店的管理人员只盯着信息系统中的数据，发现某个商品销售量增加，就增加进货量，很可能当气温转变时，这些商品又要滞销了。利用POS系统的数据可以发现变化，但必须将这些变化与外在因素一起考虑，才能发现变化的原因。了解变化的原因之后，就可以大胆假设，当某种情况发生时，会产生什么样的变化，我们又该如何因应，然后用POS系统的数据来验证假设是否正确。气温的变化会改变消费习惯，因此每天订货时，要将明日气温列入考虑因素之一，来调整各种商品的进货量，等到一天结束后，再将POS数据列出来看看我们的假设是否正确。如此反复练习，对于掌握市场的变化就能得心应手。

新旧商品的转换和结合

7-Eleven成功的另外一个因素是其具有独特的思维方式。当我们想到好吃的东西就联想到销售量，想到销售量就联想到赚钱，想到赚钱就联想到多卖一点。7-Eleven由好吃的东西联想到会吃腻，所以思考如何开发新产品，如何创新，持续地推出好吃的东西让客户不会吃腻。7-Eleven和地方小吃不一样，地方小吃是必须到定点才能吃到，7-Eleven的商品随时都可以买到，随时都可吃到，所以很快就会吃腻。由于便利店的面积有限，门店的商品淘汰和更迭速度很快。7-Eleven门店的商品淘汰率每年甚至在70%以上。

那么，新商品就是最好的吗？是否比旧商品好呢？引入了新商品是否就可以停止销售旧商品呢？这些都是无法保证的。因此，即使有新商品登场，门店也不能马上就减少畅销商品的订货量。如果在门店人员诚心推荐新商品之后，勾起消费者想要尝试新商品的冲动，这样并不会立刻减少原来的畅销商品销售额，因为还是有些顾客会在尝试新商品两三次之后权衡新旧商品的特点，依然购买旧商品。这时候，如果旧商品缺货，就表示店中符合消费者需求的商品不够齐全，显示出门店没有做好商品的管理和引入工作。

当店铺决定要引进新商品时，必须马上拟定周全的计划，让新旧商品足以供应整个门店的需求，当新商品进驻，有的旧商品必须清仓处理时，店铺可以视情况降价出售。以往有很多商店在季节交替时大肆清仓处理，此时，门店对于旧商品的销售并不是越快越好，用强有力的推销方式把商品三两下都卖光了，对于往后有需求的顾客而言，这家店就会给顾客留下商品不齐全的印象。无视消费者的需求，只求自己方便。当旧货卖光，新货还没有到来之前，商品的缺货现象也是一个问题。当夏季还没有结束，门店就将夏天的商品库存全部卖光，改为秋冬的商品，这只能说明该门店缺乏从顾客的角度考虑问题。当天气凉了，顾客想要买秋冬季的商品，店铺还在陈列大量的夏季存货而未进秋冬的商品，就更愚蠢了。

对于零售门店来说，新旧商品的交替并非越快越好，也不是更迭速度慢就正确。新旧商品的更迭要结合消费者的购物需求的变化和天气变化，逐步调整门店的商品陈列计划，这样才能做到真正的商品齐全。

7-Eleven一再告知自己的门店：没有竞争对手，你可以只想到自己的店，一旦有竞争对手出现时，就不能够再继续唯我独尊。例如，速食类商品，便利店的竞争对手不仅仅是同业态的便利商店，现在各个大型超市以及餐厅都在经营熟食，这些店都是7-Eleven的竞争对手。销售外卖的商店，可以直接把热乎乎的汉堡包交到顾客手上，对于这一点，如果便利店不能接受挑战的话，就会失败。

曾经有人说：因为相互竞争，销售额只剩下一半。铃木敏文则认为真相并非如此。门店销售额大幅下滑的原因在于竞争对手还没有出现时，这家店就已经疏忽了门店经营的基本原则，当一个竞争对手进入时，平日的疏忽就突然显现，造成了销售额下降，这才是真正原因。把销售额的下滑归咎于竞争对手的增加是很荒谬的事情，因为销售额的下降不是相互竞争造成的，而是顾客在比较了各个商店的价值后得出的结果。店铺落入这种情况，最大的可能是商品齐全、鲜度管理、清洁维护等方面出现了问题，当有竞争对手出现时，该门店的这些问题就会完全暴露出来。不论是超市还是便利店，针对竞争对手打出特惠商品，吸引顾客的目光，这不是根本的解决之道，仅仅依靠广告宣传和发送赠品的店家，根本没有资格从事零售行业。如果门店不能提升商品齐全、鲜度管理、清洁维护等方面的水平，投入宣传费用做促销活动，也很难获得好的收益。

资料来源：王蓁．7-eleven便利店的缺货管理．http：//www. linkshop. com. cn/web/archives/2007/67789. shtml.

▶ 本章小结

在激烈的市场竞争中，重视对商品品种及其规律的研究，加强新品种开发，及时淘汰过时品种，合理地调整品种结构，以满足人们日益增长的物质文化需要，已经成为提高商品竞争力的重要方面。

商品质量和品种是保证商品使用价值顺利实现和企业最终获得经济效益的关键。质量、品种、效益三者之间是互相依赖、互相制约的。这三者之间存在着不可分性，它们之间的连锁反应体现了有机的内在联系，符合客观事物发展变化的基本规律。

熟悉商品品种的分类、类别，认识商品品种发展变化规律，促进商品品种结构向符合消费需求的结构合理转化，是我国社会主义市场经济不断发展和完善的需要，也是商品学研究必须解决的重要问题之一。

▶ 关键术语

商品品种　　商品品种计划　　商品品种策略
商品品种结构　　商品品种新陈代谢的规律

▶ 思考题

1. 商品品种的概念是什么？如何进行分类？
2. 概述商品品种、质量和效益的关系。
3. 试用实例说明商品品种新陈代谢的规律。
4. 如何利用商品品种结构的合理性来指导商业企业商品品种计划的制定？
5. 试通过上网查询写一篇“浅析货架缺货与商品品种经营管理（关系）”的小论文。

第 4 章
商品质量

学习目的

1. 了解质量概念及其演变、产品和服务质量形成和实现的过程及规律。

2. 准确理解质量的标准定义和商品质量的概念。

3. 掌握产品和服务质量特性及其内涵。

4. 熟悉所有影响商品质量的因素，着重把握质量意识、原材料质量、生产工艺对商品质量的影响。

引导案例

海尔的质量观：有缺陷的产品就是废品

海尔模式的开创者是张瑞敏。中国工业 3.0 模式发力的信号枪是张瑞敏用锤子砸响的。就是 1985 年他砸烂 76 台不合格冰箱的那一锤，成全了海尔，成全了张瑞敏，也成全了中国制造 3.0 模式！

当时，一台冰箱的价格是 800 多元，相当于一个职工两年的工资。对 1985 年的一家小厂，这 76 台冰箱可是一笔不小的财富。然而，张瑞敏说砸就砸，不留一点情面！他沉痛地说："长久以来，我们有一个荒唐的观念，把产品分为合格品、二等品、三等品还有等外品，好东西卖给外国人，劣等品出口转内销自己用，难道我们天生就比外国人贱，只配用残次品？这种观念助长了我们的自卑、懒惰和不负责任，难怪人家看不起我们，从今往后，海尔的产品不再分等级了，有缺陷的产品就是废品，把这些废品都砸了，只有砸的心里流血，才能长点记性！"

这一砸，把质量第一的信念硬生生砸进了海尔的基因，从此海尔走上了标准化、产品质量第一的道路。正是从这里出发，张瑞敏严肃了工厂纪律，革新了工厂的质量管理方式，将员工分成许多自我管理型团队，相互竞争，建立了一整套高标准、精细化、覆盖全国的服务管理模式。

三年后，"海尔人"捧回了我国冰箱行业的第一个国家质量金奖！

七年后，海尔在国际市场上扬名立万：德国市场上所有品牌的冰箱和中国海尔冰箱揭去商标后，放在一起进行试验，海尔冰箱质量排第一！

第1节　质量的概念及其演变

一　质量的概念

人们从不同的实践角度来观察和体验质量的本质及其内涵，对质量的本质及内涵的认识也随着时代而不断地发展和深化，这就使得国内外专家关于质量的定义视角各异，说法纷呈。总体来说，质量的定义可以归纳为以下几种代表类型。

（一）质量是“符合规范或要求”

美国著名质量管理专家克劳士比（P. B. Crosby）认为，质量并不意味着好、卓越、优秀等，质量意味着对于规范或要求的符合（conformance to requirement）。谈论质量只有相对于特定的规范或要求才是有意义的，合乎规范或要求就意味着具有质量，反之不合格就意味着缺乏质量。这种符合质量的概念，通常以符合现行标准或技术要求的程度作为衡量依据。它很实用，很有市场，但其局限性也非常明显。因为作为规范的标准或技术要求有先进和落后之别，并且现行标准或技术要求也很难正确反映顾客的全部需求，尤其是潜在的和变化的需求。在这种传统的静态的质量观念指导下，一旦质量符合了规范或要求，就可能停止任何改进质量的努力。

（二）质量是“适用性”

世界著名质量管理专家朱兰（J. M. Juran）从用户的角度出发，提出了“质量即适用性”（fitness for use）的著名观点。他指出：“所谓适用性是指产品在使用期间能够满足用户的需要。”他认为适用性普遍适用于一切产品或服务，是由用户所要求的产品或服务特性决定的，适用性的评价也是由用户做出的，而不是由产品制造商或者服务提供商做出的。朱兰的质量定义体现了质量最终取决于产品或服务的消费过程以及用户的使用感受、期望和利益的本质，成为用户型质量观的一种代表性理论，得到了普遍认同。

（三）质量是“社会总损失最小”

日本著名质量管理专家田口玄一认为，质量是指产品上市后给社会带来的总损失最小，由功能本身所产生的损失除外。例如，酒能醉人是酒的一种功能，因酗酒而蒙受的损失属于由功能本身产生的损失，不属于酒本身的质量问题，应属于酗酒者饮用不当的问题。至于社会允许何种功能的商品，那是文化问题，是法律问题，而不是技术问题。他将“总损失”定义为产品上市后所产生的“功能波动损失”、“弊害项目损失”以及“使用成本”这三部分损失之和。例如洗衣机在使用时出现的转速不稳属于“功能波动损失”，洗衣机在使用时出现的振动和噪声大则属于“弊害项目损失”，洗衣机使用时的水、电和洗涤剂的耗费以及维修费用等应归入“使用成本”。田口玄一的质量定义仍然属于用户型质量观的理论描述，但从逆向的损失角度来描述质量概念无疑是一种创新，它为质量的量化提供了方便。

（四）质量是“满足顾客期望的各种特性综合体”

世界著名质量管理专家菲根堡姆（A. V. Feigenbaum）在其《全面质量管理》著作中明确提出：“产品或服务质量可以定义为：产品或服务在营销、设计、制造、维修中各种特性的综合体，借助于这一综合体，产品和服务在使用中就能满足顾客的期望。衡量质量的主要目的就在于：确定和评价产品或服务接近于这一综合体的程度或水平。有时也使用其他的术语（例如可靠性、售后服务能力、可维修性等）来定义产品质量。显然，这些术语只是构成产品或服务质量的个别特性。正确认识这一点很重要，因为在确定某一产品的‘质量’的关键要求时，需要在经济上综合平衡，即权衡各种个别质量特性的得失。比如说，一种产品在其预期的寿命周期中，在预定的使用环境和条件下必须随时执行指定的功能，对这种产品的质量的关键要求当然是要有高的可靠性。然而，生产必须安全又具有压倒一切的重要意义。同时，产品在其生命周期中必须要有足够的售后服务能力和可维修性。产品要有适合于顾客要求的外观，因此它又必须具有吸引力。当综合平衡所有这些特性之后，‘恰到好处’的质量也就组成为综合体。它为预期的产品功能提供了最大的综合经济效益，除此之外，它还考虑到产品废弃和服务过后的情况，这就是关于以全面满足消费者要求为主的‘质量’的概念。”

根据菲根堡姆对质量的定义，质量是由顾客来判断的，而不是由设计师、工程师、营销部门或管理部门来确定的。顾客根据其对某种产品或某项服务的实际经验同他的需要对比而作出判断。

（五）质量的标准定义

国家标准《质量管理体系 基础和术语》（GB/T 19000—2016/ISO 9000：2015）将质量定义为：“客体的一组固有特性满足要求的程度。”它还对质量概念做如下说明：“产品和服务的质量不仅包括其预期的功能和性能，而且还涉及顾客对其价值和受益的感知。”“组织的产品和服务质量取决于满足顾客的能力，以及对有关相关方的有意和无意的影响。”“一个关注质量的组织倡导一种通过满足顾客和其他有关相关方的需求和期望来实现其价值的文化，这种文化将反映在其行为、态度、活动和过程中。”

为了准确地把握上述质量的标准定义，必须理解以下几个关键术语。

（1）客体是指可感知或可想象到的任何事物，例如产品、服务、过程、人员、组织、体系（系统）等。组织是指为实现目标，由职责、权限和相互关系构成自身职能的一个人或一组人，例如代理商、公司、集团、商行、企事业单位、行政机构、合营公司、协会、慈善机构或研究机构，或上述组织的部分或组合，无论其是否为法人组织，是公有的还是私有的，都可称为组织。提供产品或服务的组织，例如制造商、批发商、零售商或商户等，也称为供方。过程是指利用输入实现预期结果即输出（如产品或服务）的相互关联或相互作用的一组活动。产品是指在组织（供方）和顾客之间未发生任何交易的情况下，组织能够产生的输出。当产品交付给顾客时，通常包含服务因素。顾客是指能够或实际接受为其提供的，或应其要求提供的产品或服务的个人或组织，如消费者、委托人、最终使用者、零售商、内部过程的产品或服务的接收人、受益者和采购方。通常产品的主要要素是有形的。服务是指至少有一项活动必须在组织和顾客之间进行的组织的输出。也就是说，至少有一部分输出是组织在与顾客的接触面上实现的。通常服务的主要要素是无形的。服务的提供可能涉及在顾客提供的有形产品（如需要维修的汽车）上所完成的活动、在顾客提供的无形产品（如为准备纳税申报单所需的利润表）上所完成的活动、无形产品的交付（如知识传授方面的信息提供）以及为顾客创造氛围（如在宾馆和饭店）等。通常服务由顾客体验。

（2）特性是指可区分的特征，它可以是客体固有的或被人赋予的，也可以是定性的或定量的。特性有各种类别，包括物质的特性（如机械的、电的、化学的或生物学的特性），感官的特性（如嗅觉、触觉、味觉、视觉、听觉），行为的特性（如礼貌、诚实、正直），时间的特性（如准时性、可靠性、可用性、连续性），人类工效学的特性（如生理的特性或有关人身安全的特性），功能（使用中表现出来）的特性（如飞机的最高速度）等。

（3）固有特性是指客体本来就有的，存在于客体内的那种特性，如产品的机械（力学）特性、化学特性等，而不是被人赋予的特性。被人赋予的特性如产品的价格、产品的分类代码、产品的供货时间和运输方式等，不属于质量的范畴，因而不是客体（产品）的质量特性。

（4）要求是指明示的、通常隐含的或必须履行的需求或期望。其中，“明示的”可以理解为组织的规定要求就是经明示的要求，如组织在成文信息中阐明的要求；“通常隐含的”是指组织和相关方的一种惯例或一般做法，所考虑的需求或期望应当是不言而喻的，习惯上应该这样做的；“必须履行的”是指法律、法规、强制性技术性规范或标准要求的，组织必须执行、兑现的。“相关方”是指可影响决策或活动、受决策或活动所影响或自认为受决策或活动影响的个人或组织，例如顾客、所有者、组织内的人员、供方、银行、监管者、工会、合作伙伴以及可包括竞争对手或相对立的社会群体等。特定要求可使用限定词表示，如产品要求、顾客要求、质量要求、质量管理要求等。质量要求就是关于质量的要求。要求可由不同的相关方提出，不同相关方对同一产品的要求可能不同。例如对汽车来说，顾客要求美观、舒适、省油，社会要求对环境不产生污染。组织在确定产品要求时，应兼顾顾客及其他相关方的要求。

从上述质量的定义及其阐释可以知道：质量（也称为品质）的内容是从特性和要求两者之间关系的角度来描述的，也就是说质量（品质）是指某种客体（如产品或服务）的固有特性能够满足顾客以及有关的相关方要求的程度，满足的程度越高，就可以说这种客体的质量（品质）越好，反之则认为该客体的质量（品质）越差。只有对于功能用途相同的产品或服务，才能比较它们质量的优劣或好差。

随着科技进步和社会经济发展，客体内涵和特性内涵也会随着顾客和有关的相关方要求的改变而发生变化，因而质量内涵不是静态的，而是动态的、变化的。

二　质量概念的演变

质量的内涵十分丰富，随着社会经济和科学技术的发展，质量的内涵一直在不断地充实、完善和深化，人们对质量概念的认识也经历了一个不断发展和深化的过程。

在20世纪40年代，质量的概念主要是指质量的符合性，符合设计图样规定，符合技术标准。为此必须建立专职的检验机构，由检验人员按照产品质量标准，对产品生产过程的符合性进行检验。符合标准就是合格，就是高质量，否则就是不合格，从而拒收。因此可以说，“质量是检验出来的”。

质量概念的第一次扩展是在20世纪60年代。随着市场竞争日益激烈，符合标准不一定就是高质量，只有适应市场需求才是高质量。质量从单纯的标准符合性发展到考虑顾客需求的适用性。这表明质量概念从技术领域扩展到经济领域，质量开始与市场和顾客要求相联系。

质量概念的第二次扩展是从单纯的产品质量扩展到包括过程（市场调研、开发、设计、采购、生产、储运、销售、售后服务）在内的工作质量、过程质量。质量概念从产品深入到了形成产品和产品流通的过程，从单纯满足顾客需求到同时满足顾客和相关方需求的广义质量。质量概念的这次飞跃引发了在全世界范围内经久不衰的全面质量管理活动。

随着全面质量管理的深入，质量概念又从产品质量、工作质量扩展到服务质量，服务的范围除了与工业、商业有关的采购、储存、营销、包装、运输、安装、维修和技术服务外，还进一步扩展到接待服务、公用事业、交通、通信、金融、保险、医疗、教育、科学等广泛的社会服务领域。至此，质量从工商业扩展到了整个社会经济领域。

在工业组织和其他组织内，质量从单纯重视产品质量，发展到注重产品质量和生产、流通过程质量相结合、产品质量与服务质量相结合。人们逐渐形成了质量取决于人员、资源、技术、过程、产品、服务等各项质量要素的大质量整体观念。

随着全球环境状况的恶化和人类对环境问题的日益关注，质量概念又突破了原来只与生产者和消费者相关的局限，建立了包括相关方影响的新概念。例如汽车的质量包括噪声、尾气等对行人的影响，汽车生产过程中的喷漆、钣金等工艺对环境的影响。因此，与汽车有关的质量指标中不仅包括汽车噪声、尾气排放等指标，还包括生产过程中各项清洁工艺指标。质量概念的这种发展使质量进一步与社会经济的可持续发展联系在一起。

质量概念的产生和演变取决于技术、经济和社会的发展程度。随着社会的发展进步，科学技术的日新月异，经济贸易的迅速扩展，法制管理的日益完善，公众文化素质的不断提高，人们对质量的认识也将进一步丰富、深化和完善。

|知识应用4-1| 两种质量观的比较

质量观是人们对质量的认识，在质量管理发展历程中，出现了两种基本的质量观：符合性质量观和适用性质量观。两种质量观都有代表人物，他们分别是克劳士比和朱兰。克劳士比和朱兰是20世纪两位知名的质量大师，二人对质量管理的理论和实践都做出了突出贡献。在长期的实践中，两位大师分别形成了各自的质量理论体系，对现代质量管理产生了重要影响。

1. “零缺陷”质量管理

克劳士比在质量管理中最突出的贡献是提出了“零缺陷”的思想。所谓“零缺陷”就是“第一次就把事情做对”，即一次就做到符合要求。因此，企业必须建立对工作的要求，否则没有要求可循。克劳士比认为，要实现“零缺陷”首先要在组织内对质量进行界定。

这个界定要将质量管理、可靠性、质量工程、供应商质量、检验、产品合格编制、培训、测试、消费者投诉、质量改进等系统和质量的观念涵盖其中，并将这些工具运用在整体问题上。“零缺陷”思想的提出是质量管理的一次重大革命，在此之前人们基于不确定性原理认为质量缺陷是不可避免的。在这一思想提出后，人们知道了质量也存在边界和范围。只要事先界定好边界和范围，质量缺陷就可以避免，使得质量控制由被动预防转变为主动出击。

2. “质量管理三部曲”

朱兰对质量管理最突出的贡献是提出了“质量管理三部曲”，即质量计划、质量控制和质量改进。质量计划即通过发现质量差距，制定质量改进的目标和步骤；质量控制即制定和运用一定的操作方法，确保各项工作过程按原设计方案进行并最终达到目标；质量改进则是通过打破旧的平稳状态而达到新的管理水平。“质量管理三部曲”的重点是从认知质量差距开始。现实中的质量差距主要有以下方面：第一类是理解差距，也就是对顾客的需要缺乏理解；第二类是设计差距，即使完全了解顾客的需要和感知，还是不能设计完全一致的产品或服务；第三类是过程差距，由于创造有形产品或提供服务的过程不能与设计相符，许多优秀的设计遭遇失败；第四类是运作差距，也就是运作和控制过程的手段在产品或服务的提供中会产生副作用。

3. 判断产品质量需要选择“质量观”

从两位大师的观点不难看出，符合性质量观认为，质量就是符合要求或规范，符合就是有质量，不符合就是没有质量。符合性质量观要求企业首先识别相关方对产品或服务的要求，然后使用各种技术手段满足这些要求，实现产品的质量。适用性质量观认为，质量是产品和服务在适用过程中满足需求的程度，满足程度越高则质量越好。适用性质量观要求企业首先发现质量差距，通过持续改进，提升产品质量。因此，在符合性质量观看来，质量是一种标准，只能界定有无，不可评估好坏。适用性质量观则相反，质量是一种状态，可以评估优劣，不能判断有无。在某些情况下，这两种质量观的判断可能会完全相反，最经典的例子就是AK-47步枪。

AK-47步枪是一款世界名枪，与绝大多数俄罗斯工业品一样，AK-47步枪存在设计简陋、做工粗糙的毛病，不像同时代的西方枪械那样做工精良。然而，正是由于相对毛糙的做工，AK-47步枪的战场适应性极好、故障率极低。反观西方制造的精良武器，精密的做工使其异常娇贵，难以适应严酷的战场环境。

按照适用性质量观，AK-47步枪简陋、粗糙、射击精度不足，是一款质量低下的产品，但从符合性质量观的角度看，AK-47步枪能适应各种战场环境，符合军队对枪支的要求，是一款有质量的产品。AK-47作为世界名枪，其质量是毋庸置疑的。然而，除了这款经典名枪以外，俄罗斯生产的其他产品却没有一款具备国际竞争力，这与其产品质量不高不无关系。可见，在判断产品质量时，选择合适的质量观非常重要。

4. 两种质量观的选择依据

那么选择质量观的依据是什么呢？在回答这个问题前，我们首先回顾一下两种质量观产生的背景。符合性质量观产生于20世纪50—70年代，当时刚刚结束第二次世界大战，各国经济亟待恢复。此时，大规模的基础设施建设是经济的主要增长模式。在这种条件下，新建的设备设施能否满足生产需要是关注的重点，判断产品质量好坏的标准就在于是不是符合生产规范。

70 年代后，发达国家的经济进入产能过剩时代。由于选择余地增加，消费者不再满足于基本的衣食住行，更加看重个性化消费。能否满足消费者不断变化的需求成为企业新的关注点，判断产品质量好坏的标准也就从原先的满足规范延伸到在多大程度上满足需求。由此可见，经济环境的变化导致质量判断标准的变化，是造成两种质量观产生并发展的主要原因。因此，选择哪种质量观来判断产品质量关键要看产品的使用目的。如果产品的使用目的是满足专业人员开展工作的需要，那么就应当选择符合性质量观。因为专业使用者会比较重视产品性能能否满足使用要求，不太在乎使用是否方便。这些产品包括机床、厂房、燃料等生产资料。相反，如果产品的使用者是关注产品体验的消费者，那么就应当选择适用性质量观。因为普通消费者不太关注产品本身而关心使用是否方便。这些产品包括电脑、智能手机、家用轿车等日常消费品。

资料来源：王丽．两种质量观的比较．中国质量万里行，2016（8）.

第 2 节　商品质量与质量特性

一　商品质量的定义

在商品学中，商品是产品和服务的总称。国家标准《质量管理体系 基础和术语》（GB/T 19000—2016/ISO 9000：2015）对产品的定义是："在组织和顾客之间未发生任何交易的情况下，组织能够产生的输出。"该标准进一步注明："在供方和顾客之间未发生任何必要交易的情况下，可以实现产品的生产，但是，当产品交付给顾客时，通常包含服务因素。通常，产品的主要要素是有形的。"国家标准《服务标准化工作指南》（GB/T 15624—2011）将服务定义为："服务提供者与顾客接触过程中所产生的一系列活动的过程及其结果，其结果通常是无形的。"服务业主要包括交通运输、仓储、邮政和物流业，信息服务业，批发、零售和租赁业，住宿及餐饮业，金融业，房地产业，商务服务业，科学研究与技术服务业，水利、环境、公共设施管理和公用事业，居民服务、维修与维护服务业，教育、培训和人力资源服务业，卫生、社会保障、社会福利和社会工作，文化、体育、娱乐和旅游业，公共管理与公共安全，农林牧渔服务业等。

在确定商品的质量要求时，应该在考虑顾客要求的基础上，兼顾其他相关方的要求。由此，商品质量可定义为：产品或服务的一组固有特性能够满足顾客以及其他相关方的要求的程度。如前所述，顾客以及其他相关方的要求包括明确规定与必须履行的要求和通常隐含的要求两种。前者包括在有关的法律、法规、技术标准或合同文件中以及在供方的承诺、图样、使用说明标签或标志、使用说明书等文件中所明确提出的要求；后者是指那些人们公认的、应该遵从的、不必明确的要求，如习惯要求或沿用惯例等。

商品要能够符合顾客以及其他相关方的要求，只靠一两个或少数几个特性是无法满足这种复杂或综合的要求的，通常要靠若干即一组质量特性才能达到目标。其满足程度取决于质量特性组合的优化程度，它最终决定商品质量的好坏。

商品质量是商品学研究的中心内容，也是经济管理工作永恒的主题。

二 商品质量特性

（一）商品质量特性的概念

质量特性是指与要求有关的、客体的固有特性（GB/T 1 9000—2016/ISO 9000：2015 有关质量特性的术语 3.10.2）。商品质量特性就是指与顾客以及有关的相关方的要求有关的产品或服务的固有特性。例如，顾客要求某种服装材料穿着舒适，那么如何保证它具有穿着舒适的质量呢？于是，研究人员结合人体生理试验与穿着试验对服装材料穿着舒适性进行研究，发现服装材料穿着舒适质量取决于服装材料本身固有的热传递舒适性（冬季保温性或夏季散热性）、水分传递舒适性（汗液、汗气的透过性）、空气传递舒适性（透气性）、表面特性、厚度和抗静电性等质量特性，如果相关方在此基础上再附加护身的要求，那就还要考虑服装材料的防火性、防菌性、防辐射性或耐化学药品性等质量特性。人们通过对这些特性参数综合开发设计、生产，就保证了该服装材料的舒适安全质量。由于顾客以及有关的相关方的要求是多种多样的，所以商品的质量特性也是多种多样的。

商品质量特性应当准确地反映顾客及有关的相关方对商品质量的客观要求。把反映商品质量特性的技术经济参数或指标明确规定下来，形成技术文件，作为衡量商品质量的尺度，这就是商品技术标准或商品质量标准。商品技术标准标志着商品质量特性应达到的技术要求。

每种质量特性对商品质量都有一定的贡献，但其重要程度并不同，而且因使用目的或用途不同而发生变化。通常按照质量特性的重要程度，商品质量特性可分为关键质量特性、重要质量特性和次要质量特性。关键质量特性是指若达不到规定的该特性值要求，会直接影响商品安全性或造成商品整体功能丧失的质量特性。重要质量特性是指若达不到规定的该特性值要求，将造成商品部分功能丧失的质量特性。次要质量特性是指若达不到规定的该特性值要求，暂时不影响商品功能，但可能会导致商品功能逐渐丧失的质量特性。如果我们在评价商品质量时不区分众多特性的重要程度，就无法抓住关键，甚至顾轻忽重，导致错误的评价，还会浪费大量的人力、物力，使质量成本上升。

（二）商品质量特性

商品质量特性依其载体不同，可分为产品质量特性和服务质量特性两大类。

1. 产品质量特性

产品质量特性多种多样，各方面的总和就构成了产品的适用性，即产品在使用过程中能成功满足顾客及有关的相关方的要求和目标的能力。

（1）功能以及物质方面的质量特性。包括产品为实现预定使用目的或规定用途所必须具备的基本的使用性能或功能（如汽车的速度、暖瓶的保温性能、电冰箱的冷藏和冷冻功能、电视机的图像清晰度等），物理性能（力学性能、电磁性能、热学性能、声学性能、光学性能等，如产品的硬度、强度、耐磨性、电磁兼容性、电容、电阻、电感、热容、热传导性、吸声性能、噪声性能、紫外线阻隔率、可见光反射率等），化学性能（如化学成分、纯度、可燃性或耐燃性、酸碱性、耐腐蚀性、抗氧化性、热稳定性等）以及生物学性能（如乳酸菌能将碳水化合物发酵成乳酸，帮助消化，有助于人体肠脏的健康）等。

（2）感官方面的质量特性。它是指要凭借人的视觉、嗅觉、味觉、听觉、触觉等感觉器官的反应和经验来描述和评价的产品质量特性，如食品的色香味、乐器的音色、纺织品的手感等质量特性，它们与人的生理和心理因素有关，属于较复杂的生理和心理的质量特性，很难用仪器测定并难以像理化性能那样进行定量描述。

（3）人类工效学方面的质量特性。人类工效学特性是指产品应尽量符合人类工效学原理，具备满足产品使用者使用方便与安全等要求的能力。例如，产品的结构要与人体尺寸和形状及各个部分相适应；要与人的视觉和听觉能力、触觉能力、味觉和嗅觉能力、速度能力、知觉能力以及信息再处理能力相适应；复杂产品的使用操作要符合简单、易操作、不易误操作等要求。

（4）时间方面的质量特性。使用寿命和可靠性都是与时间有关的质量特性。

使用寿命是指耐用性产品在规定的使用条件下，保持正常使用性能的工作总时间。产品的使用寿命主要是由其设计寿命或者说由其关键部件的寿命决定的。例如电冰箱的使用寿命通常为5～10年，这是由其关键部件压缩机的寿命决定的。此外，产品的使用寿命往往受到实际使用环境和使用方式的影响，一般来说，恶劣的使用环境和使用操作上的失误，都会影响产品的局部或整体的使用寿命。

可靠性是指产品在规定条件下和规定时间内，完成规定功能的能力。所谓规定条件是指产品使用时的环境条件、使用条件、维护保养条件等。可靠性是与产品在使用过程中的稳定性和无故障性联系在一起的，是机电类产品的主要质量特性。可靠性通常包括耐用性和设计可靠性，有时也包括可维修性。耐用性是产品能在规定的使用期限内保证规定功能不出故障或寿命较长的能力。它是评价高档耐用产品的一个主要质量特性。为了避免使用者操作过失和在规定的环境条件以外使用等用法错误导致产品出故障的可能性，一方面，要求提高产品的易操作度，使人为过失的可能性尽量减少；另一方面，即使因为人为过失或环境改变引起了故障，也要把可能遭受的损害控制在最低限度。在设计上这两方面的要求就是设计的可靠性。可维修性是指产品在发生故障后能被迅速修好恢复其功能的能力。产品是否容易维修与产品设计有关，设计中应尽量采用组合式或组件式产品结构，所用零部件要标准化、通用化、系列化，以便拆卸更换，还应该容易通过仪表式专用检具迅速诊断出故障部位。

（5）安全方面的质量特性。是指产品在储存、运输和使用过程中不会发生由于产品质量导致的人员伤亡、健康受损和财产损失的能力。例如家用电器必须有良好的绝缘性和防护装置，以免人员触电造成电击伤害和死亡事故；食品必须安全卫生，其成分中对人体健康有害的物质以及致病性微生物不得超过标准规定的限度；化妆品中铅、砷、汞等重金属含量、有害微生物的含量应在标准规定的限量以下。

（6）环境保护或资源利用方面的质量特性。是指产品在生产、流通、消费、废弃的整个生命周期内对自然生态环境和人体健康的危害应尽可能减至最低，或者能最大限度地节约资源或能源的能力。例如产品应该在生产、流通中废物排放少、污染轻、能耗低，对职业人员安全无害（如防爆、防火、防电击、防辐射、噪声限制等），消费时也不损害使用者健康和生态环境并且节能、节水，少排或不排放废物，废弃后可回收循环利用或可拆卸回收或容易降解清除等。

（7）信息方面的质量特性。是指依据有关的质量法规或强制性标准，产品生产者、经销者有责任和义务通过产品或包装上的规定标识以及包装内必备的有关文件，向消费者提供有用的质量信息。产品或包装上的规定标识及文件主要有：中文标明的产品名称；生产者的名称和地址；产品的规格与型号；产品主要技术指标或所用原料的成分名称及其含量；产品运输、储存、安装、使用与维护的方法和注意事项以及安全警告；需限期使用的产品按年、月、日顺序标明生产日期和有效使用期（保质期）；标明产品所执行的国家标准、行业标准或企业标准的编号；产品的质量等级；产品质量检验合格证明（合格证书、合格标签和合格印章）；商标以及生产许可证、卫生许可证的编号、批准日期和有效期限；产品合格认证标志、安全认证标志或其他认证标志等。此外，对于耐用性产品尤其是电器产品来说，除其包装内必备的使用说明书外，还应有原理图、线路图、维修手册以及保修单等。

（8）经济方面的质量特性。要求产品的生产者、经营者、消费者都能用尽可能少的费用（设计费用、制造费用、储运费用、销售费用和使用费用）获得较高的产品质量，从而使企业获得最好的经济效益和社会效益，消费者也会感到物美价廉。该质量特性反映了产品合理的生命周期总费用及产品质量的最佳水平。它实际上包含了两方面的内容：一是在物美价廉基础上的最适质量；二是产品价格与产品使用费用的最佳匹配。

最适质量是指产品的质量性能与获得该种性能所需费用的统一，即优质与较低成本的统一。为此，既要从消费者的需要立场出发，反对粗制滥造、使消费者利益蒙受损失的不足质量，又要维护企业的经济利益，反对不考虑经济得失的过剩质量。

对消费者而言，产品的价格取决于产品的生产和流通成本，是一次性投资，产品在整个使用过程中为发挥其规定功能所需的费用即使用成本，则是长期投资。如果价格合适，但使用成本过高，就会出现“买得起，用不起”的情况，这种产品很难被消费者认可。因此，企业在产品生产、经营中既要努力降低生产和流通成本，保证规定的质量，又要千方百计降低使用成本，如应尽可能减少产品使用中的能源、物质和时间的消耗，尽可能降低维修费用，等等。

2. 服务质量特性

服务主要有以下六个方面的质量特性。

（1）功能性。功能是指某项服务所产生的效能和作用。使顾客得到服务功能是对服务的基本要求，因此功能性是服务质量中最基本的特性。例如，企业的销售和售后服务的功能是使顾客得到所需的商品及其送货、安装、维修、退换货等服务；交通运输的功能是将旅客和货物送达目的地；电信服务的功能是为顾客及时、准确地传递信息。

（2）时间性。它是指服务在时间上能满足顾客需求的能力。该能力主要体现在两个方面：及时和准时。及时是指服务响应时间尽可能缩短，也就是顾客需要时能及时提供服务而避免等待时间过长。准时是指服务提供的时长与服务环节中的各种时限，应该准确或尽可能准确地执行相应约定或承诺。顾客得到某项服务的等待时间是关系到顾客满意度和服务企业形象的重要因素。

（3）安全性。它是指服务供方在对顾客进行服务的过程中，保证顾客人身不受危害、健康和精神不受伤害、财物和信息不受损害的能力。安全性取决于服务人员的安全意识与责任感、防火或防盗的保障措施、服务设施的维修保养、人员和环境卫生等因素。

（4）舒适性。它是指在满足功能方面、时间方面、安全方面等质量特性的基础上，服务过程（包括设施设备、服务操作、环境美观和整洁有序等）的舒适程度。显然，此质量特性与服务的等级密切相关。

（5）文明性。它不仅是指服务人员对顾客要笑脸相迎，还包括对顾客的谦逊、尊重、信任、理解、体谅和与顾客有效沟通，反映了满足顾客精神需求的程度。这是服务质量中最难把握但非常重要的质量特性。

（6）经济性。它是指为得到同等质量的服务，顾客所付费用应相对较少。这里所说的费用是指在接受服务的全过程中所需的费用，即服务周期费用。服务的经济性是与服务的功能性、时间性、安全性以及舒适性都密切相关的。

|知识应用 4-2|　下最大气力抓全面提高质量

2017年国家质量监督检验检疫总局局长在全国质检工作会议上要求全系统要下最大气力抓全面提高质量，全力开展质量提升行动，在全面提高质量上当好排头兵、突击队。特别强调“机遇难得，抓不住就是我们的失误；责任重大，干不好就是我们的失职”。这既是向全国人民作出的庄严承诺，也是向全系统发出的动员令。

第一，这个庄严承诺和动员令源于质量供给水平大力提升带来的高度自信。

党的十八大以来，党中央、国务院高度重视质量工作，质量发展夯基垒台、立柱架梁，主体框架愈加牢固，质量总体水平稳中有进。纵观近年来质检总局党组抓质量提升的历程，从2015年提出的“狠抓质量提升”，到2016年提出的“组织开展好质量品牌提升行动”，再到2017年的“下最大气力抓全面提高质量”，体现了质检总局党组抓质量不松劲、不停步，更是体现了抓质量的力度不断加强，措施更加精准，不断开创质量工作新境界。过去一年，突出重点抓关键，大力组织开展质量品牌提升行动。着力提升消费品质量，产品质量国家监督抽查合格率提高到91.6%，10类重点消费品总体合格率提升5.2个百分点，达到90.3%，电子商务产品合格率提升11.4个百分点，智能马桶合格率提升22.4个百分点。着力提升出口商品质量，出口工业产品退货批次和金额同比分别下降13.1%和19.4%，出口食品农产品企业内外销“同线同标同质”工程上线企业1 150家，新增订单55.6亿元。着力提升服务业质量，服务业质量监测与提升工作步入制度化和常态化轨道，公共服务、旅游服务、物流服务、质量技术基础服务等质量标准体系不断完善。加强品牌建设，正式命名全国知名品牌创建示范区23个，新建国家级出口产品质量安全示范区82个，新批准国家地理标志保护产品180个，食品农产品出口逆势增长4.6%。这些质量工作既增强了人民群众的“质量获得感”，也为抓全面提高质量积厚成势奠定了坚实基础。

第二，这个庄严承诺和动员令源于人民群众对高质量产品和服务的迫切需求。

当前，我国人均国内生产总值已接近8 000美元，正在迈向“新消费时代”，消费者所追求的不再是物质数量而是生活质量，消费结构将由生存型向更高的精神型、享受型、体验型、娱乐型消费升级，人们需要更精致、时尚、愉悦的幸福生活，对高质量产品和服务需求更加迫切。我国产品和服务的品质还不能完全适应市场需求变化和人民群众的消费结构升级要求。中高端产品供给不足是国内消费外溢、消费潜力难以释放等问题的主要原因。据测算，2015年我国居民全年出境游达1.2亿人次，消费总额近1.5万亿元，其中至少一半用于购物，而且购买的商品层次呈下移态势，从珠宝首饰、名包名表、名牌服饰、化妆品等奢侈品向电饭煲、马桶盖、奶粉、奶瓶等普通日用品延伸。这表明我们不是需求不足，或者没有需求，而是人民群众的需求变了、升级了，供给的产品却没有变，产品和服务的质量跟不上。老百姓有需求，我们就要有行动。解决这些结构性问题，必须着力扩大高质量产品和服务供给，实现供给体系由中低端产品为主向不断适应需求变化的中高端产品为主转变，更好地满足人民群众需要。

第三，这个庄严承诺和动员令源于质检总局党组对全面提高质量的有力部署。

质量是供给侧结构性改革的重要突破口，也是推进供给侧结构性改革的重要力量。局长在全国质检工作会议上重点部署了质量工作，特别强调要围绕推进供给侧结构性改革下最大气力抓全面提高质量，把开展质量提升行动作为全系统的总任务和重头戏，找准“发力点”，牵住“牛鼻子”，打好“组合拳”，连续抓几年，直至出成效。对此，要认真贯彻落实，突出三个重点。

一要一个行业一个行业地抓质量提升。开展质量提升行动，要瞄准实体经济，瞄准拉动内需，瞄准高质量供给，瞄准老百姓日常消费品，重点发力，开展各行业全产业链质量提升。围绕《装备制造业标准化和质量提升规划》《消费品标准和质量提升规划（2016—2020年）》确定的重点产业产品，围绕输往“一带一路”沿线国家、输非、输中东、输东亚南亚等出口商品，围绕增加绿色优质农产品供给，围绕旅游、民航、铁路等领域以及检验检测认证、标准化、计量测试等高技术服务业和重点服务业，开展质量提升行动，力争重点产品质量国家监督抽查合格率达到90%以上，重点领域服务质量顾客满意度稳定在75%以上，实实在在地提升质量水平。

二要一个区域一个区域地抓质量提升。开展质量提升行动，既要打造“质量高地”，又要整治“质量洼地”，防止劣币驱逐良币。一方面要加强示范引领。在质量水平高、形象好的产业集聚区，孵化和推广先进的质量管理方法，把优质产品质量控制要求向产业链两端延伸，带动相关企业技术改造、产品创新和品牌建设，促进优质优价、优胜劣汰，引导块状经济向现代产业集群发展。另一方面要整治“质量洼地”。对质量问题较多的重点区域，实施区域集中整治，挂牌督办，落实属地责任。对区域性质量问题得不到有效解决的要敢于“亮牌吹哨”，约谈政府负责人，严重的要在媒体曝光，加强舆论监督，倒逼整改落实。

三要一个企业一个企业地抓质量提升。全面质量管理是企业管理之纲。我们要根据不同企业的情况，分门别类地抓质量，由质量帮扶的“大水漫灌”转变为“精准滴灌”。要组织多方力量，深入企业生产一线，了解企业质量管理的新情况、新问题，挖掘企业质量管理的新做法、新经验。对大型企业要坚持“放”，更多的是质量管理的指导和服务。要特别关注产品细分市场中发展潜力较大的中小企业，重点开展质量管理帮扶专项活动，引导它们弘扬工匠精神和企业家精神，敢于实施高标准、追求高质量，把产品做精做细，形成自己独有的比较优势，打造一批质量生命力强的“隐形冠军”和“小巨人”企业，把外溢的消费拉回来。

同时，我们还要大力实施标准提档升级工程，建立推行企业标准领跑者制度，开展“标准化+”行动，特别是全力推进内外销产品“同线同标同质”工程，逐步消除国内市场与国际市场的产品“质量高差”。抓好质量宣传动员，让追求质量、崇尚卓越成为全社会、全民族的价值导向和时代精神。打造中国质量品牌，制定实施品牌发展战略，加强品牌培育和品牌宣传，打造一批竞争力强、附加值高的中国金字品牌。

资料改编自：刘国传．下最大气力抓全面提高质量．中国质量报，2017-02-10.

第3节　商品质量的形成与实现

一　产品质量的形成与实现

产品都要历经设计、制造和使用的过程，产品质量也有一个从形成到实现的过程，该过程的每个环节都直接或间接地影响产品的质量。世界著名质量管理专家朱兰用质量螺旋模型来表示产品质量形成的这种规律性，称为朱兰质量螺旋。

朱兰质量螺旋是一条螺旋式上升的曲线，它把产品全过程的各个环节按逻辑顺序串联起来，反映了产品质量形成的整个过程及其规律性（见图4-1）。朱兰质量螺旋是质量管理的理论基础。

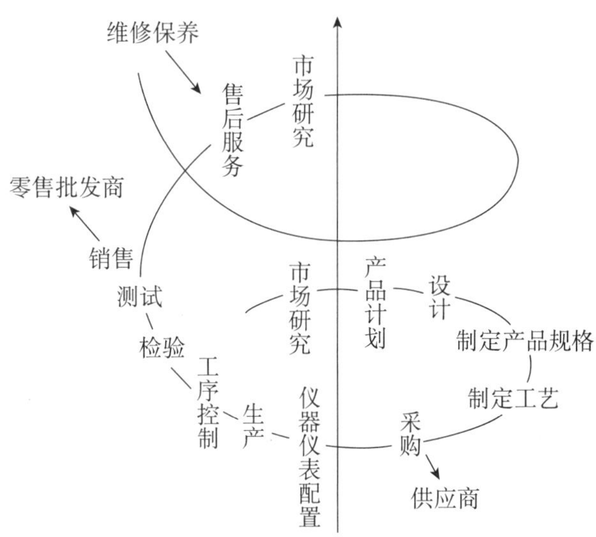

图4-1　朱兰质量螺旋

朱兰质量螺旋深刻形象地揭示了产品质量形成和实现的客观规律。

（1）产品质量形成全过程包括一系列环节。这些环节构成一个系统，系统目标的实现取决于每个环节质量工作的落实和各环节之间的协调，因此，必须对质量形成全过程进行计划、组织和控制。

（2）产品质量的形成和发展是一个循序渐进的螺旋式上升过程。这些环节构成一轮循环，每经过一轮循环，产品质量就有所提高。产品质量在一轮又一轮的循环中，总是在原有基础上有所改进、有所突破。

（3）质量系统是一个开放系统，与外部环境有密切联系，既有直接的联系（螺旋中箭头所指处），也有间接的联系。例如采购环节与物料供应商、销售环节与零售批发商、售后服务与顾客，都有直接的联系。此外，系统中几乎所有环节都离不开人力资源，人力资源要靠社会来提供和培养，等等。因此，产品质量的形成和实现并不只是企业内部行为的结果，还需要考虑各种外部因素的影响。

（4）产品质量形成全过程中的每个环节都要依靠人去完成，人的素质及对人的管理是过程质量及工作质量的基本保证。因此，人是产品质量形成全过程中最重要、最具能动性的因素。

二 服务质量的形成和实现

服务质量的形成和实现过程可以用服务质量环表示（见图4-2）。服务质量环把服务质量的全过程分为服务的市场开发、设计、提供、业绩分析与改进四个主要的关联环节。

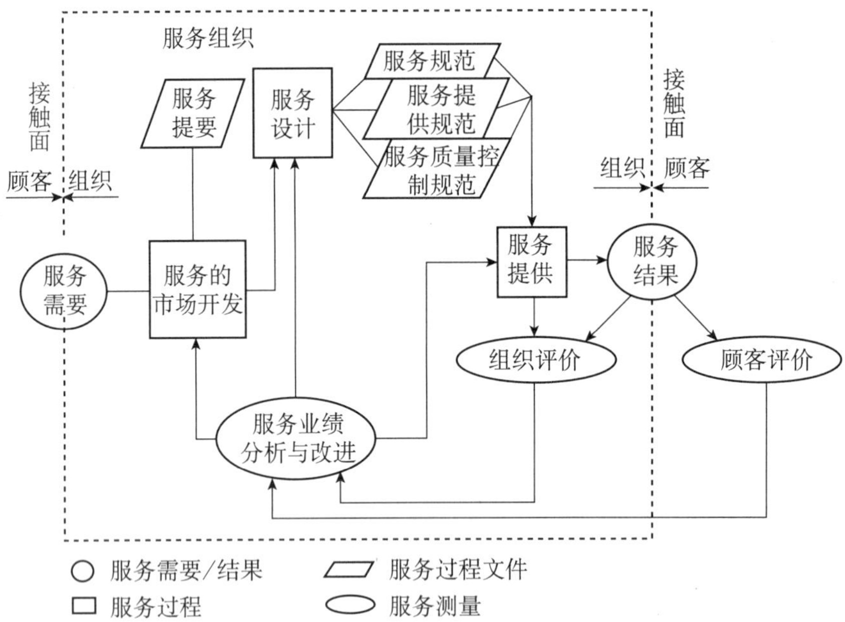

图4-2 服务质量环

（一）服务的市场开发

服务的市场开发是从服务组织与顾客接触面来考虑问题的。首先，组织要从顾客和社会角度出发，了解、识别和确定顾客对服务的需要；然后要结合组织在人、财、物方面的条件和组织经营管理的经验，调查、研究和开发服务市场；最后提出一个完整的服务提要，服务提要应包括服务需要、要开发的服务类型、服务规模、服务档次、服务质量、服务承诺、服务基本方式等方面的内容。

（二）服务的设计

服务的设计是在服务市场开发的基础上解决如何进行服务的问题。这一环节要制定出服务过程中所使用的服务规范、服务提供规范和服务质量控制规范，还要对服务设施、服务环境、服务方式和方法进行设计，并把它们反映在下述三种规范中。

（1）服务规范。服务规范应规定服务要达到的水准和要求，也就是服务质量标准。

（2）服务提供规范。它规定在服务提供过程中应达到的水准和要求，也就是怎样达到服务设计中制定的服务规范的水准和要求。依据服务规范来制定服务提供规范。服务提供规范应明确每一项服务活动怎样做才能保证服务规范的实现，也就是要实现服务过程的程序化和服务方法的规范化。

（3）服务质量控制规范。这个规范规定了怎样去控制服务的全过程，即怎样去控制服务质量环的各个阶段的质量，特别是服务提供过程的质量。

（三）服务的提供

服务的提供是依据服务设计所制定的三种规范向顾客提供服务。在服务提供结束后应对服务的结果进行评估或评定（包括顾客评价和组织评价）。服务提供过程是涉及服务组织各个部门和全体员工的过程，也是与顾客直接接触的过程，还是考察和评定服务提供和三个规范及其实践的过程。

（四）服务的业绩分析与改进

在对服务结果做出供方评定和顾客评定的基础上，对服务业绩进行分析和改进，并将分析和改进的结果、建议要求反馈到市场开发、设计和提供等过程中去，形成服务质量信息的闭环系统，使得服务质量的产生、形成和实现过程成为一个不断循环上升的过程。

第 4 节　影响商品质量的因素

商品质量是商品（产品或服务）生产、流通、消费全过程中诸多因素共同影响的产物。为了能够对商品质量实施控制并得到预想的商品质量，就要分析和控制商品质量的影响因素。

一　人的因素

在影响商品质量的诸多因素中，人是最基本、最重要的因素，其他因素都要通过人的因素才能起作用。生产和经营符合一定质量要求的商品，通常都要经过多道工作程序，如产品的市场调研、开发设计、原材料和零配件采购、工艺准备、生产设备运转维护及更新改造、生产过程控制、检验规范和检验设备控制、不合格品处置、储存和运输、安装和包装、售后服务等，它们无一不是在人的控制下完成的。

人的因素包括人的质量意识、责任感、事业心、文化修养、技术水平和质量管理水平等。其中，人的质量意识、技术水平和质量管理水平对商品质量的影响最为重要。

（一）质量意识是决定商品质量的关键因素

质量意识既是产品质量、服务质量在人们头脑中的反映，又是人的思想意识和专业素质的具体体现。人的任何自觉的行动都是在一定的思想意识支配下进行的，没有思想意识的支配就不会有任何自觉的行动。改革开放以来，我国商品质量有了明显的提高，但从总体上看，商品质量问题依然严重。问题的原因是多方面的，如企业管理不善，技术和设备落后，质量监控不力，经济指标的片面性，质量法规不配套等。然而稍加分析就可发现，这些原因都是由质量意识薄弱这一根本原因派生出来的。质量意识薄弱的原因也是多方面的，既有历史原因，也有现实原因；既有主观原因，也有客观原因。质量意识薄弱是我国长期形成的一种社会现象，具有长期性、普遍性和复杂性，因此增强质量意识必然是一项长期、艰巨和复杂的工作。

（1）增强质量意识。首先要大力开展质量教育，通过质量教育解决什么是质量，为什么要提高质量和怎样提高质量等基本问题，要使企业员工尤其是主要领导真正重视和关心质量，把“质量第一”的思想提到企业生存和发展的战略高度去认识，并在实际工作中自觉贯彻执行。

（2）推行严格的质量责任制。把企业员工的工资、奖金、晋级、福利等都与质量好坏挂钩，只有真正做到奖优罚劣和奖罚分明，才能促进企业员工质量意识的增强。

（3）加强精神文明建设和质量法制建设。质量意识属于思想范畴，涉及人的职业道德、思想品质、精神风貌和知识修养等精神因素。因此，开展精神文明建设，发扬爱国主义、对工作精益求精和对人民极端负责的精神，是增强质量意识的重要环节。此外，加强质量法制建设也是增强质量意识必不可少的环节。

（二）坚持开展质量教育

企业员工的技术水平（专业知识和技能）和质量管理水平（质量管理知识、方法和组织能力）是保证和提高商品质量的必要前提，没有这一前提，即使有了新材料、新设备、新技术等，也仍然生产不出优质商品。进行反复、经常的质量教育是提高企业员工技术水平和质量管理水平的好办法。质量教育应该把对领导干部的重点教育、对技术和管理人员的系统教育以及对工人的普及教育有机结合起来。

二 生产过程中影响商品质量的因素

来自农、林、牧、渔等产业的天然产品，其质量取决于品种的选择、栽培或饲养方法、生长的自然环境和收获季节及方法等因素。对于工业产品和服务来说，市场调研、开发设计、原材料质量、工艺和设备、质量控制与检验等环节都会影响其质量。

（一）市场调研

市场调研或市场开发是产品或服务设计的基础。在设计产品或服务之前，首先要充分研究人们的消费需求，因为满足消费需求是保证产品或服务质量的出发点和归宿；其次要研究影响消费需求的因素，使产品或服务的设计具有前瞻性；最后必须收集、分析与比较国内外同行业不同制造商或服务供应商的质量信息、品种信息，总结以往的成功或失败的经验教训，通过市场预测确定何种质量与规格的产品或服务才能适应目标市场的需要。

（二）产品或服务设计

在产品或服务质量形成的过程中，设计质量具有决定性意义。必须注重设计的科学性和合理性。如果产品或服务在设计上有本质性缺陷，在以后的环节中无论怎样控制也无法提高质量水平。

（三）原材料质量

原材料（包括元器件或零部件）质量是决定产品或服务质量的重要因素。原材料质量的优劣会直接影响半成品、产成品以及服务的质量。例如含硅量高的硅砂可制成透明度和色泽俱佳的玻璃制品，含铁量高的硅砂只能制出透明度和色泽较差的玻璃制品。以鲜嫩叶制成的绿茶和花茶，有效成分含量高，色、香、味、形俱佳，以老叶制成的茶叶则质量差。即使对于无形的服务来说，也离不开有形资源的支持，原材料是构成有形资源的基础，例如餐饮服务所需的面粉、大米、蔬菜、肉类、蛋类、水产品等，运输服务所需的燃料油和汽车的零部件，超市服务所需的货架、冷藏柜、收银机、打印纸等。

我们在选购原材料时，必须研究原材料的质量对产品或服务质量的影响，以确定选择原材料的标准，把好原材料质量验收关。在不影响产品或服务质量的前提下，选用原材料时还应考虑资源的合理和综合利用。例如，选用资源丰富的代用原料可以降低原材料的成本和扩大原材料来源；利用边角余料或适当搭配回收的废旧料以及采用其他综合利用方法，有利于提高产品或服务的社会效益和经济效益。

（四）生产工艺和设备质量

生产工艺和设备质量对产品或服务的质量也起到决定性作用。

同样的被加工物在不同的加工工艺下会形成不同的产品或服务的品种和质量。例如在棉布生产工艺中增加精梳工序可以使棉布的外观和内在质量有明显改善。茶树鲜叶以不同工艺可以制成红茶、绿茶、青茶、黄茶、黑茶、白茶等。洗染服务业采用干洗或湿洗工艺可形成不同的洗衣质量。不同的理发服务技术，也会导致理发质量的差异。

设备质量也是影响产品或服务质量的一个关键因素。设备故障往往是出现不合格品的重要原因之一。设备的自动化、省力化、高速化和复杂化使故障发生的机会有所增加，故障影响的范围变广。因此，加强设备管理与设备保养工作，防止故障发生和降低故障发生率，保持设备精度，是保证产品或服务质量的必要条件。

（五）质量检验

产品或服务的质量检验是保证产品或服务质量的主要手段之一。检验总是对既定成果而言的，因而它有事后把关的意义。在质量的形成和实现的过程中，每个环节的检验对于下一个环节又是事前控制，因而它又具有事前预防的意义。质量检验的水平高低取决于检验或考核的方法或手段的质量。提供准确、真实可靠的检验数据，对于人们掌握产品或服务的质量状况和变化规律，进而改进设计、加强管理、提高质量具有重要作用。

三 流通过程中影响商品质量的因素

（一）运输装卸

运输装卸是产品进入流通领域的必要条件。产品在运输过程中会受到冲击、挤压、颠簸、震动等物理机械作用，也会受到温度、湿度、风吹、日晒、雨淋等天气因素的作用，在装卸过程中还会发生碰撞、跌落、倒置、破碎、散失等问题，这些都会导致产品损耗或质量下降。运输对产品质量的影响与运程的远近、时间的长短、运输的气候条件、运输路线、运输方式、运输工具、装卸工具等因素有关。

（二）仓库储存

仓库储存是产品脱离生产领域，尚未进入消费领域之前的存放。产品在储存期间的质量变化除了与产品本身的性质有关，还与仓库内外环境条件（如温度、湿度、氧气、水分、臭氧、尘土、微生物、害虫等）、储存场所的适宜性、养护技术与措施、储存期的长短等因素有关。通过采取一系列保养和维护仓储产品的技术和管理手段，可以有效地控制储存环境因素，减少或减缓外界因素对仓储产品的不良影响。

（三）销售服务

销售服务过程中的进货验收、入库短期存放、提货搬运、装配调试、消费指导、包装服务、送货服务、维修和退换货服务等项工作质量是最终影响消费者所购商品质量的因素。

四 使用过程中影响商品质量的因素

（一）使用范围和条件

产品都有一定的使用范围和使用条件，使用中只有遵从其使用范围和使用条件，才能发挥产品的正常功能。例如家用电器的电源有交流、直流和所需要的电压值的区别，若匹配不合理不但不能正常运转，还会损坏产品；若使用条件要求安装地线保护则必须按要求实行，否则不但不安全，甚至可能发生触电身亡的恶性事故。

（二）使用方法和维护保养

为了保证产品质量和延长产品使用寿命，消费者应在了解产品结构、性能特点的基础上掌握正确的使用方法，具备一定的日常维护保养产品的知识。例如皮革服装穿用时要避免被锐利之物划破或反复摩擦，且不能接触油污、酸性或碱性物质以及雨雪。收藏保管时宜在干燥处悬挂放置，切勿用皮鞋油揩擦，以防止生霉、压瘪、起皱及泛色。

（三）废弃处理

使用过的产品及其包装物作为废弃物被丢弃到环境中，有些废弃物可回收利用，有些废弃物则不能或不值得回收利用，也不易被自然因素或微生物破坏分解，成为垃圾，还有些废弃物会对自然环境造成污染，甚至破坏生态平衡。由于世界各国越来越关注和忧虑环境问题，不少国际组织积极建议把对环境的影响纳入产品质量指标体系中。因此，产品及其包装物的废弃物是否容易处理以及是否对环境有害，将成为决定产品质量的又一重要因素。

▶ 本章小结

人们对质量的认识是随着科技进步和社会经济的发展不断深化的。本章介绍国内外有代表性的五种质量定义并着重分析了质量的标准定义。通过上述分析和归纳明确了商品质量的概念：商品质量是指产品或服务的一组固有特性能够满足顾客以及其他相关方的要求的程度。这是广义的商品质量概念。

商品的质量特性是研究商品质量和评价商品质量的基础。产品和服务由于各自具有不同的特点，其质量特性及内涵也各不相同。产品的质量特性包括：功能以及物质方面的质量特性、感官方面的质量特性、人类工效学方面的质量特性、时间方面的质量特性、安全方面的质量特性、环境保护或资源利用方面的质量特性、信息方面的质量特性和经济方面的质量特性。服务的质量特性包括：功能性、时间性、安全性、舒适性、文明性和经济性。

只有了解了产品或服务的质量的形成和实现过程，才能科学分析和真正理解商品生命周期各阶段影响商品质量的各种因素，从而有效地兴利除弊，控制商品质量。商品的生产过程、流通过程、消费过程各个环节的诸多因素都会影响商品质量，这几个环节中人的因素又更为重要。

▶ 关键术语

质量	质量特性	商品质量
商品质量特性	产品的适用性	使用寿命
可靠性	朱兰质量螺旋	服务质量环

▶ 思考题

1. 什么是质量？什么是商品质量？
2. 以你熟悉的某个产品为例，说明对该产品的质量应该用哪些质量特性来表示，简述理由。
3. 以你熟悉的某个服务为例，说明它的质量应该用哪些质量特性来表示，简述理由。
4. 试举例说明影响商品质量的生产与流通因素。
5. 试上网了解中国制造的产品的质量在世界上有何评价，目前主要存在哪些问题，你认为应如何解决。
6. 试调查、总结附近某商业企业对所经营某类商品质量进行管控的途径、方法，并进行简要评价。

第 5 章

商品质量管理

学习目的

1. 了解质量管理的发展历程、朱兰三部曲、六西格玛管理和 ISO 9000 族标准及其在我国的推广和应用。

2. 理解和掌握质量管理的概念、基本要素和全面质量管理的“全面”含义以及 PDCA 循环管理方法。

3. 熟悉全面质量管理的基本原则即 ISO 9000 族标准的理论基础——七项质量管理原则。

引导案例

在质量管理过程中构建大质量体系

2016 年 3 月 29 日，第二届中国质量奖颁奖大会在北京人民大会堂举行，华为荣获中国质量奖。《中国质量报》记者第一时间采访了华为消费者业务总裁余承东和华为消费者业务手机质量与运营部长马兵，请他们讲述华为背后的质量故事。

余承东激动地表示，获得中国质量奖这项殊荣，“是对华为极大的肯定和鼓舞”，整个公司上下都非常兴奋。他认为这个荣誉是对华为一直以来坚持的“脚踏实地，做挑战自我的长跑者”的肯定。“28 年来，华为一再强调要有战略耐性，要耐得住寂寞，扎扎实实把质量做好。要像长跑一样，坚持在注重质量这条道路上走下去。事实证明，我们这个决定是正确的。”

虽然华为的产品和服务涵盖信息与通信领域，但对于普通消费者来说，最熟悉的华为产品就是华为手机，这也被外界看作华为战略转型的成功范例。据余承东透露，目前在全球智能手机市场上，华为份额稳居前三，中国市场份额持续领先，在全球中高端机市场上，华为的份额迅速增长。“我们的目标和愿景是，做全球消费者最喜爱和信赖的消费电子品牌，成为 Android 阵营的 TOP 1（第一名）。”

面对国际国内消费电子行业的白热化竞争，余承东何以敢于公开做第一的目标?

他的底气来自华为对于用户体验的孜孜以求，用他的话说就是，“极致的用户体验是华为的初心”。余承东认为，智能终端行业将迎来大连接时代，为人们提供全景式智能体验。因此，智能终端的商业本质应该聚焦于人而非物。华为的下一步目标是构建以消费者为中心，基于云平台，实现智能手机、可穿戴、家居、汽车以及办公的大连接，通过智能终端无缝连接不同场景，全方位满足消费者生活、工作的需求，成为“智能终端大连接时代的挑大梁者”。

记者发现，在余承东和马兵的头衔上，都有“消费者”这3个字。在马兵看来，这正是华为成功的关键因素之一——把消费者放在第一位。“以客户为中心，是华为质量文化的核心，也是华为一切工作的驱动力，能否持续不断让客户体验到华为致力于为每个客户创造价值，这就是我们内部检验的标准。”

华为在质量管理过程中，提出要构建大质量体系。他们认为质量不仅是大家普遍认识的耐用、不坏，而且是包括基础质量和用户体验的大质量体系。要让消费者感受到高质量，不仅要把产品做好，还要持续不断地提升消费者的购买体验、使用体验和售后服务体验等。“要把产品、零售、渠道、服务，每一个消费者能体验和感知的要素都做好。”据余承东介绍，华为以用户视角建立了一套独特的标准体系，将用户体验引入质量管理流程，在每个阶段进行用户体验的评估和度量，并建立了用户体验测试中心，代表用户评价产品，决定产品能否上市。在质量管理上，华为建立了一套完整的流程管理体系，涵盖消费者洞察、技术洞察、技术规划、产品规划、技术与产品开发、验证测试、制造交付、上市销售、服务维护等各个领域，有专门的队伍在做持续优化和改进。这一切都是为了用极致的产品去打动消费者。

作为一家高科技企业，华为在技术研发上不遗余力，被业内称为“华为模式”。统计显示，华为每年至少投入销售收入的10%用于研发，2015年华为的研发投入高达500亿元。2015年华为的国际PCT专利申请数量为3 898件，为当年申请国际专利的冠军。华为在中国、德国、瑞典、俄罗斯及印度等多地设立16个研发中心，构建全球创新产业链。在马兵看来，“华为模式”的本质依旧是“以客户为中心”。“好的质量，就是要满足用户的需求。如今电子行业技术日新月异，人们的需求在不断提升。因此，必须不断创新技术，才能满足用户对品质的要求。”

供给侧结构性改革是目前中国经济的高频热词。作为中国科技企业的领军者，华为对此也有自己的理解。“一个企业不可能独立地做好质量，需要企业界通力协作。”马兵以自己最熟悉的手机为例，“一部手机有几百个器件、几千种上层物料，要保证手机的高质量，首先就要保证所有器件和物料的高质量。也就是说，依赖整个产业链的高质量，才能成就最终产品的高质量。”在他看来，供给侧结构性改革的核心就是质量，鼓励企业通过优化资源配置提高效率，生产出满足百姓需要的产品，这必然会带来成本的提高。“华为接受优质优价，拒绝低质低价。”

资料来源：华为发言人称中国质量奖是对华为极大的肯定和鼓舞．中国质量新闻网，2016-04-01，http：//www.cqn.com.cn/news/zgzlb/diyi/1136942.html.

第1节　质量管理及其发展历程

一　质量管理

质量管理是企业全部管理职能的一个重要组成部分，它是为了实现质量目标而进行的所有管理性质的活动。

（一）质量管理的定义

（1）朱兰的定义。朱兰认为任何组织的基本任务都是提供能满足用户要求的产品（包括货物和服务）。这样既能给生产该产品的组织带来收益，又不会对社会造成损害。满足用户要求的这一基本任务，给我们提供了质量管理的基本定义："质量就是适用性的管理，市场化的管理。"

（2）菲根堡姆的定义。菲根堡姆认为，质量管理是"为了能够在最经济的水平上并考虑到充分满足顾客要求的条件下进行市场研究、设计、制造和售后服务，把企业内各部门的研制质量、维持质量和提高质量的活动构成为一体的一种有效的体系"。这就是全面质量管理的概念。

（3）标准的定义。国家标准（GB/T 19000—2016/ISO 9000：2015）将质量管理定义为"关于质量的管理"，并注明："质量管理可包括制定质量方针和质量目标，以及通过质量策划、质量保证、质量控制和质量改进实现这些质量目标的过程。"

（二）质量方针与质量目标的制定

1. 质量方针及其制定要求

质量方针是指关于质量的方针。通常质量方针与组织的总方针相一致，与组织的愿景和使命相一致，为制定质量目标提供框架。愿景是指组织最高管理者发布的对组织的未来展望。使命是最高管理者发布的组织存在的目的。

对企业来说，质量方针是企业质量行为的指导准则，反映企业最高管理者对质量的指导思想和承诺，也反映企业的质量经营目的和质量文化。从一定意义上来说，质量方针就是企业的质量管理理念。

制定质量方针的要求是：

（1）企业的质量方针应与企业的总体经营方针和总的发展方向保持一致。不同的企业提供的产品、服务以及规模、目的不尽相同，其经营宗旨也各不相同，因此质量方针也应有所不同。

（2）包括对满足顾客及有关的相关方要求和持续改进质量体系有效性的承诺。承诺的内容包括：一是满足顾客及有关的相关方对产品、服务的明确的或隐含的要求；二是要使企业的质量体系能有效地运行，并保持持续改进的功能。

（3）提供制定和评审质量目标的框架。由于质量方针规定了企业的质量方向，质量目标是对这一方向的落实和展开，因此质量方针应是制定和评审质量目标的框架和基础。

（4）在企业内得到沟通和理解。为了最终实现质量方针，企业的最高管理者必须将它传达到企业内各层级的有关人员，使他们相互沟通和充分理解质量方针的内涵。

（5）在持续性和适宜性方面得到评审。对质量方针是否适合企业发展进行定期评审和改进，以反映不断变化的企业内外部条件和信息，保持质量方针的持续性和适宜性。

2. 质量目标及其制定要求

质量目标是指关于质量的目标。质量目标一般依据组织的质量方针制定，通常是对组织内的相关职能、层次和过程分别规定质量目标。

质量目标的制定要求是：

（1）与质量方针保持一致。内容应与质量方针保持一致，在管理评审中与质量方针一起进行评审。

（2）质量目标的内容。应包括产品或服务要求以及满足这些要求所需的其他内容（如资源、过程、文件和活动等）。此外还应考虑相关方的要求、市场变化、竞争对手的情况、自我评价的结果和所需的资源。

（3）质量目标应是量化且可测量的。为便于实施，质量目标应可通过检验、计算或其他测量方法确定其量值，并与设定值进行比较，以确定目标实现的程度。质量目标作为质量管理体系有效性的判定指标，其可测量性有利于提高质量目标的可评审性。

（4）质量目标应细化分解和落实。质量目标必须分解到各个职能部门、层次（如决策层、执行层、作业层）及过程中，相关职能、层次和过程的员工应把质量目标转化或分解为各自的工作任务，以便提高目标的可操作性，有助于目标的具体落实和实现。在分解和落实质量目标时，应注意各部门之间的配合和协调关系，避免因为某个质量分目标定得过高或过低出现资源划分不合理的现象而影响质量总目标的实现。

|知识应用5-1|　企业的质量方针和质量目标实例

1. 中国石油化工股份有限公司润滑油分公司

质量方针：持续改进，不断创新，为顾客提供满意的产品和服务。

质量目标：标准执行率100%；市场监督抽查合格率100%；体系运行有效并不断改进；顾客满意度和一次生产合格率较上年度持续提高。

2. 吉林永大集团（高新技术企业）

质量方针：以质量求生存，以科技求发展，满足客户要求，产品持续改进。

质量目标：产品质量一次交验合格率95%；出厂产品合格率100%；顾客满意率100%。

3. 杭州民生药业集团（制药业）

质量方针：安全有效，持续改进，专业负责，创优创新。

质量目标：产品市场抽查合格率100%；重大质量和安全事故为零；产品和服务引领行业标准。

4. 某火车站（服务业）

质量方针：坚持为民便民服务宗旨，实施质量标准作业程序，提供整洁安全舒适环境，创建和谐文明社会窗口。

质量目标：各种服务标识、服务指示清楚，无缺损和错误；售票服务态度和气，做到准确无误；车站整洁，候车区域达到 GB 9672 国家卫生标准；车站服务不缺岗，提供 24 小时全方位服务。

（三）实现质量目标的过程

1. 质量策划

质量策划是质量管理的一部分，它致力于制定质量目标并规定必要的运行过程和相关资源以实现质量目标。

质量策划的内容包括：

（1）设定具体的质量目标；

（2）确定达到目标的途径或过程；

（3）确定相关过程的质量职责和权限；

（4）确定所需要的其他资源，包括人员、设施、材料、信息、经费、环境等；

（5）确定实现质量目标的方法和工具。

质量策划应属于指导与质量有关的活动，也就是指导质量控制、质量保证和质量改进的活动。在质量管理中，质量策划的地位低于质量方针的建立，是设定质量目标的前提，但它高于质量控制、质量保证和质量改进。质量控制、质量保证和质量改进只有经过质量策划，才可能有明确的对象和目标，才可能有切实的措施和方法。因此，质量策划是质量管理诸多活动中不可或缺的中间环节，是连接质量方针和具体的质量管理活动的桥梁和纽带。

2. 质量保证

质量保证也是质量管理的一部分，它致力于提供质量要求会得到满足的信任。

质量保证的内容绝不是单纯的保证质量，保证质量是质量控制的任务，质量保证是以保证质量为基础，进一步引申到提供“信任”的基本目的。质量管理体系的建立和运行是提供信任的重要手段，因为质量管理体系对所有影响质量的因素，包括技术、管理和人员方面的因素，都采取了有效的方法进行控制，具有减少、消除，特别是预防不合格的机制。为取得顾客及有关的相关方对供方产品或服务质量的信任，必须对供方的质量管理体系进行证实。目前主要采用的证实方法是提供国家认可的认证机构出具的质量体系认证证书或名录。

质量保证是在有两方的情况下才存在，由一方向另一方提供信任。由于两方的具体情况不同，质量保证分为内部质量保证和外部质量保证两种。内部质量保证是组织向自己的管理者提供信任。外部质量保证是组织向顾客或其他方提供信任。

3. 质量控制

质量控制还是质量管理的一部分，它致力于满足质量要求。

质量控制的目标在于确保产品或服务的质量能满足要求（包括明示的、习惯上隐含的或必须履行的规定）。质量控制是为了使产品或服务达到质量要求而采取的技术措施和管理措施方面的活动。

质量控制的范围涉及产品或服务质量形成全过程的各个环节，不论哪个环节的工作不符合要求，都会影响产品或服务质量而不能满足要求。为了保证产品或服务质量，各项活动必须在受控状态下进行。质量控制应是源头治理，预防越早越好。

质量控制是动态的。由于质量要求不断变化，为了满足新的质量要求，对质量控制提出了新的任务，因此，应不断提高技术水平、工艺水平、检测水平，并不断研究新的控制方法以满足不断更新的质量要求。质量控制不能停留在一个水平上，应不断发展、不断前进。

4. 质量改进

质量改进同样是质量管理的一部分，它致力于增强满足质量要求的能力。

质量管理活动可分为两类：一类是维持现有的质量，称为质量控制；另一类是改进质量，主动采取措施，使质量在原有的基础上有突破性的提高，叫做质量改进。质量改进是组织为更好地满足顾客不断变化的需要和期望，改善产品或服务的特性和提高用于生产和交付产品或服务的过程的有效性和效率的活动。

质量改进的内容包括：

（1）确定、测量和分析现状；

（2）建立改进目标；

（3）寻求可能的解决办法；

（4）评价这些解决办法；

（5）实施选定的解决办法；

（6）测量、验证和分析实施的结果；

（7）将更改纳入文件。

有效性是指完成策划的活动并得到策划结果的程度。效率是指得到的结果与所使用的资源之间的关系。对于质量管理体系来说，是否实现了规定的质量目标，是衡量体系有效性的依据，实现这些质量目标花费了多少资源和时间，则是衡量体系效率的依据。

质量改进的对象是产品或服务的质量以及有关的工作质量。质量改进的最终效果是获得比原来目标高得多的产品或服务的质量。质量改进与质量控制效果不一样，但两者是紧密相关的，质量控制是质量改进的前提，质量改进是质量控制的发展方向。

二 质量管理的发展历程

按照质量管理所依据的手段和方式，质量管理发展历程大致可以划分为以下四个阶段，每个阶段都有不同的特点。

（一）传统质量管理阶段

这个阶段从开始出现质量管理一直到 19 世纪末 20 世纪初流水作业的工厂逐步取代分

散经营的家庭手工业作坊为止。这段时期受小生产经营方式或手工业作坊式生产经营方式的影响，产品质量主要依靠工匠的实际操作技术，靠手摸、眼看等感官估量和简单的度量衡器测量而定。工匠既是生产操作者又是质量检验者、质量管理者，且其实践经验的总结就是质量标准。质量标准的实施是靠师傅带徒弟的方式口授手教进行的，因此，有人又称之为“操作者的质量管理”。

（二）质量检验管理阶段

这个阶段从 20 世纪 20 年代直到 40 年代初。该阶段劳动者集中到一个工厂内共同进行批量生产劳动，于是产生了企业管理和质量检验管理。也就是说，通过严格检验来控制和保证出厂或转入下道工序的产品的质量。质量检验使用的是各种各样的检测设备和仪表，它的方式是严格把关，进行百分之百的检验。然而，由谁来执行这一质量检验职能则有个变化的过程。

1918 年前后，美国出现了以泰勒为代表的“科学管理运动”，强调工长在保证质量方面的作用，于是执行质量管理的责任就由操作者转移给工长。有人称之为“工长的质量管理”。1940 年以前，由于企业的规模扩大，这一职能又由工长转移给专职的检验人员，大多数企业都设置专职的检验部门并直属厂长领导，负责全厂各生产单位和产品检验工作。有人称之为“检验员的质量管理”。专职检验既是从产成品中挑出废品，保证出厂产品质量，又是一道重要的生产工序。通过检验，反馈质量信息，预防再次出现同类废品。

应该看到这种检验也有缺点：第一，出现质量问题容易扯皮、推诿，缺乏系统优化的观念；第二，它属于事后检验，无法在生产过程中起到预防、控制的作用，一发现废品就是既成事实，很难补救；第三，它要求对成品进行百分之百的检验，这在经济上并不合理（增加检验费用，延误出厂交货时间），有时从技术上考虑也不可能（例如破坏性检验），在生产规模扩大和大批量生产的情况下，这个缺点尤为突出。后来，又改为百分比抽样方法，以减少检验费用，但这种抽样方法片面地认为样本和总体是成比例的，抽取的样本数总是和检查批量数保持一个规定的比值，如百分之几或千分之几，但这实际上存在大批严、小批宽的弊病。

1924 年，美国贝尔电话研究所的统计学家休哈特（Walter A. Shewhart）博士提出了“预防缺陷”的概念。他认为质量管理除了检验外，还应做到预防，解决之道就是采用他所提出的统计质量控制方法。与此同时，同属贝尔电话研究所的道奇（H. F. Dodge）和罗米格（H. G. Roming）共同提出，在破坏性检验的场合采用“抽样检验表”，并提出了第一个抽样检验方案。在当时只有少数企业，如通用电气公司、福特汽车公司等采用他们的方法，并取得明显的效果，大多数企业仍然搞事后检验。这是由于 20 世纪 30 年代前后，资本主义国家发生严重的经济危机，在当时生产力水平不太高的情况下，对产品质量要求也不可能很高，所以用数理统计方法进行质量管理未被普遍接受。

（三）统计质量管理阶段

这个阶段从 20 世纪 40 年代到 50 年代。由于第二次世界大战对军需品的大量需求，质量检验工作立刻显示出其缺点，检验部门成为生产中最薄弱的环节。由于事先无法控制质量以及检验工作量大，军火生产常常延误交货期，影响前线军需供应。于是，休哈特防患于未然的控制产品质量的方法及道奇、罗米格的抽样检验方法开始受到人们的重视。美国政府和国防部组织数理统计学家去解决实际问题，制定战时国防标准，即《质量控制指南》(AWSZ 1.1—1941)、《数据分析的控制图法》(AWSZ 1.2—1941)、《工序控制图法》(AWSZ 1.3—1942)，取得了很好的效果。

第二次世界大战以后，美国的产业界顺利地从战时生产转为和平生产，统计方法在工业生产中得到广泛应用，给企业带来了巨额利润。随后，日本、墨西哥、印度、挪威、瑞典、丹麦、德国、荷兰、比利时、法国、意大利以及英国等许多国家都开始积极开展统计质量控制活动并取得成效。我国在工业产品质量检验管理中，一直沿用苏联20世纪40—60年代使用的百分比抽样方法，直到80年代初，我国计数抽样检查标准制定贯彻后，才逐步跨入统计质量管理阶段。

这一阶段的手段是利用数理统计原理预防产生废品并检验产品的质量，检验工作由专职检验人员转过来的专业质量控制工程师和技术人员承担，这标志着事后检验的观念转变为事前预防质量事故的观念，使质量管理工作前进了一大步。但是，这个阶段曾出现一种偏见，就是过分强调数理统计方法，忽视了组织管理工作和生产者的能动作用，使人们误以为“质量管理好像就是数理统计方法”“质量管理是少数数学家和学者的事情”，进而对统计质量管理产生了一种高不可攀、望而生畏的感觉。这种倾向阻碍了数理统计方法的推广。

（四）现代质量管理阶段

这个阶段从20世纪60年代到现在。20世纪50年代以来，随着科学技术的迅速发展，出现了许多大型产品和复杂的系统工程，质量要求大大提高，特别是对安全性、可靠性的要求越来越高。单纯靠统计质量控制已无法满足要求。这是因为整个工程与试验研究、产品设计、试验鉴定、生产准备、辅助过程、使用过程等各个环节都有密切关系，这就要求以系统的观点，全面控制产品质量形成的各个环节、各个阶段。

行为科学在质量管理中得到应用，其主要内容就是重视人的作用，认为人受心理因素、生理因素和社会环境等方面的影响，因而必须从社会学、心理学的角度去研究社会环境、人的相互关系以及个人利益对提高工作效率和产品质量的影响，发挥人的能动性，调动人的积极性。在质量管理中相应开展了“依靠工人”“自我控制”“QC小组”等活动。

此外，保护消费者权益运动的发生和发展，迫使政府制定法律，禁止企业生产和销售质量低劣、影响安全、危害健康的劣质商品，要求企业对提供的商品的质量承担法律责任和经济责任。制造商提供的商品不仅要求性能符合质量标准，而且要保证商品在售后的正常使用过程中，使用效果良好、安全、可靠、经济。于是，在质量管理中提出了质量保证和质量责任问题，这就要求企业建立全过程的质量保证系统，对商品质量实行全面管理。

基于上述理由，美国通用电气公司质量经理菲根堡姆首先提出了全面质量管理(TQM)的思想，并在1961年出版了《全面质量管理》一书。TQM的思想在美国和世界范围内很快得到普遍接受和应用，各国纷纷效仿，并结合国情加以改造。

日本从美国引进全面质量管理，建立了自己的全面质量控制(TQC)。从20世纪70

年代起 TQC 使日本企业的竞争力极大提高，日本的轿车、家用电器、手表、电子产品等很快占领了大部分国际市场，带动了日本经济的极大发展。

TQM 起源于美国，却在日本开花结果。20 世纪 80 年代，TQM 开始“返销”美国，昔日的老师如今成为学生，重新学习为美国工业和经济复兴做出了重要贡献。美国摩托罗拉在总结日本 TQM 的基础上，提出了六西格玛管理方法和顾客全面满意（TCS）概念，获得了巨大成功。

1987 年，国际标准化组织（ISO）在总结各国全面质量管理经验的基础上，颁布了 ISO 9000 族质量管理体系标准，全面质量管理的内容和要求得以标准化。

我国自 1987 年推行全面质量管理以来，在实践和理论上都发展较快。全面质量管理从工业企业逐步推行到交通运输、邮电、金融、卫生、商业企业和乡镇企业。质量管理的一些概念和方法先后被制定为国家标准。1992 年我国等同采用了 ISO 9000 质量管理和质量保证系列国际标准，广大企业在认真总结全面质量管理经验与教训的基础上，通过宣贯 GB/T 19000 系列标准，进一步全面深入地推行这种现代国际通用的质量管理方法。

回顾质量管理的发展历程，可以清楚地看到，人们在解决质量问题中所运用的方法、手段是不断发展和完善的，这一过程又是同社会、科学技术的进步和生产力水平的不断提高密切相关的。可以预料，随着新技术革命的兴起以及由此提出的挑战，人们解决质量问题的方法、手段必将更为完善、丰富，质量管理的发展已进入一个新的阶段——现代质量管理阶段。

|知识应用 5-2|　任正非：华为眼中的大质量管理体系

华为公司要加强质量文化建设。我认为质量应该是一个更广泛的概念。我们要走向新领域的研究，建立起大质量管理体系。

1. 华为眼中的大质量管理体系

首先，大质量管理体系需要融入到公司的思想建设、哲学建设、管理理论建设等方面，形成华为的质量文化。你们看，法国波尔多产区只有名质红酒，从种子、土壤、种植……形成了一整套完整的文化，这就是产品文化，没有这种文化就不可能有好产品。瑞士的钟表为什么能做到世界第一？法国大革命时要杀掉那些有钱人和能干的人，这些人都跑去了瑞士，因此瑞士的钟表主要是在法语区，其中很多精密机件是德语区的。德国斯图加特工程院院长带我去参观一个德国工学院，大学一年级的学生都在车间里对着图纸做零件，把这些零件装到汽车上去跑，跑完回来后再评价多少分。经过这一轮，再开始学习几何、理论力学、结构力学等学科，因此德国制造的汽车永远是天下无敌。每个人都愿意兢兢业业地做一些小事，这就是德国、日本的质量科学，没有这种文化就不可能有德国、日本这样的精密制造。我们为什么不能有这种文化？我们要借鉴日本和德国的先进文化，最终形成华为的质量文化。如果公司从上到下没有建立起这种大质量体系，你们所提出的严格要求则是不可靠的城墙，最终都会被推翻。

其次，我们要建立起大质量体系架构，在中国、德国、日本建立大质量体系的能力中心。日本的材料科学非常发达，你们不要轻视京瓷，氮化镓就是陶瓷，那是无线电最主要的材料。我们要用日本的材料做全世界最好的产品。德国人很严谨，工艺、管理非常优秀。中国人善于“胡思乱想”，构架思维问题。我们把三者结合起来，就能支持华为全局性的质量。我们用工具、手段来代替人，购买世界上最好的工具，做出别人不可替代的产品，做到无敌，最后就能做到世界领先。其实德国、日本都是开放的，我们什么都能看到，为什么还是生产不出德国、日本那么好的产品呢？我们要敢于在这方面加快发展。……我不像西方公司 CEO 什么都要懂，因为任务就是简单明了的那么几句话，然后就是目标，具体做事是业务部门的事情。其实我们的目的很简单，形成一种文化，共同奋斗构建公司，再加上质量管理。我们现在的口号很厉害，大家很兴奋，要把这种热情转到积极的文化当中去。

2. 质量是华为最重要的基础

华为最重要的基础是质量，我们要从以产品、工程为中心的质量管理，扩展到涵盖公司各个方面的大质量管理体系。

第一，质量不能仅仅涵盖产品、工程。质量目标我不反对，质量方针“华为承诺向客户提供高质量的产品、服务和解决方案”这句话太有局限性，把我们约束起来了。我们的操作可以有局限性，但是口号不能有局限性。你们写好几篇文章，贴到网上去给大家“洗澡”，然后我们来讨论第二阶段——涵盖华为公司整体的大质量管理体系。华为的所有方面都要以效率为中心，都要以质量为中心，一个要多产粮食，一个要产好粮食。我愿意跟你们分开来讨论，先讨论思想体系，执行体系再讨论。达成共识后，目标就清晰了。

第二，华为不能只有一个首席质量官，应该涵盖很多领域。比如国家层面、BG 层面、产品线层面等各级组织都应该有首席质量官，把相应的权力授予他，尽量把责任制落实到基层。这点你们的想法和我是一致的。

第三，在质量问题上，要永远记得七个反对，而且要坚决反对。我们要继续贯彻七个反对，即反对完美主义，反对烦琐哲学，反对盲目创新，反对没有全局效益提升的局部优化，反对没有全局观的干部主导变革，反对没有业务实践经验的员工参加变革，反对没有充分论证的流程进入实用。我们讲的是端到端的质量管理，要反对局部优化影响了全局优化。现在每个部门都在讲自己的优化，但如果妨碍了全局优化就不是优化。

3. 外部吸收，内部共享

高级干部与外部理论家沟通的德国、日本质量文化，参加沟通的人都去写篇文章，贴到心声社区上去，对全员开放，来推动华为公司的文化进步。高级干部要善于写心得，不用长篇大论，就讲自己的理解。我们在很多方面有共识，只是表达方式不一样，争取把表达方式标准化，然后传播出去，要让大家都在这里吸取能量，让年轻人可以成长。英雄不问出处，只要能做好，我们就用你。现在有些高级干部基本不读文件，公司文件凝聚了多少领导的心血，每句话都是经典。如果只凭自己的经验工作，迟早会被淘汰掉。

4. 无生命管理才能生生不息

华为公司最宝贵的是无生命的管理体系，以规则、制度的确定性来应对不确定性，争夺大数据流量时代的胜利。五千年来，世界文明古国古巴比伦垮了，古埃及、古印度垮了，但中国没垮，因为五千年的儒家文化，使中国揉成了一个面团。华为公司最宝贵的是无生命的管理体系，因为人的生命都是有限的。我们花了 20 多年时间，终于弄明白了西方管理。只要公司不垮，就能天下无敌，如果公司垮了，这个文化就报废了，管理体系也没用了。

我们要维持管理体系有活力地持续运行，保持动能，因此我们要保持盈利，逼大家不能搞低质量、低价格的经营。当然，也不能强调大幅度的激进改进，提出些莫名其妙的口号来。现在全世界没有哪家公司像华为一样，凝聚了15万人团结起来冲锋。未来的大数据流量越来越恐怖，我们争夺大数据流量未来的制高点，一定能在全世界取得胜利。

华为已经走过了农民时代，正走在正规军的路上，我们要学会发射“火箭”“大炮”……提高我们对战略的认识、对战术的理解、对具体操作技术的能力，这是时代赋予我们的使命。公司没有IT支持时，我们就是健忘型组织，因为依靠人来固化一个东西，可能上个厕所就忘了。我们现在有了流程IT支持，那肯定是一步步改进。我们公司一部分以规则、制度的确定性来应对任何不确定性，逐渐走上正路。其实我们现在已经走在正路上了，只是还需要走得更好一些。

资料来源：百度文库，http：//wenku. baidu. com/view/f597b465680203d8cf2f2459. html.

第2节　全面质量管理

一　全面质量管理的概念

世界各国在推行全面质量管理的过程中，由于国情不同，对其认识和具体做法有所不同，但其基本思想、基本原理和方法是一致的。

关于全面质量管理（TQM），国际标准ISO 8402：1994《质量管理和质量保证——术语》给出的定义是：“一个组织以质量为中心，以全员参与为基础，目的在于通过让顾客满意和本组织所有成员及社会受益而达到长期成功的管理途径。”

全面质量管理并不等同于质量管理，质量管理只是组织中所有管理活动之一，与其他管理活动，如生产管理、计划管理、财务管理、人事管理、采购管理、物流管理等并存。全面质量管理则适用于组织的所有管理活动和所有相关方，全面质量管理是质量管理的最高境界。

全面质量管理是将组织的所有管理职能纳入质量管理的范畴，强调一个组织以质量为中心，以全员参与为基础，强调全员的教育和培训。因此，要掌握全面质量管理的核心思想，首先应该理解“全面”的下述含义：

（1）全面质量的管理。所谓全面质量就是指产品（或服务）质量、过程质量和工作质量。全面质量管理不同于以前质量管理的一个特征就是其工作对象是全面质量，而不仅仅局限于产品（或服务）质量。全面质量管理认为应从抓好产品（或服务）质量的保证入手，用优质的工作质量、过程质量来保证产品（或服务）质量，这样能有效地改善影响产品（或服务）质量的因素，达到事半功倍的效果。

（2）全过程的管理。所谓全过程是对于生产过程而言的，就是要求把质量活动贯穿产品或服务质量产生、形成和实现的全过程，全面落实预防为主的方针，逐步形成一个包括所有环节的质量保证体系，把不合格消灭在质量形成过程中，做到防患于未然。这个过程可用图 5-1 的产品质量环和图 4-2 的服务质量环来表示。

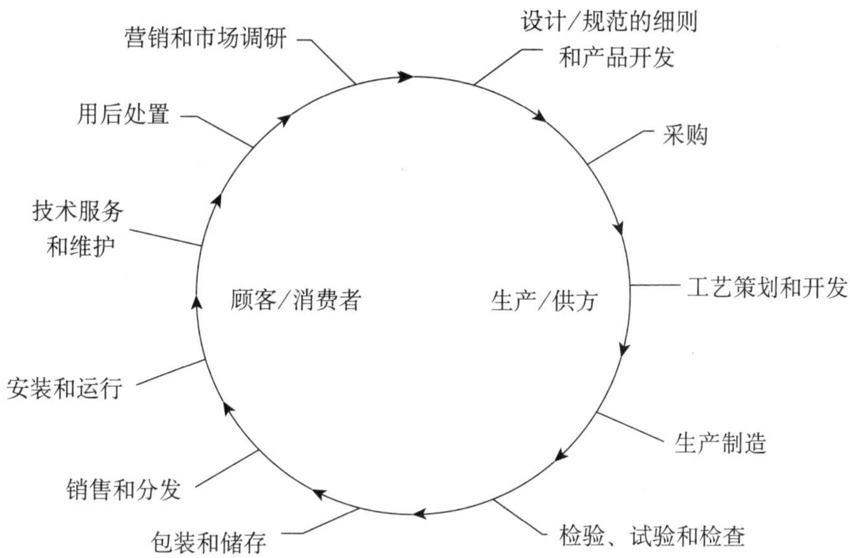

图 5-1　产品质量环

（3）全员的管理。全员的含义是企业全体人员都要参与，人人有责，即上至最高管理者下到所有员工都参加质量管理，分担一定的质量责任。质量好坏是企业各项工作的综合反映，所有部门和全体员工的质量职能有效发挥程度都影响着产品或服务质量。同时，应加强企业内各职能和业务部门之间的横向合作，发挥质量管理的最大效用。

在全员管理中，处在不同管理层级的人员的质量责任和作用是不同的。企业的最高管理层主要负责制定质量方针、质量目标，完善管理体制，协调各部门、各环节、各类人员的质量管理活动；中层管理人员的主要职责是使质量决策付诸实施，提供质量管理方法、标准，并对基层进行教育、指导、监督、考核，承上启下；基层人员则侧重于严格按照规定的质量计划和标准进行生产运作。

（4）全社会推动的管理。所谓全社会推动是指要使全面质量管理深入持久地开展下去，并取得良好的效果，不能把工作局限于企业内部，需要全社会的重视，需要质量立法、认证和监督，进行宏观上的控制引导，即需要全社会的推动。这是因为一个完整的产品或服务往往是由许多企业共同协作来完成的，例如机器产品的制造企业要从其他企业获得原材料，从各种专业工厂购买零部件等，因此，仅靠企业内部的质量管理无法完全保证产品或服务质量。另外，来自全社会宏观质量活动所创造的社会环境可以激发企业提高产品或服务质量的积极性并认识到其必要性。

（5）全面运用各种管理方法。随着现代大生产和科学技术的发展，质量管理在长期的实践中形成了多样化、复合型的方法体系。如 PDCA 循环、朱兰三部曲、数理统计技术与方法、价值分析方法、运筹学方法及老七种工具（分层法、排列图法、因果分析图法、直方图法、控制图法、散布图法和系统调查分析表法）、新七种工具（关联图法、系统图法、

KJ 法、矩阵图法、矩阵数据分析法、过程决策程序图法和网络图法）、ISO 9000 族标准方法和六西格玛管理法等。

二 全面质量管理的基本原则

全面质量管理的基本原则可以用国家标准（GB/T 19000—2016/ISO 9000：2015）的七项质量管理原则来描述，但全面质量管理的原则还不仅限于此。原因在于：GB/T 19000 系列标准等同采用的 ISO 9000 族标准是世界性的通用标准，因此它并不能代表质量管理的最高水平。组织在达到 ISO 9000 族标准的要求之后，还要进一步发展。

（一）以顾客为关注焦点

质量管理的首要关注点是满足顾客要求并且努力超越顾客期望。组织只有赢得和保持顾客和其他有关的相关方的信任才能获得持续成功。与顾客相互作用的每个方面都提供了为顾客创造更多价值的机会。理解顾客和其他相关方（组织的所有者、组织内员工、组织外的供方、合作伙伴、银行、有关团体和社会等）的当前和未来的需求有助于组织持续成功。

（二）领导作用

组织的各级领导建立统一的宗旨及方向，并且创造全员积极参与实现组织的质量目标的条件。统一的宗旨和方向的建立以及全员的积极参与，能够使组织将战略、方针、过程和资源协调一致。

（三）全员积极参与

在整个组织内各级胜任、经授权并积极参与的人员是提高组织创造和提供价值能力的必要条件。为了有效和高效地管理组织，各级人员得到尊重并参与其中是极其重要的。通过表彰、授权和提高能力，促进在实现组织的质量目标过程中的全员积极参与。

（四）过程方法

质量管理体系由相互关联的过程所组成。理解体系是如何产生结果的，能够使组织尽可能地完善其体系并优化绩效。将活动作为相互关联、功能连贯的过程组成的体系来理解和管理时，可更加有效和高效地得到一致的、可预知的结果。质量管理理论认为，任何活动都是通过过程实现的。通过分析过程、控制过程和改进过程，就能够将影响质量的所有活动和所有环节控制住，确保产品和服务的高质量。

（五）改进

成功的组织持续关注改进。一方面由于顾客要求不断提高，组织只有不断改进才能持续获得顾客的支持；另一方面“逆水行舟，不进则退”，竞争的加剧也迫使组织必须持续改进才能生存。改进对于组织保持当前的绩效水平，对其内外部条件的变化做出反应并创造新的机会，都是非常必要的。

(六) 循证决策

决策是一个复杂的过程，并且总是包含一些不确定性。它经常涉及多种类型和来源的输入及其解释，这些解释可能是主观的。重要的是理解因果关系和潜在的非预期后果。对事实、证据和数据的分析可使决策更加客观、可信。因此，基于用科学方法收集处理的数据和对组织内外部充分收集的信息的分析和评价而做出的决策，更有可能产生期望的结果。

(七) 关系管理

为了持续成功，组织需要管理与有关的相关方（如供方）的关系。有关的相关方影响组织的绩效。当组织管理与所有相关方的关系，以尽可能有效地发挥其在组织绩效方面的作用时，持续成功更有可能实现。对供方及合作伙伴的关系管理尤为重要。这是因为组织与供方及合作伙伴在目前的经营环境中已经形成共生共荣的生态系统，相互依存、共同发展。

第 3 节 全面质量管理的基本方法

一 PDCA 循环

PDCA 循环是美国质量管理专家戴明博士首先提出的，因此又称戴明环（见图 5 - 2)。全面质量管理的思想基础和方法依据就是 PDCA 循环。PDCA 循环的含义是将质量管理分为四个阶段，即计划（plan)、执行（do)、检查（check)、处理（action)。在质量管理活动中，要求把各项工作按照制定计划、执行计划、检查执行效果、将成功的纳入标准（将不成功的留待下一循环去解决）的工作方法管理，这是质量管理的基本方法，也是企业管理各项工作的一般规律。

如图 5 - 2 所示，PDCA 循环可分为四个阶段、八个步骤。

(一) 计划阶段

主要任务是制定计划。根据存在的问题或用户提出的质量要求，找出问题的原因和影响产品和服务质量的主要原因，以此为依据制定计划，确定质量方针、质量目标，制定出具体的活动计划和措施，并明确管理事项。

计划分四个步骤：

(1) 分析现状，找出所存在的质量问题。针对找到的问题，进一步提出以下三个问题：这个问题可不可以解决？这个问题可不可以和其他工作结合起来解决？这个问题能不能用最简单的方法解决而又能达到预期的效果？

(2) 找出产生问题的原因或影响因素。

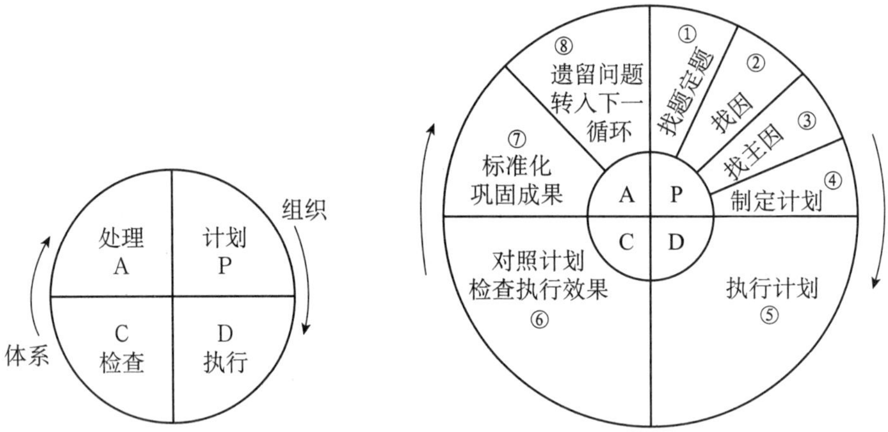

(1)
PDCA 循环的四阶段图

(2)
PDCA 循环的八步图

图 5－2　PDCA 循环示意图

（3）找出原因（或影响因素）中的主要原因（主要影响因素）。

（4）针对主要原因制定解决问题的措施计划。措施计划要明确采取该措施的原因（why），执行措施预期达到的目的（what），在哪里执行措施（where），由谁来执行（who），何时开始执行和何时完成（when），以及如何执行（how），通常简称为要明确的 5W1H 问题。

（二）执行阶段

这一阶段的任务是执行计划，落实具体措施。

（三）检查阶段

这一阶段的任务是检查计划的执行情况，检查计划执行的效果，将工作结果和计划对比，总结经验，找出问题。

（四）处理阶段

这一阶段的任务是把执行的结果进行处理总结。成功的经验加以肯定，纳入标准或规程，形成制度，以便今后照办；对失败的教训加以总结，防止发生类似问题；遗留问题转入下一个 PDCA 循环。

PDCA 循环有如下基本特点：

（1）大环套小环，互相促进。PDCA 作为质量管理的一种科学方法，适用于企业各个方面的工作。整个企业的质量改进可看作一个大的 PDCA 循环，目标分解到各个部门又都形成了各自的 PDCA 循环，依次又有更小的 PDCA 循环，直至具体落实到每个班组、每个人形成的小的 PDCA 循环。上一级 PDCA 循环是下一级 PDCA 循环的根据，下一级 PDCA 循环是上一级 PDCA 循环的贯彻落实和具体体现。通过循环，把企业的各项工作有机地联系起来，彼此协同，相互促进。

（2）PDCA 循环每循环一次产品和服务质量就提高一步。四个阶段要周而复始地运转，每一次运转都要有新的目标和内容，也就意味着前进了一步。如同爬楼梯，逐步往上爬。在质量管理上，经过一次循环，也就解决了一批问题，质量水平有了新的提高。

二　朱兰三部曲

产品和服务中80%的质量问题是由于管理不善引起的，要提高产品和服务质量，就应破除传统观念，抓住质量策划、质量控制、质量改进三个环节。这种管理模式称为朱兰三部曲。

（一）质量策划

质量策划就是明确质量目标，并为实现质量目标而进行策划部署。其主要内容有：确定顾客的需求；开发可以满足顾客需求的产品和服务；制定能满足顾客需求的质量目标，并以最低综合成本来实现；开发出能生产所需产品和服务的程序；验证这个程序的能力，证明它在实施中能达到质量目标。

（二）质量控制

质量控制是在生产经营中达到目标的过程，最终结果是按照质量计划进行生产，并作相应控制。主要内容有：选择控制对象，规定测量标准和方法，测定实际质量特性，通过实际与标准的比较找出差异，根据差异采取措施并监控其效果。

（三）质量改进

质量改进是一个突破计划并达到前所未有水平的过程，最终结果是在明显优于原来计划的质量水平上进行经营活动。质量改进的内容包括：确定改进对象，组织诊断，寻找改进机会；提出改进方法和预防措施；实施改进，并对这些改进项目加以指导和控制；证明这些方法有效，并在质量管理体系文件中体现；提供控制手段，以保持其有效性。

三　六西格玛管理

六西格玛（6σ）管理是在20世纪90年代中期开始由美国通用电气公司（GE）从一种全面质量管理方法演变成为一个高度有效的企业流程设计、改善和优化的技术，并提供了一系列同等地适用于设计、生产和服务的新产品开发工具。六西格玛是一套持续改进的管理思想，它能够提高质量、减少消耗。六西格玛不是一个标准，而是一种方法、一种文化。六西格玛逐步发展成为以顾客为主体来确定企业战略目标和产品开发设计的标尺，追求持续进步的一种管理哲学。

西格玛是希腊字母"σ"的中文译音，统计学用其来表示标准差，即数据的离散程度，也就是对连续可计量的质量特性可用σ度量质量特性总体上对目标值的偏离程度。换句话说，在质量管理领域，可用σ来表示质量控制水平。如果控制在3σ水平，表示产品合格率已达到99.73%，只有0.27%为次品，又或者解释为每1万件产品中只能有27件为次品。若控制在 6σ 水平，则产品合格率高达 99.999 66%，不合格率只有 0.000 34%，也就是每生产 100 万件产品，不合格品不超过 3.4 件，也就是说接近零缺陷水平。

传统的企业一般品质要求已提升至 3σ 水平，也就是说产品的合格率为 99.73%。很多人对产品达到此水平已非常满意。可是专家研究结果证明，如果产品达到 99.73%的合格率，以下事件便会继续在现实中发生：每年有 20 000 次配错药事件；每年不超过 15 000 名婴儿出生时会掉落在地上；每年平均有 9 小时没有水、电、暖气供应；每星期有 500 宗做错手术事件；每小时有 2 000 封信邮寄错误。由此可见，随着人们对产品质量要求的不断提高以及现代生产管理流程的日益复杂化，企业越来越需要像六西格玛这样的高端流程质量管理标准，以保持在激烈的市场竞争中的优势地位。事实上，日本已把 6σ 作为品质要求的指标。

6σ 管理有以下几个特点：

（1）以顾客为关注焦点的管理理念。6σ 是以顾客为中心，关注顾客的需求。它的出发点就是研究客户最需要什么，最关心什么。比如改进一辆载货车，可以让它的动力增大一倍，载重量增大一倍，这在技术上完全做得到，但这是不是顾客最需要的呢？因为这样做，成本就会增加，油耗就会增加，顾客就不一定想要。什么是顾客最需要的呢？这就需要去调查和分析。假如顾客买一辆摩托车要考虑 30 个因素，就需要去分析这 30 个因素中哪一个最重要，通过计算，找到最佳组合。因此 6σ 是根据顾客的需求来确定管理项目，将重点放在顾客最关心、对组织影响最大的方面。

（2）通过提高顾客满意度和降低资源成本促使组织业绩提升。6σ 项目瞄准的目标有两个：一是提高顾客满意度，通过提高顾客满意度来占领市场、开拓市场，从而提高组织效益；二是降低资源成本，通过降低资源成本，尤其是不良质量成本（COPQ）损失，增加组织收入。因此，实施 6σ 管理法能给一个组织带来显著的业绩提升，这也是该方法受到众多组织青睐的主要原因。

（3）注重数据和事实，使管理成为一种真正意义上基于数字的科学。6σ 管理法是一种高度重视数据，依据数字、数据进行决策的管理方法，强调“用数据说话”“依据数据进行决策”“改进一个过程所需要的所有信息，都包含在数据中”。它通过定义机会与缺陷，通过计算每个机会中的缺陷数（DPO）、每百万机会中的缺陷数（DPMO），不但可以测量和评价产品质量，还可以把一些难以测量和评价的工作质量和过程质量变得像产品质量一样可测量和用数据加以评价，从而有助于获得改进机会，达到消除或减少工作差错及产品缺陷的目的。6σ 管理法广泛采用各种统计技术工具，使管理成为一种可测量、数字化的科学。

（4）一种以项目为驱动力的管理方法。6σ 管理法的实施是以项目为基本单元，通过实施一个个项目来实现。通常项目是以黑带为负责人，牵头组织项目团队，通过项目成功完成来实现产品或流程的突破性改进。

（5）实现对产品和流程的突破性质量改进。6σ 管理法的一个显著特点是项目的改进都是突破性的。通过这种改进能使产品质量显著提高，或者使流程得以改进，从而使组织获得显著的经济利益。实现突破性改进是 6σ 的一大特点，也是组织业绩提升的源泉。

（6）遵循 DMAIC 的改进方法。6σ 有一套全面系统的发现、分析、解决问题的方法和步骤，这就是 DMAIC 改进方法，即 D（define）——定义，M（measure）——测量，A（analyze）——分析，I（improve）——改进，C（control）——控制。

（7）强调骨干队伍的建设。6σ 管理法比较强调骨干队伍的建设，其中，倡导者、黑带大师、黑带、绿带是整个 6σ 队伍的骨干。对不同层次的骨干进行严格的资格认证制度，如黑带必须在规定的时间内完成规定的培训，并主持完成一项增产节约幅度较大的改进项目。

ISO 9000 标准和 6σ 管理法的管理原则有许多共同之处。比如，二者都强调组织必须面向顾客，以顾客为关注焦点；过程的观点，视任何工作为流程；强调组织领导积极参与质量管理的重要性，提倡全员参与；持续改进的思想；广泛地应用统计工具；基于数据决策；等等。ISO 9000 标准和 6σ 管理法并不存在互相替代的关系，二者之间既有许多相同之处，也有许多不同之处，对于组织的质量管理而言，前者是基础，后者是在这个基础上的超越。

|知识应用 5-3|　质量管理工作需要具备的知识、技能和职业素质

做好质量管理工作，首先，必须掌握质量方面的专业知识，比如基本的质量检验技术、抽样方法、质量体系、质量工具（包括必要的统计工具），以及生产质量、研发质量及供应商质量管理等相关知识和经验等。当然多认识几个质量界的朋友并经常保持联系和交流更好，特别要“认识”戴明、朱兰、克劳士比、刘源张等老前辈啦。

其次，质量管理工作不仅是质量管理，更具挑战性又有意思的是企业管理工作，并且是主要围绕人、与人打交道的企业管理工作。要想确保产品质量，光靠占比不到 10%的质量人员是不行的，主要靠业务部门把各项工作做到位。如果不能很好地与业务部门的伙伴们沟通、合作，并在公司创建正确的质量观、质量文化和质量流程，引领大家用正确的思维方式、合作态度朝着正确的方向把每时每刻的工作做到位，那么公司的整体质量就很难得到保障。

再次，质量管理工作者还要能够不浮躁，能够抵挡外部的诱惑，能够安心、踏实地静下心来工作，热爱这份工作，否则这山望着那山高，不能沉下心来钻研质量管理，就很难掌握质量管理之道。质量管理虽然不能提供多么耀眼的权力和金钱，也不是“一招鲜吃遍天”的工作，但质量管理也充满挑战，这些挑战很有意义。质量管理需要系统的、全方位的管理方法，不仅涉及具体的 4M1E（人机料法环）等技术层面的问题，也涉及整个公司的管理系统问题。需要个人的能力和态度，也需要团队沟通与协作；需要有预防问题和解决问题的技术和能力，也需要创建全员负责质量管理的文化；需要救火，也需要举一反三；需要组成临时的攻关小组解决某个技术难题，也需要日常点点滴滴的细节管理……质量界涌现出好些大师级人物，这在工商管理和经济专业之外的其他管理领域并不多见。

第四，就是要做一个正直的人。做质量工作不是站在质量部门利益的角度说话，更不是站在个人利益的角度说话，也不能倾向于某个部门的利益，而是站在公司的层面以及以客户的观点来判断产品是否合格，流程是否合理，职责划分是否有利于结果等。在此引用稻盛和夫的一句话来审视自己，“作为人，何为正确?”一方面业务上要正确；另一方面做人要正直、正确。通过实现经济价值和正能量的价值观赢得团队的信赖和支持，建立有利于质量人员开展工作并有利于公司和客户的影响力和领导力，从而为公司和社会创造更多的经济价值和道德价值！

最后，需要有强的学习和反思能力，学习必要的专业和行业的知识和经验以及跨领域的知识，多读各类书籍，掌握一定的心理学，学了之后最好找机会实践，在实践中总结和反思，特别是多总结人生经验、修身养性。一句话，作为质量管理人员，可以说质量管理知识占25%，专业知识和技能占15%，综合素质与能力包括与人相处的能力占60%。

第4节 ISO 9000族标准

一 ISO 9000族标准的概念

ISO 9000族标准是国际标准化组织（ISO）在1994年提出的概念，是指“由ISO/TC176（国际标准化组织质量管理和质量保证技术委员会）制定的所有国际标准”。ISO 9000族标准可以帮助组织建立、实施并有效运行质量管理体系，是质量管理体系通用的要求或指南。它不受具体的行业或经济部门的限制，可广泛适用于各种类型和规模的组织，在国内和国际贸易中促进相互理解和信任。因此，ISO 9000族标准也称为质量管理体系标准。质量管理体系是指“管理体系中关于质量的部分”（GB/T 19000—2016/ISO 9000：2015，有关体系的术语，3.5.4），或者说是在质量方面指挥和控制组织的管理体系。

二 国际质量管理体系标准的产生

随着世界各国经济的迅速发展和日益国际化，对组织的质量管理体系的审核已逐渐成为国际贸易和国际合作的一种需求。然而由于各国实施的标准不一致，在国际贸易中形成了技术壁垒，给经济的全球化带来了障碍，质量管理和质量保证的国际化成为世界各国的迫切需要。此外，建立、实施质量管理体系不仅成为组织增强市场竞争能力的需要，也成为组织保持提供满足顾客要求的产品的能力的需要。

基于以上情况，制定国际化的质量管理和质量保证标准成为一种迫切需要，这促成了质量管理体系标准的产生，并以其作为对产品技术规范/标准中有关产品要求的补充。国际标准化组织（ISO）于1979年成立了质量管理和质量保证技术委员会（TC176），负责制定质量管理和质量保证方面的国际标准。

1986年，ISO/TC176发布了第一个质量管理体系标准：ISO 8402《质量管理和质量保证 术语》。1987年，ISO/TC176相继发布了ISO 9000《质量管理和质量保证标准 选择和使用指南》、ISO 9001《质量体系 设计、开发、生产、安装和服务的质量保证模式》、ISO 9002《质量体系 生产和安装的质量保证模式》、ISO 9003《质量体系 最终检验和试验的质量保证模式》和 ISO 9004《质量管理和质量体系要素 指南》。这些标准通称为 1987 版 ISO 9000 族标准。

ISO 9000 族标准总结了工业发达国家先进企业的质量管理的实践经验，统一了质量管理和质量保证有关的术语和概念，有助于推动组织质量管理的国际化，在消除贸易壁垒、提高产品质量和顾客满意度等方面产生了积极和深远的影响。ISO 9000 族标准得到了世界各国的普遍关注和广泛采用，促使各国的质量管理和质量保证活动统一在 ISO 9000 族标准的基础之上。

三　质量管理体系标准的修订和发展

在 1987 版 ISO 9000 族标准制定时期，世界各国的经济发展中占主导地位的是制造业，因此，1987 版 ISO 9000 族标准突出地体现了制造业的特点，这给标准的广泛适用带来一定的局限性。随着全球经济一体化进程的加快，市场竞争日益激烈，世界各国及组织都在加强科学管理，努力提高组织的竞争力，这就需要标准能够满足各种类型使用者的需要，要求标准的结构和内容具有更加广泛的通用性，能够适用于提供各种类型的产品和服务及各种规模的组织。许多组织实施 ISO 9000 族标准不仅是为了认证/注册，更重要的是为了确保稳定地提供满足顾客要求的产品或服务，提高顾客满意度，进而使所有相关方都满意。这就要求标准能够对顾客满意或不满意的信息进行监视，不断提高顾客满意度，从而促进组织各项工作的持续改进，提高组织的整体绩效，以适合组织发展的需要。

1987 版 ISO 9000 族标准发布之后，1990 年 ISO/TC176 对 1987 版 ISO 9000 族标准进行修订，1994 年 7 月发布了 1994 版 ISO 9000 族标准。而后 ISO/TC176 在 2000 年、2008 年分别发布了 2000 版、2008 版 ISO 9000 族标准。2015 年 9 月，ISO/TC176 又发布了新版 ISO 9000：2015《质量管理体系 基础和术语》和 ISO 9001：2015《质量管理体系 要求》两项标准。新版 ISO 9000：2015《质量管理体系 基础和术语》对基础知识进行了全面调整，不但使标准所阐述的知识内容更加丰富，也更易于准确地理解整个系列标准。新标准共给出了 138 个术语，包括全部 ISO 9000 族标准中使用的术语，将 8 项质量管理原则减少为 7 项，对少量术语和定义在文字上做了微调，使内容更加完整、准确并易于理解。新版 ISO 9001：2015《质量管理体系 要求》除编辑性修改外的主要技术变化包括：采用《ISO/IEC 导则，第 1 部分，ISO 补充规定》的附件中给出的高层结构；采用基于风险的思维；更少的规定性要求；增加了形成文件要求的灵活性；提高了服务行业的适用性；更加强调组织的环境；增强对领导作用的要求；更加注重实现预期的过程结果以提高顾客满意。

四　ISO 9000 在中国

我国是国际标准化组织的正式成员，参与了有关国际标准和国际指南的制定工作，也承担着将 ISO 9000 族标准转化为我国相应的国家标准的任务。

1988年12月，我国正式发布了等效采用1987版ISO 9000族标准的GB/T 10300《质量管理和质量保证》系列国家标准。1992年5月，发布了等同采用1987版ISO 9000族标准的GB/T 19000系列国家标准。1994年12月发布了等同采用1994版ISO 9000族标准的GB/T 19000系列国家标准。2000年12月发布了等同采用2000版ISO 9000族标准的GB/T 19000系列国家标准。目前，我国正式发布和实施的是等同采用2015版ISO 9000族标准的GB/T 19000系列国家标准。

ISO 9000族标准在我国的推广与应用对提高我国产品和服务质量以及质量管理水平，增进国际贸易，消除技术壁垒，起到了很大作用。

|知识应用5-4|　“以客户为中心，质量当责”成就卓越绩效

——鼎桥通信技术有限公司顺利通过BSI ISO 9001质量管理体系认证

1. 客户需求

(1) 对母公司的管理体系进行融合，构建适合自身特点的质量管理体系；

(2) 满足客户对于通信设备供应商在质量方面的严苛要求。

2. 客户收益

(1) 建立了高效的质量管理体系，提升了企业内部的质量管理意识；

(2) 实现了卓越运营，确保可持续的经营成功。

3. 客户背景

鼎桥通信技术有限公司（以下简称“鼎桥通信”）是诺基亚西门子通信系统技术公司与华为技术有限公司共同组建的合资企业，于2005年3月在北京正式挂牌成立，目前在北京、上海和成都三地设有研发中心，员工超过1 200人。成立至今，公司专注于TDD无线通信技术与产品的创新，以强大的产业化能力和综合实力一路领跑。公司的产品和解决方案全面应用于中国移动3G商用网络，稳居市场份额第一，网络质量评估的结果也持续领先于竞争对手。自2011年起，鼎桥通信全面进军专网市场，其无线宽带集群解决方案已成功应用于机场、港口、电力、政务、地铁、铁路等行业。

凭借多年来在TDD领域的技术积累、人才积累和卓越的运营管理体系以及成熟的市场和销售经验、高效的研发能力、完善的生产交付和售后服务体系，鼎桥通信致力于成为全球宽带集群解决方案的领导者。

(1) 客户需求。“起初我们是西门子和华为的合资公司，之后西门子与诺基亚合资成立诺基亚西门子通信技术有限公司。可以说，鼎桥通信混合了三种‘血统’，从诞生之初就与行业内的其他企业有所不同。”在谈到公司的发展历程时，鼎桥通信运营优化部总经理何瑞娟解释道，“因为企业文化和管理风格的冲突，合资公司失败的例子屡见不鲜。鼎桥的母公司西门子和华为都是企业文化和管理风格鲜明的世界500强企业，都拥有完善的管理体系。我们需要将两个母公司的质量管理体系进行充分融合，并在此基础上构建属于鼎桥通信自己的管理框架和业务流程，让公司的业务平稳发展，走上正轨。在管理体系统一的基础上，通过管理者的卓越运营，逐步形成鼎桥独有的企业文化和管理风格。”

客户的需求也成为鼎桥通信构建质量管理体系的推动力。何瑞娟表示：“从体系标准的角度来看，ISO 9001是我们的客户对于通信设备供应商的一个硬性指标，是市场准入的基本要求。从产品质量要求来看，大的运营商要求的质量可靠性非常高，一般设备可用度要求是99.999%，MTTR要小于2个小时。没有健全的质量管理体系是不可能达到这个目标的。'客户导向是我们生存的基础'，这已经是所有鼎桥人的共识，也只有围绕着客户的需求对公司自身业务进行不断完善，才能够始终保持鼎桥通信在行业内的领先性。"

公司成立至今，秉持"质量是企业的生命"理念，鼎桥通信在每个环节追求高质高效，并积极推动公司在质量方面的认证，为公司的长期发展提供保障。成立仅一年后，公司就顺利通过了英国标准协会（British Standard Institution，BSI）ISO 9001质量管理体系认证，并与BSI携手积极推动公司在ISO方面的相关认证以及各种深入的质量专题培训。

（2）客户收益。鼎桥通信技术有限公司运营优化部总经理何瑞娟指出："作为一家在通信行业领先的企业，鼎桥通信通过自身的不懈努力，顺利通过了ISO 9001认证。我们始终坚持与国际接轨，以高标准、严要求来对待公司发展。此次通过ISO 9001认证，公司得以建立了一整套质量管理体系，落实了'以客户为中心，质量当责'的管理理念；我们有了明确的运营框架，打通了从战略到执行的经营业务流，这对于公司今后的管理和发展是至关重要的；与此同时，借助ISO 9001质量管理体系，我们能够持续优化公司内部的管理，通过体系的优化驱动业务的改进，无论面对内部管理问题，还是逐步提高的客户要求，我们都能够做到有章可循，有法可依，实现公司业务的可持续发展。"

BSI也表示："我们很高兴看到，作为通信行业的领先企业，鼎桥通信建立了高效的质量管理体系，并积极将质量管理落实到公司每一个运营环节中，各部门的运行将更加规范、严谨、高效，保证了所有与质量相关的工作都在ISO 9001的要求框架中执行。具体而言，这一体系能确保鼎桥通信内部——无论是管理层，还是具体的执行人员，都能够明确基于客户要求的企业应该达到的标准，并认识到质量管理在日常工作中的重要性和必要性。"

（3）为何选择BSI？BSI是全球质量管理体系的先驱，拥有超过百年的历史，目前已经发展成为全球最大的认证机构之一，在全球110多个国家拥有众多的认证客户，认证服务涵盖质量管理体系、环境安全管理体系、职业健康和安全管理体系、信息安全管理体系、IT服务管理体系等众多体系，可以说几乎覆盖了所有管理体系领域。此外，BSI提供全面的培训课程，在认证过程中的每一步都能为公司的业务需要提供支持和补充。

何瑞娟女士也十分认可BSI在国际标准认证领域的权威地位，她指出："BSI制定并颁布了全球第一部商业标准，并编写了全球最值得信赖和得到广泛认可的ISO 9001质量管理体系。在质量管理体系方面的专业性是毋庸置疑的。通过与BSI工作人员的频繁接触，BSI工作团队严谨、认真的工作态度以及专家丰富的行业知识，更增加了我们的信心，也促使我们最终决定同BSI合作。在未来，我们也希望继续与BSI保持良好的合作关系，为质量管理体系建设在通信行业的推广贡献更多力量。"

资料来源：https：//www. bsigroup. com/zh-CN/our-services/certification/certification-case-studies/.

▶ 本章小结

质量管理是在质量方面的计划、组织、领导和控制的一系列活动。它随着人类社会经济的发展经历了传统质量管理阶段、质量检验管理阶段、统计质量管理阶段和现代质量管理阶段。对于质量管理列出了朱兰、菲根堡姆和国际标准的三种定义，并阐述了国际标准中质量管理包含的各种基本要素：质量方针、质量目标、质量策划、质量控制、质量保证和质量改进。

全面质量管理的特点在于“五全”，全面质量管理的基本原则是七项质量管理原则。全面质量管理理念的实施需要配以各种科学的方法，如PDCA循环、朱兰质量螺旋、六西格玛管理法等。

ISO 9000族标准是由国际标准化组织颁布的质量管理体系标准，与全面质量管理有着相同的理论基础。我国将其等同采用转化为GB/T 19000系列标准。ISO 9000族标准的七项质量管理原则、质量管理体系理论，对指导企业建立质量管理体系，提高企业的质量管理能力，消除国际贸易中的技术壁垒有着重要作用。

▶ 关键术语

质量管理	质量方针	质量目标
质量策划	质量控制	质量保证
质量改进	质量管理体系	PDCA循环
全面质量管理	ISO 9000族标准	

▶ 思考题

1. 怎样理解质量管理概念？简述其基本构成要素。
2. 全面质量管理的“全面”有哪些含义？试加以简要说明。
3. 试说明六西格玛的含义及六西格玛管理对企业质量管理的意义。
4. 比较PDCA循环和朱兰三部曲的联系和区别。
5. 简述质量方针和质量目标的关系。
6. 质量管理七项原则是什么？
7. 质量保证、质量控制和质量管理之间的区别是什么？
8. 试从网上收集资料并撰写“浅谈我国企业质量管理的成功之道”的小论文。

第 6 章
商品标准化与商品标准

学习目的

1. 掌握标准化和标准的概念，了解商品标准化及其作用。

2. 熟悉商品标准化的形式与方法。

3. 掌握标准的种类，特别是我国标准化法按标准适用范围划分的国家标准、行业标准、地方标准和团体标准、企业标准，尤其是强制性国家标准、文件标准和实物标准。

4. 掌握商品标准的概念，重点掌握产品标准的内容，学会使用产品标准初步判断产品质量；熟悉服务标准，结合冷链物流服务标准，了解冷链物流服务质量的内涵与评价指标。

引导案例

麦当劳 QSCV：标准化执行的核心

麦当劳是世界上最大的快餐集团。从 1955 年创办人雷·克罗克在美国伊利诺伊州德斯普兰斯开设第一家麦当劳餐厅至今，它在全世界已拥有 28 000 多家餐厅，麦当劳的黄金拱门已经深入人心，麦当劳成为人们最熟知的世界品牌之一。

无论市场怎样变化，麦当劳始终紧紧抓住最根本的市场需求，那就是顾客在消费时总是精打细算，随着生活节奏的加快，顾客需要快捷的服务、清洁的环境和高品质食品。在“品质、服务、清洁和物有所值”的经营宗旨下，人们不管在纽约、东京或北京光顾麦当劳，都可以吃到同样新鲜美味的食品，享受到同样快捷友善的服务，感受到同样的整齐清洁及物有所值。麦当劳的经营秘密是什么呢？麦当劳将自己的企业理念和经营方针浓缩为 QSCV（Quality，Service，Cleanness，Value）——一流的产品，周到的服务，清洁的环境，让顾客感受物有所值。

QSCV 中的 Q 就是品质，质量，麦当劳保证向顾客提供品质一流的食品，为此麦当劳制定了一整套严格的质量标准和管理制度，一切用数字衡量。例如，精确到 0.01mm 的制作标准，牛肉由 83%的牛前部肉和 17%的上等牛腩精制而成，脂肪含量不得超过19%，绞碎后，按规定做成直径为98.5mm、厚5.65mm、47.32g的肉饼。再如，各种食品的保存期标准，炸薯条为7分钟，三明治为10分钟，苹果派为10分钟，咖啡为30分钟。

QSCV中的S就是服务，麦当劳对服务视如生命般重要，正如麦当劳所宣称的“我们卖的不是汉堡包而是服务”，为此麦当劳坚持优质的服务策略。麦当劳的三大服务要求：一是快速（fast），就是服务顾客必须在最短的时间内完成；二是准确（accurate），就是把顾客所点的食物准确无误地送到顾客手中；三是友好（friendly），友好与亲切的待客之道。

QSCV中的C就是清洁、卫生，提供清洁优雅的就餐环境，是麦当劳营业场所追求的目标。柜台服务、厨房制作食品、餐厅周围和附属设施、厕所等都规定了卫生标准，纳入严密的监视与管理范围内。工作人员除了完成规定的工作之外，都养成了随手清理的良好习惯。

QSCV中的V就是价值，价格合理，物有所值。“物有所值”是麦当劳对顾客的承诺，合理的价格，营养丰富的食品，这就是全世界4 000万顾客天天光临麦当劳的原因所在。(1)“营养+价格合理”，麦当劳的食品非常重视味道、颜色、营养、价格与所提供的服务；(2)让顾客吃得更健康，麦当劳在菜单上标明几款套餐的脂肪以及碳水化合物的含量；(3)满足顾客的心理需求，麦当劳关注为顾客带来更多的选择与更多的欢笑。

麦当劳QSCV经营之道给我们的启示是：企业光有质量过硬的产品是远远不够的，还要提供高效优质的服务、物有所值的价格及与产品和服务相匹配的企业文化。

资料来源：麦当劳——标准化执行的66个细节．个人图书馆，http：//www.360doc.com/content/14/0405/15/6017453_366576861.shtml.

第1节　标准化与商品标准化

一　标准化的概念

国家标准GB/T 20000.1—2014《标准化工作指南 第1部分：标准化和相关活动的通用术语》对标准化给出了如下定义：“为了在既定范围内获得最佳秩序，促进共同效益，对现实问题或潜在问题确立共同使用和重复使用的条款以及编制、发布和应用文件的活动。”同时还注明两点：“注1：标准化活动确立的条款，可形成标准化文件，包括标准和其他标准化文件。注2：标准化的主要效益在于为了产品、过程或服务的预期目的改进它们的适用性，促进贸易、交流以及技术合作。”

对上述定义，我们应该从以下五个方面来理解。

（1）标准化是一个活动过程。“文件”可理解为记录有信息的各种媒介。通过标准化活动制定的文件称为标准化文件，它是诸如标准、技术规范、可公开获得规范、技术报告等文件的通称。标准化活动主要是编制、发布、实施和修订标准或其他标准化文件的过程。标准或其他标准化文件是标准化活动的产物。

(2) 标准化活动所建立的标准或规范具有共同使用和重复使用的特征。标准或规范不仅针对当前的现实问题，而且针对潜在的问题，这是信息时代标准化的一个重大变化和显著特点。

(3) 标准化的主要作用。除了为达到预期目的改进产品、过程或服务的适用性以外，还包括防止贸易技术壁垒、促进技术合作等。

(4) 标准化活动所涉及的不同的地理、经济或政治范围称为标准化层次。标准化可在全球、区域或国家层次上，在一个国家的某个地区内，在政府部门、行业协会或企业层次上，以至于企业内车间和业务室等各个不同层次上进行。

(5) “最佳秩序”是指通过编制、发布和实施标准或规范，使标准化对象（产品、过程或服务）的有序化程度达到最佳状态。“共同效益”是指相关方的共同效益，而不是仅仅追求某一方的效益。

二 商品标准化

商品标准化是指以商品（产品、服务）为特定对象或主题的标准化。再进一步说，商品标准化是指在商品生产和流通过程中编制、发布和实施标准的活动。商品标准化是整个标准化活动中的重要组成部分。

商品标准化主要包括商品名词术语标准化、商品质量标准化、商品质量管理标准化、商品分类编码标准化、商品零部件通用化、商品品种规格系列化、商品检验与评价方法标准化、商品包装与储存运输标准化等内容。

商品名词术语标准化是指关于商品使用的名词、术语、代号、符号、图形等，必须统一、简化、明确，以利提高工作效率，便于相互交流和正确理解。

商品质量标准化是指必须按照统一的技术标准（质量标准）进行商品的生产和检验，并对同类所有商品进行质量评定。

商品质量管理标准化是指对于质量管理的所有要素进行的标准化，实质就是质量管理体系标准的建立、发布、实施以及不断修订的活动过程。

商品分类编码标准化是指对于我们前面提到的商品代码、商品条码以及商品目录或商品分类体系等进行的标准化。

商品零部件通用化是指在相互独立的商品体系中，选择和确定具有功能互换性或尺寸互换性的标准零部件，也就是使得同一类商品或不同商品零件、部件之一部分或大部分可相互通用。

商品品种规格系列化是指将同类商品，依据一定的规律、一定的技术要求，按照不同的规格、尺寸等进行合理分档，使之形成系列。

商品检验与评价方法标准化是指对于商品检验的程序、依据、抽样方法、检测仪器、检测方法、评价方法等要素的标准化。

商品包装与储存运输标准化包括商品包装的标准化、商品储存的标准化和商品运输的标准化。商品包装的标准化是指针对商品包装有关事项如术语、容器、标志、抽样检验、试验方法、回收利用等所做出的统一规定（包括包装基础标准、专业标准和产品包装标准）。商品储存和商品运输的标准化是指针对储存要素（储存场所、条件、期限、维护等）和运输要素（运输方式、条件、注意事项等）所做出的统一规定。

商品标准化是一项系统管理活动，涉及面广，专业技术要求很高，政策性很强，因此必须遵循统一管理与分级管理相结合的标准化体制，建立一套完善的标准化机构和管理体系，调动各方面的积极性，搞好分工协作，吸取国外标准化先进经验，才能顺利完成商品标准化工作的任务。

三 商品标准化的作用

（1）商品标准化是现代化商品生产和流通的必要前提，是巩固和发展专业化协作生产的基本条件。现代化商品生产是以先进的科学技术和生产高度社会化为特征的复杂的生产组合。生产的连续性和节奏性要求日益增强，专业化协作的深度和广度日益提高，社会生产各部门和企业内部各工序间专业分工越细，协作联系就越密切。这种社会化大生产必然要求以技术上的高度统一和广泛协调为前提，单靠行政手段是不行的，标准化是实现这种统一和协调的有效手段。标准化对于现代化商品流通同样必不可少。因此，在现代化商品生产和流通中，只有通过标准化才能使各部门及各环节有机地联系起来，从而使社会再生产过程得以顺利进行，以获得最佳经济效益。

（2）商品标准化是建立最佳秩序、实现现代化科学管理的基础。商品标准是企业管理目标在质量方面的具体化和定量化，各种商品质量标准是生产经营活动在时间和数量方面的规律性反映。因此，商品标准可以为企业编制计划、商品设计和制造、商品检验、商品质量管理、商品质量监督、质量仲裁等提供科学依据。质量管理是企业管理的核心，商品标准化是全面质量管理的一个重要组成部分，没有标准就没有管理，要科学管理，就必须制定标准。通过制定各种技术标准和管理标准，建立生产技术和物流技术上的统一性，可以保证企业整个管理系统功能的发挥。因此，只有推行标准化，才能实现管理的现代化。

（3）商品标准化是提高商品质量和合理发展商品品种，提高企业竞争力的技术保证。商品标准既是企业管理的目标，又是衡量商品质量的重要依据。根据商品标准，企业明确了质量差距，制定措施、提高等级、开发新品种就有了方向。在商品设计中贯彻标准化，简化多余或低功能的商品品种；通过系列化能够以最佳的品种构成满足广泛的需要；根据组合化原则能用少量的要素组合成较多的新品种等。这些对于提高商品质量、合理开发新品种、降低商品成本、提高企业竞争力和应变能力都有重要的意义。

（4）商品标准化是合理利用国家资源、保护环境、增产节约、促进经济全面发展和提高社会经济效益的有效手段。合理利用国家资源、保护环境和资源、节约原材料是一项重要的经济技术和环境保护政策，也是制定商品标准的重要原则。商品标准化的任何一种形式都会产生增产节约效果，有助于合理利用国家资源和保护环境，并可促进经济的全面发展，获得社会经济效益。

（5）商品标准化是积累实践经验，推广应用新技术，促进技术进步的桥梁。标准化是连接商品研制、开发、生产、流通、使用各环节的纽带，新工艺、新材料、新技术、新产品或新服务研发成功，通过技术鉴定后，就被纳入相应的标准，从而能得到迅速推广和应用，获得显著的经济效益。

(6) 商品标准化是国际贸易的推动器和调节器。各级标准化组织应该努力协调各方的标准和合格评定程序，尽可能减少贸易技术壁垒。世界贸易组织的《技术性贸易壁垒协定》(WTO/TBT) 中制定、批准和实施标准的良好行为规范，就是为避免假借标准或滥用标准来炮制规范，给进出口设置障碍。我国积极参与国际标准化活动，参与制定、采用和推广国际标准，推进中国标准与国外标准间的转化运用，有利于夺得国际标准制定的话语权和消除国际贸易技术壁垒。在国际贸易中，商品标准特别是其中的试验方法、检验方法、抽样方法等，还是进行仲裁的依据。因此，标准化在国际贸易中可起到协调、推动、仲裁和保护的作用。

|知识应用 6-1|　家政养老服务标准化案例分析

湖南金梦圆家政服务股份有限公司是一家专业的家政养老服务公司，是全国养老服务示范企业，先后荣获省老龄委、省民政厅社区居家养老示范企业，省、市质量技术监督局服务标准化试点企业等殊荣。2016 年 7 月，金梦圆被确定为湖南省服务业标准化试点单位。在试点期间，该公司组建了专门的标准化工作领导小组，明确了专、兼职标准化工作人员，建立了家政养老服务标准体系，完成了 80 余项企业标准的制定，形成了成熟的可复制、可推广的家政养老经营模式，并成功运用于 10 个标准化社区老年人日间照料中心建设项目，提升了服务质量和水平，形成了品牌影响力，切切实实地推动了公司的快速发展。

(1) 根据标准化要求，大力建设社区连锁日间照料中心。2016 年 12 月，湘潭市人民政府出台《关于加快推进养老服务业发展的实施意见》，提出大力发展社区养老服务。金梦圆抓住政策机遇，加强与各社区的联系、沟通和协作，按照《社区老年人日间照料中心标准设计样图》(14J819)、《社区老年人日间照料中心设施设备配置》(GB/T 33169) 等标准建设社区连锁日间照料中心；根据《社区老年人日间照料中心服务基本要求》(GB/T33168)、《社区小型养老服务机构服务规范》(Q/JMY 310105) 提供社区养老服务，解决社区养老服务从业人员素质较低，医疗保健和护理设施设备不健全，社交娱乐、精神文化生活不够丰富等诸多问题。

(2) 有效开展家政养老标准化服务技能培训。为满足业内广大养老服务工作者提升专业服务技能的需求，同时为有失能、半失能老人的家庭提供专业的护理技能指导，金梦圆在 2016—2018 年试点期间共举办家政服务员培训、养老护理员培训 10 余期，500 余人参加培训。培训内容包括养老护理专业基础知识和操作技能两方面，范围涉及老年人生活照料、老年病预防等方面，培训课件以《家政服务员培训规范》(Q/JMY 270002)、《养老护理员培训规范》(Q/JMY 270003)、《居家养老服务规范》(SB/T 10944) 等标准为基础，结合学员提问题、培训老师解答问题的问题导向方式授课，每天拍摄培训视频发送至主管部门，便于主管部门的监督管理及指导。通过标准化、规范化的教学，使参加培训的家政、养老服务人员技能大幅提升，各类型养老服务需求进一步得到满足。

(3) 积极探索政府购买养老服务标准化。金梦圆积极配合湘潭市政府、雨湖区政府、民政厅等部门开展政府购买养老服务工作。2016 年金梦圆承接了湘潭市雨湖区政府购买居家养老服务项目工作。在开展居家养老服务工作中，依据市老龄办、雨湖区老龄办的指导及文件精神，采用灵活化、多样化的服务方式，就近服务的原则，在当地社区、乡镇、村协会的支持和配合下，招聘当地的农民工妇女就业、培训、上岗，推荐她们做上门居家养老服务工作。同年5月，金梦圆遵照省民政厅老龄办提出的“信息化、智能化、规范化的养老管理模式”的新要求，在湘潭市雨湖区的委托和支持下，采用“公建民营”的模式，建成雨湖区养老信息网络信息平台。在配合政府采购养老服务工作的过程中，金梦圆根据文件精神、实际工作情况以及老年人的生活需求，及时将经验总结、技术成果转化为企业标准——《政府采购居家养老服务管理要求》(Q/JMY 330005)、《政府采购居家养老服务规范》(Q/JMY 330006)、《家政养老服务信息管理呼叫平台操作说明》(Q/JMY 240005）等，并积极贯彻推广实施，为金梦圆进一步拓展政府采购业务范围，提供更好的家政养老服务，规范更长远的发展保驾护航。

资料来源：张斌，陈梦如．家政养老服务标准化研究及应用案例分析．质量探索，2018（3）．

第2节　商品标准化的形式与方法

标准化的形式是标准化内容的存在方式，也就是标准化过程的表现形态。标准化有多种形式，每种形式都表现了不同的标准化内容。针对不同的标准化内容和任务，采用不同的方法，可达到不同的目的。

标准化的形式是由标准化的内容决定的，并随标准化内容的发展而变化，但标准化的形式又有其相对的独立性和继承性，并反作用于内容，影响内容。标准化过程就是标准化的内容和形式的辩证统一过程。

商品标准化的形式和方法主要有：简化、统一化、系列化、通用化和组合化。

一　简化

简化是商品标准化的最基本原理，商品标准化的本质就是简化。

简化是在一定范围内缩减商品类型的数目，使之在既定时间内满足一般需要的商品标准化形式。简化是商品标准化的初级形式，也是实践中应用较广泛的一种形式，它是控制复杂性、防止多样性泛滥的一种手段。由于需求的增长、科学技术的进步以及企业之间的竞争，商品类型的数目有急剧增多的趋势，如果不加控制和引导，就会出现大量多余的、无用的以及功能低下的商品类型（如品种、规格等），导致生产的盲目混乱，社会资源的无端浪费。商品生产和竞争是多样化失控的重要原因，只要商品生产还存在，竞争还存在，社会商品的类型就有盲目膨胀的可能。简化是人们对社会商品的类型进行有意识的自我控制的一种有效形式。

简化一般是事后进行的，也就是商品的多样化已经发展到一定规模以后，才对商品的类型数目加以缩减，这种缩减是在一定时间和空间范围内进行的，其结果必须保证在既定的时间内满足需要。在现代化大生产中，人们通常所说的简化指的是品种规格的合理简化。主要有以下几种类型：商品品种规格的简化；原材料品种规格的简化；工艺装备品种规格的简化；零部件品种规格的简化。

简化不是对商品类型数目进行任意的缩减，而是对商品类型结构加以调整使之优化的一种有目的的标准化活动。因此，简化必须遵循标准化原理（尤其是结构优化原理）以及从实践中确立的原则。

（1）简化时既要对不必要的多样化加以压缩，又要防止过分压缩。简化方案必须经过比较、论证，并以简化后商品的总体功能是否最佳为衡量简化是否合理的标准。

（2）对简化方案的论证应以特定的时间、空间范围为前提。在时间范围里，既要考虑当前的情况，也要考虑今后一定时期的发展要求，以保证标准化成果的生命力和系统的稳定性。对简化所涉及的空间范围以及简化后方案发生作用的空间范围，都必须做较为准确的估计或计算，切实贯彻全局利益原则。

（3）简化的结果必须保证在既定的时间内足以满足一般需要，不能因简化而损害消费者的利益。

（4）对商品规格的简化要形成系列，其参数组合应尽量符合数值分级制度。

简化的基本方法是通过标准化活动把多余的、可替换的、功能低下的商品类型剔除，精练出高效能的能满足一般需要所必要的商品类型。在科学的基础上，通过合理的简化，去掉不必要的或功能低下的商品类型以及同类商品中多余的、重复的品种、规格，使商品的功能增加、性能提高、品种构成合理、趋于优化和形成系列，从而为新的商品类型（品种、规格）的出现扫清障碍，为商品多样化的发展和满足社会的多样化需求创造条件。

简化的实质不是简单化而是精练化，其结果不是以少代多，而是以少胜多。

二　统一化

统一化是把同类商品两种以上的表现形态归并为一种或限定在一定范围内的商品标准化形式。它是商品标准化活动中内容最广泛、开展最普遍的一种形式。

统一化的实质是使商品的形式、功能（效用）或其他技术特征具有一致性，并把这种一致性通过标准确定下来。因此，统一化概念与简化概念是有区别的。前者着眼于取得一致性，即从个性中提炼共性；后者肯定某些个性同时共存，故着眼于精练，在简化过程中往往保存若干合理的品种，简化的目的并非简化为只有一种。

统一化的目的是消除由于不必要的多样化而造成的混乱，为人类的正常活动建立共同遵循的秩序。随着社会生产的发展，各生产环节和生产过程之间的联系日趋复杂，特别是在国际交往日益扩大的情况下需要统一的对象越来越多，统一的范围也越来越大。

统一化有两类：一类是绝对的统一，不允许有什么灵活性，如各种编码、代号、标志、名称、单位等；另一类是相对的统一，其出发点或总趋势是统一，但在统一中还有灵活性，根据情况区别对待。例如，商品的质量标准便是对商品的质量进行的统一化，不仅质量指标允许有灵活性，如分级规定、指标上下限、公差范围等，而且允许有自由竞争的内容，不能一律强求统一。

统一化应该遵守以下一般原则：

（1）适时原则。所谓适时，是指统一的时机要选准，既不能过早，也不能过迟。如果统一过早，特别是已经出现的类型并不理想，新的更优秀的、更适宜的类型正在酝酿中，这时强行统一，就可能使低劣的类型合法化，不利于优秀类型的产生。如果统一过迟，必要的类型早已出现，但重复的、低功能的类型已大量产生时才进行统一，这时即使尚能选择出较为合适的类型，但在淘汰低劣类型的过程中必定造成较大的经济损失，增加统一化的难度。

（2）适度原则。统一要适度，所谓“度”就是在一定质的规定中所具有的一定量的值。对商品进行统一化（制定商品标准）既要有定性的要求（质的规定），又要有定量的要求。适度就是要合理地确定统一化的范围和指标水平。例如，制定商品标准时，不仅要对哪些方面必须统一，哪些方面不做统一，哪些要在全国范围统一，哪些只需要在局部进行统一，哪些统一要严格，哪些统一要灵活等做出明确规定，而且必须恰当地规定每项要求的数量界限。

（3）等效原则。统一是有条件的，首要的前提条件是等效性。等效是指把同类商品两种以上的表现形态归并为一种（或限定在某一范围）时，与被取代的商品之间必须具有功能上的可替代性。这就是说，当从众多的标准化对象中确定一种而淘汰其余时，确定的对象所具备的功能应包含被淘汰的对象所具备的必要功能。

（4）先进性原则。等效原则只是对统一化提出了起码的要求，因为只有等效才有统一可谈，但统一化的目标绝不仅仅是等效替换，而是要使建立起来的统一性具有更高的功能，在生产和使用过程中取得更大的效益，为此还需要贯彻先进性原则。所谓先进性，就是指确定的一致性（或所做的统一规定）应有利于促进生产发展和技术进步，有利于社会需求得到更好的满足。就商品标准来说，就是要能促进质量提高。

统一化过程实质上是打破旧的平衡，建立新平衡的过程。这是统一化的灵魂，也是统一化成败的关键。

三 系列化

系列化是对同一类商品中的一组商品同时进行标准化的一种形式。它是标准化的高级形式。通过对同一类商品发展规律的分析研究，对国内外产需发展趋势的预测，结合我国生产技术条件，经过全面的技术经济比较，将商品的主要参数、型式、尺寸、基本结构等做出合理的安排与规划，以协调同类商品和配套商品之间的关系。因此，也可以说系列化是使某一类商品系统的结构优化、功能最佳的标准化形式。

商品系列化一般包括制定商品基本参数系列、编制商品系列型谱和进行商品系列设计三方面内容。

商品的基本参数是商品基本性能或基本技术特征的标志，是选择或确定商品功能范围、规格尺寸的基本依据。商品的基本参数按其特性可分为性能参数和几何尺寸参数。性能参数是表征商品的基本技术特性的参数，如载荷、功率、容量、转速等。几何尺寸参数是表征商品规格的参数。在一个商品的若干基本参数中，起主导作用的参数称为主参数（主要参数）。主参数能反映商品最基本的特性，如电动机的功率、起重机的起重量等。

商品的性能参数与几何尺寸参数之间、主参数与其他参数之间，一般都存在某种内在的联系。通过理论推算或试验，可以发现这种联系的规律性，有的还可以用某种函数关系表示，这对实现商品的相似设计，即先设计少数典型商品，然后按相似关系设计出整个系列的商品，具有重要意义。将上述商品的基本参数按照它们内在联系的规律排列形成的数列，称为商品基本参数系列。

商品基本参数系列是指导生产企业发展商品品种、指导用户选用商品的最基本依据。基本参数系列确定得是否合理，不仅关系到这种商品与相关商品之间的配套协调，而且在很大程度上影响企业的经济效益乃至社会经济效益。

商品基本参数系列是商品系列化的首要环节，也是编制商品系列型谱、进行商品系列设计的基础。

商品系列型谱是工业主管部门根据国民经济发展和市场的需要，对国内外同类商品生产发展和需求状况进行分析后，对基本参数系列所限定的商品进行型式规划，把基型商品和变型商品的关系以及品种发展的总趋势用图反映出来，形成一个简明的品种系列图，如图 6－1 所示。一种商品的系列型谱，是该商品品种发展规划的一种表现形式。它不仅为选择商品发展方向、制定商品技术发展规划、合理安排商品生产以及整顿现有商品、发展变型商品等提供依据，而且可防止企业盲目设计没有发展前途的品种。系列型谱的形式和内容不尽一致，有的较简单，有的较复杂，要根据具体情况而定。有时商品系列型谱还把商品发展方向、设计试制状况、生产情况、近期和远期发展的重点等带有方向性的问题用醒目的符号标示出来，以指导设计和生产。

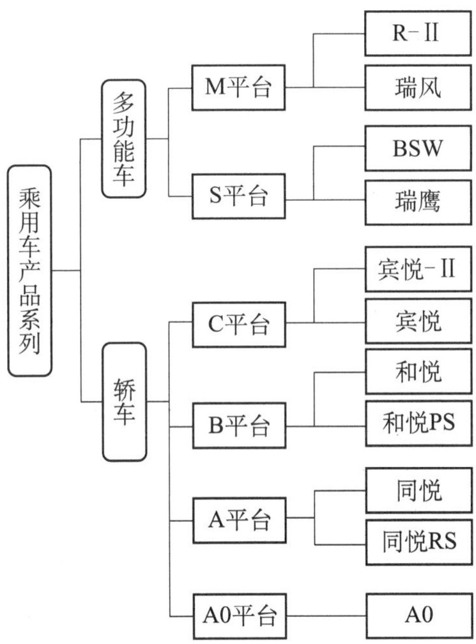

图 6－1　JAC 江淮汽车乘用车产品型谱

商品系列设计是以基型为基础，对整个系列商品进行的技术设计或施工设计。具体做法如下：

（1）在系列内选择基型。基型应该是系列内最有代表性、规格适中、用量最大、生产较普遍、结构较先进并经过长时期生产和使用考验，较为理想又很有发展前途的型号。

（2）在充分考虑系列内商品之间以及变型商品之间通用化的基础上，对基型商品进行设计。

（3）横向扩展，设计全系列的各种规格。这时要充分利用结构典型化和零件通用化等方法，扩大通用化程度。

（4）纵向扩展。设计变型商品或变型系列，并使变型与基型最大限度地通用，尽量做到只增加少数专用件就可以发展一个变型商品或变型系列。

商品系列设计是有效的统一化，能有效地防止全国范围内同类商品型式、规格的杂乱；能集中研究和设计优势，既可保证设计的先进性，又可防止各企业平行设计同一商品，做到最大限度地节约设计力量。系列设计的商品基础件通用性好，易于根据市场动向和消费者（或用户）的特殊要求，机动灵活地发展新品种，也便于组织专业化协作生产和配套维修。

四 通用化

在相互独立的系统中，选择和确定具有功能互换性或尺寸互换性的子系统或功能单元的标准化形式，称为通用化。通用化要以互换性为前提。互换性是指在不同时间、不同地点制造出来的商品或零件装配、维修时不必经过修整就能任意替换使用的性质。

互换性概念有两层含义：一是指商品的功能可以互换，叫做功能互换性，它要求某些影响商品使用特性的参数按照规定的精确度互相接近；二是尺寸互换性，当两个商品的线性尺寸相互接近到能够保证互换时，就达到了尺寸互换性。尺寸互换性是功能互换性的部分内容，它对于零部件的通用化具有突出作用，功能互换性问题在标准化过程中显得越来越重要。

零部件通用化的目的是最大限度地减少零部件在设计和制造过程中的重复劳动。在同一类型不同规格的或不同类型的商品或设备之间，总会有相当一部分零部件的用途相同、结构相近，或者用其中的某一种零部件可以完全代替，这时经过通用化，使之具有互换性。在设计和试制另一种新商品时，该种零部件设计的工作量得到节约，还能简化管理，缩短设计试制周期，扩大生产批量，提高专业化水平，为企业带来一系列经济效益。

对于具有功能互换性的复杂商品来说，通用化的程度越高，生产的机动性越大，对市场的适应性也越强，商品的销路就越广。提高商品的通用化水平，对防止不必要的多样化、增强企业竞争能力、组织专业化生产、提高经济效益都有明显作用。

通用化的一般方法是：在商品系列设计时要全面分析商品的基本系列及派生系列中零部件的共性与个性，从中选择具有共性的零部件定为通用件或标准件；在单独设计某一商品时，尽量采用已有的通用件；新设计零部件时，充分考虑到能为以后的新商品所采用，逐渐发展为通用件或标准件；对现有商品进行革新改造时，可根据生产、使用、维修过程中积累的经验，将可以通用的零部件经过分析、试验达到通用，这也是对老商品革新改造的一项内容。

五 组合化

组合化是按照统一化、系列化的原则，设计并制造出一系列通用性较强的单元（标准单元），根据需要组合成不同用途的商品的一种标准化形式。

组合化是建立在系统的分解与组合的理论基础上的。把一个具有某种功能的商品看作一个可以分解为若干功能单元的系统，由于某些功能单元不仅具备特定的功能，而且可以与其他系统的某些功能单元通用、互换，于是这类功能单元便可以分离出来，以通用单元或标准单元的形式存在，这就是分解。为了满足一定的要求，把若干准备好的标准单元、通用单元和个别的专用单元按新系统的要求有机地结合起来，组成一个具有新功能的新系统，这就是组合。

在商品设计、生产和使用过程中，都可以运用组合化的方法。组合化的内容主要是选择和设计标准单元和通用单元，又称“标准组合元”。确定组合元的程序是：先确定应用范围，然后划分组合元，编排组合型谱（由一定数量的组合元组成商品的各种可能型式）。检验组合元能否完成各种预定的组合，最后设计组合元件并制定相应的标准。根据标准预先制造和储存一定数量的标准组合元，根据需要组装成不同用途的商品。组合化的原理和方法已广泛应用于机械类商品和仪器仪表的制造、家具和工艺装备的制造与使用、建筑业等，取得了明显的效益。

第 3 节　标准及其种类

一　标准的概念

国际标准化组织（ISO）的标准化原理委员会（STACO）以“指南”的形式给出“标准”的定义为：“标准是由一个公认的机构制定和批准的文件，它对活动或活动的结果规定了规则，导则或特性值，供共同和反复使用，以实现在预定结束领域内最佳秩序的效益。”

我国将“标准”定义为“通过标准化活动，按照规定的程序经协商一致制定，为各种活动或其结果提供规则、指南或特性，供共同使用和重复使用的文件”(GB/T 20000.1—2014，规范性文件的种类 5.3)。同时还进一步注明：①标准宜以科学、技术和经验的综合成果为基础；②规定的程序指制定标准的机构颁布的标准制定程序；③诸如国际标准、区域标准、国家标准等，由于它们可以公开获得以及必要时通过修正或修订保持与最新技术水平同步，因此它们被视为构成了公认的技术规则。其他层次上通过的标准，诸如专业协（学）会标准、企业标准等，在地域上可影响几个国家。

为了更好地理解标准的概念，需要把握以下几点：

（1）标准是标准化活动的产物。它是一种规范性文件，即为各种活动（技术活动、经济活动和社会生活活动）或其结果提供规则、指南或特性的文件。标准的本质属性是一种统一规定。这种统一规定是作为有关各方共同遵守的准则和依据。

（2）标准具有共同使用和重复使用的特征。从本质上说，标准是以科学合理的规定，为公众提供一种可共同使用和重复使用的最佳选择。“重复”是指同一事物反复多次出现的性质。例如，成批生产的产品在生产过程中的重复投入、重复加工、重复检验等；同一类技术活动（如零件设计）在不同地点、不同对象上同时或相继发生。只有作为标准制定对象的事物或概念具有重复出现的特征时，标准才能重复使用，才有制定标准的必要。

（3）标准产生的客观基础是“科学、技术和经验的综合成果”。这就是说，标准既是科学技术成果，又是实践经验的总结，并且这些成果和经验都是在经过分析、比较、综合和验证的基础上加以规范化，只有这样制定出来的标准才具有科学性。

（4）标准制定程序包括标准的立项、起草、征求意见、送审和报批。一般起草的标准在内部讨论后，先形成标准征求意见稿。意见稿通过会审或函审向有关各利益方征求意见，然后将意见交由起草者进行修改，完成标准草案送审稿。通常由相应的技术工作委员会对送审稿进行会审，接着由起草者根据会审的主要修改意见对送审稿进行修改，完成标准草案报批稿，最后由专业标准化协会将报批稿报送标准化主管部门批准。

（5）标准的制定应经有关各利益方（如生产商、经销商、消费者、政府及其他相关方）共同协商一致，再由公认的权威的标准化机构或团体批准，最后以特定文件形式（有时辅之以特定实物形式）公开发布。

二 标准的种类

标准几乎涉及人类所有的实践活动，已形成一个庞大、复杂的系统。人们从不同的目的和角度出发，依据不同的标志和准则，可以对标准进行不同的分类，由此形成不同的标准种类。

（一）按标准的制定主体进行分类

通常按照标准制定主体和适用范围的不同，将标准分成以下不同类型：国际标准、区域标准、国家标准、行业标准、地方标准、团体标准和企业标准。

（1）国际标准。它是“由国际标准化组织或国际标准组织通过并公开发布的标准”（GB/T 20000.1—2014，规范性文件的种类 5.3.1）。国际标准采用标准代号与编号表示，见图 6－2。

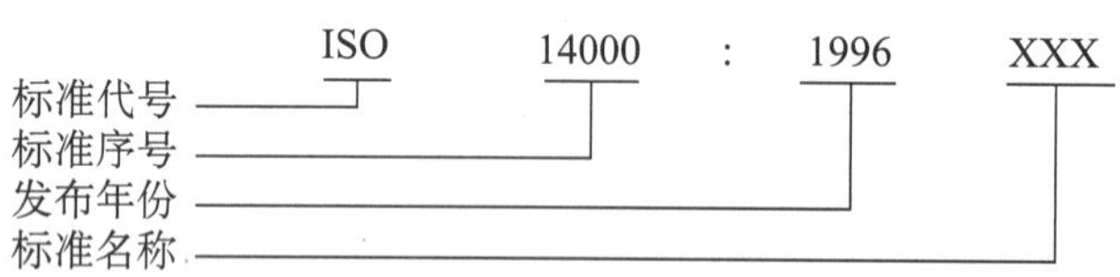

图 6－2 国际标准的代号和编号

国际标准化组织（ISO）是世界上最大的国际标准化机构，ISO 与国际电工委员会（IEC）和国际电信联盟（ITU）合称为“三大国际标准化机构”。为推动建立协商一致的自愿性国际标准体系，2001 年三大国际标准化机构成立了国际标准协作组织（WSC）。国际上公认的、有广泛影响的国际标准组织还有：国际计量局（BIPM）、食品法典委员会（CAC）、联合国贸易简化和电子商务中心（UN/CEFACT）、世界海关组织（WCO）、万国邮政联盟（UPU）、国际铁路联盟（UIC）、国际海事组织（IMO）、国际货运代理协会联合会（FIATA）、国际航空运输协会（IATA）、国际铁路客运政府间组织（OTIF）、互联网工程任务组（IETF）、国际制冷学会（IIR）、国际毛纺组织（IWTO）、国际法制计量组织（OIML）、国际葡萄与葡萄酒局（OIV）、国际理论和应用化学联合会（IUPAC）、联合国教科文组织（UNESCO）、世界知识产权组织（WIPO）、世界卫生组织（WHO）、国际民航组织（ICAO）、国际人造纤维标准化局（BISFA）、空间数据系统咨询委员会（CCSDS）、国际建筑与建设研究创新理事会（CIB）、国际照明委员会（CIE）、国际内燃机委员会（CIMAC）、烟草制品社会调查合作中心（CORESTA）、世界牙科联盟（FDI）、国际混凝土联合会（FIB）、林业工作理事会（FSC）、国际原子能机构（IAEA）、国际谷物科学技术协会（ICC）、国际文化财产保护与修复研究中心（ICCROM）、国际民防组织（ICDO）、国际排灌委员会（ICID）、国际辐射防护委员会（ICRP）、国际辐射单位与测量委员会（ICRU）、制糖统一分析方法国际委员会（ICUMSA）、国际制酪业联合会（IDF）、国际图书馆协会联合会（IFLA）、国际有机农业运动联盟（IFOAM）、国际天然气联合会（IGU）、国际焊接学会（IIW）、国际劳工组织（ILO）、国际橄榄油理事会（IOOC）、国际种子检验协会（ISTA）、皮革加工与药剂师协会国际联盟（IULTCS）、国际兽疫局（OLE）、国际施工材料、系统和结构实验室以及专家联盟（RILEM）、世界气象组织（WMO）等。

（2）区域标准。它是“由区域标准化组织或区域标准组织通过并公开发布的标准”（GB/T 20000.1—2014，规范性文件的种类 5.3.2）。区域标准是为了促进区域性标准化组织或区域标准组织的成员国进行贸易，便于该地区的技术合作和技术交流，协调该地区与国际标准化组织的关系。有重要影响的区域标准包括：欧洲标准化委员会（CEN）标准、欧洲电工标准化委员会（CENELEC）标准、欧洲电信标准学会（ETSI）标准、欧洲广播联盟（EBU）标准、太平洋地区标准会议（PASC）标准、泛美技术标准委员会（COPANT）标准、亚洲标准咨询委员会（ASAC）标准、非洲地区标准化组织（ARSO）标准、东盟标准与质量咨询委员会（ACCSQ）标准、阿拉伯标准化与计量组织（ASMO）标准等。

（3）国家标准。它是“由国家标准机构通过并公开发布的标准”（GB/T 20000.1—2014，规范性文件的种类 5.3.3）。各国的国家标准有自己的分类方法，普遍采用的方法是按照专业划分标准种类，我国国家标准的种类也采用了这种分类方法。世界上比较有影响的国家标准机构及其发布的国家标准有：美国国家标准学会（ANSI）的美国国家标准（ANSI）、德国标准化协会（DIN）的德国国家标准（DIN）、英国标准协会（BSI）的英国国家标准（BS）、法国标准化协会（AFNOR）的法国国家标准（NF）、俄罗斯联邦技术调节与计量局（GOST-R）的俄罗斯国家标准（GOST-R）、日本工业标准调查会（JISC）的日本工业标准（JIS）、韩国标准协会（KSA）的韩国国家标准（KS）、澳大利亚标准协会（SAA）的澳大利亚国家标准（AS）、中国国家标准化管理委员会（SAC）的中国国家标准（GB）等。

我国的国家标准机构为国家标准化管理委员会（SAC），也就是《中华人民共和国标准化法》中所称的“国务院标准化行政主管部门”。2018 年我国进行国家机构调整，国家市场监督管理总局对外保留国家标准化管理委员会牌子，以国家标准化管理委员会名义下达国家标准计划，批准发布国家标准，审议并发布标准化政策、管理制度、规划、公告等重要文件，开展强制性国家标准对外通报，协调、指导和监督行业、地方、团体、企业标准工作，代表国家参加国际标准化组织、国际电工委员会和其他国际或区域性标准化组织，承担有关国际合作协议签署工作，承担国务院标准化协调机制日常工作。

《中华人民共和国标准化法》第二条规定，我国的标准分为 5 个层次，分别是：国家标准、行业标准、地方标准和团体标准、企业标准。我国各层次标准之间有一定的内在联系和依从关系，形成一个覆盖全国范围又层次分明的标准体系。国家标准分为强制性标准、推荐性标准，行业标准、地方标准是推荐性标准。国际上，大多数标准都是自愿性的。

①强制性国家标准。对保障人身健康和生命财产安全、国家安全、生态环境安全以及满足经济社会管理基本需要的技术要求，应当制定强制性国家标准。国务院有关行政主管部门依据职责负责强制性国家标准的项目提出、组织起草、征求意见和技术审查。国务院标准化行政主管部门负责强制性国家标准的立项、编号和对外通报。强制性国家标准由国务院批准发布或者授权批准发布。强制性标准必须执行。不符合强制性标准的产品、服务，不得生产、销售、进口或者提供。强制性标准文本应当免费向社会公开。强制性国家标准代号为“GB”。

②推荐性国家标准。满足基础通用、与强制性国家标准配套、对各有关行业起引领作用等需要的技术要求，可以制定推荐性国家标准。推荐性国家标准由国务院标准化行政主管部门制定。国家鼓励采用推荐性标准，推动免费向社会公开推荐性标准文本。推荐性国家标准代号为“GB/T”。

我国国家标准编号与名称包括4部分，分别是：标准代号、发布顺序号、发布年代号和标准名称，例如强制性标准GB 16869—2005《鲜、冻禽食品》、推荐性标准GB/T 27922—2011《商品售后服务评价体系》，见图6－3和图6－4。

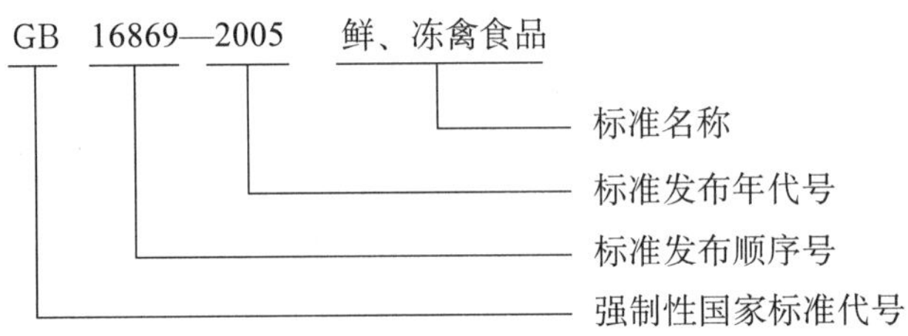

图6－3　强制性国家标准编号组成示例

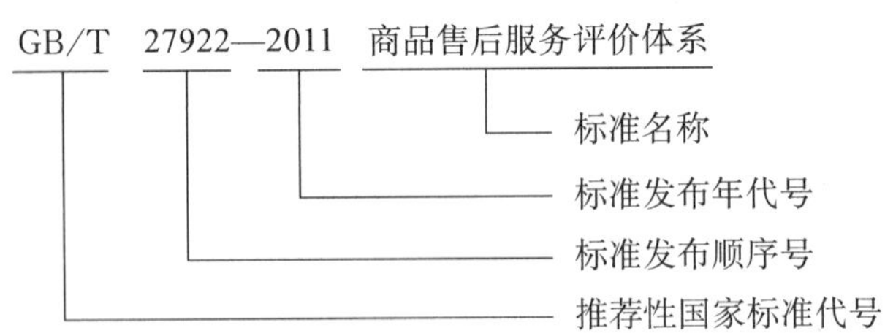

图6－4　推荐性国家标准编号组成示例

（4）行业标准。它是“由行业机构通过并公开发布的标准”（GB/T 20000.1—2014，规范性文件的种类5.3.4）。我国标准化法规定，对没有推荐性国家标准、需要在全国某个行业范围内统一的技术要求，可以制定行业标准。行业标准为推荐性标准。行业标准由国务院有关行政主管部门制定，报国务院标准化行政主管部门备案。例如，物资管理行业标准WB/T 1059－2016《肉与肉制品冷链物流作业规范》。

我国国家标准和行业标准代码见表6－1。

表 6-1　我国国家标准和行业标准代码表

国家标准代码		
GB 中华人民共和国国家标准	GBn 国家内部标准	GBZ 国家职业安全卫生标准
GJB 国家军用标准	JJF 国家计量检定规范	JJG 国家计量检定规程
行业标准代码		
AQ 安全生产行业标准	BB 包装行业标准	CB 船舶行业标准
CH 测绘行业标准	CJ 城镇建设行业标准	CY 新闻出版行业标准
DA 档案行业标准	DB 地震行业标准	DL 电力行业标准
DZ 地质矿产行业标准	EJ 核工业行业标准	FZ 纺织行业标准
GA 公共安全行业标准	GH 供销合作行业标准	GM 国密行业标准
GY 广播电影电视行业标准	HB 航空行业标准	HG 化工行业标准
HJ 环境保护行业标准	HS 海关行业标准	HY 海洋行业标准
JB 机械行业标准	JC 建材行业标准	JG 建筑行业标准
JR 金融行业标准	JT 交通行业标准	JY 教育行业标准
LB 旅游行业标准	LD 劳动和劳动安全行业标准	LS 粮食行业标准
LY 林业行业标准	MH 民用航空行业标准	MT 煤炭行业标准
MZ 民政行业标准	NB 能源行业标准	NY 农业行业标准
QB 轻工行业标准	QC 汽车行业标准	QJ 航天行业标准
QX 气象行业标准	RB 认证认可行业标准	SB 国内贸易行业标准
SC 水产行业标准	SF 司法行业标准	SH 石油化工行业标准
SJ 电子行业标准	SL 水利行业标准	SN 出入境检验检疫行业标准
SW 税务行业标准	SY 石油天然气行业标准	TB 铁路运输行业标准
TD 土地管理行业标准	TY 体育行业标准	WB 物资管理行业标准
WH 文化行业标准	WJ 兵工民品行业标准	WM 外经贸行业标准
WS 卫生行业标准	WW 文物保护行业标准	XB 稀土行业标准
XF 消防救援行业标准	YB 黑色冶金行业标准	YC 烟草行业标准
YD 通信行业标准	YJ 减灾救灾与综合性应急管理行业标准	YS 有色金属行业标准
YY 医药行业标准	YZ 邮政行业标准	ZY 中医药行业标准

（5）地方标准。它是“在国家的某个地区通过并公开发布的标准”（GB/T 20000.1—2014，规范性文件的种类 5.3.5）。我国标准化法规定，为满足地方自然条件、风俗习惯等特殊技术要求，可以制定地方标准。地方标准是推荐性标准。地方标准由省、自治区、直辖市人民政府标准化行政主管部门制定；设区的市级人民政府标准化行政主管部门根据本行政区域的特殊需要，经所在地省、自治区、直辖市人民政府标准化行政主管部门批准，可以制定本行政区域的地方标准。地方标准由省、自治区、直辖市人民政府标准化行政主管部门报国务院标准化行政主管部门和国务院有关行政主管部门备案。例如，北京市市场监督管理局发布的北京地方标准 DB11/T1622—2019《食品冷链宅配服务规范》。

（6）团体标准。它是“由团体按照自行规定的标准制定程序制定并发布，供团体成员或社会自愿采用的标准”(GB/T 20004.1—2016，术语和定义 3.2)。国家鼓励学会、协会、商会、联合会、产业技术联盟等社会团体协调相关市场主体共同制定满足市场和创新需要的团体标准，由本团体成员约定采用或者按照本团体的规定供社会自愿采用。团体标准为推荐性标准。制定团体标准应当遵循开放、透明、公平的原则，保证各参与主体获取相关信息，反映各参与主体的共同需求，并应当组织对标准相关事项进行调查分析、实验、论证。国务院标准化行政主管部门会同国务院有关行政主管部门对团体标准的制定进行规范、引导和监督。

2019 年 1 月 9 日，国家标准化管理委员会、民政部发布实施《团体标准管理规定》，团体标准是依法成立的社会团体为满足市场和创新需要，协调相关市场主体共同制定的标准。鼓励社会团体参与国际标准化活动，推进团体标准国际化。团体标准宜符合市场、贸易需求，不妨碍公平竞争，不限制团体标准实施者基于团体标准开发竞争性技术和进行技术创新，促进行业的健康发展。国家实行团体标准自我声明公开和监督制度。社会团体应当公开其团体标准的名称、编号等信息，也可选择公开标准全文或主要内容；团体标准涉及专利的，还应当公开标准涉及专利的信息。

我国团体标准编号依次由团体标准代号、社会团体代号、团体标准顺序号和年代号组成。团体标准编号方法见图 6－5。例如，由北京烹饪协会发布的团体标准 T/BJCA 001—2018《京菜 传统挂炉烤鸭烹饪技术规范》；再如，由中国商贸物流标准化行动联盟、中国仓储与配送协会、中国百货商业协会、中国条码技术与应用协会联合发布的团体标准 T/WD 102.1—2017《开放式循环木质平托盘 日字形周底托盘》。

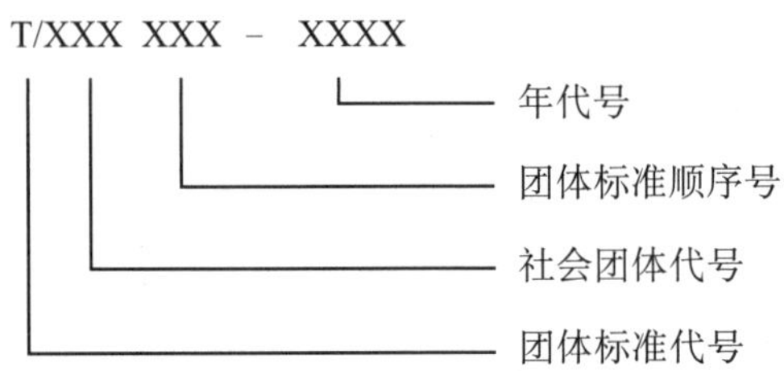

图 6－5　团体标准编号方法

（7）企业标准。它是“由企业通过供该企业使用的标准”（GB/T 20000.1—2014，规范性文件的种类 5.3.6）。企业标准通常在制定该标准的企业内使用。随着世界经济一体化和全球供应链的发展，有些企业标准的应用范围逐渐从该企业扩散到了供应链上下游的多个企业，成为多个企业共用的标准。随着企业联盟的形成和发展，出现了由多个企业联合制定、发布和实施的企业联盟标准。这里的企业联盟标准，在内涵上讲，相当于我国标准化法中所规定的团体标准。

我国标准化法规定，企业可以根据需要自行制定企业标准，或者与其他企业联合制定企业标准。企业生产的产品没有国家标准、行业标准、地方标准的，应当制定企业标准作为组织生产的依据。例如，北京东六元物流有限公司的企业标准《食品品控冷链物流基本要求》（京 Q/DLY 001—2017）。国家支持在重要行业、战略性新兴产业、关键共性技术等领域利用自主创新技术制定团体标准、企业标准。国家鼓励社会团体、企业制定高于推荐性标准相关技术要求的团体标准、企业标准。

国家实行团体标准、企业标准自我声明公开和监督制度。自 2018 年 1 月 1 日起，取消企业标准备案事项，全面实行团体标准、企业标准自我声明公开制度。团体标准、企业标准自我声明公开应当遵守《中华人民共和国标准化法》的有关规定。国家鼓励团体标准、企业标准通过全国标准信息公共服务平台（http：//std.samr.gov.cn）向社会公开。企业应当自我声明公开的标准包括企业所执行的强制性标准、推荐性标准、团体标准以及自行制定的企业标准。对于执行强制性标准、推荐性标准、团体标准的，应当公开相应标准的编号和名称；对于执行自行制定的企业标准的，除公开标准的编号和名称外，还应当公开产品、服务的功能指标和产品的性能指标。企业应当按照标准组织生产经营活动，其生产的产品、提供的服务应当符合企业公开标准的技术要求。企业未依法公开其执行标准的，由标准化行政主管部门按照属地管理原则责令限期改正；逾期不改正的，由负责查处的部门将违法情况在标准信息公共服务平台上公示。

（二）常见的标准类别

GB/T 20000.1—2014 给出一些常见的标准类别。主要包括：

（1）基础标准。基础标准是具有广泛的适用范围或包含一个特定领域的通用条款的标准（GB/T 20000.1—2014，标准的类别 7.1）。基础标准可直接应用，也可作为其他标准的基础。

（2）术语标准。术语标准是界定特定领域或学科中使用的概念的指称及其定义的标准（GB/T 20000.1—2014，标准的类别 7.2）。术语标准通常包含术语及其定义，有时还附有示意图、注、示例等。

（3）分类标准。分类标准是基于诸如来源、构成、性能或用途等相似特性对产品、过程、服务进行有规律的排列或划分的标准（GB/T 20000.1—2014，标准的类别 7.4）。分类标准有时给出或含有分类原则。

（4）试验标准。试验标准是在适合指定目的的精确度范围内和给定环境下，全面描述试验活动以及得出结论的方式的标准（GB/T 20000.1—2014，标准的类别 7.5）。试验标准有时附有与测试有关的其他条款，例如取样、统计方法的应用、多个试验的先后顺序等。

（5）产品标准。产品标准是规定产品需要满足的要求以保证其适用性的标准（GB/T 20000.1—2014，标准的类别 7.9）。同时注明：①产品标准除了包括适用性的要求外，也可直接包括或以引用的方式包括诸如术语、取样、检测、包装和标签等方面的要求，有时还可包括工艺要求。②产品标准根据其规定的是全部的还是部分的必要要求，可区分为完整的标准和非完整的标准。由此，产品标准又可分为不同类别的标准，例如尺寸类、材料类和交货技术通则类产品标准。

（6）过程标准。过程标准是规定过程需要满足的要求以保证其适用性的标准（GB/T 20000.1—2014，标准的类别 7.10）。

（7）服务标准。服务标准是规定服务需要满足的要求以保证其适用性的标准（GB/T 20000.1—2014，标准的类别 7.11）。同时注明：服务标准可以在诸如洗衣、饭店管理、运输、汽车维护、远程通信、保险、银行、贸易等领域内编制。

（8）规范标准。规范标准是规定产品、过程或服务需要满足的要求以及用于判定其要求是否得到满足的证实方法的标准（GB/T 20000.1—2014，标准的类别 7.6）。

（9）规程标准。规程标准是为产品、过程或服务全生命周期的相关阶段推荐良好惯例或程序的标准（GB/T 20000.1—2014，标准的类别 7.7）。规程标准汇集了便于获取和使用信息的实践经验和知识。

（10）接口标准。接口标准也称为界面标准，是规定产品或系统在其互连部位与兼容性有关的要求的标准（GB/T 20000.1—2014，标准的类别 7.12）。

（11）数据待定标准。数据待定标准是指列出产品、过程或服务的特性，而特性的具体值或其他数据需根据产品、过程或服务的具体要求另行指定的标准（GB/T 20000.1—2014，标准的类别 7.13）。典型情况下，一些标准规定由供方确定数据，一些标准规定由需方确定数据。

（三）按照标准化对象的基本属性进行划分

按照标准化对象的基本属性，标准可划分为技术标准和管理标准两大类。

（1）技术标准。技术标准是对标准化领域中需要协调统一的技术事项所制定的标准。主要包括：基础标准、产品标准、设计标准、工艺标准、检验和试验标准、设备和工艺装备标准、服务标准、安全标准、医药卫生和职业健康标准、环境标准等。

（2）管理标准。管理标准是指对标准化领域中需要协调统一的管理事项所制定的标准。主要包括：管理体系标准、管理程序标准、定额标准、期量标准、工作标准等。

（四）其他的标准种类划分法

（1）按照标准表达形式划分，标准可分为文件标准和实物标准。

①文件标准。文件标准是通过特定格式，用文字、表格、图样等表达产品的品种规格、质量要求、检验规则与方法、包装储运等有关技术内容的统一规定。文件标准在其开本、封面、格式、字体、字号等方面都有明确的规定。文件标准是产品标准的一般表达形式，绝大多数产品标准都是文件标准。

②实物标准。实物标准也称为标准样品，是指对难以用文字准确表达的质量要求，如色、香、味、形、手感等，由标准化机构或指定部门用实物制成与文件标准规定的质量要求完全或部分相同的标准样品（标样），按一定程序颁布，作为文件标准的补充，用以鉴别产品质量和评定产品等级。标准样品是保证标准在不同时间和空间实施结果一致性的参照物，具有均匀性、稳定性、准确性和溯源性。

国务院标准化行政主管部门统一管理我国的标准样品工作，制定标准样品相关政策、法规、规划和制度，组织开展标准样品的研制、复制工作，并对标准样品实施情况进行监督，跟踪、参与国际标准化组织标准样品委员会活动等。国家标准样品被广泛应用于分析仪器校准、分析方法验证和确认、分析数据比对、产品质量评价、检验人员技能水平评定等方面，对科学制定文件标准、贯彻实施文件标准、提高产品质量、开展贸易和质量仲裁、维护贸易公平、保护消费者权益起着重要作用。

例如，茶叶的茶汤滋味和香气是判定茶叶品质的重要因素之一。GB/T 22737—2008《地理标志产品 信阳毛尖茶》、GB/T 23776—2009《茶叶感官审评方法》、GB/T 18795—2012《茶叶标准样品制备技术条件》等文件标准中规定了茶叶分级的技术要求。为配合上述标准的实施，利用高效液相等色谱技术，建立了茶汤汤色光谱指纹图谱与茶叶等级的相关性，并据此研制出 GSB 16－3424—2017《信阳毛尖茶指纹图谱分级标准样品》，作为信阳毛尖茶分等定级、质量判定的实物依据，通过未知等级信阳毛尖茶指纹图谱与已知图谱的对比，可以确定未知茶样的等级，对茶叶品质进行较客观的评价。

（2）按标准的成熟程度划分，标准可分为正式标准和试行标准。试行标准是标准化机构通过并公开发布的暂行文件，目的是从其应用中取得必要的经验，再据以建立正式标准。

第 4 节　商品标准

一　商品标准的概念及其构成要素

（一）商品标准的概念

商品标准是产品标准和服务标准的总称，这是商品标准的广义概念。狭义的商品标准是指产品标准，大多数情况下，我们所说的商品标准是狭义的。

商品标准是商品生产、质量验收、监督检验、贸易洽谈、储存运输等活动的依据和准则，也是对商品质量争议做出仲裁的依据，对保证和提高商品质量，提高生产、流通和使用的经济效益，维护消费者和用户的合法权益等都具有重要作用。

（二）商品标准的构成要素

我国商品标准（产品标准、服务标准）的构成要素见图 6－6。

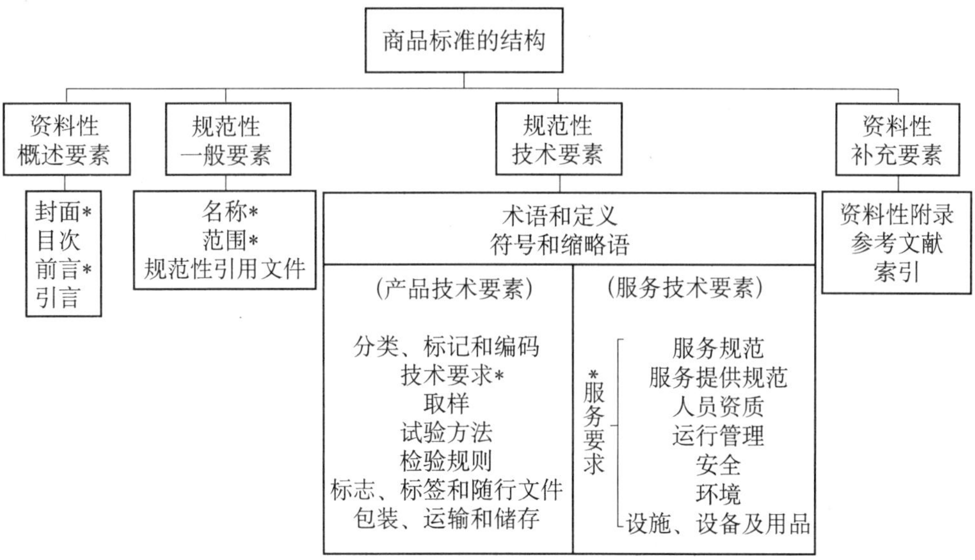

图 6－6　商品标准构成要素

说明：标有 * 者为必备要素，即标准中必须存在的要素，其他无标记者为可选要素，即在标准中不是必须存在的要素，其存在与否应视标准条款的具体需求而定。

商品标准的构成要素有四个类型：资料性概述要素、规范性一般要素、规范性技术要素和资料性补充要素。

（1）资料性要素是指标识标准、介绍标准和提供标准的附加信息的要素，它又分为资料性概述要素和资料性补充要素。前者是标识标准，介绍其内容、背景、制定情况以及该标准与其他标准的关系的要素，具体来说，就是指标准的封面、目次、前言、引言；后者是提供附加信息，以帮助理解或使用标准的要素，具体指资料性附录、参考文献、索引。

（2）规范性要素是指要声明符合标准而应遵守的条款的要素，又分为规范性一般要素和规范性技术要素。前者包括标准名称、范围和规范性引用文件；后者包括图6-6所示的规范性的各种技术要素。根据商品特点，一项商品标准不一定包括图6-6中的所有规范性技术要素，但可以包括图6-6中所示之外的其他要素。按照商品标准的表述需要，规范性技术要素可以合并或拆分，其标题可做相应调整。

二 产品标准的基本内容

GB/T 20001.10—2014《标准编写规则 第10部分：产品标准》将产品标准的基本内容概括为两类要素：①必备要素，它是标准中不可缺少的要素，主要包括：封面、前言、标准名称、范围、技术要求。②可选要素，它是在标准中存在与否取决于特定标准的具体需求的要素，主要有：规范性引用文件，术语和定义，分类、标记和编码，取样，试验方法，检验规则，标志、标签和随行文件，包装、运输和储存。以国家标准GB/T 30767—2014《咖啡类饮料》为例，详细介绍产品标准的基本内容。

1. 封面

封面为必备要素，应给出标示标准的信息，包括：

（1）ICS号（国际标准分类号），中国标准文献分类号。

（2）国家标准（GB）标志和（中华人民共和国国家标准）字样。

（3）标准编号（GB/T 30767—2014），代替标准编号。

（4）标准的中文名称（咖啡类饮料）和英文名称（coffee based beverages）。

（5）发布日期（2014-07-08），实施日期（2014-12-01）。

（6）标准的发布机构（中华人民共和国国家质量监督检验检疫总局、中国国家标准化管理委员会）。

（7）若该标准有对应的国际标准，则在封面上标明一致性程度的标识，一致性程度的标识由对应的国际标准编号、国际标准英文名称、一致性程度代号（IDT（等同）、MOD（修改）、NEQ（非等效））等内容组成。如果标准的英文名称与国际标准名称相同，通常不标出国际标准名称。

2. 前言

前言为必备要素，由基本部分和特定部分组成。

（1）基本部分一般依次给出如下信息：①标准的起草依据（GB/T 1.1—2009给出的规则起草）；②标准的提出单位（中国饮料工业协会）；③标准的归口管理部门（全国饮料标准化技术委员会（SAC/TC 472））；④标准的起草单位（中国饮料工业协会技术工作委员会、雀巢（中国）有限公司等）；⑤标准的主要起草人。

（2）特定部分要说明标准代替或废除的全部或备份其他文件（标准）；说明与标准前一版本相比的重大技术变化；说明标准与其他标准或文件的关系；说明标准中的附录哪些是规范性附录，哪些是资料性附录。

3. 标准名称

标准名称为必备要素，应置于范围之前。标准名称应简练并明确表示出标准的主题，使之与其他标准相区分。

4. 范围

范围为必备要素，应置于标准正文的起始位置。

（1）范围应明确标准所涉及的具体产品，还应按照一定的顺序指出所涉及的具体内容。如有必要，还应针对编制标准的目的指出技术要求所涉及的方面。

（2）范围还应指出标准的预期用途和适用界限，或标准的使用对象。

5. 技术要求

技术要求为必备要素，是判断产品质量的关键要素。技术要求主要包括三个方面的内容：一般要求、适用性要求和其他要求。

（1）一般要求。

①直接或以引用方式规定的产品的所有特性。例如，咖啡类饮料原辅料要求、感官要求、理化要求、食品安全要求等。

②可量化特性所要求的极限值。例如，咖啡类饮料理化要求中规定了可量化特性的极限值，见表6-2。

表6-2　GB/T 30767—2014《咖啡类饮料》理化要求

项目	指标			
	咖啡饮料	浓咖啡饮料	低咖啡因咖啡饮料	低咖啡因浓咖啡饮料
咖啡固形物/（g/100mL）≥	0.5	1	0.5	1
咖啡因/（mg/kg）	≥200		≤50	

③针对每项要求，引用测定或验证特性值的试验方法，或者直接规定试验方法。例如，咖啡类饮料中咖啡因含量按GB/T 5009.139《饮料中咖啡因的测定》规定的方法测定。

（2）适用性要求。

①可用性。需要根据产品的具体情况规定产品的使用性能、理化性能、环境适应性、人类工效学等方面的技术要求。针对不同类别的产品，具体要求不同。

②健康、安全、环境或资源合理利用。如果健康、安全、环境或资源合理利用等要求是制定标准的目的之一，则应根据具体情况规定相应的要求。例如，对产品中有害成分的限制要求，对产品运转部分的噪声限制、平衡要求等。

③接口、互换性、兼容性或相互配合。如果接口、互换性、兼容性或相互配合等要求是制定标准的目的之一，具体产品的标准化可以针对这几个方面规定相应的要求。例如，由于贸易、经济和安全等原因，互换件的可获得性是重要的，则关于该产品的尺寸互换性和功能互换性均应予以考虑。

④品种控制。对于广泛使用的材料、物资或机械零部件、电子元器件或电线电缆等，有利于品种控制是制定标准的重要目的，因此应提供可选择的尺寸和其他特性值，并规定其公差。

（3）其他要求。

①结构。需要对产品的结构提出要求时，应作出相应的规定。规定产品结构尺寸时，

应给出结构尺寸图，并在图上注明长、宽、高三个方向的相应尺寸，或者注明相应尺寸代号等。

②材料、工艺。通常不包括材料、工艺要求。为了保证产品性能和安全，不得不指定产品所用的材料或不得不限定工艺条件时，可规定材料或工艺要求。

6. 规范性引用文件

规范性引用文件是可选要素，列出标准中规范性引用其他文件的文件清单，这些文件经过标准条文引用后，成为标准应用时必不可少的文件。

①规范性引用文件清单应由下述引导语引出："下列文件对于本文件的应用是必不可少的。凡是注日期的引用文件，仅注日期的版本适用于本文件。凡是不注日期的引用文件，其最新版本（包括所有的修改单）适用于本文件。"例如，GB/T 30767—2014《咖啡类饮料》中所引用的文件包括：GB/T 5009.139《饮料中咖啡因的测定》；GB 10789《饮料通则》；GB 7718《食品安全国家标准 预包装食品标签通则》；GB 28050《食品安全国家标准 预包装食品营养标签通则》。

②规范性引用文件中的国家标准或行业标准如果有对应的国际标准，要注明与国际标准的一致性程度。

7. 术语和定义

术语和定义是可选要素，给出为理解标准中某些术语所必需的定义。例如，咖啡类饮料是以咖啡豆和/或咖啡制品（研磨咖啡粉、咖啡的提取液或其浓缩液、速溶咖啡等）为原料，可添加食糖、乳和/或乳制品、植脂末、食品添加剂等，经加工制成的液体饮料。

8. 分类、标记和编码

分类、标记和编码是可选要素，是为符合规定要求的产品建立一个分类（分级）、标记和（或）编码体系。可根据产品不同的特性（如来源、结构、性能或用途等）进行分类。产品分类的一般包括下述内容：

①分类的原则与方法；

②划分的类别，如产品品种、型号和规格及其系列；

③类别的识别，通常可用名称、编码或标记进行识别。

例如，GB/T 30767—2014《咖啡类饮料》中，产品分为咖啡饮料、浓咖啡饮料、低咖啡因咖啡饮料、低咖啡因浓咖啡饮料4类。

9. 取样

取样是可选要素，规定取样的条件和方法以及样品保存方法。该要素也可置于"试验方法"要素的起始部分。

10. 试验方法

试验方法是可选要素，技术要求、取样和试验方法三要素，虽然是不同的要素，但在产品标准中它们是相互关联的，应作统筹考虑。

①试验方法通常应包括试样的制备和保存；试验步骤和结果的表述，如计算方法以及试验方法的准确度或测量的不确定度；其他内容，如原理、试剂或材料、仪器、试验报告等。

②如果试验方法涉及使用危险的物品、仪器或过程时，应包括总的警示用语和适宜的

具体警示用语。

11. 检验规则

检验规则是可选要素，针对产品的一个或多个特性，给出测量、检查、验证产品符合技术要求所遵循的规则、程序或方法等内容。例如，GB/T 30767—2014《咖啡类饮料》中，检验规则包括：组批与抽样、出厂检验、型式检验、判定规则。

12. 标志、标签和随行文件

标志、标签和随行文件是可选要素，可作为相互补充的内容，只要有关，应纳入产品标准，特别是涉及消费品的产品标准。如果需要，标记的方法也应做出规定或建议。

①用于识别产品的各种标志的内容，包括：生产者或总经销商，或产品的标志，或不同规格、种类、型式和等级的标志。

②要求使用标签的应规定标签的类型，以及在产品或其包装上如何拴系、粘贴或涂刷标签。

③要求提供产品的某些随行文件，如产品合格证、产品说明书、装箱单等各种资料，应对这些文件的内容作出规定。

例如，GB/T 30767—2014《咖啡类饮料》中规定，标签应符合GB 7718、GB 28050，还应标示产品的咖啡因含量，当某品种或某产地咖啡使用量占咖啡原料总量的比例大于50%时，可声称使用某品种或某产地的咖啡原料。

13. 包装、运输和储存

包装、运输和储存是可选要素，需要时可规定产品的包装、运输和储存条件等方面的技术要求，这样既可以防止包装、运输和储存不当引起的危险、毒害或污染环境，又可以保护产品。

①需要包装的产品均应在其标准中规定包装要求或引用有关的包装标准。包装的基本内容包括：包装技术与方法，包装材料与要求，对内装物的要求，包装试验、包装检验规则。

②当需要时，应规定运输要求。对有特殊要求的产品的运输要求主要包括：运输方式、运输条件、运输中的注意事项等。

③必要时应规定储存要求。特别是对有毒、易腐、易燃、易爆等类产品应规定各种相应的特殊要求。

三 服务标准的基本内容

服务标准化的范围包括两个方面：一是服务业中的服务活动；二是农业、工业中存在的服务活动。服务标准化的总则是重点关注顾客需求、紧密结合产业发展和充分考虑服务特性。服务业是指从事服务活动的行业的总称（GB/T 15624—2011，术语和定义3.2）。服务业主要包括：交通运输、仓储、邮政和物流业，信息服务业，金融业等。

（一）服务标准的类型

服务标准规定了服务需要满足的要求以保证其适用性。GB/T 15624—2011《服务标准化工作指南》将服务标准分为3类，分别是：服务基础标准、服务提供标准和服务评价标准。

（1）服务基础标准。它是适合于服务通用或者某一类服务通用的标准，主要包括：服务术语、服务分类和服务标识与符号。例如，服务分类国家标准 GB/T 26820—2011《物流服务分类与编码》、GB/T 28577—2012《冷链物流分类与基本要求》等。

（2）服务提供标准。它是为满足顾客的需要，规范供方与顾客之间直接或间接接触活动过程及相关要素的标准，主要包括：服务提供者、服务人员；服务环境、服务设施设备；服务用品、服务合同；服务提供过程、服务结果。例如，国家标准 GB/T 27922—2011《商品售后服务评价体系》，国家标准 GB/T 16868—2009《商品经营服务质量管理规范》、GB/T 24359—2009《第三方物流服务质量要求》等。

（3）服务评价标准。它是对服务的有效性、适宜性和顾客满意度进行评价，并对达不到预期效果的服务进行改进而收集、制定的标准，主要包括：顾客满意度、服务分等分级和服务质量评价。例如，国家标准 GB/T 31526—2015《电子商务平台服务质量评价与等级划分》、GB/T 19680—2013《物流企业分类与评估指标》等。

（二）服务标准的主要内容

GB/T 24421.3—2009《服务业组织标准化工作指南 第3部分：标准编写》将服务标准的构成要素概括为：封面、目次、前言、引言、名称、范围、规范性引用文件、术语和定义、符号和缩略语、服务要求、规范性附录、资料性附录、参考文献、索引等。其中，服务要求是服务标准的主要构成要素，包括7个方面的内容：服务规范，服务提供规范，人员资质，运行管理，安全，环境，设施、设备及用品。

1. 服务规范

规定了服务应达到的水平和要求，描述服务提供过程结果的质量要求。服务特性要求可以是可测量的或者可以进行比较。撰写服务规范时要充分考虑以下六方面的质量特性要求。

（1）功能性。规定预期交付给顾客的服务特性的要求和目标。

（2）经济性。用最少的成本获得同质量的服务，从两方面规定相应的要求和目标。一是顾客获得服务所需费用的合理性；二是供方提供服务所需成本的合理性。

（3）安全性。识别现在或潜在的安全风险并规定安全性方面的要求，应特别着重于保护易受害的群体。

（4）舒适性。是顾客对服务设施、服务环境、服务人员和服务提供活动的一种综合感受。舒适性要求有时无法直接规定，可以规定服务人员、服务设施、服务用品和服务环境等相关要求和目标。

（5）时间性。规定按与顾客约定或承诺的时间完成服务提供活动的要求和目标。

（6）文明性。服务提供过程中为满足顾客精神需求而规定的要求和目标，一般通过对服务行为的规定体现文明性要求。

2. 服务提供规范

为确保服务提供过程满足服务规范的要求，规定服务的方法和手段。撰写服务提供规范时要考虑以下四方面的基本要求。

（1）服务流程。按服务流程将服务提供过程划分为各个工作阶段，明确各个工作阶段间不同部门的接口，描述各个工作阶段的服务行为，主要包括：工作步骤、各工作环节的输入输出要求、工作内容、操作规范。

（2）职责。规定部门机构设置、最低人员配备、工种类别和工种执业资质的要求、部门职责和权限的要求、岗位职责和权限的要求。

（3）预防性措施。制定相应的标准和配置相应的设施，以处理服务中断或紧急情况，确保顾客及时获得有关的信息，包括事件的性质、风险、联络信息、明确的指引、恢复服务所需时间和临时的解决方案。

（4）与顾客沟通的安排。明确沟通的方法、内容、频率、态度政策和行为守则，包括顾客满意度测量的要求。

3. 人员资质

从教育与培训、技能与经验、健康与素养等方面规定从业人员的资质要求。

（1）教育与培训。与岗位职责相应的最低教育与专业培训背景要求。

（2）技能与经验。完成岗位工作应具备的最低能力和与从事岗位相关的工作经历要求。

（3）健康与素养。健康卫生要求和服务过程中的仪容仪表、责任和礼貌、时刻关注顾客需求、遵守行业或组织的道德规范。

4. 运行管理

应规定对各项运行管理活动的要求，包括计划、组织、领导和控制等方面的要求。在编写运行管理的相关要求时，要考虑方针目标管理、信息管理、沟通管理、财务管理、人力资源管理、能源管理、市场营销管理、合同管理、采购管理、评价和持续改进11个方面的要求。

5. 安全

应制定与服务结果及服务提供过程相关的安全管理规定。在编写安全相关要求时，要考虑安全保障措施、服务场所的安全要求、服务用品使用的安全要求、服务设施的安全要求、服务从业人员的安全要求五方面的基本要求。

6. 环境

为保证向顾客提供适宜的环境及保护环境、文化和人类遗产，应制定环境相关要求，规定组织应具备的环境条件和环境保护的要求。

在编写环境相关要求时，要考虑环境条件要求（服务提供所需温度、湿度、光线、空气质量、卫生、噪声限值、场地面积等），环境因素的识别和评价要求，环境因素实施控制要求（如废物处理、减少资源和能源的消耗、减少噪声和视觉污染），环境意识要求。

7. 设施、设备及用品

应规定设施、设备和用品相关的购置、验收、使用、存放、维护保养和报废处置等方面的要求。

| 知识应用 6－2 | 企业服务标准《食品品控冷链物流基本要求》（京 Q/DLY 001—2017）

1. 术语和定义

食品冷链物流是指采用低温控制的方式使预包装食品从生产企业成品库到销售之前始终处于所需温度范围内的物流过程，包括运输、仓储、装卸等环节。

2. 食品冷链物流对象分类

（1）速冻食品：采用新鲜原料制作，经过适当的处理和急速冷冻，在－20℃～－18℃

的连贯低温条件下送抵消费地点的低温产品。如速冻包子、速冻饺子、速冻汤圆、速冻馒头、花卷、春卷等。

（2）水产品：主要为鱼类、甲壳类、贝壳类、海藻类等鲜品及其加工制品。

（3）肉与肉制品类：主要为畜类、禽类等初级产品及其加工制品。

①冷却肉：将畜禽肉很快冷却下，然后进行分割、剔骨、包装，并始终在低温下储藏、运输的肉。

②冻肉：指畜肉宰杀后，经预冷排酸，急冻，继而在−18℃以下储存，深层肉温达−6℃以下的肉品。

③肉制品：以畜禽肉或其可食副产品等为主要原料，添加或不添加辅料，经腌、腊、卤、酱、蒸、煮、熏、烤、烘焙、干燥、油炸、成型、发酵、调制等有关工艺加工为生的或熟的肉类制品。

（4）果蔬类。主要为水果、蔬菜等鲜品及其加工制品。

3. 食品冷链物流温度控制范围

（1）冷冻物流：适用温度范围在−18℃以下。例如，速冻食品储藏温度为≤−18℃。

（2）冰温物流：适用温度范围在−2℃～+2℃。冰鲜水产品冷藏库温度宜0℃～4℃，深海冰鲜水产品冷藏库温度宜−1℃～1℃。

（3）冷藏物流：适用温度范围在0℃～10℃。视蔬果品种、运输距离不同而异，厢体内温度应保持在1～10℃。

（4）其他控温物流：适用温度范围在10℃～25℃。畜禽肉、水产品加工区温度一般应控制在12℃～15℃。

4. 食品冷链物流时间控制范围

（1）装卸货时间。冷冻、冷藏食品出库或到达接受方式，冷冻产品应在15分钟以内，冷藏食品应在30分钟以内装卸完毕，严禁将货物长时间暴露在常温下，防止货物温度回升融化。

（2）加工配送时间。商品的配送加工应衔接好接货出货时间，做到及时配送分拣，勤于出货。

（3）装车时间：冷冻食品应控制在15分钟以内，冷藏食品应控制在30分钟以内。

5. 质量管理基本要求

（1）人员要求。冷链物流作业人员应持有卫生部门发放的有效健康证；冷链物流作业人员应取得相应的国家职业资格证书，持证上岗；冷链物流作业人员应定期进行培训。

（2）物品保护。冷链物品运输车厢和容器应保持清洁，不能有秽物、碎片或异味，并定期消毒，运输作业应符合GB/T 22918的相关规定。冷链物品包装及有关物流作业应符合GB/T 24616和GB/T 24617的相关规定。

▶ 本章小结

本章介绍了标准化和标准的概念、商品标准化及其作用；介绍了标准化的五种主要形式（简化、统一化、通用化、系列化和组合化）与内容。重点介绍了标准的种类，特别是我国标准化法按标准适用范围划分的国家标准、行业标准、地方标准和团体标准、企业标准；尤其是强制性国家标准、文件标准和实物标准。商品标准是产品标准和服务标准的总称，是商品生产、质量验收、监督检验、贸易洽谈、储存运输等的依据和准则，也是对商品质量有争议时做出仲裁的依据。最后详细地介绍了商品标准的概念，掌握产品标准的基本内容，学会使用产品标准初步判断产品质量；熟悉服务标准的基本内容，结合冷链物流服务标准，了解冷链物流服务质量的内涵与评价指标。

▶ 关键术语

标准化	标准	贸易技术壁垒
标准分级	标准类别	强制性国家标准
商品标准	文件标准	实物标准
产品标准	服务标准	

▶ 思考题

1. 什么是标准？什么是标准化？

2. 为什么说标准化对国际贸易既有促进作用，又有阻碍作用？如何消除其阻碍作用？

3. 简述标准化的简化、统一化和通用化形式的主要内容。

4. 我国标准是如何分级的？简述各级标准的主要内容。

5. 按照我国标准化法的规定，标准划分为哪些类别？简述各类标准的主要内容。

6. 按照标准的表达形式，标准划分为哪些类别？简述各类标准的主要内容。

7. 产品标准中技术要求是判断产品质量的关键。请以你所使用的某品牌手机为例，分析阐述手机技术要求的主要内容。

8. 试利用互联网查找和收集有关服务的国家标准和行业标准的名称和编号，并总结近年来我国服务标准的发展趋势。

9. 试利用互联网查找和收集我国企业成功应对贸易技术壁垒的案例，并对其进行评议。

第 7 章

合格评定与质量监督管理

学习目的

1. 理解合格评定、认可与认证的概念；掌握认证的本质和种类。

2. 掌握强制性产品认证（CCC）、食品生产许可（SC）的概念、内容、依据等。

3. 熟悉售后服务认证的主要内容。

4. 掌握质量管理体系认证的概念、内容、依据；了解环境管理体系认证、职业健康安全管理体系认证、HACCP 管理体系认证和食品安全管理体系认证的基本内容。

5. 熟悉商品质量监督管理的主客体、类型、形式和检查制度。

引导案例

我国印刷机械出口的合格评定问题

合格评定程序由认证、认可和相互承认组成，影响较大的是第三方认证。合格评定既能促进国际贸易的发展，也能成为国际贸易发展的障碍。如果一种合格评定体系能为各国所接受，并能相互承认对方的结果，就能促进国际贸易的发展。然而，各国实行的合格评定体系是多种多样的，即使各国所采用的产品标准和检验方法相同，由于各国认证体系之间的差异，仍然会成为贸易中的技术壁垒。

我国进入欧盟市场的机械产品都要经第三方合格评定后加贴“CE”标志。曾经发生过这样的事例：在德国印刷展上，按展览主办单位的要求，没有通过 CE 安全体系认证的产品不能在展览会上展出。虽然当时我国参展企业的设备已经运抵现场，但主办单位不允许我们的企业接电和试车，更不允许在展览会上销售，也不得进入欧盟市场，使参展企业蒙受经济损失。

我国的印刷机械制造企业在第三方强制性合格评定中，经常遇到的问题有以下五个方面：

（1）第三方合格评定者的选择。由于合格评定的结果要具有权威性，且能在欧盟对 EN 标准有充分的解释权，选择欧洲权威的认证机构对合格评定较有利。不能囿于价格因素将著名的权威认证机构排斥在外。有时，选择权威的认证机构还会收到意想不到的效果。例如，在 Drupa 2000 国际印刷展上，上海申威达机械有限公司与德国某著名切纸机供应商发生知识产权纠纷，德国科伦法院在听取了权威认证机构对上海申威达进行的产品合格评定的证词后，使判决的结果对上海申威达机械有限公司更加有利。

(2) 安全部件。印刷机械设备中使用的安全部件有：为保护操作人员安全而设计的电感应装置，如光电安全屏、感应块；为保证双手操作功能而设计的逻辑装置；手工上料开口处的自动可移动式保护屏。在合格评定的产品中，要求必须购买经认定合格的、有权威资质的产品，能提供此类产品的企业和品牌为数甚少。

(3) 电机和变压器。目前，国内经合格评定具有“CE”认证标志的交流电机已有企业生产，但直流电机、伺服电机和变频电机经评定合格的较少，可采用带机认证的方式与主机一起获得加贴“CE”标志。变压器因规格品种变化繁多，只能采用带机认证的方式。需要注意的是，对电机和变压器不能只凭产品的铭牌上具有“CE”标志就采用，一定要向供货企业索取第三方合格评定证书，并检查证书上所列产品与实物是否一致，若不一致或对方不能提供第三方合格评定证书，则不能采用。

(4) 液压控制系统和电子控制系统。EN 1010 族系标准对液压控制系统、安全气压控制系统和电子控制系统规定了 1～4 级安全控制等级的具体要求。在合格评定过程中，可将上述控制系统与主机产品一起提交带机认证（安全等级 4 除外）。

(5) 电气件和电子器件。必须采用具有合格评定证书和加贴“CE”标志的产品才能通过第三方合格评定。

第 1 节　合格评定

一　合格评定的定义

我国国家标准《合格评定 词汇和通用原则》（GB/T 27000—2006/ISO/IEC 17000：2004）将合格评定定义为：“与产品、过程、体系、人员或机构有关的规定要求得到满足的证实。”同时注明：①合格评定的专业领域包括检测、检查和认证，以及对合格评定机构的认可活动。②合格评定对象包括接受合格评定的特定材料、产品（包含服务）、安装、过程、体系、人员或机构。

按照合格评定的定义，广义的合格评定包括认证、检测、检查和认可等活动；狭义的合格评定通常指认证、检测和检查等活动。其中，认证、检测和检查（检验）的对象主要是产品、服务、过程、体系、人员等，认可的对象则是从事认证、检测和检查活动的机构。合格评定的主要目的是给用户或消费者提供信任，即确定或证实材料、产品、服务、安装、过程、体系、人员或机构已经符合相关要求。本章采用了合格评定的狭义概念，对合格评定的介绍也将主要放在认证活动上。

合格评定与标准化是紧密相连的两项活动。这是因为在市场竞争中，谁掌握市场化的先进科技并优先标准化，谁采用了先进的标准，谁就会在竞争中取得主动权；谁优先进行了合格评定，证明了自己的产品、服务或管理体系与相应较高水平标准的符合性，特别是为目标市场所采信与认可，谁就会在竞争中赢得先机。

二 认证、检测和检查

合格评定活动主要是指认证活动，也包括检测活动和检查活动。

《中华人民共和国认证认可条例》（以下简称《认证认可条例》）对认证的定义是："由认证机构证明产品、服务、管理体系符合相关技术规范、相关技术规范的强制性要求或者标准的合格评定活动。"

国家标准《合格评定 词汇和通用原则》把认证定义为"与产品、过程、体系或人员有关的第三方证明"。它还定义检测为"按照程序确定合格评定对象的一个或多个特性的活动"，并注明检测主要适用于材料、产品或过程。定义检查为"审查产品设计、产品、过程或安装并确定其与特定要求的符合性，或根据专业判断确定其与通用要求的符合性的活动"，并注明对过程的检查可以包括对人员、设施、技术和方法的检查，检查有时也称为检验。

从事认证、检测和检查活动的机构相应地称为认证机构、实验室和检查机构，它们统称为合格评定机构，也就是"从事合格评定服务的机构"（GB/T 27000—2006/ISO/IEC 17000：2004，2.5）。具体来说，认证机构是指具有可靠的执行认证制度的必要能力，并在认证过程中能够客观、公正、独立地从事认证活动的机构，或者说认证机构是独立于制造商或销售商和使用者的第三方机构，因此认证也称为第三方认证。认证是有关规定要求得到满足的第三方证实，这种证实是增强市场或监管部门对产品、服务、管理体系的信心的一种手段。通过这种证实，产品的供应方可以减少对市场、监管部门以及贸易壁垒的担心。但是，合格评定作为对满足规定要求的证实，并不能对通过合格评定的产品、服务、管理体系等结果进行控制，它仅能够确保经合格评定机构评定过的产品、服务、管理体系满足规定要求。

第三方的认证活动必须公开、公正、公平，才能有效。这就要求第三方必须有被权威的国家或国际组织的认可机构认可的资质和威信，必须独立于第一方（供方或制造商）和第二方（采购方或使用者），与其都没有利益关系，这样才能获得第一方和第二方的充分信任。

认证要对产品、服务或体系满足规定要求的程度进行书面确认或证实，也就离不开系统的检测、检查活动，即离不开实验室和检查机构。

实验室主要有检测实验室和校准实验室两类。检测实验室是对给定的产品、材料、设备、生物体、物理现象、工艺过程或服务等按照规定的程序确定一种或多种特性或性能并以检测报告（或检测证书）形式给出检测结果的技术机构。校准实验室是在规定条件下，依据相关技术文件，为确定测量仪器或测量系统所指示的量值或实物量具或参考物质所代表的量值，与对应的由标准所复现的量值之间确定一组操作关系的技术机构。

检查机构是指从事与认证有关的产品设计、产品、服务、过程或者生产加工场所的核查，并确定其符合规定要求的技术机构。检查机构应具备实施特定检查工作的能力，也就是检查机构正确实施检查活动并取得准确、可信结果的能力，能力要求包含了对人员资格、设施、设备和环境、样品控制、检验方法、标准操作程序、记录体系等方面的要求。

《中华人民共和国认证认可条例》第十条要求："从事产品认证活动的认证机构，还应当具备与从事相关产品认证活动相适应的检测、检查等技术能力。"也就是说，这样的认证机构应该直接拥有或外包有关实验室，拥有检查机构。例如，中国质量认证中心（CQC）在国内设有 11 个产品认证分中心和 36 个管理体系认证分支机构，在国外设有 33 个业务推广平台，加入了 15 个国际（认证）组织，与 24 个国家和地区的 49 家认证机构建立合作关系，拥有上万人的认证专业团队。又如国外著名的认证机构瑞士通用公证行（SGS 集团），在世界各地设有 1 350 多个分支机构和实验室，拥有 70 000 多名员工（包括科研人员、工程师、博士、化学家、审核员和检验员等），在全球 143 个国家开展检验、鉴定、测试和认证服务。

三　认可与认可机构

《认证认可条例》对认可的定义是"由认可机构对认证机构、检查机构、实验室以及从事评审、审核等认证活动人员的能力和执业资格，予以承认的合格评定活动"。

国家标准《合格评定 词汇和通用原则》将认可定义为"正式表明合格评定机构具备实施特定合格评定工作的能力的第三方证明"。另外明确指出：认可适用于合格评定机构，认证适用于除合格评定机构自身外的所有合格评定对象。

认可是对合格评定机构满足相应法律法规和标准所规定要求的一种证实，这种证实大大增强了政府、监管者、公众、用户和消费者对合格评定机构的信任，以及对经过认可的合格评定机构所评定的产品、服务、过程、体系、人员的信任。这种证实在市场特别是国际贸易以及政府监管中起到了相当重要的作用。一般情况下，按照认可对象的分类，认可分为认证机构认可、实验室认可和检查机构认可等。

从事认可活动的机构称为认可机构。认可机构对于满足要求的合格评定机构予以正式承认，并颁发认可证书，以证明该机构具备实施特定合格评定活动的技术和管理能力。认可活动属于合格评定活动，但认可机构不属于合格评定机构。经过认可的合格评定机构有资格签发符合性证书和证明其他组织的管理体系、产品或服务符合标准或其他要求。中国合格评定国家认可委员会（CNAS）是根据《认证认可条例》的规定，由中国国家认证认可监督管理委员会（CNCA，简称为国家认监委）批准设立并授权的国家认可机构。它统一负责对我国认证机构、实验室和检查机构等合格评定机构的认可工作。中国合格评定国家认可制度在国际认可活动中有着重要的地位，其认可活动已经融入国际认可互认体系并发挥重要的作用。CNAS 是国际认可论坛（IAF）、国际实验室认可合作组织（ILAC）和亚太认可合作组织（APAC）的正式成员。

四　认可机构与合格评定机构的职责

在合格评定链中，认可机构、合格评定机构及其评定对象之间既相互联系又各负其责，如图7-1所示。

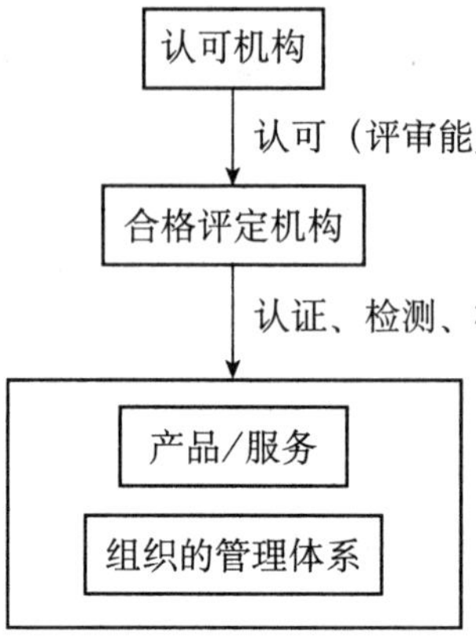

图7-1 合格评定链示意图

在认可环节，认可机构是认可活动的执行主体，承担认可活动符合规定要求（包括法律法规、标准或规范以及相关方要求等）的责任。认可机构有责任确保其各项认可活动的公正性和能力符合规定要求，并对所发布认可结果的真实性、准确性和有效性负责。

获得认可的合格评定机构是被认可的合格评定活动的执行主体，承担合格评定活动符合认可要求的责任。获得认可的合格评定机构有责任确保其被认可的各项合格评定活动的公正性和能力符合认可要求。

在认证、检测和检查等合格评定环节，合格评定机构是合格评定活动的执行主体，是合格评定活动符合规定要求（包括法律法规、标准或规范以及相关方要求等）的责任者。合格评定机构有责任确保其各项合格评定活动的公正性和能力符合规定要求，并对所发布的认证、检测或检查的证书或报告的真实性、准确性和有效性负责。

合格评定对象的提供者（如提供受评定的产品的组织）与执行者（如拥有受评定的管理体系的组织）是合格评定对象的执行主体，承担确保其经合格评定的产品、服务、管理体系符合合格评定要求的责任。

五 认可与认证的区别

认可与认证的区别见表7-1。

表7-1 认可与认证的区别

区别	认可	认证
实施主体不同	认可活动的主体是权威机构，权威机构通常是具有法律上的权利和权力的机构，因此认可机构一般是由政府授权的。 中国合格评定国家认可委员会（CNAS）是由国家认监委（CNCA）批准设立并授权的国家认可机构。	认证活动的主体是独立于供方和采购方的第三方，它可以是民间的、私有的，也可以是官方的。 认证机构以公正的身份依靠自身服务质量来树立在行业中的威信，以此吸引顾客，但不具有法律上的权威性。

续表

区别	认可	认证
实施客体不同	认可活动的对象是机构或人员，其目的是承认某机构或人员完成特定任务的能力或资格。 认可机构评审的是某个机构（如实验室、检查机构、认证机构等）或个人从事特定检测/校准、检查、认证等活动的能力。这里的能力既包含质量要求，又包含技术要求。	认证活动的对象是产品、服务或体系，其目的是证明某产品或体系符合特定标准规定的要求。 认证机构审核的是某个机构（大多数是生产企业和服务性企业）生产/提供的产品、服务或管理体系对标准规定要求的符合性。
实施效力不同	政府授权的认可机构做出的“正式的承认或认可”所具有的权威性和有效性远重于认证机构所做出的“书面保证”。	

第 2 节　认证的本质与种类

一　认证的本质

认证的内涵和本质可以归纳为以下几个要点来理解。

（1）认证的主体是第三方的认证机构。“第三方”是指在涉及的问题上公认的独立于有关各方（第一方的供方或生产商和第二方的采购方或使用者）的机构。也就是说，认证机构在经济和行政隶属关系上应与商品的供方和采购方均无利害关系。在我国开展产品或服务认证活动的认证机构必须经国务院认证认可监督管理部门认可，才能从事批准范围内的认证活动。

（2）认证的对象是产品、服务、管理体系等。《认证认可条例》规定，为了保护国家安全、防止欺诈行为、保护人体健康或者安全、保护动植物生命或者健康、保护环境，我国某些相关产品必须经过认证并标注认证标志后方可出厂、销售、进口或者在其他经营活动中使用。这些产品由国家认监委会同国务院有关部门制定统一产品目录（也称为强制性产品认证目录，以下简称目录），统一技术规范的强制性要求、标准和合格评定程序，统一认证标志。与这种强制性认证不同的是，目录外的产品和服务以及管理体系的认证均属于自愿性认证。

（3）认证的依据或基础是相关的标准或其他规范性文件。世界贸易组织（WTO）的《技术性贸易壁垒协议》（TBT 协议）将标准定义为“由公认机构批准的、规定非强制执行的、供通用或重复使用的产品或相关工艺和生产方法的规则、指南或特性的文件。该文件包括或专门适用于产品、工艺或生产方法的专门术语、符号、包装、标志或标签要求”。该协议将技术法规定义为“规定强制执行的产品特性或其相关工艺和生产方法、包括适用的管理规定在内的文件。该文件还可包括或专门关于适用于产品、工艺或生产方法的专门术语、符号、包装、标志或标签要求”。由上可知，就 TBT 协议而言，标准被定义为自愿性文件，技术法规被定义为强制性文件。TBT协议只把“产品、工艺或生产方法”列为其标准和技术法规的对象，这是因为世界贸易组织和TBT协议关注的是国际货物贸易。

我国国家标准划分为强制性和推荐性两大形式，根据TBT协议的定义，我国的强制性标准应属于技术法规形式，推荐性标准属于自愿性、非强制执行的一般标准形式。由此，认证的形式，既可以是强制性的，也可以是自愿性的。

（4）认证中的合格评定活动包括抽样、测试、检验、评价、验证、合格保证注册、批准等以及它们的组合。合格保证是为了使人们相信产品、服务或过程满足规定要求的声明所开展的活动。例如对产品而言，声明的形式可以是认证证书、认证标志或其他等效方式，声明也可以印在有关产品的公告、产品目录或用户手册上。我国《认证证书和认证标志管理办法》中定义：认证证书是指产品、服务、管理体系通过认证所获得的证明性文件。认证标志是指证明产品、服务、管理体系通过认证的专有符号、图案或者符号、图案以及文字的组合。

（5）认证的本质是由具有独立性、专业性、公正性的第三方机构所进行的符合性评定和公示性证明活动，保障认证对象符合标准或技术法规的要求，解决交易双方的信息不对称问题，并以此建立采购方或使用者对认证对象的信任。

二 认证的种类

1. 按照认证的对象来划分，认证可分为产品认证、服务认证和管理体系认证

（1）产品认证是指依据产品标准和相应技术要求，经认证机构按照一定程序规则确认并通过颁发认证证书和认证标志来证明某一产品符合相应标准或技术法规要求的合格评定活动。

（2）服务认证不同于服务业的管理体系认证，服务是一种无形的特殊产品。服务认证是认证机构按照一定程序规则证明服务符合相关的服务要求的合格评定活动。

（3）管理体系认证是指认证机构依据标准对相关组织（企业、机关等实体）的管理能力、管理过程进行审核（评价），并通过颁发认证证书证明其符合相应标准要求的合格评定活动。

2. 按照认证的性质或约束力来划分，认证可分为强制性认证和自愿性认证

（1）强制性认证是对涉及国家安全、人体健康或安全、动植物生命或健康以及环境保护的产品，依照法律、行政法规或强制性标准实施的一种产品合格评定活动，它要求产品必须符合对应的标准或技术法规。

（2）自愿性认证是组织根据组织本身或其顾客、相关方的要求，自愿委托第三方认证机构开展的合格评定活动。自愿性认证包括管理体系认证和服务认证，也包括企业对未列入中国强制认证（CCC）目录的产品所申请的认证。

3. 按照认证的目的来划分，认证可分为节水认证、节能认证、EMC认证等

（1）节水认证，也称节水产品认证，是指依据相关的标准和技术要求，经节水产品认证机构确认并通过颁布节水产品认证证书和节水标志证明某一认证产品为节水产品的合格评定活动。节水认证采用自愿性原则。

（2）节能认证是指依据相关的节能产品认证标准和技术要求，按照国际上通行的产品质量认证规定与程序，经节能产品认证机构确认并通过颁布认证证书和节能标志证明某一产品符合相应标准和节能要求的合格评定活动。节能认证采用自愿性原则。

（3）EMC认证是指依据相关的电气电子产品的电磁兼容（EMC）标准和技术要求，通过电磁兼容设计检查和按照规定的抽样及判定规则进行EMC检验（包含电磁干扰（EMI）和电磁抗扰度（EMS）两项）等程序，经EMC认证机构确认并通过颁发EMC认证证书和认证标志证明某一认证产品符合相应标准或技术法规的合格评定活动。欧盟2004/108/EC指令（EMC指令）、美国联邦法典CFR47/FCC Rules等都对电磁兼容认证提出了明确的要求。欧盟要求所有电气电子产品必须通过EMC认证，加贴"CE"标志后才能在市场上销售。加贴"CE"认证标志的产品表示其符合安全、卫生、环保和消费者保护等一系列欧洲指令所要表达的要求。EMC认证属于强制性认证。

EMC是指设备和系统在其电磁环境中能正常工作且不对环境中任何事物构成不能承受的电磁骚扰的能力。它包含两个方面的意思：首先，该设备应能在一定的电磁环境下正常工作，即该设备应具备一定的电磁抗扰度（EMS）；其次，该设备自身产生的电磁骚扰不能对其他电子产品产生过大的影响，即电磁干扰（EMI）。

第3节　产品认证

我国产品认证实行强制性认证与自愿性认证相结合的制度。

一　强制性产品认证

强制性产品认证是各国政府为保护消费者人身安全和动植物生命安全、保护环境、保护国家安全，依照法律法规实施的一种产品合格评定制度，它要求必须符合国家标准和技术法规。强制性产品认证是通过制定强制性产品认证的产品目录和实施强制性产品认证程序，对列入目录中的产品实施强制性的检测和审核。在实行市场经济制度的国家，政府将强制性产品认证制度作为产品市场准入的手段，正在成为国际通行的做法。我国的强制性产品认证（China Compulsory Certification，CCC）和市场准入行政许可（例如，食品生产许可，SC）制度，都属于强制性产品认证制度。

（一）强制性产品认证

为了适应加入WTO的需要，我国全面推进以CCC为标志的强制性产品认证制度。2001年12月3日，国家质检总局公布《强制性产品认证管理规定》，自2002年5月1日起施行；2009年5月26日，国家质检总局审议通过《强制性产品认证管理规定》，于2009年9月1日起施行。目前国家市场监督管理总局已启动《强制性产品认证管理规定》的第二次修订工作。

1. 强制性产品认证的概念

强制性产品认证是指为保护国家安全、防止欺诈行为、保护人体健康或者安全、保护动植物生命或者健康、保护环境，国家规定的相关产品必须经过认证，并标注认证标志后，方可出厂、销售、进口或者在其他经营活动中使用。

2. 强制性产品认证目录

国家对实施强制性产品认证的产品统一产品目录。国家市场监督管理总局、国家认监委会同国务院有关部门制定和调整目录，目录由国家市场监督管理总局、国家认监委联合发布，并会同有关方面共同实施。国家对实施强制性产品认证的产品，统一技术规范的强制性要求、标准和合格评定程序，统一认证标志，统一收费标准。

（1）列入强制性产品认证目录的产品的生产者或者销售者、进口商应当委托经国家认监委指定的认证机构对其生产、销售或者进口的产品进行认证。

（2）列入强制性产品认证目录内的产品未经认证，但尚未出厂、销售的，地方市场监管部门应当告诫其产品生产企业及时进行强制性产品认证。

（3）凡列入强制性产品认证目录内的产品，没有获得指定认证机构的认证证书，没有按规定加施认证标志，一律不得进口、不得出厂销售和在经营服务场所使用。

3. 强制性产品认证的模式

强制性产品认证模式应当依据产品的性能，对涉及公共安全、人体健康和环境等方面可能产生的危害程度、产品的生命周期、生产、进口产品的风险状况等综合因素，按照科学、便利等原则予以确定。强制性产品认证应当适用以下单一认证模式或者多项认证模式的组合，具体模式包括：（1）设计鉴定；（2）型式试验；（3）生产现场抽取样品检测或者检查；（4）市场抽样检测或者检查；（5）企业质量保证能力和产品一致性检查；（6）获证后的跟踪检查。

4. 强制性产品认证标志

国家认监委统一规定强制性产品认证标志，认证标志的式样由基本图案、认证种类标注组成。国家认监委根据强制性产品认证工作的需要，制定有关认证种类标注的具体要求。

中国强制性产品认证标志（CCC标志）的基本图案如图7-2所示。

图7-2　中国强制性产品认证标志（CCC标志）基本图案

中国强制性产品认证种类标注是在基本图案的右侧标注认证种类，由代表该产品认证种类的英文单词的缩写字母组成。例如，安全认证（CCC＋S）、电磁兼容认证（CCC＋E）、安全与电磁兼容认证（CCC＋S&E）、消防认证（CCC＋F）等。安全与电磁兼容认证标志如图7-3所示。

图 7－3　中国安全与电磁兼容认证标志

|知识应用 7－1|　防爆电气等产品由生产许可转为强制性产品认证管理

根据《国务院关于进一步压减工业产品生产许可证管理目录和简化审批程序的决定》（国发〔2018〕33 号）要求，市场监管总局决定对防爆电气等产品由生产许可转为强制性产品认证（CCC 认证）管理。

（1）认证实施日期。自 2019 年 10 月 1 日起，防爆电气、家用燃气器具和标定容积 500L 以上家用电冰箱纳入 CCC 认证管理范围，各指定认证机构（认证机构和实验室指定工作将另行公告）开始受理认证委托；各省、自治区、直辖市及新疆生产建设兵团市场监管局（厅、委）（以下简称省级市场监管部门）停止受理相关生产许可证申请，已受理的依法终止行政许可程序。自 2020 年 10 月 1 日起，以上产品未获得强制性产品认证证书和未标注强制性认证标志，不得出厂、销售、进口或在其他经营活动中使用。

（2）指定认证机构工作要求。指定认证机构应依据强制性产品认证通用规则和对应产品实施规则的要求制定认证实施细则，于 2019 年 9 月 25 日前向市场监管总局（认证监管司）完成备案。

资料来源：防爆电气等产品由生产许可转为强制性产品认证管理实施要求．慧聪消防网，http：//info. fire. hc360. com/2019/07/1010321120989. shtml.

（二）食品生产许可（SC）

市场准入是指政府为了维持经济秩序，根据本国经济状况制定的允许市场主体、货物、服务、资本等要素进入国家、地区或领域市场的法律规范。它是国家对市场基本的干预，是政府管理市场、干预经济的制度安排。市场准入制度就是有关政府准许公民和法人进入市场，从事商品生产经营活动的条件和程序规则的各种制度和规范的总称，也是国家为保护社会公共利益对市场进行监管的基本制度。行政许可是政府行政部门依法对社会、经济事务实行事前监督管理的一种重要手段。因此，市场准入行政许可制度，如食品生产许可管理制度、药品生产许可管理制度等，同样具有强制性认证的特征。

1. 食品生产许可证

2010 年 3 月 10 日，国家质量监督检验检疫总局发布《食品生产许可管理办法》，自 2010 年 6 月 1 日起施行。2015 年 8 月 31 日，国家食品药品监督管理总局公布《食品生产许可管理办法》，自 2015 年 10 月 1 日起施行；2017 年 11 月 7 日，国家食品药品监督管理总局局务通过《关于修改部分规章的决定》，修正《食品生产许可管理办法》（2017 修正版）。国家市场监督管理总局《关于贯彻实施〈食品生产许可管理办法〉的通知》规定，自2018年10月1日起，食品生产企业生产的食品（含保健食品、食品添加剂）不得再使用原包装、标签及QS标志。《食品安全法》明确规定食品包装上应当标注食品生产许可证编号，因此启用新的“SC”证，“QS”标志将不再作为食品生产许可的依据。2019年5月28日，国家市场监管总局关于《食品生产许可管理办法（征求意见稿）》公开征求意见。

在中华人民共和国境内，从事食品生产活动，应当依法通过严格的申请、受理、审查、决定以及监督检查等全流程取得食品生产许可。食品生产许可实行一企一证原则，即同一个食品生产者从事食品生产活动，应当取得一个食品生产许可证。食品生产许可证应当载明：生产者名称、社会信用代码（个体生产者为身份证号码）、法定代表人（负责人）、住所、生产地址、食品类别、许可证编号、有效期、投诉举报电话、发证机关、签发人、发证日期和二维码。

2. 食品生产许可证编号

食品生产许可证编号由SC（“生产”的汉语拼音字母缩写）和14位阿拉伯数字组成，数字从左至右依次为：3位食品类别编码、2位省（自治区、直辖市）代码、2位市（地）代码、2位县（区）代码、4位顺序码、1位校验码。

食品生产许可证编号中的“3位食品类别编码”的具体标识为：第1位数字代表食品、食品添加剂生产许可识别码，阿拉伯数字“1”代表食品、阿拉伯数字“2”代表食品添加剂；第2、3位数字代表食品、食品添加剂类别编号。其中，食品类别编号按照《食品生产许可管理办法》所列食品类别顺序依次标识，如表7－2所示。

表7－2　食品、食品添加剂类别编号

编号	类别	编号	类别	编号	类别
1	粮食加工品	12	薯类和膨化食品	23	淀粉及淀粉制品
2	食用油、油脂及其制品	13	糖果制品	24	糕点
3	调味品（含食盐）	14	茶叶及相关制品	25	豆制品
4	肉制品	15	酒类	26	蜂产品
5	乳制品	16	蔬菜制品	27	保健食品
6	饮料	17	水果制品	28	特殊医学用途配方食品
7	方便食品	18	炒货食品及坚果制品	29	婴幼儿配方食品
8	饼干	19	蛋制品	30	特殊膳食食品
9	罐头	20	可可及焙烤咖啡产品	31	其他食品
10	冷冻饮品	21	食糖		
11	速冻食品	22	水产制品		

食品生产许可证编号完全可以达到识别、查询的目的。食品生产许可证编号一经确定便不再改变，以后申请许可延续及变更时，许可证书编号也不再改变。

二　自愿性产品认证

自愿性产品认证，也称为非强制性产品认证，是企业根据自愿原则向认证机构提出产品认证申请，由认证机构依据认证基本规范、认证规则和技术标准进行的合格评定活动。自愿性产品认证的依据为相关的国家标准、行业标准、国际标准、其他先进标准或认证机构的技术要求。经认证合格的，由认证机构颁发产品认证证书，准许企业在产品或者其包装上使用产品认证标志。一般对于未列入 CCC 认证范围的其他产品，经其企业申请都可以实施自愿性产品认证。

（一）统一自愿性产品认证目录

2016 年 8 月 26 日，国家认监委公布《自愿性认证领域目录和资质审批要求》，国家认监委或者国家认监委会同国务院有关部门推行的认证制度（国推认证制度）中，自愿性产品认证目录包括：无公害农产品、有机产品、饮料产品、节能产品、低碳产品、铁路产品、节能环保汽车、信息安全产品、光伏产品等。2016 年 12 月 7 日，国务院发布《关于建立统一的绿色产品标准、认证、标识体系的意见》，国家认监委把现有节能、节水、环保、低碳、有机等产品认证统一整合为绿色产品认证，建立统一的绿色产品标准、认证、标识等体系。2018 年 4 月，国家市场监管总局发布《绿色产品评价标准清单及认证目录（第一批）》公告，公布了包括人造板和木质地板、涂料、卫生陶瓷、建筑玻璃、太阳能热水系统、家具、绝热材料、防水与密封材料、陶瓷砖（板）、纺织产品、木塑制品、纸和纸制品在内的 12 项第一批可进行绿色产品评价认证的产品名称，同时公布了第一批绿色产品评价认证标准。可见，消费者普遍关注的绿色建筑装修材料率先纳入统一绿色产品评价标准及认证目录。

根据 2019 年 6 月 1 日起实施的《绿色产品标识使用管理办法》的规定，认证机构对列入国家统一的绿色产品认证目录的产品，依据绿色产品评价标准清单中的标准，按照市场监管总局统一制定发布的绿色产品认证规则开展认证活动。获得认证的产品或其随附文件使用绿色产品标识（见图 7-4）时，应同时在绿色产品标识右侧标注认证机构标志（见图 7-5）；同一产品获得两家及以上认证机构颁发的绿色属性认证证书时，标注相应全部认证机构标志。

图 7-4　绿色产品标识的基本图案

中国绿色产品

认证机构标志

图 7-5　绿色产品标识样式

（二）绿色涂料认证

随着人们的消费水平、消费观念的提高以及国家相关政策的推进，人们对质优、安全、环保的高品质涂料产品的消费需求更加迫切，然而我国绿色涂料标准体系还不完善。绿色涂料概念不统一，多部门分别设立了各自管辖的标准、标识与认证组成的分立体系，从而产生了涂料产品的多头管理、部门间监管职能交叉问题，不同标准、标识与认证体系之间又相互构成竞争关系，造成了社会资源浪费，同时增加了涂料企业执行难度和成本，降低了社会认可度和可信度，增大了消费者辨别绿色涂料产品的难度和要求。2018 年 7 月 1 日，第一批绿色产品评价认证标准正式实施，涂料被定为首批“绿色产品评价国家标准”产品。涂料产品依据国家标准《绿色产品评价 涂料》（GB/T 35602—2017）和《绿色产品标识使用管理办法》开展绿色产品认证。

|知识应用 7-2| 解读国家标准《绿色产品评价 涂料》（GB/T 35602—2017）

绿色产品是指在全生命周期过程中，符合环境保护要求，对生态环境和人体健康无害或危害小、资源能源消耗少、品质高的产品（GB/T 35602—2017，术语和定义 3.1）。标准规定了绿色涂料产品评价的术语与定义、产品分类、评价要求和评价方法，从生产企业基本要求（涵盖技术工艺、污染物检测和在线监测设备、污染物排放标准等）到产品的基本要求（主要为不得有意添加的有害物质，并对产品评价指标提出相应要求）一应俱全，该标准势必成为绿色涂料产品评价认证的统一规范。

（1）绿色涂料评价方法。

国家标准《绿色产品评价 涂料》采用指标符合性评价的方法，同时满足绿色产品评价的基本要求和绿色产品评价指标要求的涂料产品才能称为绿色涂料产品。标准中把涂料产品分成三级，依次确定产品所属的类别。该标准适用于水性涂料、粉末涂料、辐射固化涂料、高固体分涂料、无溶剂涂料等涂料产品的绿色产品评价，不适合用于防水涂料领域。

（2）绿色涂料评价指标。

绿色涂料评价指标体系由一级指标和二级指标组成，其中一级指标包括资源属性指标、能源属性指标、环境属性指标和品质属性指标。标准中的评价基本要求、评价指标要求进行了详细分析，对水性建筑涂料、建筑无机粉体涂装材料、水性工业涂料、粉末涂料、辐射固化涂料、高固体分涂料和无溶剂涂料的指标提出相对应的详细指标，并对关乎企业绿色生产的重要数据参考、指标分类、计算方法等事项举例分析，便于企业理解执行。

资料来源：改编自 GB/T 35602—2017《绿色产品评价 涂料》.

三 产品认证方式

为了适应产品认证的发展，尤其是为发展中国家的产品认证活动提供建议和指导，国际标准化组织认证委员会（ISO/CERTLLO）组织编写了《认证的原则与实践》，第一次依据认证的要素总结了以下 8 种产品认证方式。

（1）型式试验。它是按照规定的试验方法对产品样品进行一次性试验，以证明样品是否符合指定的标准或技术规范。这种认证只发证书，不允许使用合格标志，仅证明现在的产品符合标准，不能保证今后的产品符合标准。

（2）型式试验＋认证后监督（市场抽样检验）。这是一种附加监督措施的型式试验。监督的办法是在型式试验后再从市场购买样品或从批发商、零售商的仓库中抽样进行检验，以证明认证产品的质量持续符合标准或技术规范的要求。

（3）型式试验＋认证后监督（工厂抽样检验）。这种认证方式与第二种认证方式的区别在于：认证后监督的方式不同，以工厂样品随机检验或成品库抽样检验代替市场样品的核查试验。

（4）型式试验＋认证后监督（工厂和市场抽样检验）。这种认证方式是上述第（2）、（3）两种认证方式的综合，监督检验所用的样品来自市场抽样和工厂随机抽样，因此要求比前两种更为严格。

（5）型式试验＋工厂质量管理体系评定＋认证后监督（质量管理体系复查＋工厂和市场抽样检验）。这种认证方式的显著特点是，在批准认证的资格条件中增加了对供方质量管理体系的检查和评定，在批准认证后的监督措施中也增加了对供方质量管理体系和产品质量的复查。

（6）只对供方质量管理体系进行评定和认可。这种认证方式已逐渐在国际上被接受。ISO 导则 48《供方质量体系的第三方评定和注册导则》规定，对供方质量管理体系作评定的依据是 ISO 9000 族质量管理体系标准，但对供方质量管理体系的评定不能代替对产品的认证，因此通过质量管理体系评定的企业的产品不能使用合格标志，认证机构只给予与该产品有关的供方质量管理体系注册登记，发给注册号和注册证书。

（7）对产品进行批量检验。这是依据统计抽样检验的方法对某批产品进行抽样检验的认证，其目的在于帮助采购方或使用者判断该批产品是否符合标准或技术规范。这一认证方式只有在供需双方协商一致后方能有效地执行。一般来说，较少采用这种方式的认证。

（8）百分之百检验。也称全数检验，即对每一件产品在出厂前都要依据标准或技术规范经认可的独立检验机构进行检验。合格后发给认证证书，允许产品使用合格标志。

上述 8 种类型的认证方式所提供的信任程度不同，各有优缺点。具体的对比分析见表 7-3。由该表分析可知，就适用性和提供的产品质量信任程度综合而言，第 5 种是最全面、最典型的产品认证方式，第 6 种是质量体系认证制度。这两种是各国普遍采用的，也是 ISO 向各国推荐的认证方式，ISO 和 IEC 联合发布的所有有关认证工作的国际指南都是以这两种认证方式为基础的。

表 7-3　8 种质量认证方式的对比分析

<table>
<tr><th rowspan="3">认证类型</th><th rowspan="3">认证对象</th><th colspan="5">认证方式</th><th rowspan="3">特点</th></tr>
<tr><th colspan="2">认证资格条件</th><th colspan="3">认证后监督</th></tr>
<tr><th>型式试验</th><th>质量体系评定</th><th>市场抽样</th><th>工厂抽样</th><th>质量管理体系复查</th></tr>
<tr><td>1</td><td>产品</td><td>●</td><td></td><td></td><td></td><td></td><td>（1）主要用于证实产品设计符合规范的要求，不证明以后生产的同样产品符合标准。
（2）仅颁发合格证书，不使用认证标志。
（3）提供的产品质量信任程度低。</td></tr>
<tr><td>2</td><td>产品</td><td>●</td><td></td><td>●</td><td></td><td></td><td rowspan="3">（1）证实生产的产品持续符合标准。
（2）使用产品认证标志。
（3）提供的产品质量信任程度较高。</td></tr>
<tr><td>3</td><td>产品</td><td>●</td><td></td><td></td><td>●</td><td></td></tr>
<tr><td>4</td><td>产品</td><td>●</td><td></td><td>●</td><td>●</td><td></td></tr>
<tr><td>5</td><td>产品</td><td>●</td><td>●</td><td>●</td><td>●</td><td>●</td><td>（1）证实生产的产品持续符合标准。
（2）使用产品认证标志。
（3）提供的产品质量信任程度高。</td></tr>
</table>

续表

<table>
<tr><th rowspan="3">认证类型</th><th rowspan="3">认证对象</th><th colspan="5">认证方式</th><th rowspan="3">特点</th></tr>
<tr><th colspan="2">认证资格条件</th><th colspan="3">认证后监督</th></tr>
<tr><th>型式试验</th><th>质量体系评定</th><th>市场抽样</th><th>工厂抽样</th><th>质量管理体系复查</th></tr>
<tr><td>6</td><td>质量体系</td><td></td><td>●</td><td></td><td></td><td>●</td><td>(1) 证实生产厂具有按既定规范要求提供产品的质量保证能力。
(2) 注册公布，颁发合格证书，质量体系认证证书不能直接用于产品。</td></tr>
<tr><td>7</td><td>产品</td><td colspan="5">批量检验</td><td>(1) 仅证实特定的某一批产品符合标准。
(2) 只对被检验的一批产品发给合格证明，不使用产品认证标志。
(3) 提供的产品质量信任程度很高。</td></tr>
<tr><td>8</td><td>产品</td><td colspan="5">100%检验</td><td>证实每一件产品均符合标准，认证费用很高，提供的产品质量信任程度高。</td></tr>
</table>

第4节　服务认证

服务认证是指由认证机构证明某项服务符合相关标准和技术规范的合格评定活动。我国已经开展了服务认证，但与产品认证相比，显得零零散散，仅为尝试而已。目前，我国已开展的服务认证有：信息安全服务资质认证、体育场所服务认证、商品售后服务评价体系认证、汽车玻璃零配安装服务认证、绿色市场认证、品牌认证、防爆电器设备修理服务认证、电子商务交易服务认证等。目前关于服务认证只有售后服务认证比较成熟规范，因此，重点介绍我国售后服务认证方面的内容。

（一）售后服务认证标准

售后服务认证是国家批准的权威服务认证类别。正在使用的售后服务认证是以商品售后服务评价体系认证为主，依据是国家标准《商品售后服务评价体系》（GB/T 27922—2011）。为了阐明对实施售后服务过程的评价，该标准创新性地运用了评分法，解释了如何估量评分值、如何评分等问题，其他类别的服务认证主要是验证体系的符合性。在制定评分法的过程中，如何制定指标是尤为重要的一项工作。设定指标需要根据一个结构体进行全面的细分，但是这个过程不可能太细致，因为这是一个跨行业的标准，所以当千差万别的众多行业都使用一个过于细碎的标准时，就会暴露标准不易操作的问题。因此，对标准的分值分配的原则主要是顾及这些标准在重要性上的不同。

《商品售后服务评价体系》的核心方法和内容是5个评价指标和6个评价方法这两个部分。

（1）5个评价指标部分规定了商品售后服务评价的数值及其含义，具体是下面的三大类：①针对售后服务体系的相关评价指标，是为了强调在售后服务的集体、管理、资源等基础条件方面企业所做出的努力；②针对商品服务的相关评价指标，明确规范企业围绕商品所产生的有关服务活动和行为；③针对顾客服务的相关评价指标，明确规范企业在与顾客打交道时需要关注的服务问题和行为。

（2）6 个评价方法部分主要是明确在售后服务评价活动实施过程中，评价的程序和如何评分、如何估量评分值等问题。

《商品售后服务评价体系》主要是针对传统商业模式下的售后服务制定的。相对于传统的购物方式，网络购物在时效性、便捷性等方面的优势明显，消费者越来越倾向于网络购物方式。网络交易毕竟带有虚拟性，不像实体店那样能直接体验，消费者大都参考广告和产品描述进行购物，好多广告夸大其词，消费者很难准确地判断商品的优劣。因此，在网络市场营销和售后服务体系下，需要加强电商售后服务认证。

（二）电商售后服务认证

1. 电商售后服务的特点

电商售后服务不同于传统的售后服务，主要体现在以下几个方面：

（1）售后服务流程不同。电商平台的售后服务方式是消费者从网上申请售后服务，商家进行处理，商家将问题反馈到生产商，生产商再进行售后服务；若消费者对商家处理结果不满意，可申请电商平台的售后人员进行调解。传统的售后服务流程是消费者直接与生产商的售后人员联系，生产商的客服对商品问题进行处理。电商平台售后服务更复杂，流程烦琐，沟通不当导致的损失更大。

（2）售后服务内容不同。商品售后服务的方式以 7 天无理由退货、“三包”政策和过保后维修服务为主。电商平台给消费者提供的售后服务的主要形式包括：托管式的售后服务、自行组建售后服务网点、将两者的服务相结合。电商平台售后服务主要有 7 无理由退货、15 天或 30 天价保、有偿的“摔碰管修”“无理由保修”、15 天质量问题可换货、180 天质量问题可换货、180 天后执行国家“三包”等。电商平台售后服务相比于传统售后服务的种类更多，保障方面更完善。

（3）售后节点不同。售后服务开始的节点为商品送达消费者家中且消费者开箱验收后。电商售后服务的节点为快递送货入户开始。

2. 电商售后服务认证的重点控制要求

（1）电商退款的控制要求。目前国家对电商平台退款没有明示的法律法规，电商平台根据自身经营理念建立退款制度，建立统一的退款程序和机制，保存相关的可追溯性的文件化信息。明确售后商品确认产品退货的管理要求，通过现场判断、检验、复检、授权人批准，确认达到消费者的退货要求，电商平台应明确向消费者支付退款的时间周期，针对不同的支付方式与消费者确认接收款的周期。例如，电商平台确认退货后 1 个工作日内签发出退款，根据支付方式和地区与消费者确认接收款的周期。

（2）电商退换货的控制要求。依据《消费者权益保护法》和“三包”政策的规定，结合商品的特性，建立统一的退换货管理规定。针对退货的投诉信息进行分析处理，并进行消费者的线上线下沟通确认，必要时现场确认，保存相关的可追溯性的文件化信息。根据消费者提出的退换货要求，电商平台应及时确认相关信息，必要时根据商品的特性进行现场检验或复检，当消费者不满足修复后的商品质量时，进行协商退换货。授权现场检验人员权限。

（3）电商平台安装与维修的控制要求。依据“三包”政策的规定，建立安装与维修服务流程，明确安装与维修服务过程的控制要求、验收准则、服务标准。针对特种作业人员的安装与服务，应满足行业要求和《特种设备安全法》的规定，保存相关的可追溯性的文件化信息。明确高空作业的控制要求，明确针对对大气、土壤等环境造成污染的废物进行回收的控制要求，明确机械设备试运行、交付、接收的控制要求。

（4）售后服务信息可追溯性的控制要求。建立消费者售后服务系统，针对消费者投诉、顾客满意度调查、产品召回的控制要求，电商平台应充分利用这些信息，进行统计分析，识别消费者明示的和潜在的需求，保存相关的可追溯性的文件化信息。建立售后服务消费者信息的保密性控制要求，充分利用各种统计方法，对消费者的反馈信息进行分析，与厂家进行商品特性改进的沟通。必要时，可利用社会调研、消费者进行新商品特性的确认。

3. 研究制定电商售后服务认证标准

随着电子商务经济价值的不断增大，国家将会越来越重视电子商务给企业带来的利益和对社会的影响。同时，基于电子商务无实体化的销售服务特点，其售后服务质量必然成为企业服务链中至关重要的杠杆。针对电商商品售后服务存在的问题，通过对比分析传统售后服务与电商售后服务的区别，借鉴《商品售后服务评价体系》国家标准，研究制定电商售后服务认证标准和审核准则。

第 5 节　管理体系认证

一　质量管理体系认证

（一）质量管理体系认证的概念

质量管理体系认证是指由取得质量管理体系认证资格的第三方认证机构，依据正式发布的质量管理体系标准，对企业的质量管理体系实施评定，评定合格的由第三方机构颁发质量管理体系认证证书并给予注册公布，以证明企业质量管理和质量保证能力符合相应标准或有能力按规定的质量要求提供产品或服务的活动。此概念有以下含义：

（1）认证的对象是供方（生产商、批发商、零售商或服务提供方）的质量管理体系而不是其提供的产品或服务。

（2）认证的主要依据是 ISO 9001：2015《质量管理体系 要求》。它是 ISO 9000 族质量管理体系标准的核心标准之一。它规定了质量管理体系要求，并将其视为对产品（过程、服务）要求的补充，用于证实企业或其他组织具有能力提供满足顾客要求和适用的法规要求的产品（过程、服务），目的在于增进顾客满意。

（3）认证的机构是中国合格评定国家认可委员会（CNAS）认可的质量管理体系认证机构。

（4）认证获准的标识是注册和发给证书。按规定程序申请认证的质量管理体系，在评定结果判为合格后，由认证机构对认证企业给予注册和发给证书，列入质量管理体系认证企业名录，并公开发布。获准认证的企业可在宣传品、展销会和其他促销活动中使用注册标志，但不得将该标志直接用于产品或其包装上，以免与产品认证相混淆。

（二）产品（服务）认证与质量管理体系认证比较

产品（服务）认证与质量管理体系认证的特点比较见表7-4。

表7-4　产品（服务）认证和质量管理体系认证的特点比较

项目	产品（服务）认证	质量管理体系
对象	特定产品（服务）	企业或其他组织的质量管理体系
认证依据	产品（服务）标准或技术法规或其他技术规范	GB/T 19001《质量管理体系 要求》（等同采用国际标准ISO 9001）
证明方式	产品（服务）认证证书、认证标志	质量管理体系认证证书、认证标志
证明的使用	产品（服务）认证证书可用于广告等宣传产品（服务）认证标志可标注于产品及其包装上（或悬挂于获得服务认证区域内）	质量管理体系证书并不证明其产品或服务也通过认证。其认证标志可用于广告等宣传，但不允许标注在产品上，只有在注明获证企业（或其他获证组织）通过质量管理体系认证的情况下方可标注在产品的包装上
性质	自愿性或强制性	自愿性
体系证实的范围	质量管理体系中特定产品（服务）所涉及的有关部分	质量管理体系中申请注册的产品（服务）范围内所涉及的有关部分
检验内容	产品（服务）质量检验和质量管理体系的审核，但体系检查注重对特定产品（服务）的技术措施的落实和保证能力	质量体系审核。着重注册产品范围内过程控制的有效性和效率

由于质量管理体系认证有广泛适用性，又有全世界统一的认证依据标准，并实施质量体系评定国际承认制度（QSAR），质量管理体系认证在贸易中的重要性不断提高。

（三）质量管理体系认证标志

我国的《认证证书和认证标志管理办法》第二十一条规定："获得管理体系认证的组织应当在广告等有关宣传中正确使用管理体系认证标志，不得在产品上标注管理体系认证标志，只有在注明获证组织通过相关管理体系认证的情况下方可在产品的包装上标注管理体系认证标志。"质量管理体系认证标志的示例见图7-6。

CQC质量管理体系认证标志
（中国质量认证中心）

CQM质量管理体系认证标志
（方圆标志认证中心）

图7-6　质量管理体系认证标志示例

二 环境管理体系认证

（一）环境管理体系认证的概念

环境管理体系（EMS）是管理体系的一部分，用于管理环境因素、履行合规义务，并应对风险和机遇（GB/T 24001—2016，3.1.2）。环境是组织运行活动的外部存在，包括空气、水、土地、自然资源、植物、动物、人及其之间的相互关系。环境因素是指一个组织的活动、产品和服务中与环境或能与环境发生相互作用的要素，如废水废气、固体废物排放、耗能、耗水以及包装物废弃等。一项环境因素可能产生一种或多种环境影响。重要环境因素是指具有或能够产生一种或多种重大环境影响的环境因素。合规义务是指组织必须遵守的法律法规要求以及组织必须遵守或选择遵守的其他要求。合规义务是与环境管理体系相关的，合规义务可能来自强制性要求，适用的法律法规或来自自愿性承诺，如组织和行业的标准、合同规定、操作规程、与社团或非政府组织间的协议。

环境方针是由最高管理者就环境绩效正式表述的组织的意图和方向（GB/T 24001—2016/ISO 14001：2015，3.1.3）。环境绩效是与环境因素的管理有关的绩效。对于一个环境管理体系，可依据组织的环境方针、环境目标或其他准则，运用参数来测量结果。

环境管理体系认证是指由第三方公证机构依据公开发布的环境管理体系标准（ISO 14000 环境管理系列标准），对供方的环境管理体系实施评定，评定合格的由第三方机构颁发环境管理体系认证证书，并给予注册公布，证明供方具有按既定环境保护标准和法规要求提供产品或服务的环境保证能力。通过环境管理体系认证，可以证实生产厂使用的原材料、生产工艺、加工方法以及产品的使用和用后处置符合环境保护标准和法规的要求。

（二）ISO 14000 环境管理系列标准与环境管理体系认证依据

ISO 14000 环境管理系列标准是国际标准化组织环境管理标准化技术委员会（ISO/TC207）汇集全球环境管理及标准化方面的专家，在总结全世界环境管理科学经验基础上负责制定的一套环境管理国际标准。

ISO 14000 系列标准共预留 100 个标准号。该系列标准共分 7 个系列（由 SC1～SC6 共 6 个分技术委员会和直属工作组 WG1 分别制定），其标准号为 14001～14100，涉及环境管理体系、环境审核、环境标志、生命周期评价等国际环境管理领域内的各种焦点问题。ISO 14000 系列标准的标准号分配表如表 7－5 所示。

表 7－5 ISO 14000 系列标准的标准号分配表

	名称	标准号
SC1	环境管理体系（EMS）	14001～14009
SC2	环境审核（EA）	14010～14019
SC3	环境标志（EL）	14020～14029

续表

	名称	标准号
SC4	环境行为评价（EPE）	14030～14039
SC5	生命周期评价（LCA）	14040～14049
SC6	术语和定义（T&D）	14050～14059
WG1	产品标准中的环境指标	14060
	备用	14061～14100

在 ISO 14000 系列标准中，涉及环境管理体系的标准是 ISO 14001 和 ISO 14004。我国及时将它们等同转化为 GB/T 24001—2016《环境管理体系 要求及使用指南》和 GB/T 24004—2004《环境管理体系 原则、体系和支持技术通用指南》国家标准。ISO 14001 标准是供组织自愿申请第三方认证所必须建立、实施和保持的环境管理体系的基本模式和要求，是环境管理体系认证机构进行认证的主要依据。ISO 14004 不是用于环境管理体系认证的标准，而是对如何建立、实施和改进一个组织的环境管理体系提供帮助和指导的标准，它是供组织自愿使用的内部管理工具。

ISO 14001 标准的基本思想是引导组织按照 PDCA 的模式建立环境管理的自我约束机制，从最高领导到每个员工都以主动、自觉的精神处理好自身发展与环境保护的关系，不断改善环境绩效，进行有效的污染预防，最终实现组织的良性发展。

（三）环境管理体系认证证书与认证标志

企业或其他组织要获得 GB/T 24001/ISO 14001 环境管理体系认证证书，首先需要建立起环境管理体系，在该体系运行 3 个月之后，向国家认可的认证机构申请认证。认证机构按照公正、合理、规范的原则，对其建立起来的环境管理体系进行审核，如果合格，认证机构将发给证书（有效期为 3 年）；如果不合格，认证机构将开出不符合项，企业进行纠正，然后对企业进行跟踪审核，如果合格就颁发证书。

与质量管理体系证书相似，环境管理体系证书也不能误导公众以为其产品或服务也通过了认证。环境管理体系认证标志可用于广告等宣传，但不允许标注在产品上，只有在注明获证企业（或其他获证组织）通过环境管理体系认证的情况下方可标注在产品的包装上。图 7－7 是环境管理体系认证标志示例。

环境管理体系　　　　SGS-ISO 14001认证

中国环境管理体系认证标志　　　　瑞士通用公证行的环境管理体系认证标志

图 7－7　环境管理体系认证标志示例

三 职业健康安全管理体系认证

（一）职业健康安全管理体系标准的形成与发展

20 世纪 80 年代以来，随着国际社会对职业安全问题的日益关注，发达国家率先开展研究及推广职业健康安全管理体系的活动。许多国家和地区相继颁布了以员工和相关方为对象的职业健康安全标准。1996 年，英国颁布了 BS 8800《职业健康安全管理体系指南》；同年，美国工业健康协会制定了《职业健康安全管理体系》的指导性文件。1997 年，澳大利亚和新西兰联合提出了《职业安全健康管理体系原则、体系和支持技术通用指南》草案；日本工业安全健康协会提出了《职业健康安全管理体系导则》；挪威船级社（DNV）制定了《职业健康安全管理体系认证标准》。

国际标准化组织自 20 世纪 90 年代中后期一直努力把职业健康安全标准国际化。1996 年 9 月召开专门会议，44 个国家及 IEC，ILO，WHO 等 6 个国际组织参加，但未达成一致。1997 年 1 月又召开了技术工作委员会（TMB）会议，会议决定职业健康安全暂不发布 ISO 标准。为了适应全球日益增加的职业健康安全管理体系认证需求，1999 年英国标准协会（BSI）、挪威船级社（DNV）等 13 个全球知名的标准研究、认证机构提出了职业健康安全评价系列（Occupational Health and Safety Assessment Series，OHSAS）标准，即 OHSAS 18001《职业健康安全管理体系——规范》和 OHSAS 18002《职业健康安全管理体系——OHSAS 18001 实施指南》。2007 年 OHSAS 18001 得到进一步修订，使其与 ISO 9001 和 ISO 14001 标准的语言和架构得到进一步融合。直到 2013 年，国际标准化组织（ISO）开始编制一项新的标准——ISO 45001《职业健康安全管理体系 要求及使用指南》，用于取代 OHSAS 18001 标准。2018 年 3 月 12 日，国际标准化组织（ISO）正式发布了职业健康安全管理体系标准 ISO 45001：2018，国际认可论坛（IAF）提出在职业健康和安全管理领域应用 ISO 45001 作为认证标准的要求。

我国的职业健康安全管理体系认证始于 2002 年 1 月，2002 年 1 月国家质检总局正式实施国家标准 GB/T 28001—2001《职业健康安全管理体系规范》(等同采用 OHSAS 18001：1999)。2012 年 2 月 1 日起实施国家标准 GB/T 28001—2011《职业健康安全管理体系 要求》(等同采用 OHSAS 18001：2007)。2018 年 3 月 29 日，中国合格评定国家认可委员会发布了《关于认证标准由 GB/T 28001—2011 转换为 ISO 45001：2018 的认可转换说明》文件，要求于 2021 年 3 月 12 日前完成 OHSMS 相关领域认证标准的转换。所有申请或已获得 GB/T 28001—2011 版标准认证的组织关注 ISO 45001：2018《职业健康安全管理体系 要求及使用指南》标准，并有计划地策划标准转换工作，已经获得现有的 OHSAS 18001：2007（GB/T 28001—2011）职业健康安全管理体系认证证书的有效期截止至 2021 年 3 月 11 日。

（二）职业健康安全管理体系基本原理

职业健康安全管理体系（Occupational Health and Safety Management System，OHSMS）是一套系统化、程序化和具有高度自我约束、自我完善的科学管理体系。ISO 45001 构建在 OHSAS 18001 已有的规范上，其主要目标是相同的，都是为了提高组织的职业健康安全绩效。二者之间也存在不同之处：ISO 45001 使用了 ISO 管理体系的高级结构，更加关注组织环境，强调最高管理者的职责和领导作用；更加关注管理职责，强调基于风险的思维；更加关注绩效的监视与测量。在 ISO 45001 新标准中，组织不仅专注于其直接的健康和安全问题，还会考虑到更大的社会期许。公司需要考虑到其分包商和供应商，还有其自身的工作会对相邻的邻居造成怎样的影响等。ISO 45001 给组织提供了一个可以遵循的国际认可的职业健康安全标准，这个标准不仅提供了分析和管理风险的正式的系统规范，还为管理法规符合性、提升工作场所的安全性及评估职业健康和安全绩效提供了规范。其核心是要求组织采用现代化的管理模式，使包括安全生产管理在内的所有生产经营活动科学、规范和有效，建立健全健康安全风险评价和控制机制，预防事故发生和控制职业危害。

职业健康安全管理体系的基本原理可概括为以下五个要点。

（1）职业健康安全管理是以系统安全的思想为基础，管理的核心是系统中导致事故的根源，即危险源，强调通过危险源辨识、风险评价和风险控制来达到控制事故的目的。

（2）职业健康安全管理体系采用了系统化管理的 PDCA 循环模式，要求从方针的制定、管理策划、实施与运行到检查与纠正措施和管理评审来持续提高管理水平和管理状态。

（3）预防控制为主。危险源辨识、风险评价和风险控制是职业健康安全管理体系的核心，实施有效的危险源辨识、风险评价与控制，可实现对事故的预防和对生产作业的全过程控制。首先对目前的作业和生产过程进行评价，在此基础上进行职业健康安全管理体系策划，对各种预知的风险因素做到事前控制，对各种潜在的事故制定应急程序，力图使损失最小化。

（4）全过程控制。职业健康安全管理体系的建立引入了系统和过程的概念，把职业健康安全管理作为一项系统工程，从分析可能造成的危害因素入手，根据不同的情况采取相应的解决办法。全过程的职业健康安全管理包括决策、设计、采购、生产过程及辅助过程、售后服务、建立 OHSMS 信息系统和全员参与的机制等。

（5）持续改进。同 ISO 9000 族标准和 ISO 14000 系列标准一样，职业健康安全管理体系要求组织在职业健康安全管理方面不断提高，确保体系的持续适用性、充分性和有效性。

（三）职业健康安全管理体系认证依据

ISO 45001：2018《职业健康安全管理体系 要求及使用指南》是国际性健康安全管理系统验证标准，是原职业健康及安全管理体系（OHSAS 18001）的新版本，目的是通过管理减少及防止因意外而导致生命、财产、时间的损失以及对环境的破坏。ISO 45001 为组织提供一套控制风险的管理方法：通过专业性的调查评估和相关法规要求的符合性鉴定，找出存在于企业的产品、服务、活动、工作环境中的危险源，针对不可容许的危险源和风险制定适宜的控制计划，执行控制计划，定期检查评估职业健康安全规定与计划，建立包含组织结构、职责、培训、信息沟通、应急准备与响应等要素的管理体系，持续改进职业健康安全绩效。

四 HACCP管理体系认证

（一）HACCP管理体系认证的概念

危害分析与关键控制点（hazard analysis and critical control point system，HACCP）是对食品安全有显著意义的危害加以识别、评估和控制的体系（GB/T 19538—2004，术语和定义3.9）。HACCP是对食品加工、运输以至于销售整个过程中的各种危害进行分析和控制，从而保证食品安全的经济有效的管理体系。

HACCP管理体系认证是指认证机构对申请认证的食品生产、加工企业所建立和实施的HACCP管理体系的符合性和运行的有效性进行评定的活动。HACCP管理体系认证能够有效地预防、消除、降低食品安全危害，提高食品安全管理水平；有利于消除贸易壁垒，使认证食品容易进入国际市场；可得到消费者的信任，提高认证食品的市场占有率。我国HACCP管理体系认证的工作由国家认监委统一管理、监督和综合协调。从事HACCP管理体系认证的机构，应当获得国家认监委的批准，并按有关规定取得国家认可机构的资格认可。

（二）HACCP管理体系及其原理

HACCP管理体系是指通过关键控制点控制相应食品安全危害的管理体系。关键控制点（critical control point，CCP）是指能够进行控制，并且该控制对防止、消除某一食品安全危害或将其降低到可接受水平是必需的某一步骤（GB/T 19538—2004，术语和定义3.5）。危害分析（hazard analysis）是对危害以及导致危害存在条件的信息进行收集和评估的过程，以确定出食品安全的显著危害，因而宜将其列入HACCP计划中（GB/T 19538—2004，术语和定义3.12）。食品的具体危害主要集中在4个方面：①微生物危害；②农药和杀虫剂残留；③滥用食品添加剂；④化学危害，包括生物毒素。食品的危害还可以延伸到过敏原、兽药残留、在动物产品中为促进生长而添加激素等。

HACCP在国际上被认为是控制由食品引起疾病的最经济的方法，并就此获得国际食品法典委员会（CAC）的认同。它强调企业本身的作用，与一般传统的监督方法相比较，其重点在于预防而不是依赖于对最终产品的测试，它具有较高的经济效益和社会效益。1960年美国首次提出了HACCP管理体系的概念，专门用于控制航天食品生产过程中可能出现的危害。随后，HACCP管理的思想逐渐被世界各国采用。在食品业，HACCP应用越来越广泛，逐渐从一种管理手段和方法演变为一种管理模式或者管理体系。1999年食品法典委员会在《食品卫生通则》附录中将HACCP的7个原理确定为：

（1）危害分析。危害分析与预防控制措施是HACCP原理的基础，也是建立HACCP计划的第一步。企业应根据所掌握的食品中存在的危害以及控制方法，结合工艺特点，进行详细的分析。

(2) 确定关键控制点。关键控制点(CCP)是能进行有效控制危害的加工点、步骤或程序，通过有效控制——防止发生、消除危害，使危害降低到可接受水平。CCP或HACCP是由产品/加工过程的特异性决定的。如果出现工厂位置、配合、加工过程、仪器设备、配料供方、卫生控制和其他支持性计划以及用户改变，CCP都可能改变。

(3) 确定与各CCP相关的关键限值(CL)。它是确保食品安全的界限或者说是区分可接受或不可接受的判定值，应该合理、适宜、可操作性强、符合实际和实用。

(4) 确立CCP的监控程序。应用监控结果来调整及保持生产，处于受控的企业应制定监控程序并执行，以确定产品的性质或加工过程是否符合关键限值。

(5) 确立当监控表明某个关键控制点失控时应采取的恢复控制的纠正措施。

(6) 验证程序。用来确定HACCP体系是否按照HACCP计划运转，或者计划是否需要修改，以及被确认生效使用的方法、程序、检测及审核手段。

(7) 记录保持程序。企业在实行HACCP体系的全过程中，需要大量技术文件和日常检测记录，它们应是全面的，记录应包括体系文件，HACCP体系的记录，HACCP小组活动记录，HACCP前提条件的执行、监控、检查和纠正记录。

(三) HACCP管理体系认证的依据与模式

为了提高食品生产企业的安全卫生质量的管理水平，规范危害分析与关键控制点(HACCP)认证工作，扩大食品出口，保护消费者的健康安全，2002年国家认证认可监督管理委员会发布《食品生产企业危害分析与关键控制点(HACCP)管理体系认证管理规定》，自2002年5月1日起执行。为了进一步完善危害分析与关键控制点(HACCP)体系认证制度，规范HACCP体系认证工作，2012年国家认监委制定发布《危害分析与关键控制点(HACCP)体系认证实施规则》，自2012年5月1日起实施。为适应新形势下HACCP认证的发展要求，进一步提高HACCP认证机构的专业水平，方便社会公众和政府监管部门对HACCP认证组织生产的产品的辨识和追溯信息的查询，使通过HACCP认证组织生产的产品获得更广泛的采信基础，突出HACCP认证的过程要求和产品特性，2015年国家认监委发布《关于完善"危害分析与关键控制点体系"(HACCP)认证有关要求的公告》。

(1) HACCP认证的依据为：GB/T 27341—2009《危害分析与关键控制点(HACCP)体系 食品生产企业通用要求》和GB 14881—2013《食品安全国家标准 食品生产通用卫生规范》。

(2) HACCP认证的模式为：初次认证+跟踪监督+产品安全性验证(适用时)。

另外，根据实施规则的要求，HACCP认证还要考虑我国和进口国(地区)适用法律法规及标准的符合性，以及出口食品生产企业安全卫生要求的符合性(适用时)。

(四) HACCP管理体系认证的证书和标志

HACCP认证机构在认证证书上应标明认证所依据的标准或规范性文件，认证范围通常表述为：场所+产品类别和/或品种+生产和/或提供过程+HACCP认证用标准和/或规范性文件。HACCP管理体系认证标志示例如图7-8所示。

挪威船级社（DNV）
HACCP认证标志

航星认证中心（HXQC）
HACCP认证标志

图7-8　HACCP认证标志示例

五　食品安全管理体系（FSMS）认证

如前所述，HACCP原理奠定了保障食品安全性的科学基础，但在管理实践中也存在着诸多不足和缺陷。（1）HACCP将太多的时间花费在完成任务和记录上，妨碍了企业员工去履行其他重要任务；（2）维系HACCP的费用过高，尤其是在培训和运转方面，这些会影响建立HACCP体系的有效性；（3）更重要的是，HACCP强调在管理中进行事前危害分析，在引入数据和对关键过程监控的同时，忽视了自身的持续改进，忽视了“从农田到餐桌”整个食品供应链上所有部分都应当联系在一起。也就是说，HACCP应置于一个更加完善的、系统的和严密的管理体系中才能更好地发挥作用。这个任务只能交由国际标准化组织来完成。以HACCP原理为基础制定的ISO 22000：2005《食品安全管理体系 食品链中各类组织的要求》标准正是为了弥补以上不足，广泛吸收ISO 9001管理体系的基本原则和过程方法而产生的，它是对HACCP原理的丰富和完善。

（一）ISO 22000：2005国际标准

我国已等同采用ISO 22000：2005国际标准，并于2006年发布实施相应的国家标准GB/T 22000—2006/ISO 22000：2005《食品安全管理体系 食品链中各类组织的要求》。GB/T 22000—2006/ISO 22000：2005是一个自愿采用的标准。

GB/T 22000—2006/ISO 22000：2005采用了ISO 9001标准体系结构，在食品危害风险识别、确认以及系统管理方面，参照了国际食品法典委员会颁布的《食品卫生通则》中有关HACCP体系和应用指南部分，从而加强了两者的兼容性。

GB/T 22000—2006/ISO 22000：2005认为：“食品链的任何环节均可能引入食品安全危害，必须对整个食品链进行充分的控制。因此，食品安全必须通过食品链中所有参与方的共同努力来保证。”

食品链中的组织包括：饲料生产者、初级生产者，以及食品生产制造者、运输和仓储经营者，零售分包商、餐饮服务与经营者（包括与其密切相关的其他组织，如设备、包装材料、清洁剂、添加剂和辅料的生产者），也包括相关服务提供者等。互动沟通是确保在整个食品链的每个环节所有相关的食品安全危害得到确认和控制所必需的，它包括食品链中上游和下游组织的沟通。组织在食品链中的作用和所处的位置如图 7－9 所示。

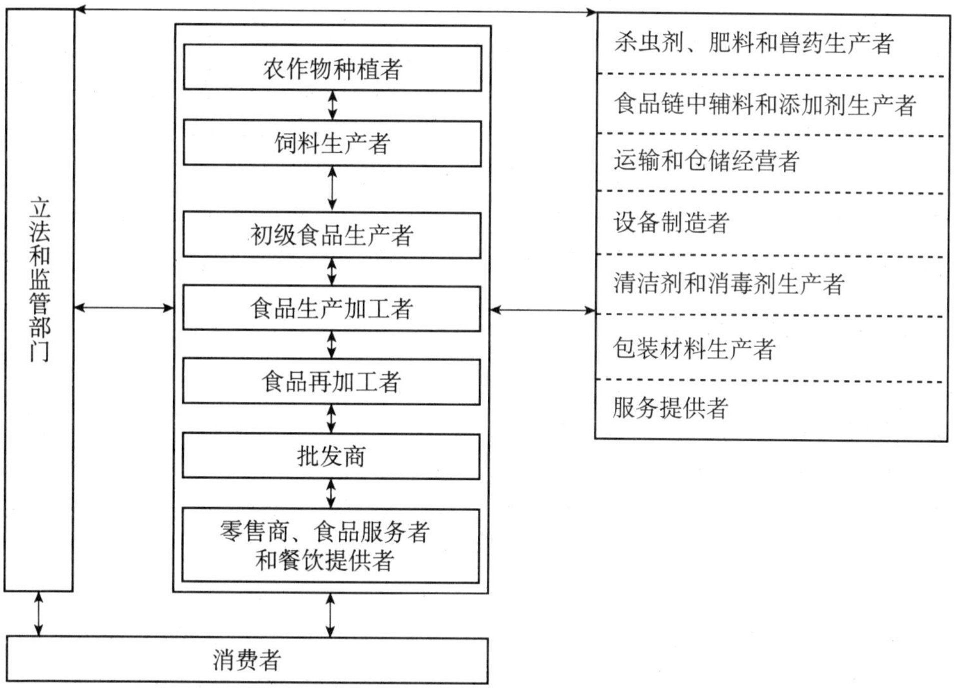

图 7－9　组织在食品链中的作用和所处的位置

GB/T 22000—2006/ISO 22000：2005 作为管理体系标准，将 HACCP 原理作为方法应用于整个体系；明确了危害分析作为安全食品实现策划的核心，并将国际食品法典委员会所制定的预备步骤中的产品特性、预期用途、流程图、加工步骤和控制措施作为危害分析及其更新的输入；同时动态地将 HACCP 的原理及其应用与前提方案（PRP）整合起来，用危害分析来确定要采取的策略以确保食品安全危害通过 HACCP 和前提方案联合控制。所谓前提方案，是指在整个食品链中为保持卫生环境所必需的基本条件，例如良好农业规范（GAP）、良好兽医操作规范（GVP）、良好管理操作规范（GMP）、良好卫生操作规范（GHP）、良好生产操作规范（GPP）、良好分销操作规范（GDP）、良好贸易规范（GTP）等，以适合生产、处理和提供安全终产品和人类消费的安全食品。前提方案取决于组织在食品链中的位置及类型。

GB/T 22000—2006/ISO 22000：2005 要求组织应确定各种产品和（或）过程种类的使用者和消费者，并应考虑消费群体中的易感人群，应识别非预期但可能出现的产品不正确的使用和操作方法。一方面通过事先对生产（经营）全过程的分析，运用风险评估方式，对确认的关键控制点进行有效的管理；另一方面将“应急预案及响应”和“产品召回程序”作为系统失效的后续补救手段，以减少食品安全事件对消费者的不良影响。

GB/T 22000—2006/ISO 22000：2005 提出建立食品安全管理体系的总要求：组织应按本标准的要求建立有效的食品安全管理体系，并形成文件，加以实施和保持，必要时进行更新。组织应确定食品安全管理体系的范围。该范围应规定食品安全管理体系中所涉及的产品或产品类别、过程和生产场地。组织应：（1）确保在体系范围内合理预期发生的、与产品相关的食品安全危害得到识别、评价和控制，以避免组织的产品直接或间接伤害消费者；（2）在整个食品链内沟通与产品安全有关的适宜信息；（3）在组织内就有关食品安全管理体系建立、实施和更新进行必要的信息沟通，以满足本标准的要求，确保食品安全；（4）定期评价食品安全管理体系，必要时更新，以确保体系反映组织的活动并包含需控制的食品安全危害的最新信息。组织应确保控制所选择的任何可能影响终产品符合性且源于外部的过程，并应在食品安全管理体系中加以识别，形成文件。

GB/T 22000—2006/ISO 22000：2005 可以单独用于认证、内审或合同评审，也可与其他管理体系标准，如质量管理体系标准、环境管理体系标准等，进行组合实施。

（二）食品安全管理体系认证

食品安全管理体系认证是由获得中国合格评定国家认可委员会（CNAS）认可的认证机构，依据 GB/T 22000—2006/ISO 22000：2005《食品安全管理体系 食品链中各类组织的要求》标准和其他相关法律、法规、标准、规范等，对申请认证组织所建立的食品安全管理体系（FSMS）的符合性和运行的有效性进行合格评定的活动。它包括文件评审、现场审核、认证决定、监督和复评等活动。食品安全管理体系认证属于自愿性认证。

食品安全管理体系认证的申请组织的范围覆盖了整个食品供应链的各个环节，即种植业、养殖业、食品初级加工业、食品生产制造业、食品分销业与零售业，其中也包括餐饮业。另外，与食品生产经营密切相关的行业，如杀虫剂、兽药、食品添加剂、仓储和运输、食品设备、食品清洁服务、食品包装材料等行业，也可以申请 FSMS 认证。

图 7－10 是我国东南认证中心（SEC）的食品安全管理体系认证标志。

ISO22000

图 7－10　食品安全管理体系认证标志示例

|知识应用 7－3|　有机食品认证

有机食品是指来自有机农业生产体系的食品。有机农业是指在生产过程中不使用人工合成的肥料、农药、生长调节剂和饲料添加剂的可持续发展的农业，它强调加强自然生命的良性循环和生物多样性。

有机食品认证机构通过认证证明该食品的生产、加工、储存、运输和销售点等环节均符合有机食品的标准。

中国有机产品认证标志标有中文“中国有机产品”字样和英文“ORGANIC”字样。

资料来源：搜狗百科，https：//baike. sogou. com/v7757333. htm? fromTitle=有机食品认证 .

第 6 节 商品质量监督管理

一 商品质量监督管理概述

（一）商品质量监管管理的概念

商品质量监督管理是根据国家的质量法律法规、商品质量标准以及相关的规范、规则，由国家指定的商品质量监督管理机构对生产领域、流通领域和进出口商品质量与质量保证体系进行监督管理的活动。此定义可从以下几个方面理解：（1）商品质量监督管理是一种质量分析和评价活动；（2）商品质量监督管理的对象是实体，如产品、服务、质量体系等；（3）商品质量监督管理的范围包括从生产到运输、储存和销售整个过程；（4）商品质量监督管理的依据是国家质量法规、产品标准或技术法规以及有关准则、规范等；（5）商品质量监督管理的主体是国家指定的商品质量监督管理机构。

（二）商品质量监督管理的任务和基本原则

商品质量监督管理是国家对商品质量进行宏观管理的手段。

1. 商品质量监督管理的主体与任务

我国担负商品质量监督管理职责的主体是国家市场监督管理总局及其所属各级机构。2018 年初，为整合市场监管资源，形成市场监管合力，加强食品安全监管，提高市场监管水平，将国家工商行政管理总局、国家质检总局、国家食品药品监管总局、国家发改委的价格监督检查与反垄断执法职责、商务部的经营者集中反垄断执法以及国务院反垄断委员会办公室等职责整合，组建国家市场监督管理总局。

国家市场监督管理总局在商品质量监督管理方面的主要职责是：

（1）产品质量安全监督管理。管理产品质量安全风险监控、国家监督抽查工作，建立并组织实施质量分级制度、质量安全追溯制度，指导工业产品生产许可管理。

（2）特种设备安全监督管理。综合管理特种设备安全监察、监督工作，监督检查高耗能特种设备节能标准和锅炉环境保护标准的执行情况。

（3）食品安全监督管理。建立覆盖食品生产、流通、消费全过程的监督检查制度和隐患排查治理机制并组织实施，防范区域性、系统性食品安全风险；推动建立食品生产经营者落实主体责任的机制，健全食品安全追溯体系；组织开展食品安全监督抽检、风险监测、核查处置和风险预警、风险交流工作；组织实施特殊食品注册、备案和监督管理。

（4）统一管理检验检测工作。推进检验检测机构改革，规范检验检测市场，完善检验检测体系，指导协调检验检测行业发展。

（5）统一管理、监督和综合协调全国认证认可工作。建立并组织实施国家统一的认证认可和合格评定监督管理制度。

2. 商品质量监督管理的原则

商品质量监督管理工作应遵循以下原则：

（1）科学性和公正性。科学性是指对商品质量进行的检验和评价要科学，出自监督检验机构的各种数据要准确。公正性是指质量监督管理要站在国家和人民的立场上秉公执法，严格依照技术标准和检测数据对商品质量进行评价。因此，必须培养和建立一支公正、廉洁、技术熟练、认真负责的质量监督检验和管理队伍；必须配备符合要求的试验仪器设备；必须建立一套科学、完整的管理制度；必须对商品质量检验机构进行测试能力的考核认证；监督检验机构必须独立地对外开展质量检验活动，不受外界的干扰和影响，使其一切活动处于国家、人民和法律的监督之下。

（2）统筹安排、分工协作、组织协调、服务监督。商品质量监督管理是政府机构管理经济的职能之一，要按照行政部门管理或行业管理的职能进行分级管理、合理分工、协调一致地进行质量监督管理工作。各专业性行政或行业管理部门也应对本部门或本行业的商品质量实行监督管理。此外，还要依靠新闻舆论、社会团体和广大群众实行社会监督。因此，需要在统一的方针指导下，统筹安排，避免重复抽查、检验，从而减轻企业负担。在组织协调下，质量监督管理部门要同时做好服务和监督工作。

（3）监督与帮助、处罚与教育相结合。对生产和流通领域中的产品或服务进行质量监督检验后，对不合格和伪劣产品或服务，应根据国家的有关法律法规、政策的规定，追究生产者（或服务提供者）、经营者的质量责任，及时进行经济的、行政的以至于法律的处理，以提高质量监督管理的有效性。在处理上述关系时，切记监督管理是主要职责，帮助、教育是辅助监督管理的手段。对于经营思想不端正，有意制造伪劣产品欺骗用户的企业和责任者，必须绳之以法；对于那些认识不清或技术和管理水平一时上不去的企业，则应立足于帮助、教育，必要时也要给予一定的处罚。

（三）商品质量监督管理的依据

商品质量监督管理的依据有商品质量法律法规、技术标准以及其他相关的规范。质量法律是指经全国人民代表大会及其常务委员会通过的有关商品质量方面的国家法律。质量法规是指国务院及其所属部门制定并发布的有关质量方面的行政法令、条例、规章、强制性标准等。它们构成了商品质量监督管理的主要依据体系。

1. 产品质量法

《产品质量法》是《中华人民共和国产品质量法》的简称。《产品质量法》于 1993 年 2 月第七届全国人民代表大会常务委员会第十三次会议通过，为了适应社会主义市场经济的发展，又分别于 2000 年 7 月、2009 年 8 月对其进行了第一、第二次修正。

《产品质量法》对产品质量的监督管理、生产者和销售者的产品质量责任与义务、损害赔偿、经济处罚和法律责任等，都做了明确规定。

（1）生产者的产品质量责任和义务。

①产品质量应符合下列要求：不存在危及人身、财产安全的不合理的危险，有保障人体健康和人身、财产安全的国家标准的，应当符合该标准；具备产品应当具备的使用性能，但是对产品存在使用性能的瑕疵做出说明的除外；符合在产品或者其包装上注明采用的产品标准，符合以产品说明、实物样品等方式表明的质量状况。

②产品或者其包装上的标识必须真实，并符合下列要求：有产品质量检验合格证明；有中文标明的产品名称、生产厂厂名和厂址；根据产品的特点和使用要求，需要标明产品规格、等级、所含主要成分的名称和含量的，用中文相应予以标明；需要事先让消费者知晓的，应当在外包装上标明，或者预先向消费者提供有关资料；限期使用的产品，应当在显著位置清晰地标明生产日期和安全使用期或者失效日期；使用不当，容易造成产品本身损坏或者可能危及人身、财产安全的产品，应当有警示标志或者中文警示说明。

③易碎、易燃、易爆、有毒、有腐蚀性、有放射性等危险物品以及储运中不能倒置和其他有特殊要求的产品，其包装质量必须符合相应要求，依照国家有关规定做出警示标志或者中文警示说明，标明储运注意事项。

④生产者不得生产国家明令淘汰的产品；生产者不得伪造或者冒用认证标志等质量标志；生产者生产产品，不得掺杂、掺假，不得以假充真、以次充好，不得以不合格产品冒充合格产品；生产者不得伪造产地，不得伪造或者冒用他人的厂名、厂址。

（2）销售者的产品质量责任和义务。

①销售者应当建立并执行进货检查验收制度，验明产品合格证明和其他标识；销售者销售的产品的标识必须真实，并符合产品质量法的有关规定；销售者不得伪造或者冒用认证标志等质量标志。

②销售者应当采取措施，保持销售产品的质量。

③销售者不得销售国家明令淘汰并停止销售的产品和失效、变质的产品；销售者销售产品，不得掺杂、掺假，不得以假充真、以次充好，不得以不合格产品冒充合格产品；销售者不得伪造产地，不得伪造或者冒用他人的厂名、厂址。

产品质量责任是指生产者、销售者及其他有关主体，违反国家法律、法规及规范性文件的要求，对其行为应当承担的法律后果。根据《产品质量法》的规定，产品质量责任是一种综合责任，包括行政责任、民事责任、刑事责任。行政责任指国家机关依靠国家行政权力，对违反行政法规的单位和个人实施惩罚性的强制措施，包括行政处罚和行政处分两种形式。行政处罚的对象是有违法行为的公民、法人或者其他组织。行政处罚的形式有 9

种：责令停止生产、责令停止销售、吊销营业执照、没收产品、没收违法所得、罚款、责令公开更正、限期改正、责令改正。行政处分的对象是违法失职行为尚不构成犯罪的国家工作人员和企事业单位的职工。行政处分的形式包括警告、记过、记大过、降级、降职、撤职、留用察看、开除8种形式。民事责任指企事业单位、个体工商业主、其他组织或公民，因产品质量问题致使他人的人身或财产、其他组织的财产或社会的公共财产受到损害，应承担的民事法律责任。主要包括产品瑕疵担保责任和产品缺陷损害赔偿责任。刑事责任是指生产、销售了刑法以及有关产品质量法律、法规禁止生产、销售的产品，依照刑法规定应当承担的刑事法律后果。

2. 消费者权益保护法

1993年10月，我国通过了《中华人民共和国消费者权益保护法》(以下简称《消费者权益保护法》)，此后我国又分别于2009年8月、2013年10月先后两次修正此法。新的《消费者权益保护法》共包括八章六十三条。

(1) 消费者的权利。《消费者权益保护法》在第二章中专门规定了消费者的9种权利：

①在购买、使用商品和接受服务时享有人身、财产安全不受损害的权利。

②知悉其购买、使用的商品或者接受的服务的真实情况的权利。

③自主选择商品或者服务的权利。

④在购买商品或者接受服务时，有权获得质量保障、价格合理、计量正确等公平交易条件，有权拒绝经营者的强制交易行为。

⑤因购买、使用商品或者接受服务受到人身、财产损害的，享有依法获得赔偿的权利。

⑥依法成立维护自身合法权益的社会组织的权利。

⑦获得有关消费和消费者权益保护方面的知识的权利。

⑧在购买、使用商品和接受服务时，享有人格尊严、民族风俗习惯得到尊重的权利，享有个人信息依法得到保护的权利。

⑨对产品和服务以及保护消费者权益工作进行监督的权利。

(2) 经营者的义务。《消费者权益保护法》站在消费者权益的立场上，在第三章对经营者设定了明确的义务：

①听取消费者对其提供的产品或服务的意见，接受消费者的监督。

②保证其提供的产品或服务符合保障人身、财产安全的要求。

③发现其提供的产品或服务存在缺陷，有危及人身、财产安全危险的，应当立即向有关行政部门报告和告知消费者，并采取停止销售、警示、召回、无害化处理、销毁、停止生产或者服务等措施。

④向消费者提供有关产品或服务的质量、性能、用途、有效期限等信息，应当真实、全面，不得作虚假或者引人误解的宣传。

⑤应当标明其真实名称和标记。

⑥提供产品或服务，应当按照国家有关规定或者商业惯例向消费者出具发票等购货凭证或者服务单据，消费者索要发票等购货凭证或者服务单据的，经营者必须出具。

⑦应当保证在正常使用产品或接受服务的情况下其提供的产品或服务应当具有的质量、性能、用途和有效期限，但消费者在购买该产品或接受该服务前已经知道其存在瑕

疵，且存在该瑕疵不违反法律强制性规定的除外。

⑧提供的产品或服务不符合质量要求的，消费者可以依照国家规定、当事人约定退货，或者要求经营者履行更换、修理等义务；没有国家规定和当事人约定的，消费者可以自收到商品之日起七日内退货；七日后符合法定解除合同条件的，消费者可以及时退货，不符合法定解除合同条件的，可以要求经营者履行更换、修理等义务。

⑨采用网络、电视、电话、邮购等方式销售商品，消费者有权自收到商品之日起七日内退货，且无须说明理由，但下列商品除外：消费者定做的；鲜活易腐的；在线下载或者消费者拆封的音像制品、计算机软件等数字化商品；交付的报纸、期刊。

⑩不得以格式条款、通知、声明、店堂告示等方式，作出排除或者限制消费者权利、减轻或者免除经营者责任、加重消费者责任等对消费者不公平、不合理的规定，不得利用格式条款并借助技术手段强制交易。

⑪不得对消费者进行侮辱、诽谤，不得搜查消费者的身体及其携带的物品，不得侵犯消费者的人身自由。

⑫采用网络、电视、电话、邮购等方式提供产品或服务的经营者，以及提供证券、保险、银行等金融服务的经营者，应当向消费者提供经营地址、联系方式、商品或者服务的数量和质量、价款或者费用、履行期限和方式、安全注意事项和风险警示、售后服务、民事责任等信息。

⑬经营者及其工作人员对收集的消费者个人信息必须严格保密，不得泄露、出售或者非法向他人提供；经营者应当采取技术措施和其他必要措施，确保信息安全，防止消费者个人信息泄露、丢失；在发生或者可能发生信息泄露、丢失的情况时，应当立即采取补救措施。

《消费者权益保护法》还规定了国家机关和消费者组织在保护消费者权益方面的职责。同时，在消费争议的解决、消费者权益受到损害的救济问题上，规定了一系列有利于消费者的程序和措施，对消费者的权益给予了特别保护。

3. 其他有关健康安全的商品质量法律法规

（1）食品安全法。1995 年，我国开始实施《中华人民共和国食品卫生法》，2009 年该法被废止，随即开始实施《中华人民共和国食品安全法》（以下简称《食品安全法》）；2015 年 4 月对《食品安全法》进行了修正。新的《食品安全法》的特点是：①在行政处罚的基础上新增刑事处罚，大幅提高行政罚款额度，最高处罚货值的 30 倍；②突出“管”字，实行风险分级管理，完善复检制度，增设食品中有害物质的临时限量及临时检验方法制度、生产经营者自查制度和责任约谈制度；③突出“全社会协同共治”的大思路，除了强调经营者和行政部门的责任、职权外，还非常重视社会组织、新闻媒体乃至消费者个人的作用；④对食品添加剂生产实行许可制度，不允许随便生产；⑤网购各方的法律责任更明确，消费者维权难度降低；⑥加大对保健食品监管力度，要求标签要写明成分含量；⑦婴幼儿奶粉实行与药品等同的管理制度；⑧禁止将剧毒高毒农药用于蔬菜、瓜果、茶叶和中草药材等国家规定的农作物；⑨规定转基因食品应当按照规定显著标示。

（2）新资源食品监督管理法规。2001 年 5 月国务院颁布《农业转基因生物安全管理条例》，2002 年 4 月卫生部发布《转基因食品卫生管理办法》，这两项法规对于加强农业转基因生物安全管理和转基因食品的监督管理，保障人体健康和动植物、微生物安全，保护生态环境，保障消费者的健康权和知情权具有重要作用。2007 年 12 月 1 日起《转基因食品卫生管理办法》被废止，转为施行《新资源食品管理办法》。2013 年 5 月 31 日，国家卫生和计划生育委员会令第 1 号公布《新食品原料安全性审查管理办法》，其中第二十四条决定，废止原卫生部 2007 年 12 月 1 日公布的《新资源食品管理办法》。2017 年 12 月 26 日，国家卫生和计划生育委员会令第 18 号公布《国家卫生计生委关于修改〈新食品原料安全性审查管理办法〉等 7 件部门规章的决定》，该决定自公布之日起施行。

（3）药品管理法。2001 年 12 月我国第一次修订了《中华人民共和国药品管理法》，2015 年 4 月再次对其修正。该法分别对药品生产企业管理、药品经营企业管理、医疗机构的药剂管理、药品管理、药品包装管理、药品价格和广告管理、药品监督以及法律责任做出明确规定。

（4）农产品质量安全监督管理法规。2006 年 11 月我国实施了《中华人民共和国农产品质量安全法》，它针对保障农产品质量安全的主要环节，确立了安全管理体制、安全标准的强制实施制度、农产品产地管理制度、包装和标识管理制度、监督检查制度、风险评估和信息发布制度、责任追究制度七项制度。这七项基本制度具有很强的针对性和可操作性，建立了农产品从农田到市场全程监管体系，是完善农产品质量安全监管长效机制的制度保障。2018 年 10 月 26 日，中华人民共和国主席令第十六号公布《全国人民代表大会常务委员会关于修改〈中华人民共和国野生动物保护法〉等十五部法律的决定》，该决定自公布之日起施行。对《中华人民共和国农产品质量安全法》作出如下修改：①将第十五条中的“环境保护行政主管部门”修改为“生态环境主管部门”；②将第四十条中的“食品药品监督管理部门”修改为“市场监督管理部门”；③将第五十二条中的“工商行政管理部门”修改为“市场监督管理部门”。

4. 商品质量检验、认证、监督管理等方面的法律法规

为适应社会主义市场经济和对外贸易发展的需要，加强商品质量监督管理与检验工作，保证商品质量，我国相继发布和施行了《中华人民共和国标准化法》《中华人民共和国计量法》① 《中华人民共和国反不正当竞争法》《中华人民共和国进出口商品检验法》②《工业产品质量责任条例》《产品质量监督试行办法》《国家监督抽查产品质量的若干规定》《全国产品质量仲裁检验暂行办法》《进口商品安全质量许可证制度》《产品质量认证管理条例》《产品质量认证管理条例实施办法》《产品免于质量监督检查工作实施细则》《查处食品标签违法行为规定》《工业产品生产许可证管理条例》《工业产品生产许可证管理条例实施办法》《国务院关于进一步加强质量工作的决定》《产品标识标注规定》《国家监督抽查工作守则》《产品质量申诉处理办法》《产品质量仲裁检验及产品质量鉴定管理办法》《强制性产品认证管理规定》《粮食流通管理条例》《生猪屠宰管理条例》《食盐专营办法》《食盐加碘消除碘缺乏危害管理条例》《食盐专营许可证管理办法》《进出口食品质量安全管理办法》《药品生产质量管理规范》《食品添加剂生产监督管理规定》《食品生产许可管理办法》《进出口化妆品检验检疫监督管理办法》《进出口食品安全管理办法》《进出口乳品检验检疫监督管理办法》《进口棉花检验监督管理办法》《进出口玩具检验监督管理办法》等一系列法律法规。根据这些法律法规，各行业和地方还制定了相应的具体法规。目

① 2009 年、2013 年、2015 年、2017 年、2018 年五次修正。

② 2002 年、2013 年、2018 年三次修正。

前我国已初步建立了国家产品质量认证与监督检验制度、生产许可证制度，这对于解决商品质量问题和促进与国际市场接轨起到了重要作用。

二　商品质量监督管理的类型、形式与制度

（一）商品质量监督管理的类型

我国的商品质量监督管理主要有国家的质量监督管理和社会的质量监督管理两种类型。

1. 国家的质量监督管理

国家的商品质量监督管理是由国家市场监督管理总局及其所属部门分工主管的。国家的质量监督管理是指国家授权，指定专门机构以公正的立场对商品质量安全进行的监督检查活动。这种国家法定的质量监督管理，以政府行政的形式，对可能危及人体健康和人身、财产安全的商品，影响国计民生的重要工业产品，及用户、消费者组织反映有质量问题的商品，实行定期或经常监督抽查和检验，公开公布商品质量抽查检验结果，并根据国家有关法规及时处理质量问题，以维护社会经济生活的正常秩序和保护消费者的合法权益。

2. 社会的质量监督管理

社会的质量监督管理分为三种。

（1）社会团体的质量监督管理。这方面比较有影响的社会团体有消费者协会、质量协会用户委员会、消费质量安全万里行组委会等。它们根据消费者或用户对商品质量的反映，积极开展监督流通领域的某些商品和市场商品质量的社会活动。例如《消费者权益保护法》规定中国消费者协会具有以下职责：参与有关行政部门对商品和服务的监督、检查；受理消费者投诉，并对投诉事项进行调查、调解；投诉事项涉及商品和服务质量问题的，可以委托有资格的鉴定人鉴定，鉴定人应当告知鉴定意见；就损害消费者合法权益的行为，支持受损害的消费者提起诉讼；对损害消费者合法权益的行为，通过大众传播媒体予以揭露、批评。这些社会团体利用法律赋予的权利，代表广大消费者利益，在社会质量监督第一线发挥了不可替代的重要作用。

（2）新闻的质量监督管理。它是社会监督管理、群众监督管理的媒体形式，是将个别企业的不良质量行为和现象通过报纸、电台、电视台、网络等舆论工具公布于众，由此形成一种强大的社会压力，促使被监督对象及主管部门积极迅速解决问题。新闻的质量监督管理在经济生活中的地位日益重要，作用也越来越大，但由于它不具有强制性，其监督力度有限。

（3）用户或消费者的质量监督管理。例如用户购买大型成套设备装置时，可以按合同的规定，自己派人或者委托技术服务部门进驻承制单位，对设备或装置的制造全过程实行质量监督管理。发现制造单位违反合同规定而粗制滥造时，有权通知企业改正或暂停生产，及时把住质量关，以保证成套设备装置的质量。消费者也可以利用有关法律，通过交涉、投诉等合法手段，监管企业的质量行为，学会自我保护的方法。

（二）商品质量监督管理的形式

商品质量监督管理按其性质、目的、内容和处理方法不同可分为三种形式，即抽查型

质量监督管理、评价型质量监督管理和仲裁型质量监督管理。

1. 抽查型质量监督管理

抽查型质量监督管理是指国家商品质量监督管理机构通过从市场或生产企业或仓库等地随机抽取的样品按照技术标准进行监督检验，判定其是否合格，从而采取强制措施，责成企业改进产品质量所进行的监督管理活动。抽查型质量监督管理的目的是摸清一个时期产品（商品）质量情况，为国家加强对企业产品质量的宏观控制和指导提供依据，同时促进企业提高产品质量，以维护国家、企业和用户利益。抽查型质量监督管理包括季度质量监督抽查、日常质量监督抽查和市场商品质量监督抽查三种。监督抽查的对象是涉及人体健康和人身财产安全的商品、影响国计民生的重要工业产品、重要的生产资料商品、消费者反映有质量问题的商品。

抽查型质量监督管理的特点是：

（1）它是一种强制性的质量监督形式；

（2）抽查产品采用地点不限、随机抽样检查的方式；

（3）抽查检测数据科学、准确，对产品质量的判断、评价公正；

（4）抽查产品的质量检验结果公开；

（5）对抽查检验不合格的产品的单位限期整改。

2. 评价型质量监督管理

评价型质量监督管理是指国家商品质量监督管理机构通过对企业的产品质量和质量保证体系进行检验和检查，考核合格后，以颁发产品质量证书、标志等方法确认和证明产品已经达到某一质量水平，并向社会提供质量评价信息，实行必要管理的一种质量监督管理活动。如新产品质量鉴定、生产许可证质量监督、质量认证监督和优质产品监督等，均属于这种质量监督管理形式。评价型质量监督管理是国家干预产品质量的手段之一，其目的是扶优限劣，鼓励生产企业生产更多的优质产品。

评价型质量监督管理的特点是：

（1）按国家规定标准，对产品进行型式检验，以确定其质量水平；

（2）对生产产品企业的生产条件、质量体系进行严格审查和评定；

（3）由政府或政府主管部门颁发相应的证书；

（4）允许在产品上、包装上、出厂合格证和广告上使用、宣传相应的质量标志，如产品质量认证的方圆标志等；

（5）实行事后监督，使产品质量保持稳定和不断提高。

3. 仲裁型质量监督管理

仲裁型质量监督管理是对商品质量有争议进行仲裁时使用的手段，是国家质量监督管理机构站在第三方的立场上，公正地处理质量争议中的问题，从而加强对质量不法行为的监督，促进商品质量提高的一种质量监督管理活动。仲裁型质量监督管理包括争议方委托的质量仲裁、司法机关和合同管理部门委托的仲裁检验和消费者质量投诉等。

仲裁型质量监督管理的特点是：

（1）仲裁监督的对象是有争议的商品；

（2）具有较强的法制性；

（3）根据监督检验的数据和全面调查情况，由受理仲裁的质量监督管理部门进行调解和裁决，质量责任由被诉方承担。

质量仲裁工作的一般程序为：申请仲裁→受理立案→调查研究→抽样→检验→做出质量判断→做出最终裁决（由司法部门执行）。

|知识应用 7-4| 国家市场监督管理总局正在组织修订《产品质量监督抽查管理办法》

为加强产品质量安全监督管理，规范产品质量监督抽查制度，根据《产品质量法》《消费者权益保护法》等有关法律法规的规定，国家市场监督管理总局组织对《产品质量监督抽查管理办法》进行了修订。新办法自 2020 年 1 月 1 日起施行。2014 年 2 月 14 日公布的《流通领域商品质量抽查检验办法》（原国家工商行政管理总局令第 61 号）、2010 年 12 月 29 日公布的《产品质量监督抽查管理办法》（原国家质量监督检验检疫总局令第 133 号）、2016 年 3 月 17 日公布的《流通领域商品质量监督管理办法》（原国家工商行政管理总局令第 85 号）同时废止。上述规章实施以来，对建立健全我国产品质量监督体系，保证产品质量监督抽查科学性、有效性，提升我国产品质量水平发挥了重要作用。

近年来监管机构机制发生了变化，现行部门规章实施的环境发生了很大变化，特别是国务院出台了“双随机、一公开”监管等相关政策，需要修订管理办法予以落实。2016 年，国务院办公厅发布《消费品标准和质量提升规划（2016—2020 年）》，要求全面加强质量监管；2017 年，中共中央国务院发布《关于开展质量提升行动的指导意见》，要求深化“放管服”改革，强化事中事后监管，严格按照法律法规从各个领域、各个环节加强对质量的全方位监管，进一步构建市场主体自治、行业自律、社会监督、政府监管的质量共治格局。

从现状来看，经过多年努力，传统产品质量安全问题已得到初步解决，产品性能问题、非传统产品质量安全问题日益显现。一方面，随着经济社会的发展和新成果、新技术的运用，传统产业实现转型升级，新产品不断涌现，企业生产经营业态、产销模式发生了巨大的变化，互联网经济得到了快速发展，传统的监督抽查手段已不能满足监管需要；另一方面，监督抽查工作实践中产生的一系列好的做法也需要通过规章的形式加以固化，形成制度性规定在全国推广运用。

资料来源：快资讯，http：//www.360kuai.com/pc/9f16acc24f901d8b4? cota＝4&tj _ url＝so _ rec&sign＝360 _ 57c3bbd1&refer _ scene＝so _ 1.

（三）我国商品质量监督检查制度

我国商品质量监督检查制度有下述三种监督检查方式，它们均属抽查型质量监督管理。

1. 国家监督抽查

产品质量国家监督抽查制度是经国务院批准，由国家市场监督管理总局，有关省、自治区、直辖市质量安全监督管理部门，组织对全国有关省、自治区、直辖市或有关行业内生产一种或几种产品的所有行业，按照统一产品、统一部署、统一检验标准和检验方法、统一判定原则、统一汇总口径“五个统一”的要求进行产品质量安全监督检查。这种监督抽查制度具有权威性、随机性、公正性和公开性，其工作程序为：计划制定→方案设计→现场抽样→样品检验→结果反馈→数据汇总→公布结果→督促整改和复查。

国家监督抽查的对象是那些量大面广、产品质量差、问题比较多的产品，以及直接关系到人身安全、健康的产品。例如，食品、家用电器和一些重要的生产资料如化肥、农药等。统检的具体做法有两种：一种是只对产品质量进行抽查检验；另一种是不仅对产品质量进行抽查检验，还要对生产企业的生产条件进行考核。相比之下，后一种检验内容全面，对企业改进生产质量有较大的促进作用。在检查中发现产品质量或生产条件不合格的企业，有关检查的组织单位应督促其整改并限期复查。

2. 定期监督抽查

产品质量定期监督抽查主要指地方（省、县、市）质量安全监督管理部门监督本地区产品质量的一种有效的质量监督形式。一般由县级以上的质量安全监督管理部门制定《受检产品目录》，对本辖区的重要产品实施经常性、周期性、连续性的监督管理。这种监督检查制度计划性强、可比性强，能系统地掌握受检产品质量动态，有利于了解产品质量状况和趋势，以便加强质量宏观管理。开展定期监督抽查的工作程序为，首先确定《受检产品目录》，把握确定好受检产品、检验依据、受检企业、承检单位和检验周期五个环节。凡纳入该目录的企业必须接受监督管理，积极配合监督检查工作。各承检单位必须按规定的检验依据和检验周期，对受检企业进行抽样、检验和判定，并及时将检验结果报质量监督管理部门。

定期监督抽查的结果要按月、季、年编制报表，报送上级质量监督管理部门和同级政府有关部门，对定期监督抽查产品不合格的生产企业，要根据不同情况分别给予批评、警告、通报和限期整改，对经多次检查不合格又不认真整改的，对违反产品质量法律法规的，要依法惩治。

3. 市场商品质量监督抽查

市场商品质量监督抽查是规范商业或其他服务企业经营行为，维护规范市场流通秩序，保护消费者权益，准确掌握一段时期内市场上重要商品（包括服务）的实际质量情况，为政府实行宏观管理提供依据的一种行之有效的商品质量监督形式。其监督对象为流通领域中的商品（包括服务）及其经销者的经销行为。监督抽查的场所包括有固定场地、设施进行商品交易活动和提供商品服务消费的各类场所。比如各类综合、专业市场，批发、零售企业，宾馆、饭店、美容美发店等。

（1）监督抽查的范围包括四个方面：①可能危害人体健康和人身、财产安全的商品（包括服务）；②与人民群众衣、食、住、行密切相关的商品（包括服务）；③消费者、有关组织投诉和反映问题比较集中的商品（包括服务）；④工商行政管理部门认为需要抽查的商品（包括服务）。

（2）市场商品质量监督抽查的形式有两种：①有计划的市场商品质量监督抽查。是根据市场上商品质量的状况，有针对性地选择一些商店、超市、集贸市场、服务场所，对其经营的商品（包括服务）质量有目的、有计划地安排抽查。对抽查中发现的质量问题，有关商品质量监督部门要追查到底，视情况不同给予经营单位甚至包含涉及的生产企业应有的处罚。②日常的市场商品质量监督抽查。是一种快速、灵活多变的市场执法监督检查形式，不受时间、计划的限制，根据消费者举报、投诉，随时进行检查。对发现有质量问题的单位进行现场处罚，可根据严重程度不同，决定是否立案处理。这是目前在市场质量监督管理和“打假”活动中常用的一种质量监督检查形式。

|知识应用 7-5|　“双随机、一公开”：不让监管任性

目前，我国在市场监管领域推进管理方式改革和创新，全面推行“双随机、一公开”监管。“双随机、一公开”是指随机抽取检查对象、随机选派执法检查人员，将抽查情况和查处结果及时向社会公开。

(1) 以“管”促“放”，进一步优化营商环境。一方面，伴随着市场主体的快速增长，传统的监管方式已与经济社会发展不相适应，需要按治理体系和治理能力现代化的要求，建立更完善的市场监管机制；另一方面，市场监管领域存在多头重复监管、“任性执法”等问题，也加重了企业负担，亟须加以规范。“双随机、一公开”旨在解决一些领域存在的检查任性和执法扰民、执法不公、执法不严等问题，以科学有效的“管”促进更大力度的“放”，着力打造公平竞争的市场环境和法治化、便利化的营商环境。2015 年 7 月，国务院办公厅发布《关于推广随机抽查规范事中事后监管的通知》，要求在市场监管领域推广“双随机、一公开”监管。相关部门随之出台了一系列文件，建立了“一单两库一细则”制度。“一单”是指双随机抽查的内容，即随机抽查事项清单；“两库”为检查对象名录库和执法检查人员名录库；制定随机抽查工作细则和年度抽查工作计划，形成“双随机、一公开”监管长效工作机制。

(2) 高效监管，有效降低企业负担。具体到“双随机、一公开”的监管效果，随机抽查相当于给检查对象和检查人员戴上了“紧箍圈”，不仅从根本上遏制了人情监管，也提高了监管的效能和公正性；抽查后将检查结果及时准确公开，也进一步提升了市场主体的诚信守法意识。市场监管领域自抽查检查结束之日起 20 个工作日内要将结果记于企业名下，并通过国家企业信用信息公示系统百分百予以公示；发改、财政、商务、海关、税务等部门也要通过政务大厅、门户网站、自助终端、App 平台等渠道及时公开抽查结果，并与全国信用信息共享平台、国家企业信用信息公示系统实现共享。公众可随时查询企业的信用信息，有关部门可对违规企业进行联合惩戒……这些举措无疑都将引导企业诚信自律经营。以进出口货物监管领域为例，自 2015 年 6 月实施“双随机、一公开”以来，海关平均出口通关时间由 2.7 小时缩至 0.9 小时，平均进口通关时间由 29.2 小时缩至 8.2 小时，提高了通关效率。

(3) 严查严处，实现“良币驱逐劣币”。全面推行“双随机、一公开”市场监管方式，一要推动市场监管日常检查“双随机”方式全覆盖，检查结果全部公开；对有投诉举报等情况需要专项或重点检查的，也要严格规范程序。二要加强顶层设计，统一“双随机、一公开”制度和流程，整合各类市场监管平台。三要推进跨部门综合执法、联合监管，减少多头多层重复执法。四要提升基层执法能力，完善考核和问责免责办法。国家市场监管总局会在原有工商清单的基础上加上食品、药品、知识产权、产品质量、特种设备等内容，凡是大市场监管能管到的，需要到企业进行日常检查的，全部归到一个清单上来。针对当前市场领域中存在的虚假广告、假冒伪劣商品、坑骗群众等一系列问题，只要有群众投诉或举报，市场监管部门都会按照程序严查严处，以促进更多企业诚信自律生产经营，实现“良币驱逐劣币”。

资料来源：中国质量网，http：//www.chinatt315.org.cn/zcfg/2018-6/11/1964.aspx.

▶ 本章小结

本章从合格评定的定义出发，重点介绍了合格评定的主要环节、认证的种类以及具体的产品认证、服务认证、管理体系认证（包括质量管理体系认证、环境管理体系认证、职业安全健康管理体系认证、HACCP 体系认证和食品安全管理体系认证）的内容、程序、依据、标志等。通过实施这些认证，可以提高企业的产品或服务质量以及其他方面保证能力，同时有利于增进国际贸易，消除技术壁垒。产品或服务认证以及各种管理体系认证已经形成一种全球性趋势。

质量监督管理是国家对质量进行宏观管理的一项重要手段。本章从商品质量监督管理的概念出发，介绍了我国商品质量监督管理的种类、形式、原则、监督检查的依据、质量监督检查制度等，其目的是通过各种手段，对生产、流通领域的商品进行有效的监督管理，促使企业在生产条件、管理能力以及产品或服务质量方面符合国家的有关法律和法规的规定，维护经济活动秩序和国家的全局利益，保护消费者、生产者、经营者的合法权益，提高国家的整体质量水平。

▶ 关键术语

合格评定	认证	认可
产品认证	服务认证	管理体系认证
强制性认证	自愿性认证	CCC 认证
食品生产许可	食品生产许可证	自愿性产品认证
绿色产品标识	绿色涂料认证	产品认证方式
型式试验	售后服务认证	电商售后服务认证
质量管理体系认证	环境管理体系认证	职业健康安全管理体系认证
HACCP 管理体系认证	食品安全管理体系认证	商品质量监督管理
抽查型质量监督管理	评价型质量监督管理	仲裁型质量监督管理
国家监督抽查	定期监督抽查	

▶ 思考题

1. 何谓认证？何谓认可？它们之间有何区别与联系？
2. 认证的种类有哪些？它们有何实际意义？
3. 什么是强制性产品认证？试查阅并总结我国已公布哪些种类产品必须强制认证。
4. 我国自愿性产品认证有哪几种形式？试总结我国已开展自愿性认证的种类。
5. 什么是服务认证？试上网调研我国已开展的服务认证种类。
6. 什么是质量管理体系认证？它与贸易技术壁垒有何关系？
7. 产品认证与质量管理体系认证有何区别和联系？
8. 什么是环境管理体系？企业建立环境管理体系有何意义？
9. 简述职业安全健康管理体系的基本原理。
10. HACCP 是什么意思？它如何保证食品安全？

11. 什么是食品安全管理体系认证？它与 HACCP 认证有什么不同？

12. 什么叫商品质量监督管理？其任务和原则是什么？

13. 商品质量监督管理的依据是什么？

14. 根据《产品质量法》，商品在什么情况下，应由销售者退换或赔偿？

15. 商品销售者应如何自觉维护消费者利益？

16. 简述商品质量监督管理的种类和形式。

17. 社会的质量监督管理分为哪些类型？如何充分发挥三种社会质量监督的协同作用？

18. 我国商品质量监督检查制度有哪几种监督检查方式？它们之间有何联系？

第8章 商品检验

学习目的

1. 了解商品检验的目的和任务，理解商品检验的类型与工作程序。
2. 掌握抽样的概念与方法、抽样检验方法、抽样检验方案的要素和原理。
3. 熟悉商品质量的数量重量检验、包装检验、品质检验、安全卫生检验等基本内容。
4. 了解商品质量的感官检验与理化检验的方法。
5. 了解商品分级的方法。

引导案例

依靠商品检验　买方索赔成功

某港商与美商签订进口一批尼龙帘子布合同，总金额 210 000 美元，索赔期为 90 天。当年 6 月，此货到达最终用户时，发现货物质量与合同规定严重不符，不仅布幅明显窄于合同规定的宽度，拉伸强度不够，而且经向、纬向密度均低于合同规定指标。因此，该港商立即请香港商品检验机构进行检验并出具了“该商品质量不符合原合同规定”的检验证书，请美商尽快前来复验，并明确提出下列两点意见供美商选择：

(1) 全部退货。除退还货款外，还应赔偿 3 个月资金占压之利息；负责赔偿用户工厂停工待料引起的间接损失，或者补足以高价购买原料的损失部分。

(2) 降价。因幅宽和拉伸强度问题，致使消耗定额增大，且与设备的设计相矛盾，应降价 30%。

开始，美商不信，后又与生产商互相推诿，但该港商坚持既定的意见，穷追不舍，一份份传真、电传、信函、电报发向美商，并发出警告，若事情发展下去将会导致更大的索赔金额。美商终于在当年 9 月中旬会同生产厂代表来港看货。在事实面前，生产厂代表承认货物质量有问题，随即带些样品回美国，请技术专家做出解释。

当年 10 月底，美商再次与生产厂的技术代表到用户工厂随机抽样 7 卷帘子布复验，从拉伸、挂胶、成塑的全程证明该港商提出的索赔理由充分，经损失评估及多次谈判，最后以美商赔偿65 000美元结案。

第1节 商品检验概述

一 商品检验的目的和任务

（一）商品检验的概念

国家标准《质量管理体系 基础和术语》将“检验”定义为“对符合规定要求的确定”（GB/T 19000—2016，术语和定义3.11.7）。同时还进一步注明：①显示合格的检验结果可用于验证的目的；②检验的结果可表明合格、不合格或合格的程度。

商品检验是指商品的供货方、购货方或者第三方在一定条件下，借助某种手段和方法，按照合同、标准或国内外有关法律法规、惯例，对商品的品质、安全及卫生性能、规格、质量（重量）、数量以及包装等方面进行检查，并做出合格与否或验收与否的判定，或为维护买卖双方合法权益，避免或解决各种风险损失和责任划分的争议，便利商品交接结算而出具各种第三方有关证书的业务活动。

商品的品质检验（习惯称为质量检验）是商品检验的中心内容，也是商品学研究的一个重要内容。本章中除涉及进出口商品检验外，一般所说的商品检验就是指商品质量（品质）检验。商品的质量检验曾经在质量管理发展早期阶段发挥了保证商品质量的把关作用。事实上，即使在全面质量管理不断发展、完善的今天，由于预防和控制并非总是有效，商品检验仍然是商品质量管理工作的一项重要内容。

（二）商品检验的目的和任务

1. 商品检验的目的

维护用户或消费者利益，把好商品质量关，杜绝劣质原材料、半成品或制成品进入生产或流通领域，确保商品质量合格，最终实现商品的使用价值，这是商品检验的根本目的。

2. 商品检验的任务

（1）全面研究商品的成分、结构、性质和外观，正确地确定商品的质量。商品的成分、结构、性质和外观等属性是构成商品使用价值的基础，这些属性综合反映在商品的质量上，不对这些属性进行全面的研究，就难以确定商品的质量。

（2）拟定商品的质量特性指标。商品的质量是根据多方面因素来确定的，为了确定商品质量的高低，就应当根据商品的用途及其使用条件，提出对商品质量的基本要求，规定若干具体质量特性指标，作为商品检验的项目。不但要正确地拟定和选择这些质量特性指标，而且要阐明这些指标的实践意义。

（3）科学地规定商品检验方法。这是商品检验的重要手段。采用何种仪器、使用何种方法、在什么条件下进行检验等，都要做出科学的规定，以保证商品检验工作的正常进行，提高检验结果的可比性、可靠性和稳定性。

（4）确定商品包装、保管、运输的条件。根据商品性能、特点及其物理、化学性能，提出包装、运输、储藏的科学方法和条件。

二 商品检验的类型

（一）生产检验、验收检验和第三方检验

按照检验主体的不同，商品检验通常可分为生产检验（第一方检验）、验收检验（第二方检验）和第三方检验三种类型。

（1）生产检验。生产检验是商品生产者为维护企业信誉，达到保证质量的目的，对原材料、半成品和成品商品进行的检验活动，检验合格的商品应有“检验合格证”标识。

（2）验收检验。验收检验是商品的买方（如批发商、零售商和工业用户）为了维护自身及其顾客的利益，保证其所购商品满足合同或标准要求所进行的检验活动。

（3）第三方检验。第三方检验是指处于买卖利益之外的第三方，以公正、权威的非当事人身份根据有关法律、合同或标准所进行的商品检验，如公证鉴定、仲裁检验、国家质量监督检验等。第三方检验的目的是维护各方的合法权益和国家权益，协调矛盾，促使商品交换活动正常进行。第三方检验机构由于被国家认可机构认可或签订国际互认协议，其检验结果为国内外所公认，并具有法律效力。

（二）全数检验和抽样检验

按照商品检验规则或受检商品数量的不同，商品检验可分为全数检验和抽样检验两种类型。

（1）全数检验。全数检验是指对被检的整批商品逐个（件）地进行检验，也称为百分之百检验。其特点是可以提供较多的商品质量信息，给人以心理安全感，适用于批量小、质量特性少且质量不稳定、较贵重、非破坏性的商品检验。其缺点是检验量大，费用高，易造成检验人员疲劳而导致漏检或错检。

（2）抽样检验。抽样检验是按照事先确定的抽样方案，从被检的整批商品中随机抽取少量商品样品组成样本，再对样品逐一测试，并将结果与标准或合同要求进行比较，最后由样本质量状况统计推断和判断受检的整批商品质量合格与否的检验。抽样检验的商品数量相对较少，具有占用人力、物力和时间少以及有利于及时交货的优点，是比较经济的检验方式。若能避免抽样时可能犯的错误，其可靠性甚至优于全数检验。抽样检验的缺点是提供的商品质量信息少，有可能误判，也不适用于质量差异程度大的整批商品。抽样检验适用于批量较大、价值较低、质量特性多且质量较稳定或检验时会破坏样品的商品检验。

（三）进出口商品检验与非进出口商品检验

按照检验依据、对象以及用途的不同，商品检验可分为进出口商品检验与非进出口商品检验两种类型。

（1）进出口商品检验。国家海关总署的商品检验部门（以下简称国家商检部门）主管全国进出口商品检验工作。国家商检部门设在各地的进出口商品检验机构（以下简称商检机构）管理所辖地区的进出口商品检验工作。

根据《中华人民共和国进出口商品检验法》（以下简称《商检法》）以及其他相关法规、规定，我国进出口商品检验工作可分为三类，即法定检验、公证鉴定和监督管理。

法定检验方面，《商检法》第四条规定，进出口商品检验应当根据保护人类健康和安全、保护动物或者植物的生命和健康、保护环境、防止欺诈行为、维护国家安全的原则，由国家商检部门制定、调整必须实施检验的进出口商品目录（以下简称目录）并公布实施。第七条规定，列入目录的进出口商品，按照国家技术规范的强制性要求进行检验。第六条则清楚地说明，必须实施的进出口商品检验，是指确定列入目录的进出口商品是否符合国家技术规范的强制性要求的合格评定活动。另外，《商检法》第五条还规定，进口商品未经检验的，不准销售、使用；出口商品未经检验合格的，不准出口。

公证鉴定是应国际贸易关系人的申请，检验鉴定机构以公证人的身份，办理规定范围内的进出口商品的检验鉴定业务，出具证明，作为当事人办理有关事务的有效凭证。例如品质或数量证明，产地证明，残损鉴定和海损鉴定，车、船、飞机和集装箱的运载鉴定，财产价值鉴定等。《商检法》第二十二条规定，国家商检部门可以按照国家有关规定，通过考核，许可符合条件的国内外检验机构承担委托的进出口商品检验鉴定业务。第八条规定，经国家商检部门许可的检验机构，可以接受对外贸易关系人或者外国检验机构的委托，办理进出口商品检验鉴定业务。

监督管理方面，《商检法》第十九条规定，商检机构对商检法规定必须经商检机构检验的进出口商品以外的进出口商品，根据国家规定实施抽查检验。国家商检部门可以公布抽查检验结果或者向有关部门通报抽查检验情况。《商检法》第二十条规定，商检机构根据便利对外贸易的需要，可以按照国家规定对列入目录的出口商品进行出厂前的质量监督管理和检验。

（2）非进出口商品检验。是指国内的商品经营者（批发商、零售商）、工业用户及其质量管理机构与委托的检验机构或质量监督管理部门认可的检验机构，依据有关标准或合同要求对国内非进出口商品所进行的检验活动。目前我国商品经营者大多不具备对商品质量进行检测、鉴定的技术手段，多采用简单的感官检验或委托有关检验机构代为检验。《产品质量法》第三十三条规定，销售者应当建立并执行进货检查验收制度，验明产品合格证明和其他标识。

三　商品检验的工作程序

（一）商品质量检验的一般程序

商品质量检验工作程序通常包括下述内容：定标→抽样→检查→比较→判定→处理。

（1）定标是指检验前应根据合同或标准明确技术要求，掌握检验手段和方法以及商品合格判定原则，制定商品检验计划。

（2）抽样是按合同或标准规定的抽样方案随机抽取样品，使样本对商品批总体具有充分代表性（全数检验不存在抽样问题）。

（3）检查是在规定的环境条件下，用规定的试验设备和试验方法检测样品的质量特性。

（4）比较是将检查结果同技术要求比较，衡量其结果是否符合质量要求。

（5）判定是指依据比较的结果，判定样品合格数，进而由批合格判定原则判定商品批是否合格，并做出是否接收的结论。

（6）处理是对检验结果出具检验报告，反馈质量信息，并对不合格品及不合格批分别作出处理。

（二）进出口商品检验工作流程

检验工作流程是指在执行某项进出口商品检验任务时，有关的检验单证从受理报验到制证结束的各环节中依次停留的工作过程，它实质上也是进出口商品检验工作程序。各地进出口检验机构的检验工作流程，由于专业化分工粗细和活动方式不同，检验商品种类及环境条件不同，因而实际检验流程也不同，但大致可简化为下述四个主要环节：受理报验→抽样制样→检验鉴定→签证放行。

（1）进出口检验机构受理报验时，外贸关系人需提交进口单据（外贸合同、国外发票、运单、提单、检验记录、进口到货情况通知单等）或出口单据（外贸合同、信用证、许可证等），报验范围为属于法定检验和公证鉴定业务范畴的商品。

（2）样品的抽取工作是进出口商品检验的基础，必须按规定方法，在规定场地，从整批完整的包件中或生产线上随机抽取，以保证样品的真实性和代表性，因为稍有不慎将导致检验工作的整体失误，造成不可挽回的损失。抽出的样品应妥善保管，以确保检验与复验的真实性。制样分别有物理制样、化学制样等方式，是为使用仪器设备检测做准备的。

（3）检验鉴定项目包括被检商品的外观和内在质量以及包装重量等，方法有感官检验（鉴定）、理化检验（鉴定）和生物学检验等。

（4）经商检机构检验合格的进出口商品，签发检验证单。海关凭商检机构签发的货物通关证明验放。

|知识应用8-1|　打击出口假冒伪劣商品　维护中国制造形象

2016年8月，广东和云南等地检验检疫机构在出口产品查验过程中发现涉嫌假冒伪劣的运动鞋和压力锅等商品。经后续调查，累计发现涉嫌假冒的阿迪达斯、匡威、耐克等知名品牌运动鞋10 320双，假冒PESKOE品牌压力锅834个。对上述假冒伪劣出口商品，检验检疫机构依法对相关企业实施处罚并责令停止出口，有力打击出口假冒伪劣商品，有效维护中国制造形象。

近年来，质检总局按照《中国制造2025》工作部署和要求，切实做好打击出口假冒伪劣商品的工作。2016年，全国检验检疫系统深入开展“清风”行动，打击出口假冒伪劣商品，各地检验检疫机构对204宗进出口假冒伪劣商品案件实施了行政处罚，超额完成年度任务，缴获假冒伪劣商品66.34万件，数量为年度任务的3倍，涉案货值5 000万元，落实罚款174.75万元，促进出口产品质量提升，维护中国制造形象取得明显成效。

资料来源：王晓东．质检总局发布2016年进出口工业品检验监管典型案例．中国日报中文网，http：//cn.chinadaily.com.cn/2017—02/24/content_28342581.htm.

第 2 节　商品的抽样与抽样检验

一　抽样的概念

抽样是抽取或组成样本的行动（ISO 3534－2：2006，1.3.1）。根据合同或标准所确定的方案，从被检批商品中抽取一定数量有代表性的用于检验的单位商品的过程，又称取样或拣样。

被检批商品应为同一来源、同质的商品，通常以一个订货合同为一批，若同批质量差异较大或订货量很大或连续交货，也可分为若干批。组成被检批的基本单位称为单位商品。其划分形式有自然划分和按抽检需要人工划分两种，如单个（台或件）商品，一对（双）商品，一组（套、袋、桶、箱、垛、车、船等）商品，一定长度（面积、体积、重量）商品，等等。被检批商品中所包含的单位商品的总数叫做批量，用 N 表示。批量大小应由商品特点和生产、流通条件决定。体积小、质量稳定的，批量可大些；反之，批量可小些。根据抽样检验要求，批量不宜太小或太大，太小则检验量大、费用高，失去抽样检验的优越性；太大，一方面易混淆不同来源、不同质量，另一方面若因不合格拒收，则再进行全数检验或返工或退货的工作量大，造成供货方损失增加，批量太大还会给抽样带来困难。由被检批中抽取用于检验的单位商品（样品）的全体称为样本。样本中所包含的单位商品数量称为样本大小或样本量，通常用 n 表示。

二　抽样方法

抽样检验的目的在于用尽量小的样本所反映的质量状况来统计推断整批商品的质量，因此用什么方法抽样，对准确判定整批商品的平均质量就显得十分重要。

为保证样品和样本对批质量水平的代表性，商品检验普遍采用随机抽样方法。随机抽样方法是指每次抽取样品时受检批中的每个单位产品被抽到的概率都相等的抽样方法。常用的随机抽样方法有以下三种。

（1）简单随机抽样。这是从批量为 N 的被检批中抽取 n 个单位商品组成样本，共有 C_N^n 种组合，对于每种组合，被抽取的概率都相同的抽样方法，即批中所有的单位商品都以相同的可能性被抽到的方法。一般情况下，被检批的批量较小时，将被检批中各单位商品编号，利用随机数表抽样，可避免检验员的主观意识的影响。当被检批批量较大时，适宜采用分层随机抽样法。

（2）分层随机抽样。这种方法是把批量为 N 的被检批分成为 N_1 个、N_2 个直至 N_i 个单位商品组成的 I 层，使每层内商品质量尽可能均匀整齐，$N=N_1+N_2+\cdots+N_i$。然后在每层分别按简单随机抽样法取样，合在一起组成一个样本。这种方法尤其适用于批量较大且质量也可能波动较大的商品批，分层随机抽样的样本有很好的代表性，是目前使用最广、最多的一种抽样方法。

（3）系统随机抽样。将总体中的抽样单元按某种次序排列，在规定的范围内随机抽取一个或一组初始单元，然后按一套规则确定其他样本单元的抽样方法。例如，可采用每隔一定时间间隔进行抽样。

三 抽样检验方法

抽样检验是从所考虑的产品集合中抽取若干单位产品进行的检验（ISO 3534－2：2006，4.1.6）。产品集合可以是总体、批或提交批。为了适应各种不同情况的需要，目前已形成许多具有不同特色的抽样检验方法。

（一）计数抽样检验和计量抽样检验

质量特性值就是能够在一定程度上反映质量特性的数据。按质量特性值的度量特性分为计数值和计量值。计数值是指对质量特性进行计数统计得到的非连续性的整数数据，计数值质量特性数据属于非连续型分布，例如合格品数、质量等级等。计量值是指可以连续测量得到的质量特性值，计量值质量特性数据常用正态分布表示，例如重量、尺寸、容积、抗拉伸强度等。质量特性值最好为连续的计量值。按照质量特性值的这种度量特性，商品质量检验的抽样检验方法也分成计数抽样检验和计量抽样检验两类。

（1）计数抽样检验。它是按照规定质量标准，把单位产品简单地划分为合格品和不合格品，或者只计算缺陷数，然后根据样本中不合格品的计数值对批进行判定的一种检验方法。计数抽样检验以批量、检验水平和质量水平作为检索要素，得到样本量和接收数，然后比较不合格品数来判定批的接收性。例如，从批量商品中抽取一定数量的样品（样本），检验其中每个样品的质量，然后统计合格品数，再与规定的“合格判定数”比较，由此判定该批商品是否合格。这种方法具有使用简便并能用于检验商品有多项质量指标的优点，缺点是质量信息利用较差。我国标准 GB/T 2828.1—2012，GB/T 2828.2—2008，GB/T 2828.3—2008 等就是此类方法标准。

（2）计量抽样检验。它是对单位产品的质量特性应用某种与之对应的连续量实际测量，然后根据统计计算结果是否符合规定的接收判定值或接收准则，对批进行判定的一种检验方法。计量抽样检验以批量、检验水平和质量水平作为检索要素，得到样本量和接收常数，从而得到接收值，然后比较接收值与样本特性均值来判定批的接收性。例如，从批量商品中抽取一定数量的样品（样本），检验此样本中每个样品的质量，然后与规定的标准值或技术要求进行比较，由此判定该批商品是否合格。这种方法具有样本量较小、可充分利用质量信息等优点，但在管理上较麻烦，需进行适当的计算，因此适用于单项质量指标的抽样检验。我国标准 GB/T 6378.1—2008，GB/T 6378.4—2018，GB/T 8054—2008 等都属于这类方法标准。

（二）调整型抽样检验和非调整型抽样检验

抽样检验方法按照抽样检验的形式可分为调整型抽样检验和非调整型抽样检验两类。

（1）调整型抽样检验。是由正常、加严、放宽等不同抽样检验方案与转移规则联系在一起组成的一个完整的抽样检验体系。加严抽样检验是当预定批数的正常抽样检验结果表明过程质量水平劣于规定的质量水平时所转移到的比正常抽样检验严格度高的检验。放宽抽样检验是当预定批数的正常抽样检验结果表明过程质量水平优于规定的质量水平时所转移到的比正常抽样检验严格度低的检验。一般地，根据连续若干批商品质量变化情况，按转移规则及时转换抽样检验方案，以维护买卖双方的利益。调整型抽样检验适合各批质量有联系的连续批商品的质量检验。

（2）非调整型抽样检验。其单个抽样检验方案不考虑商品批的质量历史，使用中也没有转移规则，因此较容易为质检人员所掌握，但只对孤立批的质量检验较为适宜。

（三）一次、二次和多次抽样检验

抽样检验方法按抽样检验的程序可分为一次抽样检验、二次抽样检验以及多次抽样检验。

（1）一次抽样检验。根据从批中一次抽取的样本的检验结果，决定是否接受该批。该方法最简单，只需要抽样检验一个样本就可以做出该批商品是否合格的判断。例如，一次计数抽样检验，是从批中只抽取一个样本，并由样本中的不合格品数来判定该批是否接收的抽样检验。

（2）二次抽样检验。即先抽第一个样本进行检验，若据此可判断该批商品是否合格，则终止检验；否则，再抽第二个样本，再次检验后，将两次结果综合在一起判断该批商品合格与否。

（3）多次抽样检验。其原理与二次抽样检验方法相似，每次抽取样本大小相同，即 $n_1=n_2=n_3=\cdots=n$，但抽样检验次数多，合格判定数与不合格判定数也多。

一次抽样检验虽使用方便、应用广泛，但样本较大，抽样检验工作量较大。二次和多次抽样检验的平均检验样本小于一次抽样检验的样本，能节省检验费用，但管理较复杂，需专门培训质检人员，因而管理费用增加，不适合价值较低的商品的检验。

|知识应用 8-2|　　计数与计量抽样标准的选择

对于纺织品质量项目的检验，是选择计数抽样还是计量抽样，需要根据标准本身的适用性和所检产品质量特性考虑。原则上大多数选用计数抽样，少量选用计量抽样，如强力等。这是因为从标准本身的适用性考虑：(1) 计量抽样标准的使用有理论上的制约，即要求所检产品的质量特性值服从或近似服从正态分布，计数抽样标准没有要求；(2) 计量抽样标准要求检验员熟练，检验所需时间长，检验记录复杂，计算也复杂，计数抽样标准不要求检验员熟练，检验所需时间短，检验记录和计算简单；(3) 计量抽样检验适合检验设备复杂、破坏性检验、检验费用昂贵、产品重要质量特性值的检验，计数抽样检验适合检验设备简单、检验时间要求快、检验项目多、检验费用低的检验。

从所检产品质量特性考虑：(1) 纺织产品属大批量的工业产品，质量相对比较稳定，检验项目多、检验费用低，除少量几个内在质量指标外，宜采用计数抽样；(2) 纺织产品的大多数检验项目不涉及安全、卫生和环保项目，大多数纺织产品属于低风险产品，不是重要的质量特性指标，无须选择较复杂的计量抽样；(3) 关于不同纺织品的各个质量特性是否服从或近似服从正态分布，目前不可能收集很多检验数据来分析，因此只能是对强力等已知服从正态分布的一类质量特性有把握选用计量抽样，未知分布的质量特性最好选用计数抽样比较妥当。

资料来源：国家抽样标准的比较研究及其在进出口纺织品抽样检验中的应用思考．全球纺织网，http：//www.tnc.com.cn/info/c-001001-d-193931.html，2012－02－29.

四 抽样检验方案

抽样检验方案是指所使用的样本量及相应的接收准则的组合。实施抽样检验必须预先确定样本大小和接收或拒收商品批的一定的判定规则——判定数组，这两者合称为抽样检验方案。对于计数抽样检验方案，一般表示为（n，Ac，Re）。其中 n 为样本量，Ac 为接收数，Re 为拒收数。对于计量抽样检验方案，由样本量和接收常数 k 组成。

一次计数抽样检验方案是从批中随机抽取 n 个单位产品进行检验，如果样本中的不合格品数 d 小于或等于接收数 Ac，接收该批；如果 d 大于或等于拒收数 Re（$=Ac+1$）时，则不接收该批。二次计数抽样检验方案是指由第一样本大小 n_1，第二样本大小 n_2 与判定数组（Ac_1，Ac_2，Re_1，Re_2）组成的抽检方案。五次计数抽样检验方案则是由第一到第五样本大小 n_1，n_2，n_3，n_4，n_5 与判定数组（Ac_1，Ac_2，Ac_3，Ac_4，Ac_5，Re_1，Re_2，Re_3，Re_4，Re_5）组成的抽检方案。

|知识应用 8－3| 钢化玻璃的二次计数抽样检验方案

根据国家标准 GB 15763.2—2005《建筑用安全玻璃　第 2 部分：钢化玻璃》，钢化玻璃是指经过热处理工艺后的玻璃。其特点是在玻璃表面形成压应力层，机械强度和耐热冲击强度得到提高，并具有特殊的碎片状态。

钢化玻璃的表面应力技术要求：不应小于 90MPa。以钢化玻璃制品为试样，取 3 块试样进行试验，当全部符合规定为合格；2 块试样不符合则为不合格；当 2 块试样符合时，再追加 3 块试样，如果 3 块全部符合规定则为合格。

资料来源：中国标准在线服务网，https：//www.spc.org.cn/online/GB%252015763.2－2005/.

抽检方案的选择和确定必须考虑两个因素：一是要保证商品质量达到要求，促进质量水平的提高，降低成本，提高经济效益；二是要使买卖双方满意，即商品质量较好时，高概率接收，尽量减少将合格品误判为不合格品而拒收的可能性，以保护卖方的利益；商品质量较差时，接收概率变小，尽可能减少将不合格批误判为合格批而接收的可能性，以保护买方的利益。通常将合格批误判为不合格批而被买方拒收的概率 α 称为卖方风险，一般取 1%，5%，10%，以 5%最为常见。将不合格批误判为合格批而被买方接收的概率 β 称为买方风险，通常取 5%，10%，20%，以 10%使用最多。标准型抽样检验方案的生产方风险 α 与使用方风险 β 是固定的，通常取 $\alpha=5\%$，$\beta=10\%$。

一个抽检方案对质量高低辨别能力的程度称为该方案的特性。该方案所描述的买方接收概率 $L(p)$（批合格概率）与商品批质量 P 的关系曲线称为抽检特性曲线，又称为 OC 曲线。抽检特性曲线反映了一个方案对各种质量水平的接收程度。图 8－1 展示了一次计数抽检方案的 OC 曲线。其中，P_0 为符合标准或合同要求时的商品批质量（$d\leqslant Ac$），P_1 为不符合标准或合同要求的商品批质量（$d \geqslant Re$）。当 $P \geqslant P_1$（批质量不合格）时，买方接收概率或者判定商品批合格概率 $L(p) \leqslant \beta$，买方风险小；当 $P \leqslant P_0$（批质量合格）时，买方接收概率或者判定商品批合格概率 $L(p) \geqslant 1-\alpha$，买方接收或判定批合格概率高，卖方风险小。

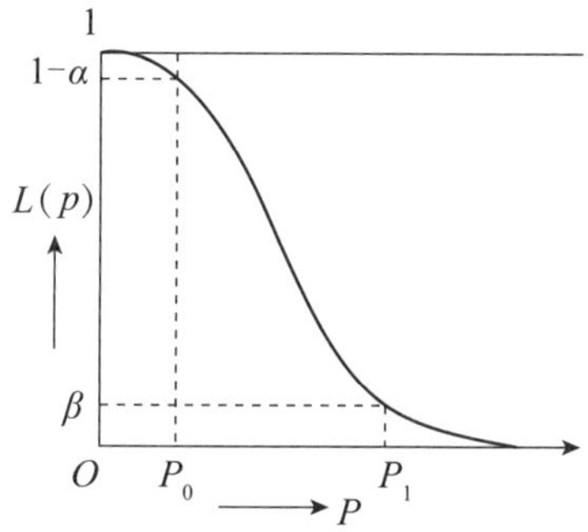

图 8-1　一次计数抽检方案的 OC 曲线

第 3 节　商品检验的内容

我国商检法明确规定，商检机构实施进出口商品检验的内容包括以下几个方面：数量重量检验、包装检验、品质检验、安全卫生检验等。

一　数量重量检验

数量重量是买卖双方成交商品的基本计量和计价单位，直接关系着双方的经济利益，也是对外贸易中最敏感而且容易引起争议的因素之一。在数量重量检验方面，2007 年 7 月 24 日，国家质检总局公布《进出口商品数量重量检验鉴定管理办法》；2015 年 11 月 23 日，发布了《国家质量监督检验检疫总局关于修改〈进出口商品数量重量检验鉴定管理办法〉的决定》。

对于以数量交接计价的进出口商品，收发货人应当申报数量检验项目。对数量有明确要求或者需以件数推算全批重量的进出口商品，在申报重量检验项目的同时，收发货人应当申报数量检验项目。对于以重量交接计价的进出口商品，收发货人应当申报重量检验项目。对按照公量或者干量计价交接或者含水率有明确规定的进出口商品，在申报数量、重量检验时，收发货人应当同时申报水分检测项目。

不同商品的数量重量检验内容与方法基本相同。例如，棉花的重量检验，进出口棉花属于法定检验检疫商品，其重量检验标准是 SN/T 4492—2016《进出口棉花　重量检验方法　自动计重法》。

|知识应用 8-4|　进出口棉花重量检验方法

根据检验检疫行业标准《进出口棉花　重量检验方法 自动计重法》（SN/T 4492—2016），成包皮棉的公定重量检验采用棉花自动计重仪对棉花进行逐包称重，自动完成整批棉花的重量检验。公定重量是净重按棉花实际含杂率和实际回潮率折算成标准含杂率和公定回潮率后的重量；净重是毛重扣减包装物重量后的重量。棉花的公定重量检验顺序如下：

（1）称量毛重。毛重是棉花及其包装物的重量之和。将待检棉包逐一放置于棉花自动计重仪入口处，输送设备将自动运送棉包至动态电子秤上进行称重并记录重量数据（棉包的毛重）。

（2）称量皮重。皮重是棉花的包装物重量。每批棉包对于不同类型的包装应分别开包并使用静态电子秤称取包装物的重量，每批次各类型棉包的皮重检验样品数量不低于该检验批次中各类型棉包数量的1%，并根据不同包装的棉包数量比例按重量加权计算出平均皮重。

（3）净重计算，见式①：

净重＝毛重－（棉包包数×单包平均皮重） ①

（4）合约规定以回潮率计算公定重量，见式②：

公定重量＝净重×（1＋公定回潮率）/（1＋实际回潮率） ②

（5）合约规定以回潮率、含杂率计算公定重量，见式③：

公定重量＝净重×［（1＋公定回潮率）/（1＋实际回潮率）］×［（1－实际含杂率）/（1－标准含杂率）］ ③

资料来源：中国标准在线服务网，https：//www.spc.org.cn/online/SN%252FT%25204492-2016/.

|知识应用 8-5|　计重就是计钱

2016年1月，江苏检验检疫机构发现先后有3批智利铜精矿存在短重，发货港同为ANTOFAGASTA港。最终确认，累计短重401.2吨，国内进口商潜在损失38.15万美元。进口铜精矿在国内属高价畅销产品，在利益驱动下，时有缺斤短两的情况发生。这次江苏检验检疫机构发现智利ANTOFAGASTA港位于智利北部太平洋（3.440，0.01，0.29%）沿岸，风浪较大，强行实施水尺计重难以保证检验结果的准确性，从而造成原发性短重。因而发布风险预警，提醒国内贸易相关方注意防范短重风险。

国际贸易中的结算大多依据数量重量结果，重量鉴定工作质量的高低好坏，直接关系到贸易各方的合法权益和经济责任。近年来，为了维护贸易各方的合法权益，加强法检商品重量鉴定工作，国家质检总局持续开展的打击进口商品贸易欺诈的“口岸天平行动”取得了显著的效果，不仅为国内进口商减少了损失，而且维护了对外贸易公平。全年实施法检商品重量鉴定19.3万批，鉴定货物重量19.94亿吨，检出短重近4万批，短重390万吨，潜在损失4.98亿美元，各地检验检疫机构及时出具检验证书加强后续处置，其中出具进口棉花品质和重量索赔证书6 141份，索赔2 228.9万美元。

资料来源：质检总局发布2016年进出口工业品检验监管典型案例．中国日报中文网，http：//cn.chinadaily.com.cn/2017—02/24/content_28342581.htm.

二　包装检验

商品包装本身的质量和完好程度，不仅直接关系着商品的质量，还关系着商品数量和重量。一旦出现问题，包装检验是分清责任归属、确定索赔对象的重要依据之一。国家标准《包装术语 第5部分：检验与试验》将“包装检验”定义为“对包装的特性进行检测、测量、计量，并将这些特性与规定的要求进行比较和评价的过程”（GB/T 4122.5—2010，通用2.1）。

商检机构对进出口商品的包装检验，一般抽样或在当场检验，或在衡器计重的同时结合进行。根据外贸合同、标准和其他有关规定，对进出口商品的外包装和内包装以及包装标志进行检验。核对外包装上的商品包装标志（标记、号码等）是否与进出口贸易合同相符。对于进口商品，检验外包装是否完好无损，包装材料、包装方式和衬垫物等是否符合合同规定要求；外包装破损的商品，另外进行验残，查明货损责任方以及货损程度；对发生残损的商品要检查其是否由包装不良引起。

对于出口商品，检验包装材料和包装方法是否符合外贸合同、标准规定，还应检验商品内外包装是否牢固、完整、干燥、清洁，是否适于长途运输和保护商品质量、数量的习惯要求。查验包装应以出口合同中的包装条款和有关产品标准中的包装技术条件为依据；出口合同、标准中没有规定具体包装条件的，如以国内购销合同规定的包装条件为依据，凡不符合出口合同、标准或购销合同规定的包装条件，或者包装存在下列各项情况的，不予出证放行。

（1）纸箱。箱身塌陷或破烂；采用粘合剂封盖或用胶带封口而未经封盖封口的；粘胶剂或粘胶带粘合力不强，易被揭开重封而不留撕痕的。

（2）木箱、木桶。箱板、木档断折、木档短缺或钉子松脱；打包铁皮和腰箍松弛、断损、脱落或打包铁皮接头不衔接；箱身、桶身有腐朽板或树皮板；木桶有裂缝或桶塞、桶盖松动脱落。

（3）铁桶、塑料桶。渗漏严重；桶身有裂缝或孔隙；桶盖脱落或被损坏。

（4）各种袋子。缝口松散，包面破烂，或严重钩损、撕损；捆扎带或绳索断损、松脱、缺道、缝合线断线、脱线或漏缝，以致包件严重变形的。

（5）其他异常情况。货物移动时，箱内货物有晃动或有破碎声响；散包、破包、渗漏或商品外露的；包装严重污染或霉损的；有浸湿痕迹和严重受潮的；有腐烂或严重异味的；摔坏或破烂的货件；需要有指示性、警告性的包装标志，而货件上标志短缺或模糊不清的。

对尚未成箱成件的商品执行出口预验时，除应检查包装材料外，在正式出运、查验换证时，必须查验包装。对于从内地运抵口岸的商品，口岸出入境检验检疫机构在口岸查验时必须批批查验包装。检验人员应经常深入港区、车站、仓库、货场了解商品的包装情况，如发现包装破损、污染及不符合出口要求的包装、应联系海关，严格把关。

三　品质检验

品质检验亦称质量检验，是指借助于感官检验、理化检验等各种手段或方法，测定商品的使用价值所表现出来的质量特性，然后把测得的结果同规定的商品质量标准进行比较，从而对商品作出合格或不合格判断的符合性评价的活动。

（1）外观质量检验。是指对商品外观尺寸、造型、结构、款式、表面色彩、表面精度、表面缺陷、软硬度、光泽度、新鲜度、成熟度、气味等的检验。

（2）内在品质检验。是指对有效成分的种类含量、有害物质的限量、商品的化学成分、物理性能、机械性能、工艺质量、使用效果等的检验。

四 安全卫生检验

安全检验是针对商品的易燃、易爆、易中毒、易触电、易受伤害性能等项目进行的检验。卫生检验是对商品是否符合使用卫生条件的检验，包括感官检验、微生物检验、毒素检验、农药残留量检验、食品添加剂检验、有毒有害元素检验和其他恶性杂质物质检验，还包括食品容器和包装材料、食用工具及设备的检验。

我国《进出口商品检验法实施条例》第九条规定，出入境检验检疫机构对进出口商品实施检验的内容包括：是否符合安全、卫生、健康、环境保护、防止欺诈等要求以及相关的品质、数量、重量等项目。

|知识应用8-6|　食品安全标准

我国《食品安全法》第二十六条规定，食品安全标准应当包括下列内容：

（一）食品、食品添加剂、食品相关产品中的致病性微生物，农药残留、兽药残留、生物毒素、重金属等污染物质以及其他危害人体健康物质的限量规定；

（二）食品添加剂的品种、使用范围、用量；

（三）专供婴幼儿和其他特定人群的主辅食品的营养成分要求；

（四）对与卫生、营养等食品安全要求有关的标签、标志、说明书的要求；

（五）食品生产经营过程的卫生要求；

（六）与食品安全有关的质量要求；

（七）与食品安全有关的食品检验方法与规程；

（八）其他需要制定为食品安全标准的内容。

资料来源：国家市场监督管理总局，http：//gkml. samr. gov. cn/nsjg/zljdj/201902/t20190222_291065. html.

第4节　商品检验的方法

商品质量检验的方法很多，根据检验所用的器具、原理和条件，主要可分为感官检验法和理化检验法两类。这些检验方法在实际工作中是按照商品的不同质量特性进行选择和相互配合使用的。

一 感官检验法

感官检验，又称感官分析、感官检查或感官评价，它是用人的感觉器官作为检验器具，对商品的色、香、味、形、手感、音色等感官质量特性，在一定条件下做出判定或评价的检验方法。它简便易行，快速灵活，成本较低，特别适用于目前还不能用仪器定量评价其感官指标的商品和不具备组织昂贵、复杂仪器检验的企业、部门及消费者。感官检验涉及绝大多数商品，其感官质量指标对评价商品质量意义重大。对感官检验有特殊要求的商品主要有食品、药品、纺织品及服装、化妆品、家用电器、化工商品等。

1. 感官检验按照人的感觉器官的不同，可分为视觉检验、嗅觉检验、味觉检验、触觉检验和听觉检验

（1）视觉检验。是用视觉来检查商品的外形、结构、颜色、光泽以及表面状态、疵点等质量特性。光、商品体、眼睛和大脑是构成视觉的要素。由于投射的光线被商品体改变，改变光经过眼睛的光路系统（角膜、水样液、虹膜和瞳孔、水晶体、玻璃体等），在感光系统视网膜上聚焦成像，视细胞接受光刺激并转化为神经冲动，经视神经传入大脑的皮质视区而产生视感觉。因此，光线的强弱、照射方向、背景对比以及检验人员的生理、心理和专业能力，都会影响视觉检验效果。为了提高视觉检验的可靠性，视觉检验必须在标准照明（非直射典型日光或标准人工光源）条件下和适宜的环境中进行，并且应对检验人员进行必要的挑选和专门的训练。

（2）嗅觉检验。是通过嗅觉检查商品的气味，进而评价商品质量。嗅觉虽然重要，但对人类来说可能是属于较退化的一种感觉机能。通常由商品体发散于空气中的物质微粒作用于鼻腔上部嗅觉细胞，产生兴奋，再传入大脑皮层引起嗅感觉。嗅觉与其他感觉特别是味觉经常联系。嗅觉检验目前广泛用于食品、药品、化妆品、家用化学制品和香精、香料等商品的质量检验，对于鉴别纺织纤维、塑料等燃烧后的气味差异也有重要意义。为了保证嗅觉检验的工作质量，必须对检验人员进行测试、严格选择和培训，在检验中还应避免检验人员的嗅觉器官长时间与强烈的挥发物质接触，并注意采取措施防止串味现象。

（3）味觉检验。是利用人的味觉来检查有一定滋味要求的商品（如食品、药品等）。味觉是溶解于水或唾液中的化学物质作用于舌面和口腔黏膜上的味觉细胞（味蕾）产生的兴奋，再传入大脑皮层而引起的感觉。基本味觉有甜、酸、苦、咸四种，其余都是混合的味觉。味觉常同其他感觉，特别是与嗅觉、肤觉相联系，如辣味觉就是热觉、痛觉和基本味觉的混合。视觉也对味觉检验有影响。人体的某些疾病还明显地干扰味觉。此外，味刺激的温度、时间等因素也对味觉的感受性有显著影响。为了顺利地进行味觉检验，一方面要求检验人员必须具有辨别基本味觉特征的能力，并且被检样品的温度要与对照样品的温度一致；另一方面要采用正确的检验方法，遵循一定的规程。如检验时不能吞咽物质，应使其在口中慢慢移动；每次检验前后必须用水漱口等。

（4）触觉检验。是利用人的触觉感受器（在有毛皮肤中是毛发感受器，在无毛皮肤中是迈斯纳触觉小体）对于被检商品轻轻作用的反应——触觉来评价商品质量。触觉是皮肤受到机械刺激而引起的感觉，包括触压觉和触摸觉，是皮肤感觉的一种。皮肤感觉除触觉外，还有痛觉、热觉、冷觉等，它们也参与感官检验。实验证明，人的手指和头面部的触觉感受性较高，躯干和四肢的感受性较低。这是由于手指和头面部在人们劳动和日常生活中的重要作用，使得这些部位在大脑皮质中央后回有着较大的投射区。触觉检验主要用于检查纸张、塑料、纺织品以及食品的表面特性、强度、厚度、弹性、紧密程度、软硬等质量特性。触觉检验时，应注意环境条件的稳定和保持手指皮肤处于正常状态，并加强对检

验人员的专门培训。

（5）听觉检验。是凭借听觉来检查商品质量，如检查玻璃制品、瓷器、金属制品有无裂缝或其他内在缺陷；评价以声音作为重要指标的乐器、收录音机、音响装置等商品以及要求无噪声的机电商品；评定食品的成熟度、新鲜度、冷冻程度等。听觉检验至今尚无法用仪器测定来替代，其重要原因之一就是人的耳朵灵敏度高且动作范围宽，如20岁左右的正常年轻人的耳朵，其最小可听值为0dB，动作范围为20dB。人的听觉因人而异，也因声音波长的不同而异。听觉检验与其他感官检验一样，也需要适宜的环境条件，力求安静，避免外界因素对听觉灵敏度的影响。

2. 感官检验按照目的不同，又可分为分析型感官检验与偏爱型感官检验两大类

（1）分析型感官检验。是以经过培训的评价员的感觉器官作为仪器，分析判断被测商品的质量特性或鉴别商品之间的差异等。例如水果的新鲜度、织物的手感、纸的表面光泽和平滑度、声响设备的音质、洗衣机的噪声等质量特性的感官检验。这种检验要求评价员对商品做出客观评价，尽量避免人的主观意愿对评价结果的影响。为此在进行试验时，必须保证以下三点：①评价尺度和评价基准物应统一、标准化；②试验条件应该规范化；③评价员在经过适当的选择和训练后，应维持在一定的水平。

（2）偏爱型感官检验。是以未经训练的消费者对商品的感觉判断来了解消费者对商品的偏爱程度，是一种主观评价方法。例如在新商品开发过程中对试制品的评价、市场调查中使用的感官检查等，都属于此类型。这种检验不像分析型感官检验那样需要统一的评价标准和条件，全凭评价者的生理、心理的综合感觉而定，即其感觉程度和主观判断起着决定性作用，因而评价结果往往因人、因时、因地而异，并且允许有相反判断。

二 理化检验法

理化检验法是在实验室的一定环境条件下，利用各种仪器、器具和试剂作手段，运用物理、化学及生物学的方法来测试商品质量的方法。它主要用于检验商品成分、结构、物理性质、化学性质、安全性、卫生性以及对环境的污染和破坏性等。理化检验的结果可用数据定量表示，较感官检验客观和精确，但对检验设备和检验条件要求严格，同时要求检验人员具备扎实的基础理论知识和熟练的操作技术。现代检测技术在检验仪器联用以及与计算机联用、实施自动控制和数据处理等方面的发展，促使理化检验走向快速、少损或无损以及自动化方向。

理化检验方法根据其原理可分为物理检验法、化学检验法和生物学检验法。

（一）物理检验法

物理检验法因其检验商品的性质和要求不同，采用的测试仪器和具体方法也不相同，通常又分为一般物理检验法、光学检验法、热学检验法、力学检验法和电学检验法等。

（1）一般物理检验法，是通过各种量具、量仪、天平、秤或专用仪器来测定商品的长度、细度、面积、体积、厚度、质量（物体中所含物质的多少）、密度、粒度、表面光洁度等一般物理特性的方法。

（2）光学检验法，是利用光学仪器（光学显微镜、折光仪、旋光仪等）来检验商品的

方法。光学显微镜主要是用来观察、测量商品的细微结构，并根据这些形态结构特性，进一步鉴定商品的种类和使用性能。折光仪用于测定液体的折光率，在中间产品的质量控制和成品的质量分析中有重要的作用，例如鉴定植物油的掺假或变质。旋光仪通过对旋光性物质（分子中含有不对称碳原子的有机物，如蔗糖、葡萄糖、薄荷脑等）的旋光度进行测定，可鉴定旋光性物质的纯度。

（3）热学检验法，是使用热学仪器测定商品的热学特性的方法。这些特性包括熔点、凝固点、沸点、耐热性等。玻璃和搪瓷制品、金属制品、化妆品、化工商品、塑料制品、橡胶制品以及皮革制品等，它们的热学性质都与商品的质量和品种有关。

（4）力学检验法，是通过各种力学仪器测定商品的力学（机械）性能的检验方法。这些性能包括抗拉强度、抗压强度、抗剪切或弯曲强度、抗冲击强度、抗疲劳强度、耐磨强度、硬度、弹（塑）性等。商品的力学（机械）性能与其耐用性密切相关。

（5）电学检验法，是利用电学仪器测定商品的电学特性（电阻、电容、介电常数、电导率、静电电压半衰期等）的方法。通过商品的某些电学特性如电阻、电容等的测量，还可以间接测定商品的其他质量特性如吸湿性、材质的不均率等。

（二）化学检验法

化学检验法是用化学试剂和仪器对商品的化学成分及其含量进行测定，进而判定商品是否合格的方法。按照具体操作方法，可分为化学分析法和仪器分析法两类。

（1）化学分析法。它是根据已知的能定量完成的化学反应进行分析的方法。依其所用的测定方法不同，又分为重量分析法、容量分析法和气体分析法。重量分析法是一种较准确的分析法，它选择某种试剂与被测定成分反应，生成一种难溶的沉淀物，再通过过滤、洗涤、干燥、灼烧等过程，使沉淀物与其他成分分离，然后根据这种沉淀物的重量计算被测成分的含量。容量分析法是在被测定成分溶液中，滴加一种已知准确浓度的试剂（标准溶液），根据它们反应完全时所消耗标准溶液的体积计算出被测成分的含量。容量分析法操作简便，并能达到一定的准确度，应用非常广泛。气体分析法是用适当的吸收剂吸收试样（混合气体）中的被测成分，从气体体积的变化来确定被测成分的含量。

（2）仪器分析法。它是一类通过检验试样的光学性质、电化学性质等而求出待测成分含量的化学检验法，包括光学分析法、电化学分析法和色谱分析法。光学分析法是通过被测成分吸收或发射电磁辐射的特性差异来进行化学鉴定的，具体有比色法、分光光度法（原子吸收光谱、可见光谱和紫外光谱、红外光谱）、核磁共振波谱法、荧光光谱法、发射光谱法等。电化学分析法是利用被测物的化学组成与电物理量（电极电位、电流、电量或电导等）之间的定量关系来确定被测物的组成和含量，包括伏安法、极谱法、电位滴定法、电导滴定法、电解分析法等。色谱分析法是利用被测试样的不同组分在称为色谱分离柱中的两相间的分配系数、吸附能力等亲和能力的不同来进行单一组分的分离。其中的一相固定不动，称为固定相，另一相是携带试样混合物流过此固定相的流体，称为流动相。流动相可以是气体，也可以是液体，由此可分为气相色谱法（GC）和液相色谱法（LC）。至于分离后各组分的检出，气相色谱和高效液相色谱可用接于色谱柱出口处的各种检测器检测。

仪器分析法适用于微量成分含量的分析，操作简便、快捷，但对某些成分灵敏度较低，不如化学分析法准确，且前处理费时，仪器价格较贵，对操作人员要求较高，其应用有一定的局限性。

（三）生物学检验法

生物学检验法是食品类、医药类和日用工业品类商品等质量检验的常用方法之一，包括微生物学检验法和生理学检验法。

（1）微生物学检验法。微生物学检验法利用显微镜观察法、培养法、分离法和形态观察法等，对商品中有害微生物存在与否及其存在数量进行检验，并判定其是否超过允许限度。这些有害微生物包括有害的细菌（如大肠杆菌、金黄色葡萄球菌）、病毒、真菌、放线菌等。

（2）生理学检验法。生理学检验法用于检验食品商品的可消化率、发热量、维生素和矿物质对机体的作用以及食品和其他商品中某些成分的毒性等。该法多用活体动物进行试验。只有经过无毒害性试验后，视情况需要并经有关部门批准，才能在人体上进行试验。

第5节　商品的品级

一　商品分级

品级是依商品品质（质量）水平高低所确定的等级。根据商品质量标准（包括实物质量标准）和实际质量检验结果，将同种商品区分为若干品质（质量）等级的工作，称为商品分级。

商品分级通常用“等”或“级”的顺序来表示，其顺序反映商品品质（质量）水平的高低。例如我国的皮辊加工细绒棉，根据棉花的成熟程度、色泽特征以及轧工质量，将品级分为7个等级，即1～7级，作为表示棉花品质优劣的综合性指标，级数越小，品质越好。又如普洱散茶按照其品质特征（外形的条索、整碎、色泽、净度以及内质的香气、滋味、汤色、叶底）分为特级、1～10级共11个等级，等级数越低，品质越好。

商品种类不同，分等分级的质量特性指标内容也不同。例如，绵白糖是按其感官指标、理化指标和卫生指标分为精制、优级、一级共三个等级。羊绒针织品的品等以件为单位，按内在质量（物理指标和染色牢度）和外观质量（外观实物质量、规格尺寸允许偏差、扭斜角及外观疵点等）的检验结果中最低一项定等，分为优等品、一等品和二等品，低于二等品者为等外品。柑橘鲜果按感官要求（果形、色泽、果面及缺陷）和理化指标（可溶性固形物、总酸量、固酸比、可食率）分为优等果、一等果和二等果，同等别的柑橘鲜果再依据果实横径（毫米）从大到小分级，依次分为3L，2L，L，M，S，2S共六个级别，大于3L级或小于2S级均视为等外级果品。家用和类似用途电动洗衣机（GB/T 4288—2018）对其主要性能（洗净比、洗净均匀度、单位用水量、噪声、含水率、无故障运行时间、漂洗率、磨损率等）进行分等分级，其分等分级按国际先进水平、国内先进水平、国内中等水平、国内一般水平分别分为A+级、A级、B级、C级四个等级。

商品品质分级的意义在于：它是引导和规范商品生产，加强管理，提高技术水平和商品质量的重要手段；它既有利于贯彻优质优价政策，限制劣质商品进入流通领域，又便于消费者选购商品；它还有利于质量监督和质量仲裁，促进国内市场和对外贸易的健康发展。

商品分等分级应该考虑以下原则：商品等级标准制定要考虑供求现实和生产实际；商品分等分级要基于消费者认为重要的商品特性和那些能够被准确和统一度量的因素；商品等级的分级要素选择应符合外观特征与内在质量密切相关的因素；商品分级标准应当与分级取样方法以及分级检验和认证标准密切相关。

二　商品分级方法

商品分级的方法很多，主要可归纳为百分记分法、限定记分法和限定缺陷法三类。

（1）百分记分法。百分记分法是按商品的各项质量指标的要求，规定为一定分数，其中重要的质量指标所占分数较高，次要的质量指标所占分数较低。各项质量指标完全符合标准规定的要求，其各项质量指标的分数总和为 100 分。如果一项或几项质量指标达不到标准规定的要求，相应扣分，其分数总和就要降低。分数总和达不到一定等级的分数线，则相应降低等级。这种方法在食品商品评级中广泛采用。我国标准《黄羽肉鸡产品质量分级》（GB/T 19676—2005）就采用百分记分法，黄羽肉鸡四项质量特性指标全部符合要求（其中体型外貌 4 分、胴体性状 12 分、肌肉品质 58 分、感官评定 26 分）则总和为 100 分。经过随机抽样并检测上述各指标做出分数判定后，将各指标的分数累加，若分数和大于 90 分，则该产品定为一级；若分数和为 75～89 分，则产品定为二级；若分数和为 60～74 分，则产品定为三级。

（2）限定记分法。限定记分法是将商品的各种质量缺陷（质量指标不符合质量标准）规定为一定的分数，由缺陷分数的总和来确定商品的等级。商品的缺陷越多，分数的总和越高，则商品的品级越低。该方法主要用于工业品商品的分级。例如丝绸被面产品的外观疵点有经向疵点、纬向疵点、破损性疵点、污渍和油渍四种，依照各种外观疵点的轻重程度，经向疵点依次记为 1，2，4 分，纬向疵点依次记为 1，2，4，8，12 分，破损性疵点则为不允许，污渍和油渍依次记为 4，8，8 分。我国纺织行业标准《丝织被面》（FZ/T 43007—2011）规定：每条被面的外观疵点总分数不超过 4 分的，则为优等品；5～8 分的，为一等品；9～12 分的，为合格品。

（3）限定缺陷法。限定缺陷法是在标准中规定商品的每个质量等级所限定的质量缺陷的种类、数量以及不允许有哪些质量缺陷。此法多用于工业品商品的评级。我国标准《日用瓷器》（GB/T 3532—2009）中，对瓷器外观质量的分级就采用了限定缺陷分级法。该标准规定了日用瓷器产品各等级的外观缺陷（如变形、毛孔、斑点、色脏、溶洞、疙瘩和坯泡、裂纹等），同时应符合以下要求：①优等品每件产品不得超过两种缺陷；②一等品每件产品不得超过四种缺陷；③合格品每件产品不得超过六种缺陷。

▶ 本章小结

随着商品交易的迅速发展，商品检验日益成为现代经济社会的重要组成部分。它既是国家监控宏观质量的有效工具，又是保护生产者、经营者和消费者权益的根本方法。商品检验就是按照科学的方法判断商品的质量或其他方面的特性，商品检验的内容主要包括数量重量检验、包装检验、品质检验、安全卫生检验等。随着科学技术的进步，商品检验的方法日益完善，也逐渐多样化，因此必须认真研究检验方法。商品检验除了科学的方法，还涉及如何使用各种方法和标准，这就是检验的相关法规和制度。按照国际惯例，商品的检验应根据商品的种类划分，但由于历史的原因，目前我国的商品检验仍按照国内内销商品和进出口商品划分，因此有必要按照世界贸易组织的要求逐步加以改进。

为了确保商品检验结果的可靠性和稳定性，商品检验工作必须按照正常的工作程序进行，即：定标→抽样→检查→比较→判断→处理；要遵循科学的抽样、制样方法；根据检验对象的不同选择正确的检验方法。

商品品级是依商品品质的高低所确定的等级，商品分级工作的开展有利于生产部门提高生产技术水平和产品质量，有利于贯彻优质优价政策，有利于限制劣质商品进入流通领域，也有利于消费者选购商品。不同的商品分级所采用的方式应有所不同。

► 关键术语

商品检验	生产检验	验收检验
第三方检验	全数检验	抽样检验
进出口商品检验	法定检验	抽样
抽样方法	计数抽样检验	计量抽样检验
调整型抽样检验	抽样检验方案	一次计数抽样检验方案
数量重量检验	包装检验	品质检验
安全卫生检验	感官检验	理化检验
商品品级	商品分级方法	

► 思考题

1. 什么是商品检验？什么是进出口商品检验的法定检验？它有何意义？
2. 按检验主体分类，商品检验分为哪几种类型？综述各种类型商品检验的主要内容。
3. 全数检验与抽样检验各适用什么情况？请各找出三类适合它们的商品。
4. 抽样的原则是什么？抽样方法有几种？
5. 什么是抽样检验？一个抽样检验方案应具备哪些要素？
6. 简述进出口商品包装检验的主要内容。
7. 感官检验有哪些特点？
8. 试比较分析型感官检验与偏爱型感官检验的主要区别。
9. 理化检验有哪些方法？它们有何特点？
10. 什么是商品品级？举例说明如何对某种商品进行品质分级。
11. 试上网查询并编写两个对我们有一定启示的进出口商品检验的小案例。
12. 试收集有关产品标准，编写三类商品分级方法的实例。

第 9 章 商品包装

学习目的

1. 掌握商品包装的概念、功能与分类；理解销售包装和运输包装的概念以及销售包装标识、运输包装标识的内容和作用。

2. 理解包装标准化基本原理，特别是包装模数化。

3. 熟悉各种包装材料性能特点。

4. 了解商品包装设计的八项原则。

5. 理解商品包装技术原理，特别是防护包装等级要求。

6. 熟悉商品包装标志。

引导案例

商品包装不要花架子

不久前，记者陪同从国内来的朋友在柏林购物，他在“鳄鱼”专卖店买了几件 T 恤。售货员用一个白纸袋来装 T 恤，朋友要求商店提供鳄鱼品牌的专用包装，但售货员说他们已很久不使用那种包装了。这位朋友还想买些德国特产带回国送人，但转了几家商店都不满意。他的结论是，德国的东西很好，但包装太一般，回国无法当礼物送人。

显然国人在商品包装的理念上与德国人有很大差异。德国 10 年前就开始倡导商品的“无包装”和“简单包装”，强调包装要无害于生态环境、人体健康并可循环利用或再生，以节约资源和能源。以人们送礼的各种酒为例，在德国大部分中高档酒没有任何包装，人们去朋友家做客，通常是买一瓶葡萄酒，自己用彩色包装纸一裹，再系上一条彩带。德国人在商品的选购上更重内容而非形式。因为商品最重要的是内在质量，外部包装应该是锦上添花而不是喧宾夺主。对绝大多数德国消费者来说，货真价实、物有所值是取舍商品的最重要标准。德国消费者协会的施密特先生告诉记者，适度包装有助于提高商品的档次，防止商品在流通过程中受到损坏，但不分品种和价值高低统统过度包装就有欺诈之嫌了。根据德国包装法的规定，凡包装体积明显超过商品本身的10%以及包装费用明显超出商品售价的30%，就应判定为侵害消费者权益的商业欺诈。

随着人们环保意识的提高，绿色消费在德国已经蔚然成风。记者的一位在柏林技术大学环保系担任教授的朋友在谈到这个问题时说，就德国老百姓而言，简单包装更符合消费者的心理需求。老百姓对要购买的商品除了要看质量好坏，还要看它会不会污染环境，会不会破坏生态。他们在购买商品时注重的是以下几个方面：(1) 选择少用包装、加工比较简单的产品；(2) 讲究生态效益，选择对环境污染少，对生态有利的产品；(3) 选择不严重剥削劳工，不侵犯当地居民生存权，不进行不道德动物试验的产品；(4) 选择不含或少含有害化学成分的食品。

第1节　概　述

一　商品包装及其功能

（一）商品包装的概念

国家标准《包装术语 第1部分：基础》将“包装”定义为“为在流通过程中保护产品，方便储运，促进销售，按一定技术方法而采用的容器、材料及辅助物等的总体名称。也指为了达到上述目的而采用容器、材料和辅助物的过程中施加一定方法等的操作活动”(GB/T 4122.1—2008，通用术语2.1)。包装概念有两重含义：(1) 指盛装内装商品的容器和/或其他包装物料，通常称作商品包装物；(2) 指盛装或包扎内装商品的操作活动。该标准同时给出“包装件”的定义：“产品经过包装所形成的总体”(GB/T 4122.1—2008，通用术语2.2)。

商品包装是依据包装件内所装商品的特性、形态、数量以及物流、销售和消费需求，采用特定包装材料和技术方法，设计和制造出来的包装。通常所说的商品包装主要是指商品的包装容器和/或其他包装物料。

商品包装既是社会生产的一种特殊商品，其本身具有价值和使用价值，又是构成商品的重要组成部分，是实现商品价值和使用价值的重要手段。商品包装的价值包含在商品的价值中，不但在出售商品时得到补偿，而且会因其特定功能而得到超额补偿。

（二）商品包装的功能

商品包装在商品从生产领域转入流通和消费领域的整个过程中起着非常重要的作用。其功能有：容纳功能、保护功能、方便功能和促销功能。

(1) 容纳功能。是商品包装最基本的功能。许多商品本身没有一定的集合形态，如液体、气体和粉状商品，依靠包装的容纳而具有特定的商品形态，没有包装它们就无法运输、储存和销售。包装的容纳功能不仅有利于商品储存、运输、销售和使用，而且能提高商品价值。对于一般结构的商品，包装的容纳功能增加了商品的保护层，有利于商品的稳定；对于食物、药品、化妆品、消毒品、卫生用品等商品来说，包装的容纳功能还能保证商品的安全卫生性；对于复杂结构的商品，包装的容纳能使其外形整齐划一，形成标准单元，便于组合成较大包装；对于质地疏松的商品，包装的容纳功能结合标准化和合理压缩，可充分利用包装容积，节约包装费用，节省储运空间，实现效用最大化。

集合化功能是容纳功能的延伸，它是指包装能把许多个体或个别的包装物统一集合起来，化零为整，化分散为集中，这种集合的容纳不仅有利于商品运输，同时也可以减少流通费用。

（2）保护功能。是商品包装最重要的功能。根据不同的商品形态、特征、运输环境、销售环境、使用环境等因素，选择适当的包装材料，设计或采用合理的包装容器和包装技术，赋予包装充分的保护功能，保护商品的安全。商品在运输、储存和销售过程中，会受到各种因素的影响，可能发生物理、化学、机械、生物学等变化，造成商品损耗、损坏或变质。例如运输、装卸过程中的颠簸、冲击、震动、碰撞、跌落以及储存过程中的堆码承重，可能造成包装变形破损和商品变形、损伤、失散等；在储运过程中外界温度、湿度、光线、气体等条件变化可能造成商品干裂、脱水、潮解、溶化、腐烂、氧化、变色、老化、锈蚀等；微生物、昆虫和鼠类的侵入会导致食品及其他商品的霉腐、变质、虫蛀、鼠咬等。因此必须根据不同的商品形态、特征、运输环境、销售环境、使用环境等因素，选择适当的包装材料，设计或采用合理的包装容器和包装技术，赋予包装充分的保护功能，保护内装商品的安全。对危险货物还要采用特殊包装，注意防止它对周围环境及人和生物的伤害。

（3）方便功能。是指包装应该能够为商品从生产领域向流通领域和消费领域转移提供一切方便，其内容主要包括方便运输、装卸、储存、分发、销售、识别、携带、开启、使用、回收、处理等。方便功能使商品与物流各环节具有广泛的适应性，使物流操作快捷、准确、可靠、便利。包装提供的方便功能还应适合市场营销的需要，为消费者带来方便，扩大商品销售。

（4）促销功能。销售包装在国际上称为“无声的推销员”，在商品和消费者之间起着媒介作用。通过包装的美化和宣传，使商品具有吸引消费者的魅力，引起消费者对商品的购买欲，从而在一定程度上促进商品的销售。包装的促销功能是基于包装具有传达信息的功能、表现商品的功能和美化商品的功能。①传达信息的功能主要通过包装上的各种标识和文字说明向消费者介绍商品的名称、品牌、产地、特性、规格、用途、使用方法、价格、注意事项和认证标志等，起到广而告之、宣传商品、强化信任、指导消费的作用。②表现商品的功能主要是依靠包装上的图案、照片及开窗包装或透明包装所显露的商品实物，把商品的外观表达给消费者，使消费者在感性认识的基础上加深对商品的了解，刺激消费者的购买欲望，并导致购买行为。③包装的装潢、造型等艺术性内容对商品起到加强、突出、美化的作用，造型独特别致的容器，印刷精美的装饰，不但能促进商品销售，还可以作为艺术鉴赏品收藏。

二　商品包装的分类

（一）按包装的目的分类

按包装的目的，商品包装可以分为销售包装和运输包装。

（1）销售包装。是以销售为主要目的，与内装商品一起到达消费者手中的包装，也称为内包装。它具有保护、美化、宣传产品，便于陈列，促进销售，方便消费者选购、携带、使用的作用。销售包装可以是单体包装，即只包装一种或一套商品（如12支一打的铅笔或签字笔）的包装，也可以是配套包装，即把品种相同而规格不同或品种不同而用途相关的数件商品搭配在一起的包装（如将乒乓球、乒乓球拍和球网放在一起的包装）。销售包装往往以其新颖优美的造型、图案、色彩和使人印象深刻的品名、品牌、标志以及文字说明，起到自我推销的作用。销售包装应该遵从节约资源、能源和废弃物的资源化利用的原则，选择和采用合理、恰当的适度包装，避免采用破坏生态环境和侵害消费者利益的过度包装。

（2）运输包装。是以运输储存为主要目的的包装，又称外包装。它具有保障商品安全，方便储运装卸，加速交接和点验等作用。运输包装通常可分为单体包装和集合包装。①单体包装是只包装一种或一套产品的包装，单体包装在运输过程中作为一个计件单位，常用的有箱、包、桶、袋、篓、罐等。②集合包装是将若干包装或商品包装在一起，形成一个合适的搬运单元的包装，以更有效地保护商品，提高装卸效率和节省运输费用，在国际贸易中，常见的集合包装有集装袋和集装箱。集装袋是一种用聚丙烯、聚乙烯等合成纤维编织而成的柔性运输包装容器。集装袋的载重量在0.5～3吨之间，容积在500～2 300升，形状有圆形、方形和U形等。集装袋广泛用于食品、粮谷、医药、化工、矿产品等粉状、颗粒、块状物品的运输包装。集装箱是指具有一定强度、刚度和规格，专供周转使用的大型装货容器。有干货集装箱、散货集装箱、液体货集装箱、冷藏集装箱以及特种专用集装箱，载重量在2.5～30吨。使用集装箱转运货物，可直接在发货人的仓库装货，运到收货人的仓库卸货，中途更换车、船时无须将货物从箱内取出换装。

（二）按包装材料分类

根据包装所用材料，商品包装可分为以下八类。

（1）纸包装。纸包装是指以纸或纸板为原料制成的商品包装。包括纸箱、瓦楞纸箱、纸盒、纸袋、纸管、纸桶等。在现代商品包装中，纸包装仍占有很重要的地位。从环境保护和资源回收利用的观点来看，纸包装具有广阔的发展前景。

（2）木质包装。木质包装是指以木材、木材制品和人造板材（如胶合板、纤维板等）制成的商品包装，如木箱、木桶、胶合板箱、纤维板箱和纤维板桶等。

（3）金属包装。金属包装是指以马口铁、薄钢板、铝箔、铝合金等金属材料制成的各种商品包装，如马口铁罐、铝罐、钢罐、钢瓶等。

（4）塑料包装。塑料包装是指以人工合成树脂为主要原料的高分子材料制成的包装。主要的塑料包装材料有聚乙烯（PE）、聚氯乙烯（PVC）、聚丙烯（PP）、聚苯乙烯（PS）、聚酯（PET）、聚乙烯醇（PVA）、乙烯-醋酸乙烯共聚物（EVA）等。塑料包装主要有全塑箱、钙塑箱、塑料桶、塑料盒、塑料瓶、塑料袋、塑料编织袋等。从环境保护的观点来看，一次性塑料薄膜袋和泡沫塑料盒等包装的废弃物如果处理不当容易产生白色污染。

（5）玻璃与陶瓷包装。它们是指以硅酸盐材料玻璃或陶瓷制成的包装。这类包装主要有玻璃瓶、玻璃罐、陶瓷罐、陶瓷瓶、陶瓷坛、陶瓷缸等。

（6）纤维制品包装。纤维制品包装是指以棉、麻等天然纤维或者人造纤维、合成纤维制成的商品包装，如麻袋、布袋、编织袋等。

（7）复合材料包装。复合材料包装是指以两种或两种以上材料黏合制成的包装，也称为复合包装。主要有纸与塑料、塑料与铝箔和纸、塑料与铝箔、塑料与木材、塑料与玻璃等材料制成的包装。

（8）其他天然材料包装。这类包装主要是指竹类、藤条、柳条、草类等编织物包装，如竹筐、条篓、草袋等。

|知识应用 9-1|　包装材料与人和环境的安全要求

国家标准 GB/T 17306—2008，IDT ISO/IEC GUIDE 41：2003《包装 消费者的需求》中，规定的包装材料与人和环境的安全要求包括以下 5 个方面：

（1）包装材料不应具有潜在危害；

（2）包装应保护内装物尤其是有害的内装物不渗漏；

（3）在有害内装物的包装上，应标明安全警示及贮存与处理方法；

（4）产品安全有时间限制的，在包装上应标明其安全使用期限；

（5）如果在开启包装或取出内装物时有可能危及安全，应在明显部位清楚地标明包装开启方法，包装开启方法应适合内装物、包装及使用者，要特别注意弱势群体的不同要求。

资料来源：中国标准在线服务网，https：//www. spc. org. cn/online/GB%252FT%252017306-2008/.

（三）按包装技术方法分类

根据包装所采用的不同技术方法，商品包装可以分为防水包装、防潮包装、防锈包装、防霉包装、防虫包装、防尘包装、防爆包装、防燃包装、防冻包装、防热包装、防磁包装、防静电包装、防辐射包装、缓冲包装、无菌包装、真空包装、充气包装等。

（四）按包装内容物分类

以包装的内装商品作为标志，商品包装可以分为食品包装、土特产品包装、纺织品包装、药品包装、化妆品包装、玩具包装、文化用品包装、小五金包装、化工商品包装、化学危险品包装、机电商品包装等。

三　商品包装标准化

（一）商品包装标准

商品包装标准是指为了确保商品在储存、运输和销售中的安全和科学管理的需要，以包装的有关事项为对象所制定的标准。它是依据包装科学技术和实践以及商品的体积、形态和性能，在有利于商品生产、流通、消费、安全和节约的原则下，经有关部门的充分协商和一定的审批程序，针对包装的有关事项如术语、容器、尺寸、标志、防护技术、试验方法、设计程序、抽样检验、质量体系、回收利用与废弃物处理等所做出的统一规定。

国家标准《包装 消费者的需求》（GB/T 17306—2008，IDT ISO/IEC GUIDE 41：2003）中，规定了与消费品包装有关的标准的实用性、节约资源与经济性要求。

（1）实用性要求。包装应保护商品，使商品的性能与可靠性在运输、储存过程中，在可预见到的包装寿命内均不受正常操作和环境气候条件的影响；包装应使消费者能够安全开启，不能造成人员伤害或内装物损害。

（2）节约资源与经济性要求。设计包装之前，应考虑包装成本，避免浪费资源；应尽量减少附加到产品价格上的包装成本；在确定包装成本时，包装的处理费也应考虑在内。

我国包装标准体系主要包括包装基础标准、包装专业标准和产品包装标准三大类。

（1）包装基础标准。是最基本的包装标准，具有广泛的使用性。它包括工作导则、包装标志、包装尺寸、包装术语、包装件环境条件、运输包装件试验方法、包装技术与方法、包装设计、包装质量保证、包装管理、包装回收利用等。由于运载工具如叉车的尺寸等方面的标准与包装关系密切，其作为包装标准体系的相关标准也列入基础标准。例如，包装术语标准（GB/T 4122.1—2008《包装术语 第1部分：基础》）、包装管理标准（GB/T 17306—2008《包装 消费者的需求》）、包装标识标准（GB/T 191—2008《包装储运图示标志》）、包装尺寸系列标准（GB/T 16471—2008《运输包装件尺寸与质量界限》）、运输储存条件标准（GB/T 24617—2009《冷冻食品物流包装、标志、运输和储存》）、集装箱与托盘标准（GB/T 1992—2006《集装箱术语》）等。

（2）包装专业标准。只适用于包装行业的某一专业。包括包装材料、包装容器、集装容器、包装装潢印刷、包装机械、包装设备的专业标准。包装专业标准只适用于包装行业的某一专业。

（3）产品包装标准。在生产技术活动中，对所有制作的销售包装和运输包装的品种、规格、尺寸、参数、工艺、成分、性能等所做的统一规定，称为产品包装标准。原则上按产品分类，可分为机械、电子、轻工、邮电、纺织、化工、建材、医药、食品、水产、农业、冶金、交通、铁道、商业、能源、兵器、航空航天、物资、危险品20大类产品包装标准。

（二）商品包装标准化

商品包装标准化是指以制定、贯彻和修改商品包装标准为主要内容的整个过程。具体来讲，商品包装标准化就是根据科学技术的发展，不断完善、补充和提高商品包装标准，在生产、流通、管理等环节中全面推行商品包装标准，使商品包装达到定型化、规格化、系列化和最优化。

实现商品包装标准化，有利于包装工业的发展；有利于提高生产效率，保证商品安全可靠；有利于合理利用资源、减少材料损耗、降低商品包装成本；有利于包装的回收复用，减少包装、运输、储存费用；便于识别和计量；对提高我国商品在国际市场上的竞争力，发展对外贸易有重要意义。

（三）包装模数化

要实现包装标准化、规格化和系列化，必须首先使包装模数化。

包装模数化是指对包装的规格、尺寸和流通环节各种空间或平面尺寸进行模数协调，制定标准尺寸系列，使标准尺寸合理化、系列化和通用化。具体来说，就是使商品的内外包装之间、单件包装与组合包装之间实现模数协调，同时使包装模数与物流模数相互协调。包装模数是指包装容器长和宽的尺寸基数，根据包装模数设计的包装容器能较好地利用储运和运输空间。物流模数是指物流设施与设备的尺寸基准。

包装模数化是以标准化原理和模数理论为依据，通过包装模数协调，建立完善的包装标准模数（包装模数系统）。根据包装模数系统设计包装容器，充分利用储存和运输空间，使商品流通过程中的储存排布合理，货物运输、配合协调和经济有效，充分发挥运输包装的作用。通过包装模数与物流模数协调，使销售包装与运输包装之间、单体包装与集合包装之间实现模数协调，以及运输车辆、火车车厢、轮船船舱、港口码头、储存仓库等都按模数的对接关系进行配套，这将有利于包装容器的最佳装配以及交通工具和货位的最大利用，适应现代化大流通和现代包装运输系统的需要，从而获得最佳的经济效益。

第 2 节　包装材料

包装材料是指用于制造包装容器和构成商品包装的材料（如木材、金属、塑料、玻璃和纸等）的总称。包装容器是为储存、运输或销售而使用的盛装商品的容器，如盒、箱、桶、罐、瓶、袋、筐等。

包装材料在整个包装工业中占有重要地位，是发展包装技术、提高包装质量和降低包装成本的重要基础。

一　包装材料应具备的性能

从现代包装功能要求来看，包装材料应具有以下几方面的性能：

（1）安全性能。是指与内装商品特别是食品直接接触的包装材料，应该不会给商品尤其是食品带来污染，甚至危害使用者的健康。目前更应该引起人们重视的就是包装材料中成分迁移的安全性。在一定条件（温度、溶剂、接触面、长时间储存等）下，塑料材料中的增塑剂、抗氧化剂以及金属材料中的锡等有害物质，会通过扩散迁移到内装的商品特别是食品上，形成潜在毒性，因此必须要求各种包装材料中成分迁移最大值处于其安全要求范围内。

（2）保护性能。主要指包装材料保护内装商品，防止其变质、损坏或损失的能力。通常应根据不同商品特性及其对包装的不同要求，选择适用的包装材料。涉及包装保护功能的材料性能主要有：机械强度，防潮、防水性，耐酸、耐碱性，耐热、耐寒性，耐油性，透光及遮光性，透气性，防紫外线穿透性，气温变化适应性等。

（3）易加工操作性能。包装材料应该具有易加工、易成型、易填充、易封合以及适应自动包装机械操作且生产效率高等特点。因此要求包装材料具有一定的刚挺性、光滑度、可塑性、可焊性、可粘（缝）性、易开口性、热合性、抗静电性等。

（4）外观装饰性能。是指材料的形、色、纹理的美观性能产生陈列效果，提高商品身价和激发消费者的购买欲。它主要取决于包装材料的自身特性，例如，透明度、表面光泽、印刷适应性、防静电、防吸尘性等。

（5）生态环保性能。包装材料要有利于生态环境保护，有利于节省资源。这就要求包装的生产原料应该是可再生的，加工中不污染环境，废弃后易回收、可再生、易处理等。

|知识应用 9-2|　食品保鲜的气调包装

保鲜包装是一种新型的包装技术，它能保持各类食品一定的新鲜度，使产品在储运、销售过程中免受各种生物、微生物及环境因素的影响，在色、香、味等方面保持食品的原味，增加食品的保质期。但各种食品新鲜程度的概念是不一样的，采用的保鲜包装技术各不相同。

气调包装（modified atmosphere packaging，MAP）也称置换气体包装，可定义为“在能阻止气体进出的材料中调节食品的气体环境的技术”。MAP 的一个重要特征是贮藏初始调节包装内的气体组成，以达到抑制食品的腐烂和变质，维持易腐烂食品正常货架期内的品质或延长其货架寿命的目的，因此气调包装又称为主动气调包装（active atmosphere packaging）。

气调包装在一些产品上的应用已经比较成熟，广泛应用于果蔬和净菜的保鲜。另外，气调保鲜技术还应用在冷鲜肉与水产品的包装上。采摘后的新鲜果蔬在储存期间内仍具有生命活性，呼吸作用和蒸腾作用所释放的物质和热量对果蔬的质量影响很大，造成果蔬重量减轻、营养损失、外观和色泽受损，最终导致其腐烂变质，失去食用价值。果蔬气调包装就是在冷藏的基础上，通过对包装内环境温度、湿度、气体浓度等因素的调节控制来抑制果蔬的呼吸作用并降低其水分蒸发速率，从而达到延长其货架寿命的目的。

资料来源：根据百度百科“保鲜包装”词条相关内容整理.

二　主要包装材料的特点与应用

1. 纸和纸板

纸和纸板是传统包装材料，至今仍然是包装材料的重要支柱，它们应用广泛，约占整个包装材料产值的 45%。纸和纸板作为包装材料，具有以下特点：

（1）具有适宜的强度、耐冲击性和耐摩擦性。

（2）容易达到卫生要求，无毒、无异味。

（3）具有优良的成型性和折叠性，对于机械化、自动化的包装生产具有良好的适应性。

（4）具有最佳的可印刷性，便于介绍和美化商品。

（5）价格较低，且重量轻，可以降低包装成本和运输成本。

（6）用后易处理，可回收重复使用和再生，不会污染环境，并节约资源。

纸和纸板也有一些致命的弱点，如难封口、受潮后牢度下降以及气密性、防潮性、透明性差等，从而使它们在包装运用上受到了一定的限制。

用纸和纸板制成的包装容器主要有纸箱、纸盒、纸桶、纸袋、纸罐、纸杯、纸盘等，广泛用于运输包装和销售包装。在纸质包装容器中，用量最多的是瓦楞纸箱。在运输包装中，瓦楞纸箱正在取代传统的木箱，广泛用于包装日用百货、家用电器、服装鞋帽、水果、蔬菜等。目前，瓦楞纸箱正朝规格标准化、功能专业化、减轻重量、提高抗压强度等方向发展。

除瓦楞纸箱外，其他的纸质包装容器多用于销售包装，如用于食品、药品、服装、玩具以及其他生活用品的包装。纸盒可制成开窗式、摇盖式、抽屉式、套盒式等，表面加以装饰，具有较好的展销效果。纸桶结实耐用，可以盛装颗粒状、块状、粉末状商品。纸袋种类繁多，适用范围广泛。纸杯、纸盘、纸罐等都是一次性使用的食品包装，因价廉、轻巧、方便、卫生而广泛应用。

2. 包装用塑料

塑料是 20 世纪蓬勃发展起来的新兴材料，极大地改变了整个商品包装业的面貌。塑料在整个包装材料中所占比例仅次于纸和纸板，包装用塑料消费量约占塑料总消费量的 1/4，在许多方面已经取代或逐步取代传统的包装材料，节省了大量的资源。例如，制成编织袋、捆扎绳代替棉麻包装；制成包装袋、包装盒、包装桶代替金属包装；制成各种塑料袋代替纸张包装；制成周转箱、钙塑箱代替木箱；制成瓶罐代替玻璃包装；制成多种泡沫塑料代替传统的缓冲材料；等等。塑料包括软性的薄膜、纤维材料和刚性的成型材料，其基本优点如下：

（1）物理机械性能优良，具有一定的强度、弹性、抗拉、抗压、抗震、耐磨、耐折叠、防潮、防水，并能阻隔气体等。

（2）化学稳定性好，耐酸碱、耐油脂、耐化学药剂、耐腐蚀等。

（3）比重较小，是玻璃比重的 1/2，是钢比重的 1/5，属于轻质材料。

（4）加工成型工艺简单，成型方法多种多样，适合制造各种包装容器。

（5）适合采用各种包装新技术，如真空技术、充气技术、拉伸技术、收缩技术、贴体技术、复合技术等。

（6）具有优良的透明性、表面光泽、可印刷性和装饰性，为包装装潢提供了很好的条件。

（7）生产耗能少，成本低廉，价格具有一定的竞争力。

塑料作为包装材料有以下不足之处：强度不如钢铁；耐热性不如玻璃；在外界因素长时间作用下易发生老化；有些塑料在高温下会软化，在低温下会变脆，强度下降；有些塑料带有异味，某些有害成分可能迁移渗入内装物；易产生静电而造成吸尘；塑料包装废弃物处理不当会造成环境污染等。在选用塑料包装材料时要注意这些问题。

主要塑料包装材料有以下 14 种。

（1）聚乙烯塑料（PE）。PE 是通用热塑性塑料，具有质轻而柔软、不易脆化、无臭无味、无毒、化学稳定性强、绝缘性好等优点。聚乙烯塑料按密度可以分为高密度聚乙烯（HDPE）、中密度聚乙烯（MDPE）、低密度聚乙烯（LDPE）三类。高密度聚乙烯耐冲击，但弹性和透明性不如低密度聚乙烯，适用于制造大型真空包装容器和重包装袋以及各种桶、瓶、杯、盘、盒等包装容器。中密度聚乙烯的机械性能、电绝缘性和耐腐蚀性高于低密度聚乙烯，用于高速成型各种瓶类、电线电缆包覆层、防水材料等。低密度聚乙烯具有良好的抗冲击强度、透明性、柔软性、透气性和透湿性，但其抗张强度和硬度较差，广泛用于制造薄膜和包装袋，常与其他的材料复合生产各种复合包装材料。聚乙烯塑料具有优良的性能且无毒，常用于药品和食品包装。

（2）聚氯乙烯塑料（PVC）。PVC属于通用热塑性塑料，通常分为软质和硬质两类。聚氯乙烯的可塑性强，具有良好的装饰和印刷性能以及较高的透光率、较好的化学稳定性和机械性能。软质聚氯乙烯多用于制造薄膜、各种包装袋；硬质聚氯乙烯可制成各种瓶、杯、盘、盒等包装容器。聚氯乙烯不适合用作食品包装。

（3）聚丙烯塑料（PP）。PP属于韧性塑料，是各种塑料中最轻的一种。它无味、无毒，机械强度比聚乙烯高，耐冲击、耐摩擦、耐腐蚀、绝缘，具有良好的耐热性和空气阻绝性。聚丙烯塑料可用于吹塑和真空成型制造各种瓶、杯、盘、盒、包装薄膜、编织袋、打包带等包装容器和包装材料，具有耐腐蚀、不发霉、重量轻、耐折和价廉的优点。双向拉伸聚丙烯薄膜可代替玻璃纸用于包装糖果和食品，成本低于玻璃纸。聚丙烯塑料不宜用作香味浓郁商品的包装，也不宜用作长期存放植物油和矿物油的包装。

（4）聚苯乙烯塑料（PS）。PS属于硬质塑料，具有刚性，印刷性好，表面富有光泽，耐化学腐蚀性强、无毒、无味，是一种质轻、强度较高的良好包装材料。在包装工业常用改性聚苯乙烯（如抗冲聚苯乙烯和高抗冲聚苯乙烯）注塑成型制造各种桶、深杯、盘、盒等包装容器，也用拉伸聚苯乙烯和泡沫聚苯乙烯制成浅杯、盘、盒等包装容器，用于盛装食品、酸或碱。聚苯乙烯加发泡剂制成的泡沫材料，可用作仪器、仪表、电视机和高级电器产品的缓冲包装材料。

（5）聚酰胺塑料（PA）。聚酰胺通常称为尼龙，它无毒，具有良好的冲击韧性和优异的耐磨性能，较高的抗张强度、硬度和疲劳强度，良好的耐光性、耐蒸汽加热性和气密性，并有较好的印刷和装饰性能。尼龙主要用于食品软包装，特别适用于油腻性食品的包装。例如尼龙薄膜广泛用于油脂类食品、冷冻食品、真空包装食品、蒸煮袋食品、奶制品等的包装。此外还用于制造打包带和绳索，其坚固性好于聚丙烯打包带。

（6）聚乙烯醇（PVA）。经热处理的聚乙烯醇具有耐水性好又保香、耐油、透气率低的优点，其薄膜对保持食品（如肉类、水产加工品和糕点等）的新鲜度，防止氧化变色、变味和变质具有显著的效果。它还适合用做某些化工商品（如农药、消毒剂、染料等）的包装。

（7）聚酯塑料（PET）。聚酯塑料具有较好的韧性与弹性，较高的机械强度，较好的耐热性、耐寒性和耐油性，良好的防潮性、防水性和气密性，极好的防止异味透过性和极小的水蒸气透过率，因此，它是优良的食品包装材料，特别适合做饮料的包装。目前聚酯瓶已大量用于含气饮料的包装，是最有发展前途的包装容器。聚酯薄膜经常与聚乙烯、聚丙烯等制成复合薄膜，用作冷冻食品及需要加热杀菌食品的包装材料。

（8）乙烯-醋酸乙烯共聚物（EVA）。EVA属于热塑性塑料，其特点是具有良好的柔软性，橡胶般的弹性，在−50℃下仍能够具有较好的可挠性，透明性和表面光泽性好，化学稳定性良好，抗老化和耐臭氧强度好，无毒性，着色和成型加工性好。一般用作包装密封的薄膜材料，特别适用于托盘收缩包装。除单层膜外，它常用来与其他材料共挤形成多层复合膜。例如与高密度聚乙烯复合成的薄膜材料，可代替玻璃纸和蜡纸，成为快餐食品的理想包装材料。

（9）聚偏二氯乙烯（PVDC）。这种包装材料的主要特点是：透明度高，机械强度大，气密性和防潮性极佳，耐有机溶剂和油脂，热收缩性能与自黏性较好，但它的耐热性及机械适应性不好，特别是在加热时分解，放出有害气体，对金属设备造成腐蚀，因此目前主要用于涂覆材料。聚偏二氯乙烯主要用作食品包装薄膜。由于它的透气、透湿程度很低，用于包装食品，能防止水分蒸发引起的失重和腐败变质，又不会使干燥食品吸潮，可防止鱼、肉和油脂类食品氧化，有利于长期储藏保鲜。它可用作密封包装和无菌食品包装，并可用作家庭日用的包装材料。

（10）聚碳酸酯（PC）。它无色透明，具有良好的光泽，优良的耐热性、耐寒性和冲击韧性，可用于加压杀菌。它的机械强度较高，耐化学腐蚀性好，能阻止紫外线透过，其透气性、吸水性和吸湿性小，可制造蒸煮食品的包装袋以及饮料器具、容器和其他食品包装材料。其缺点是热封合时容易起泡，透明度降低。因此作食品包装材料时，要与聚乙烯等复合，形成复合包装材料，以改进其热合性，达到最佳效果。

（11）乙烯-乙烯醇共聚物（EVOH）。EVOH 可看作 EVA 的改性物，其最显著的特点就是具有良好的阻隔性能，它可以有效地阻隔气体、香气、溶剂等，用做硬包装和软包装。例如食品的无菌包装、热罐和蒸煮袋，溶剂、化学药品和医药品的瓶、罐包装。EVOH 的阻气性很好，但是耐水性差。在蒸煮温度超过 120℃时，水分和氧渗透性增强。除了制作包装容器，人们还开发了 EVOH 树脂复合膜，在高温（120℃）蒸煮后常温放置 2 小时就能恢复其阻气性，尺寸稳定性好、透明度高，为需要在常温下保鲜、延长包装有效期和保质期的食品提供了很好的选择。

（12）聚氨基甲酸酯塑料（PU）。它主要用于精密仪器、贵重器械、工艺品等商品的防震包装或衬垫缓冲材料。

（13）密胺塑料。这种塑料多用于制作食品容器，也可用于制作精美的食品包装容器。

（14）钙塑和木质塑料。钙塑材料是 20 世纪 70 年代出现的一种新型改性材料，是由聚乙烯、聚丙烯或聚氯乙烯加碳酸钙等添加剂制成的复合材料。钙塑材料兼具塑料、木材和纸板三者的特性。它质地均匀，化学稳定性好，防燃阻热性好，耐水、耐氧化，机械加工性能好，坚固耐用。用钙塑材料制成的包装箱、桶、托盘等容器，可以重复多次周转使用，节省包装费用。用钙塑材料制成的钙塑瓦楞纸箱，不仅具有瓦楞纸箱所具有的防震、折叠方便等优点，还具有质轻、耐冲击、耐水湿和耐弯折等优良特性，广泛用于食品和饮料的运输包装。

木质塑料是以废代木的新型包装材料，它以废旧塑料和锯木屑为原料，用挤压成型方法制成板材。这种木质塑料的热胀冷缩性、膨胀系数与铝相近，抗老化性能则优于普通塑料和木材，耐寒性好，耐腐蚀性强，不易开裂，抗压、抗冲击和抗弯曲强度高于木材，机械加工性能很好。木质塑料具有很多优点，成本也较低，又是废旧物资利用，可以节省大量资源，可以用它做包装箱来替代木箱。

3. 包装用金属材料

包装用金属材料主要是钢材、铝材及合金材料。包装用钢材包括薄钢材、镀锌低碳薄铁板、镀锡低碳薄钢板（俗称马口铁）；包装用铝材有纯铝板、合金铝板和铝箔。金属材料具有以下一些优点：

（1）具有良好的机械强度，牢固结实，耐碰撞，不破碎，能有效地保护内装物品，降低在运输、销售过程中的商品损坏率。

（2）密封性能优良，阻隔性好，不透气，防潮，耐光，用于食品包装（罐藏）能达到中长期保存的目的。

（3）具有良好的延展性，易于工业机械加工成型。

（4）金属表面有特殊的光泽，易于进行涂饰和印刷，可获得良好的装潢效果。

（5）易于回收再利用，降低经济成本，不污染环境。

但是金属材料成本高，一些金属材料如钢铁的化学稳定性差，在潮湿的大气下易发生锈蚀，遇酸碱易发生腐蚀，限制了其在包装上的运用。钢板通过镀锌、镀锡、镀铬、涂层等措施，可以有效地提高其耐腐蚀性、耐酸碱性。

刚性金属材料主要用于制造运输包装、集装箱以及饮料、食品和其他商品的销售包装，还有少量用于加工各种瓶罐的盖底以及捆扎材料等。例如重型钢瓶、钢罐用于盛装酸类液体以及压缩、液化和加压溶解的气体；薄钢板桶广泛用于盛装各类食用油脂、石油和化工商品。铝和铝合金桶用于盛装酒类商品和各种食品；镀锌薄钢板桶主要用于盛装粉状、浆状和液体商品；铁塑复合桶适于盛装各种化工产品及腐蚀性、危险性商品；马口铁罐、镀铬钢板罐、铝罐是罐头和饮料工业的重要包装容器；金属听、盒适用于盛装饼干、奶粉、茶叶、咖啡、香烟等。

软性金属材料主要用于制造软管和金属箔。例如铝制软管广泛用于包装膏状化妆品、医药品、清洁用品、文化用品、食品等；铝箔多用于复合包装材料，通常与其他包装材料如纸、塑料等形成复合包装材料，常用于食品、卷烟、药品、化妆品、化学品等的包装。但是对于铝箔或蒸镀铝制造的复合包装材料，因为其含有金属铝，包装废弃物难以回收。

4. 包装用玻璃和陶瓷

玻璃和陶瓷均系以硅酸盐为主要成分的无机性材料。玻璃与陶瓷作为包装材料，颇有渊源，目前玻璃仍是现代包装的主要材料之一。

玻璃以其本身的优良特性以及制造技术的不断进步，仍能适应现代包装发展的需要，其特点如下：

（1）化学稳定性好，耐腐蚀，无毒无味，卫生安全。

（2）密封性优良，不透气，不透湿，有紫外线屏蔽性，有一定的强度，能有效地保护内装物。

（3）透明性好，易于造型，具有特殊的宣传和美化商品的效果。

（4）原料来源丰富，且价格低廉。

（5）易于回收复用，可再生，有利于节约资源和环境保护。

玻璃作为包装材料，具有耐冲击强度低、碰撞时易破碎、易造成人身伤害、运输成本高、能耗大等缺点，限制了它在包装上的使用。随着工业技术的进步，对玻璃进行改进处理，玻璃的强化、轻量化技术以及复合技术已有了一定的发展，增强了对包装的适应性，扩大了玻璃在包装工业的运用范围。

玻璃主要用来制造销售包装容器，如玻璃瓶、玻璃罐，广泛运用于酒类、饮料、罐头食品、调味品、药品、化妆品、化学试剂、文化用品等包装。此外玻璃也用于制造大型运输包装容器，用来装运强酸类产品，还用来制造玻璃纤维复合袋，用于包装化工产品和矿物粉料。

陶瓷化学稳定性与热稳定性均佳，耐酸碱腐蚀，遮光性优异，密封性好，成本低廉，可以制成缸、罐、坛、瓶等多种包装容器，广泛用于包装各种发酵食品、酱菜、腌菜、咸菜、调味品、蛋制品及化工原料等。陶瓷品是酒类和其他饮料的包装容器，其结构造型多样，古朴典雅，色彩丰富，图案装潢美观，特别适合高级名酒的包装。

5. 其他包装材料

(1) 木质材料。木质材料具有优良的强度/质量（重量）比，有一定弹性，耐压、耐冲击和耐气候性好，并具有易加工性。目前仍是大型和重型商品运输包装的重要材料，也用于包装那些批量小、体积小、重量大、强度要求高的商品。常用的木质包装容器有木箱（包括胶合板箱和纤维板箱）、木桶（分为木板桶、胶合板桶和纤维板桶）。木材作为包装材料虽然具有独特的优越性，但由于我国森林资源相对贫乏，人工造林规模很小，加上水土保持和防风防沙等生态保护需要以及木质材料价格相对较高等原因，近期木质材料作为包装材料的发展潜力不大。木质包装容器逐渐减少，正在被其他包装容器取代。

|知识应用 9-3|　IPPC 标识释义

IPPC 标识是国际上通用的标识，用以识别符合 IPPC 标准的木质包装，表示该目标装已经经过 IPPC 检疫标准处理。在进出口货物的木质包装上要加盖 IPPC 的专用标识，如果不按照这样的要求做，会被当地海关要求退货。

2002 年 3 月国际植物保护公约（International Plant Protection Convention，IPPC）发布了国际植物检疫措施标准第 15 号出版物《国际贸易中木质包装材料管理准则》(Guidelines for Regulating Wood Packing Material in International Trade)，简称第 15 号国际标准，即为国际木质包装检疫措施标准。

我国已于 2005 年加入国际植物保护公约组织，所有进出境木包装均应进行除害处理并加施 IPPC 标识。国家质检总局《进境货物木质包装检疫监督管理办法》（84 号令）和《出境货物木质包装检疫处理管理办法》（69 号令）明确规定了我国进出境货物使用的木质包装应当在政府检疫主管部门监督下按照国际植物保护公约的要求实施除害处理后加施 IPPC 标识。

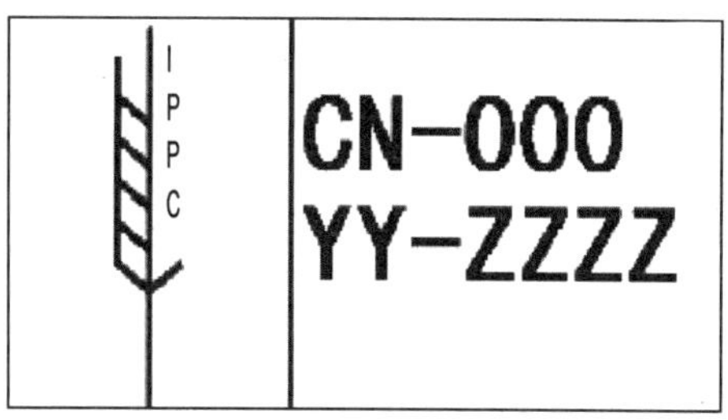

IPPC——国际植物保护公约的英文缩写；

CN——国际标准化组织（ISO）规定的中国国家编号；

000——出境货物木质包装检验检疫局编号；

YY——除害处理方法，溴甲烷熏蒸（MB），热处理（HT）；

ZZZZ 或 ZZ——各直属检验检疫局4位数代码（如江苏局为3200，宁波局是39）。

资料来源：http：//www. angelic. com. cn/zhishi/fuzhu/3966. html.

（2）天然材料。用于包装的天然材料主要是棉、麻植物纤维。它们主要用于制袋和包裹商品。例如布袋和麻袋有适宜的牢度，轻巧，使用方便，适用于盛装粮食及其制品、食盐、食糖、农副产品、化肥、化工原料、中药材等；竹类、野生藤类、树枝类和草类等天然材料也是来源广泛、价格低廉的包装材料，用它们编织成的容器具有轻便、通风、结实、造型独特、环保等特点，适用于包装各种农副产品。

天然生物材料来源丰富，成本较低，并可资源再生，废弃后容易在自然环境中被微生物分解，不污染环境，因此被人们视为理想的生态材料，具有很大的发展潜力。

（3）可食性包装材料。可食性包装材料主要有可食用的淀粉、蛋白质、植物纤维和其他天然物质。它们可以食用，对人体无害，也不危害环境，有很大的发展前景。例如科研人员开发出的可直接煮食的食品包装材料，是用大豆蛋白、添加酶和其他处理剂压制而成的半透明可食性薄膜。可食性包装材料已开始用于食品、药品等包装。

第3节　商品包装设计的原则

商品包装是保障商品从生产商经由流通环节安全满意地转移到消费者手中的有效手段。这种有效性就体现在商品包装对其内装商品的保护、美化和促销等基本功能上。为了充分地发挥商品包装的这些功能，商品包装设计应遵循适用性、安全性、方便性、美观性、促销性、经济性、标准化、环境友好性八项原则。

1. 适用性

适用性有三个方面的含义：①对于被包装商品（如体积、形态、性能等）的适用性；②对于各流通环节（如装卸、运输、储存、销售等）要求的适用性；③对于商品及其包装的最终使用者的适用性。适用性是商品包装设计的总原则。

商品包装设计要素主要有材料、结构、造型、图案（文字）、色彩等。它们的组织与协调必须建立在了解和熟悉所包装商品特征和特性的基础上，必须充分考虑物流各环节、销售环节对包装的具体要求以及商品及其包装的使用者的特征、偏好、风俗习惯等。

为了保证商品包装设计有的放矢、适销对路，称职的包装设计人员在设计前必须进行市场调查。通过调研，了解所包装商品的生产特点、性能特点、同类竞争商品的包装现状及优缺点等，了解所包装商品的销售和使用对象的性别、年龄、职业、受教育程度以及他们的爱好、风俗、禁忌等，了解所包装商品的分销渠道、销售时的陈列方式、储存和运输中的安全和方便的需求等。然后进行综合分析，提出包装设计的初步设想计划。再选择适当的包装材料并根据所包装商品的特性、特征及所要求功能确定其包装结构造型和图案文字及色彩。最后小批量生产进行市场试销并根据意见不断修改，完成定稿。

2. 安全性

安全性原则包括以下两方面内容。

（1）包装设计要充分保证内装商品完好无损和原有质量。这就要求包装设计应根据所包装商品的特征特性，选用特定的材料，设计一定的结构形态的包装容器，采用相应的包装技术来实现安全保护的作用。例如设计化妆品、药品和化工商品包装必须依据这些商品的理化性能，选用与这些商品具有相容性（如无毒或耐腐蚀或密封性好）的包装材料，所设计的包装容器应防潮、隔氧、遮光以保护这些商品。

（2）在包装的设计过程中，还必须考虑接触商品包装的相关人员的安全，防止在包装的生产、流通、销售、处理过程中对相关人员造成损害。例如在食品、药品、化妆品、卫生用品等商品的包装设计中，要特别注意包装商品的卫生安全要求，一方面要求包装能隔绝各种不卫生因素的污染，尤其是微生物、害虫、鼠类的污染；另一方面要求包装材料不含有毒物质且不能与商品成分发生化学反应而形成有毒物质，污染商品。包装材料不与所包装商品发生化学反应的性质称为相容性。例如欧盟已将聚氯乙烯中氯乙烯单体列入食品、医药以及可能与儿童接触的商品包装中限制使用的材料，包装设计中不能再使用此类包装材料，应使用安全的、低风险的其他包装材料如聚酯来代替。

3. 方便性

包装设计特别是销售包装设计，要根据现代商品生产、物流、销售和使用的要求，便于包装生产者实现机械化、自动化连续生产，便于物流业者提高装卸、储运效率，便于销售者陈列展销，便于消费者携带、使用、启闭等。同时，还要根据不同的消费对象采用不同容量、数量、规格的包装，采用相关商品配套包装。除此之外，还要考虑到识别方便性。在商品销售市场中，商品包装的相似（雷同）性越来越显著，因此对于包装的设计必须考虑消费者在选购商品时，很方便地根据商品的包装识别出所需购买的商品。识别方便性还为物流的科学管理和效率提高带来好处，如物流单元的条码可用于货物追踪、交接验收、库存盘点等科学高效管理。

4. 美观性

美观是广大消费者的共同要求。包装设计必须在功能、材料和技术允许的条件下，为被包装的商品创造出生动、完美、健康、和谐的造型设计与装潢设计，由此激发人们的购买欲望，美化人们的生活，培养人们健康、高尚的审美情趣。商品包装的造型设计与装潢设计是紧密结合的，既要有美的造型，又要有美的色彩和图案。造型美的要素有：对称性、平衡性、协调性、统一性、节律性、连续性、质朴性、华丽性、活泼性、庄严性、趣味性、幽默性、比例性、民族性、时代性等。依据上述某些要素，对包装容器的外部形态进行美化，是包装造型设计的一项重要工作。装饰设计是采用各种技术手段，对包装容器进行表面处理，以获得不同的视觉效果。装潢设计是以图案、色彩、文字等方式，使包装容器获得强烈的艺术效果。以不同的色彩或色调来烘托包装造型，可使包装具有巨大的艺术魅力。

5. 促销性

商品包装的促销功能主要是通过包装装潢设计来实现的。包装装潢设计首先是注意包装整体设计效果，考虑总体画面与商品属性、包装造型的关系，做到画面与造型统一，图案、文字、色彩与商品内容相称，使包装装潢能够抓住消费者心理，在促进商品销售中起到显著的作用。

包装装潢的图案、文字设计要紧紧围绕宣传、说明商品这个主题，充分利用包装媒介，通过图案、色彩、文字、实物的组合，表现商品，宣传商品，推销商品。例如图案可采用写实、夸张、概括、抽象等手法，文字可以采用传统书法或现代美术字体。包装装潢设计应注意突出商品的商标、品牌，使其在包装画面上占有显著的位置，为此可采用各种艺术表现手法。例如黑白差异对比、色彩冷暖对比、文字虚实对比等，使消费者对商品品种、品牌一目了然，使商标在画面中起到画龙点睛的作用。包装装潢设计要考虑不同民族、不同地区、不同国家的文化传统和社会风俗习惯，创造具有特色的包装，实现包装设计当地化，以适应不同市场、不同文化群体消费者的需要。

销售包装还可采用透明包装、开窗包装等包装形式，增加商品的可视性，满足消费者“眼见为实”的心理，提高消费者对商品的信任感，最终达到促销的目的。

6. 经济性

经济性要求包装设计必须做到以最少的财力、物力、人力和时间来获得最大的经济效果。经济性原则在包装设计中具体表现在：①在保证包装获得所要求的功能条件下，包装设计应选择价格相对低廉的包装材料；②在不影响包装质量的前提下，应采用经济、简单的生产工艺方法以降低包装成本；③在满足强度要求的前提下，应选用数量较少、质量（重量）较轻的包装材料，尽可能减少包装质量（重量），缩小包装体积，实现包装规格标准化，以提高运输装卸能力和仓库容量的利用率，减少流通费用。这样设计出来的包装也就是适度包装，即为节约资源、能源和废弃物的资源化利用而采取的合理、恰当的包装。

在包装设计时，还应考虑包装与内装物品的价值相称，避免过度包装和过弱包装。过度包装是指相对于一定功能而成本过大的包装，也就是超出正常的包装功能需求，包装空隙率、包装层数、包装成本超过必要程度的包装，其表现形式是用材过多、过于贵重、体积过大、分量过重、装潢过奢、成本价格过高等。过度包装不仅消耗大量资源，增大城市垃圾处理负担，而且严重损害消费者利益。我国在月饼包装、保健品包装、名酒和茶叶包装等礼品包装上的过度包装现象比较普遍。国际食品包装协会的调查显示，超过九成的消费者不愿意为过度包装买单。91%的人认为可以接受的是包装成本占总销售额10%以内的简单包装，只有9%的人认为可以接受包装成本为20%以内的比较精美的包装，成本超过20%以上的过度包装，就没有人愿意付钱。拒绝过度包装正成为商家的选择，这将减少包装空隙过大造成的运输成本、存放成本以及包装材料等不必要的浪费。

我国现行的《中华人民共和国固体废物污染环境防治法》（2016年修订并实施）、《中华人民共和国循环经济促进法》（2018年修订并实施）、《中华人民共和国清洁生产促进法》（2012年修订并实施）等法律中都提及限制商品过度包装问题并对废弃包装回收利用做出相应规定。2010年4月我国开始实施强制性国家标准《限制商品过度包装要求 食品和化妆品》（GB 23350—2009），该标准对食品和化妆品销售包装的空隙率、层数和成本等指标均作出了强制性规定，如表9-1所示。

表 9-1　食品和化妆品销售包装的空隙率、层数和成本的限量指标

商品类别	限量指标		
	包装空隙率	包装层数	包装成本
饮料酒	≤55%	3层及以下	除初始包装（直接与商品接触的包装）之外的所有包装成本的总和不应超过商品销售价格的20%
糕点	≤60%	3层及以下	
粮食*	≤10%	2层及以下	
保健食品	≤50%	3层及以下	
化妆品	≤50%	3层及以下	
其他食品	≤45%	3层及以下	

* 粮食指原粮及其初级加工品。

说明：当内装产品所有单件净含量均不大于30mL或30g，其包装空隙率不应超过75%；当内装产品所有单件净含量均大于30mL或30g，并不大于50mL或50g，其包装空隙率不应超过60%。

|知识应用 9-4|　从消费观念及设计理念的源头上消除过度包装

（1）树立正确的消费观念。社会消费观念的转变是治理过度包装的首要工作之一。只有引导消费者树立朴素、理性的消费观，增强节约、环保意识，抵制奢华消费，减少消费者对过度包装的过分追求，培育健康的社会风貌，才能让过度包装失去生存的土壤。

过度包装是一个国际性的问题，许多国家在采取治理行动时，尤其重视对消费者消费观念的合理引导。如英国在全社会开展"包装是剥掉的东西"的活动，号召消费者不再追求过度包装；日本作为一个十分讲究礼仪的国家，近年来也开始向消费者推广礼品的简易包装，甚至提出了"零包装"的口号。这些行动取得了明显的效果，目前欧洲地区的消费者的环保观念得到了进一步加强，甚至还会自动抵制商品的过度包装行为。以惠普公司为代表的一部分企业开始在欧美市场使用旧纸箱包装商品，也受到了消费者的普遍欢迎。

（2）改进包装设计理念。消费者对精美包装的追求无可厚非，然而"精美"是否只能通过过度包装来实现呢？对这个问题的不同理解源自不同的包装设计理念。包装设计是过度包装产生的"源头"，这一环节的工作做好了，才能减轻后续环节的负担。在包装设计理念方面，国内企业与发达国家企业相比还存在一定的差距。以化妆品包装为例，国内大多数化妆品生产企业并不注重品牌内在价值的培育，反而本末倒置，过于依赖精美包装对产品销售的促进作用。这种行为在短期内固然可以立足于市场，但往往只是昙花一现。

具有国际化特色的包装设计，一定是惜墨如金、时尚前卫、美丽简洁的。通过材料和工艺的完美配合，将简单的设计做成不简单的包装，这才是包装设计的最高境界。企业应树立正确的包装设计理念，注重新工艺和新材料的开发和利用，在适度包装、绿色包装的基础上，通过创新的设计理念，实现包装的促销和美化功能。

资料来源：http：//www.zsjkuv.com/guodubaozhuang4.html.

7. 标准化

在设计包装特别是运输包装时，要考虑适应运输、装卸、堆码、储存等流通环节的要

求，实现包装的标准化和模数化。要适应运输就必须充分考虑人工搬运的能力限度和机械搬运的效率，合理地确定包装物的形态、体积、重量等。现代运输广泛采用机械化装卸设备，故运输包装应注意采用大型集合化包装，包装外形尺寸要标准化和模数化。实现包装标准化，就是要使包装达到定型化、规格化和系列化，减少包装的规格型号，这不仅有利于组织专业化生产，提高生产效益，节约包装材料，合理使用资源，降低包装成本，而且便于集合包装，便于装卸堆码。实现包装模数化，就是从商品包装到集装箱、集装托盘、运输工具、港口码头、储运仓库等都按照模数关系进行配套，以最大限度利用运输、搬运工具和仓储空间，适应现代化大流通的需要。适应储存的要求有三点：包装物堆码要便利，不易塌垛；容器抗压强度要适宜，耐高层垛码，节省仓储空间；利用包装有效地延长商品储存寿命。

8. 环境友好性

环境友好性是指包装设计时既要保证商品包装的功能性完整，又要考虑如何尽可能减少包装对环境的不利影响。环境友好性原则要求：

（1）在包装设计中，应当尽量选用可回收、可再生或可降解的包装材料。

（2）设计所选用的包装材料的生产以及包装生产工艺不能危害生态环境且应该节能。

（3）设计所用的包装材料或包装工艺不能损害使用者或生产人员的身体健康。

（4）所设计的包装中应尽可能少用或不用有害的或妨碍包装废弃物处理的添加剂。

（5）在包装设计中还要注意合理开发节省资源的包装，例如用瓦楞纸箱代替木箱、用废纸浆生产非食品用包装容器等。

第 4 节　商品包装技术与防护包装

（一）商品包装技术

商品包装技术是指包装操作时所采用的技术或方法，也称为商品包装技法。只有运用包装技术或方法，才能使包装与商品形成一个整体。包装技术或方法与包装的各种功能密切相关，特别是与保护功能关系密切。采用各种包装技术或方法的目的，是有针对性地合理保护不同特性的内装商品的质量。有时为了取得更好的保护效果，也将两种或两种以上的技术或方法组合使用。

商品的包装技术或方法有很多种，下面举例说明。

1. 泡罩包装与贴体包装

泡罩包装是将商品封合在用透明塑料薄片形成的泡罩与底板（用纸板、塑料薄膜或薄片、铝箔或它们的复合材料制成）之间的一种包装方法。

贴体包装是将商品放在能透气的、用纸板或塑料薄片（膜）制成的底板上，上面覆盖加热软化的塑料薄片，通过底板抽真空，使薄片（膜）紧密地包贴产品，其四周封合在底板上的一种包装方法。

泡罩包装和贴体包装多用于日常小商品的包装，其特点是透明直观，保护性好，便于展销。

2. 真空包装与充气包装

真空包装是将商品装入气密性包装容器，抽去容器内部的空气，使密封后的容器内达到预定的真空度的一种包装方法。这种方法一般用于高脂肪低水分的食品包装，其主要作用是排除氧气，减少或避免脂肪氧化，而且可以抑制霉菌或其他耗氧微生物的繁殖。真空包装用于轻纺工业品包装，能缩小包装商品体积，减少流通费用，还能防止虫蛀、霉变。

充气包装是在真空包装的基础上发展起来的，它是将商品装入气密性包装容器，用二氧化碳等气体置换容器中原有空气的一种包装方法。充气包装主要用于食品包装，根据气体的理化特性，将气体作为食品包装防腐保鲜的介质，能够抑制细菌、微生物、真菌的生长和繁衍，减缓食品氧化作用和呼吸作用，能减慢或避免食品变质，也可以防止金属包装容器由于罐内外压力不等而发生的瘪罐问题。另外，充气包装方法还用于日用工业品的防锈和防霉。

3. 收缩包装

收缩包装是以收缩薄膜为包装材料，包裹在商品外面，通过适当温度加热，使薄膜受热自动收缩紧包商品的一种包装方法。收缩薄膜是一种经过特殊拉伸和冷却处理的塑料薄膜，内有一定的收缩应力，这种应力重新受热后会自动消失，使薄膜在其长度和宽度方向上急剧收缩，厚度加大，从而使内包装商品被紧裹，起到良好的包装效果。

收缩包装具有透明性、紧凑、均匀、稳固、美观的特点，由于密封性好，还具有防潮、防尘、防污染、防盗窃等保护措施。收缩包装适用于食品、日用工业品和纺织品的包装，不仅适用于销售包装，也适用于运输包装，既可用于单件商品包装，也可用于多种商品的托盘集合包装，特别适用于形态不规则商品的包装。

4. 缓冲包装

缓冲包装是指在产品外表面周围放有能吸收冲击或振动能量的缓冲材料或其他缓冲元件，使产品不受物理损伤的一种包装方法。一般的缓冲包装有三层结构，即内层商品、中层缓冲材料、外层包装箱。缓冲材料在外力作用时能有效地吸收能量、及时分散作用力而保护商品。缓冲包装依据商品性能特点和运输装卸条件，分为全面缓冲法、部分缓冲法和悬浮式缓冲法。全面缓冲法是在商品与外包装之间填满缓冲材料，对商品所有部位进行全面缓冲保护。部分缓冲法是在商品或内包装件的局部或边角部位使用缓冲材料衬垫。这种方法对于某些整体性好或允许加速度较大的商品来说，既不减低缓冲效果，又能节约缓冲材料，降低包装成本。对于允许加速度小的易碎或贵重商品，为了确保安全，可以采用悬浮式缓冲法。这种方法采用坚固的容器外包装，把商品或内包装（商品与内包装件合理衬垫）用弹簧悬吊在外包装容器中心，通过弹簧的缓冲作用保护商品，以求万无一失。

5. 无菌包装

无菌包装是在罐头包装的基础上发展而成的一种新技术。无菌包装是先将食品、包装容器、包装辅助物灭菌后，再在无菌的环境中进行充填和封合的一种包装方法。与罐头包装相比，无菌包装的特点是：采用超高温杀菌，一般加热时间仅几秒，又立即冷却，因而能较好地保存食品原有的营养素、色、香、味和组织状态；杀菌所需热能比罐头少25%～

50%；因冷却以后包装，可以使用不耐热、不耐压的容器，如塑料瓶、纸盒等，既降低成本，又便于消费者开启。无菌包装适用于液体食品包装。

（二）防护包装

国家标准将“防护包装”定义为“保护被包装物的一种包装方法。防护包装可以保护内装物从封闭包装到最终使用者打开包装为止的过程中不发生变质、损坏或损失。根据周围的环境对产品危害程度的不同和需要保护时间的长短，可使包装具有不同的保护程度”（GB/T 4122.1—2008，防护包装 4.1）。

防护包装技术是为了保护内装物品质，使其不发生变质、损坏或损失。防护包装主要包括防水包装、防潮包装、防锈包装、防霉包装、防静电包装、防磁包装、防辐射包装、防虫包装等。

1. 防水包装

防水包装是防止因水浸入包装件而影响内装物品质的一种包装方法。如用防水材料衬垫包装容器内侧，或在包装容器外部涂刷防水材料等。

（1）防水包装等级。国家标准 GB/T 7350—1999《防水包装》规定，产品需要防水包装时必须在产品技术文件中规定产品包装的防水包装等级要求。包装的防水等级应根据产品的性质、流通环境和可能遇到的水侵害等因素来确定。防水包装等级分为 A 类 1 级包装、2 级包装、3 级包装和 B 类 1 级包装、2 级包装、3 级包装。

（2）防水包装等级选择原则。如表 9-2 所示。

表 9-2　防水包装等级选择原则

类别	级别	要求
A	1 级包装	包装件在储运过程中环境条件恶劣，可能遇到水害，并沉入水面以下一定时间
	2 级包装	包装件在储运过程中环境条件恶劣，可能遇到水害，并短时间沉入水面以下
	3 级包装	包装件在储运过程中包装件的底部或局部可能短时间浸泡在水中
B	1 级包装	包装件在储运过程中基本露天存放
	2 级包装	包装件在储运过程中部分时间露天存放
	3 级包装	包装件在储运过程中可能短时遇雨

2. 防潮包装

防潮包装是为了防止因潮气浸入包装件而影响内装物品质的一种包装方法。如用防潮包装材料密封产品，或在包装容器内加入适量干燥剂以吸收残存潮气，也可将密封包装容器抽真空等。

（1）防潮包装等级。国家标准 GB/T 5048—2017《防潮包装》规定，根据产品的性质、流通环境条件、防潮期限等因素进行综合考虑来确定防潮包装的等级。防潮包装等级一般分为 1 级包装、2 级包装、3 级包装，如表 9-3 所示。

表 9-3 防潮包装等级

等级	条件		
	防潮期限	温湿度	产品性质
1级包装	2年	温度大于30℃，相对湿度大于90%	对湿度敏感，易生锈、易长霉和变质的产品以及贵重、精密的产品
2级包装	1年	温度在20℃～30℃之间，相对湿度在70%～90%之间	对湿度轻度敏感的产品，较贵重、较精密的产品
3级包装	0.5年	温度小于20℃，相对湿度小于70%	对湿度不敏感的产品

当防潮包装等级的确定因素不能同时满足防潮包装等级的要求时，应按照三个条件的最严酷条件确定防潮包装等级。亦可按照产品性质、防潮期限、温湿度条件的顺序综合考虑，确定防潮包装等级。对于特殊要求的防潮包装，主要是防潮要求更高的包装，宜采用更加严格的防潮措施。对防潮包装有特殊要求时，可按特殊要求进行防潮包装。

（2）防潮包装方法。①采用透湿度为零或接近零的包装容器，如金属或塑料等包装容器，将产品放入后应迅速密封。包装容器内可加干燥剂，亦可采用抽真空、充惰性气体等方式或几种方式组合。②采用较低透水蒸气性的柔软材料，根据具体情况，加或不加干燥剂，并封口密封，再利用其他外包装容器如纸箱、木箱等进行包装。必要时，可抽去密闭包装内的部分空气。

3. 防锈包装

防锈包装是为了防止内装物锈蚀的一种包装方法。如在产品表面涂刷防锈油（脂）或用气相防锈塑料薄膜或气相防锈纸包封产品。

（1）防锈包装等级。国家标准 GB/T 4879—2016《防锈包装》规定，应根据产品的性质、流通环境条件、防锈期限等因素进行综合考虑来确定防锈包装等级。防锈包装等级一般分为1级包装、2级包装、3级包装，如表9-4所示。

表 9-4 防锈包装等级

等级	条件		
	防锈期限	温湿度	产品性质
1级包装	2年	温度大于30℃，相对湿度大于90%	易锈蚀的产品，以及贵重、精密的可能生锈的产品
2级包装	1年	温度在20℃～30℃之间，相对湿度在70%～90%之间	较易锈蚀的产品，以及较贵重、较精密的可能生锈的产品
3级包装	0.5年	温度小于20℃，相对湿度小于70%	不易锈蚀的产品

当防锈包装等级的确定因素不能同时满足防锈包装等级的要求时，应按照三个条件的最严酷条件确定防锈包装等级。亦可按照产品性质、防锈期限、温湿度条件的顺序综合考虑，确定防锈包装等级。对于特殊要求的防锈包装，主要是防锈要求更高的包装，宜采用更加严格的防锈措施。对防锈包装有特殊要求时，可按特殊要求进行。

（2）防锈包装方法。①气相防锈纸，即将涂有缓蚀剂的一面面向内包装制品，外层用石蜡纸、金属箔、塑料袋或复合材料密封包装，若包装空间过大，则可填加适量防锈纸片或粉末；②采用收缩或拉伸塑料薄膜封存、可剥性塑料封存和茧式防锈包装、套封式防锈包装，以及充氮和干燥空气等封存法防锈。

4. 防霉包装

防霉包装是为了防止内装物长霉影响内装物品质的一种包装方法。如对内装物进行防潮包装，以及干燥空气封存，对内装物和包装材料进行防霉处理等。国家标准 GB/T 4768—2008《防霉包装》规定，凡产品要求防霉包装时，应在产品技术文件中规定产品的防霉包装等级要求。防霉包装的等级应根据产品抗霉菌侵蚀能力，运输、储存所涉及的环境条件、包装结构、选用的包装材料的抗霉性能以及样品霉菌试验的结果等因素来确定。防霉包装等级分为4个等级：Ⅰ级、Ⅱ级、Ⅲ级、Ⅳ级。

第5节　商品包装标识

一　销售包装标识

销售包装标识是标注在商品销售包装上的产品标识，可以用文字、符号、数字、图形以及其他说明物表示。它是生产者、销售者传达商品信息，表现商品特色，推销商品的主要手段，是消费者选购商品，正确使用和保养商品的指南。

（一）销售包装标识的一般内容

不同种类商品的销售包装标识要求和内容不相同。从其共性角度来说，销售包装标识一般应标注以下基本内容：产品名称；生产者、经销者的名称和地址；规格或型号；数量或净含量；成分；产地；用途或功效；使用方法；批号；生产日期、保质期或安全使用期；执行的产品标准编号；生产许可证、卫生许可证的编号；商标；质量或安全或环境认证标志等。

（二）预包装食品销售包装标识应标注的内容

预包装食品不是食品的种类，仅仅是为了区别于裸装食品，它强调的是定量包装。预包装食品是指预先定量包装或者制作在包装材料和容器中的食品，包括预先定量包装以及预先定量制作在包装材料和容器中并且在一定量限范围内具有统一的质量或体积标识的食品。

根据我国强制性国家标准《食品安全国家标准 预包装食品标签通则》（GB 7718—2011），预包装食品标签标示内容应包括以下几个方面：

（1）食品名称。应在食品标签的醒目位置清晰地标示反映食品真实属性的专用名称。

（2）配料表。配料表中的各种配料应按相应规定的要求标示具体名称，食品添加剂按照相关规定的要求标示名称。

（3）净含量和规格。净含量的标示应由净含量、数字和法定计量单位组成；规格的标示应由单件预包装食品净含量和件数组成，或只标示件数，可不标示“规格”二字。单件预包装食品的规格即指净含量。

（4）生产者、经销者的名称、地址和联系方式。

（5）日期标示。应清晰标示预包装食品的生产日期和保质期。

（6）贮存条件。

（7）食品生产许可证编号。

（8）产品标准代号。在国内生产并在国内销售的预包装食品（不包括进口预包装食品）应标示产品所执行的标准代号和顺序号。

（9）其他应该标示的内容。例如，经电离辐射线或电离能量处理过的食品，应在食品名称附近标示“辐照食品”；经电离辐射线或电离能量处理过的任何配料，应在配料表中标明；转基因食品的标示应符合相关法律法规的规定；特殊膳食类食品和专供婴幼儿的主辅类食品，应当标示主要营养成分及其含量。

二　运输包装标识

运输包装标识是指在运输包装的外部印制的文字、符号、数字、图形以及它们的组合。运输包装标识主要分为收发货标志、储运标志、危险货物标志三种。

（一）收发货标志

收发货标志，也称为唛头（Mark），是指外包装件上的商品分类图示标志及其他标志和其他的文字说明排列格式的总称（GB 6388—86，1. 含义）。收发货标志是运输过程中识别货物的标志，也是一般贸易合同、发货单据和运输保险文件中记载有关标志事项的基本部分。

现行有效的国家标准《运输包装收发货标志》（GB 6388—86）统一规定了收发货标志的代号、项目中英文名称、含义（见表 9－5）和商品分类图示标志（见图 9－1）。

表 9－5　运输包装收发货标志

序号	项目			含义
	代号	中文	英文	
1	FL	商品分类图示标志	CLASSIFICATION MARKS	表明商品类别的特定符号
2	GH	供货号	CONTRACT No	供应该批货物的供货清单号码（出口商品用合同号码）
3	HH	货号	ART No	商品顺序编号。以便出入库、收发货登记和核定商品价格
4	PG	品名规格	SPECIFICATIONS	商品名称或代号，标明单一商品的规格、型号、尺寸、花色等
5	SL	数量	QUANTITY	包装容器内含商品的数量
6	ZL	重量（毛重）（净重）	GROSS WT NET WT	包装件的重量（kg），包括毛重和净重
7	CQ	生产日期	DATE OF PRODUCTION	产品生产的年、月、日
8	CC	生产工厂	MANUFACTURER	生产该产品的工厂名称

续表

序号	项目			含义
	代号	中文	英文	
9	TJ	体积	VOLUME	包装件的外径尺寸长×宽×高（cm）=体积（m^3）
10	XQ	有效期限	TERM OF VALIDITY	商品有效期至×年×月
11	SH	收货地点和单位	PLACE OF DESTINATION AND CONSIGNEE	货物到达站、港和某单位（人）收（可用贴签或涂写）
12	FH	发货单位	CONSIGNOR	发货单位（人）
13	YH	运输号码	SHIPPING No	运输单号码
14	JS	发运件数	SHIPPING PIECES	发运的件数
说明	（1）分类标志一定要有，其他各项合理选用。 （2）外贸出口商品根据国外客户要求，以中、外文对照，印制相应的标志和附加标志。 （3）国内销售的商品包装上不填英文项目。			

上述有关收发货标志的字体、颜色、标志方式、标志位置等，在国家标准《运输包装收发货标志》中均有具体规定。

图 9－1　商品分类图示标志

（二）储运标志

储运标志即包装储运图示标志，是根据不同商品对物流环境的适应能力，用醒目简洁的图形和简单的文字标明在装卸、运输及储存过程中应注意的事项。例如禁止翻滚、禁用手钩、禁用叉车、向上、由此吊起、怕晒、怕雨、堆码层数极限、堆码质量（重量）极限等。

国家标准《包装储运图示标志》（GB/T 191—2008）将该标志颜色定为黑色，规定了包装储运图示标志的名称、图形符号、尺寸、颜色及应用方法（见表9-6）。

表9-6　包装储运图示标志

序号	标志名称	图形符号	含义
1	易碎物品		表明运输包装件内装易碎品，搬运时应小心轻放
2	禁用手钩		表明搬运运输包装件时禁用手钩
3	向上		表明该运输包装件在运输时应竖直向上
4	怕晒	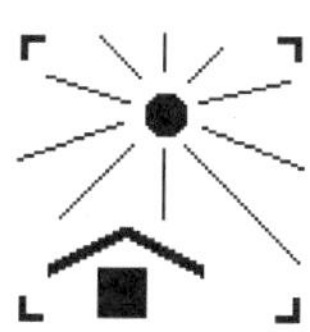	表明该运输包装件不能直接照晒
5	怕辐射		表明该物品一旦受辐射会变质或损坏
6	怕雨		表明该运输包装件怕雨淋

续表

序号	标志名称	图形符号	含义
7	重心		表明该包装件的重心位置，便于起吊
8	禁止翻滚		表明搬运时不能翻滚该运输包装件
9	此面禁用手推车		表明搬运货物时此面禁止放在手推车上
10	禁用叉车		表明不能用升降叉车搬运的包装件
11	由此夹起		表明搬运货物时可用夹持的面
12	此处不能卡夹		表明搬运货物时不能用夹持的面
13	堆码质量极限		表明该运输包装件所能承受的最大质量极限
14	堆码层数极限	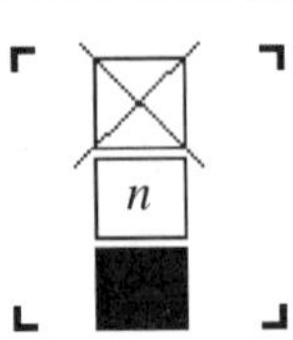	表明可堆码相同运输包装件的最大层数。n 表示从底层到顶层的总层数

续表

序号	标志名称	图形符号	含义
15	禁止堆码	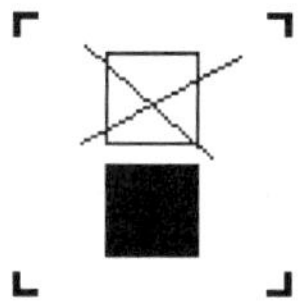	表明该包装件只能单层放置
16	由此吊起	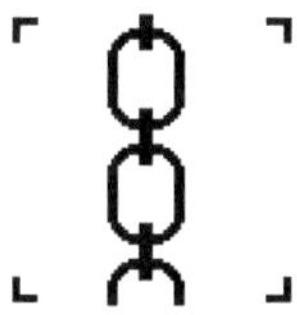	表明起吊货物时挂绳索的位置
17	温度极限	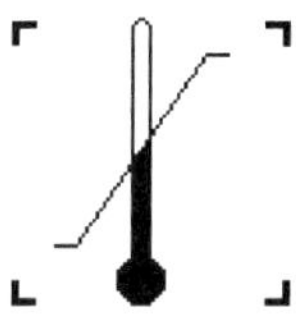	表明该运输包装件应该保持的温度范围

（三）危险货物标志

危险货物标志即危险货物包装图示标志，是指在易燃品、易爆品、有毒物品、腐蚀性物品和放射性物品等危险货物的运输包装上印制的特殊的图形和文字，是用来表示危险货物的物理、化学性质以及危险程度的标志，以警示和提醒人们在运输、储存、保管、搬运等活动中引起注意和采取应对措施。

危险货物主要指具有燃烧、爆炸、腐蚀、毒害等作用的化学品或其他原料，如爆炸品、易燃气体、毒性气体、易燃液体、易燃固体、易自燃物品、遇湿易燃物品、氧化剂、有机过氧化物、感染性物品、放射性物品、腐蚀品等，其性质一般都比较活跃，在储存和运输过程中稍有不慎便会酿成事故，造成财产损失和人员伤亡。

强制性国家标准《危险货物包装标志》（GB 190—2009）将危险货物包装标志分为危险货物包装标记（见表 9－7）和危险货物包装标签（见表 9－8）两类。

表 9－7　危险货物包装标记

序号	标记名称	标记图形
1	危害环境物质和物品标记	 （符号：黑色，底色：白色）

续表

序号	标记名称	标记图形
2	方向标记	 （符号：黑色或正红色，底色：白色）  （符号：黑色或正红色，底色：白色）
3	高温运输标记	 （符号：正红色，底色：白色）

表 9-8　危险货物包装标签

序号	标签名称	标签图形
1	爆炸性物质或物品	 （符号：黑色，底色：橙红色）

续表

<table>
<tr><th>序号</th><th>标签名称</th><th>标签图形</th></tr>
<tr><td>1</td><td>爆炸性物质或物品</td><td>

（符号：黑色，底色：橙红色）

（符号：黑色，底色：橙红色）

（符号：黑色，底色：橙红色）
</td></tr>
<tr><td>2</td><td>易燃气体</td><td>

（符号：黑色，底色：正红色）

（符号：白色，底色：正红色）
</td></tr>
</table>

续表

<table>
<tr><th>序号</th><th>标签名称</th><th>标签图形</th></tr>
<tr><td rowspan="2">2</td><td>非易燃无毒气体</td><td>

（符号：黑色，底色：绿色）

（符号：白色，底色：绿色）</td></tr>
<tr><td>毒性气体</td><td>

（符号：黑色，底色：白色）</td></tr>
<tr><td>3</td><td>易燃液体</td><td>
（符号：黑色，底色：正红色）

（符号：白色，底色：正红色）</td></tr>
</table>

续表

序号	标签名称	标签图形
4	易燃固体	 （符号：黑色，底色：白色红条）
	易于自燃的物质	 （符号：黑色，底色：上白下红）
	遇水放出易燃气体的物质	 （符号：黑色，底色：蓝色）  （符号：白色，底色：蓝色）
5	氧化性物质	 （符号：黑色，底色：柠檬黄色）

续表

序号	标签名称	标签图形
5	有机过氧化物	（符号：黑色，底色：红色和柠檬黄色） （符号：白色，底色：红色和柠檬黄色）
6	毒性物质	（符号：黑色，底色：白色）
	感染性物质	（符号：黑色，底色：白色）
7	一级放射性物质	（符号：黑色，底色：白色，附一条红竖条） 黑色文字，在标签下半部分写上： “放射性” “内装物________” “放射性强度________” 在“放射性”字样之后应有一条红竖条

续表

<table>
<tr><th>序号</th><th>标签名称</th><th>标签图形</th></tr>
<tr><td rowspan="3">7</td><td>二级放射性物质</td><td>

（符号：黑色，底色：上黄下白，附两条红竖条）
黑色文字，在标签下半部分写上：
“放射性”
“内装物________”
“放射性强度________”
在一个黑边框格内写上：“运输指数”
在“放射性”字样之后应有两条红竖条</td></tr>
<tr><td>三级放射性物质</td><td>

（符号：黑色，底色：上黄下白，附三条红竖条）
黑色文字，在标签下半部分写上：
“放射性”
“内装物________”
“放射性强度________”
在一个黑边框格内写上：“运输指数”
在“放射性”字样之后应有三条红竖条</td></tr>
<tr><td>裂变性物质</td><td>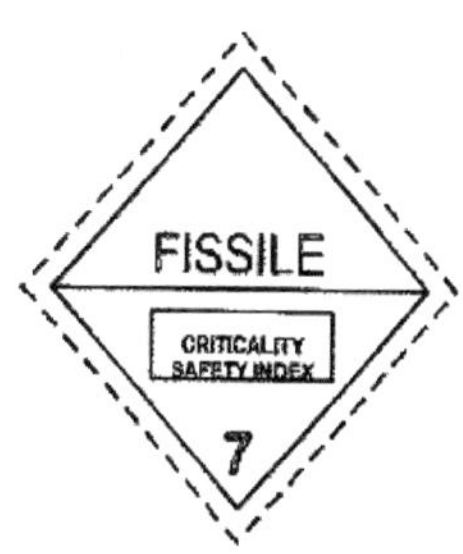

（符号：黑色，底色：白色）
黑色文字
在标签上半部分写上：“易裂变”
在标签下半部分的一个黑边
框格内写上：“临界安全指数”</td></tr>
</table>

续表

序号	标签名称	标签图形
8	腐蚀性物质	（符号：黑色，底色：上白下黑）
9	杂项危险物质和物品	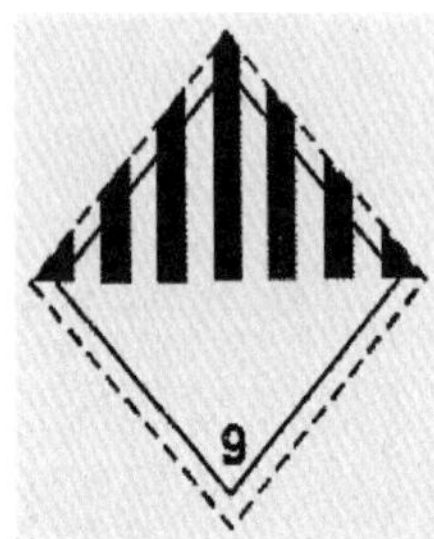（符号：黑色，底色：白色）

三 包装回收标志

我国推荐性国家标准《包装回收标志》（GB/T 18455—2010）规定了可回收利用的包装容器和包装组分（包括纸、塑料、铝和铁等包装容器或包装组分）的材料识别标志及其标示要求。包装组分是指用手或用简单物理方法可以分离的包装的组成部分。

（一）常用包装回收标志

常用包装材料的回收标志及其说明见表 9－9。

表 9－9　常用包装材料的回收标志

材料名称	回收标志	说明
纸		适用于纸盒、纸箱和纸浆模塑等制品。在标志下方可标注“纸”
塑料		仅为基本图形

续表

材料名称	回收标志	说明
铝		在标志下方可标注“铝”
铁		在标志下方可标注“铁”

（二）塑料包装回收标志

（1）一般塑料包装回收标志。一般塑料包装回收标志按国家标准《塑料制品的标志》（GB/T 16288—2008）附录A标示代号和缩略语。表9-10是常用于包装的塑料代号和缩略语。塑料制品回收标志的形状为正三角形，位于三角形正中央的数字是该种塑料的代号。图9-2是一般塑料包装回收标志的标示示例。

表9-10　常用塑料代号和缩略语

材料术语	聚对苯二甲酸乙二酯	高密度聚乙烯	聚氯乙烯	低密度聚乙烯	聚丙烯	聚苯乙烯
代号	01	02	03	04	05	06
缩略语	PET	PE-HD	PVC	PE-LD	PP	PS

图9-2　一般塑料包装回收标志的标示示例

（2）可生物降解塑料包装回收标志。当用于包装的可生物降解塑料不包括在国家标准《塑料制品的标志》附录A之内，其回收标志见图9-3。

图9-3　可生物降解塑料包装回收标志的标示示例

可生物降解塑料标志中的代号“00”表示“可生物降解”，缩略语××××的表示方法见GB/T 1844.1。当需要表达材料的生物降解技术条件时，可以在标志的下方或左右两侧标注简要的文字说明。

▶ 本章小结

本章从包装概念出发，分析了商品包装的容纳、保护、方便和促销四个基本功能，介绍了商品包装的分类和标准化的基本知识。较全面地论述了常用包装材料的性能特点、包装材料基本要求和包装设计的八项原则，介绍了重要的包装技术及其原理以及几种防护包装的等级要求。最后着重阐述了销售包装标识、运输包装标识和包装回收标志的内容及作用。

▶ 关键术语

包装	包装件	商品包装
销售包装	运输包装	单体包装
集合包装	包装标准	包装标准化
包装模数化	包装材料	包装设计
过度包装	包装技术	泡罩包装
贴体包装	真空包装	充气包装
收缩包装	缓冲包装	无菌包装
防护包装	防水包装	防潮包装
防锈包装	防霉包装	包装标识
销售包装标识	预包装食品标签	运输包装标识
收发货标志	储运标志	危险货物标志
包装回收标志	塑料包装回收标志	

▶ 思考题

1. 试结合实例分析包装与商品的关系。
2. 你怎样理解商品包装的功能？你对教材所列包装功能还有何建议？
3. 收集某些商品包装，尝试对其进行分类。
4. 包装模数化对商品储运有何意义？
5. 从我国国情来考虑，你认为哪种包装材料更具有发展潜力？为什么？
6. 从环保角度出发，比较纸和纸板、塑料、金属、玻璃材料的优缺点。
7. 通过查阅资料和调研，你认为我国哪些领域还存在严重的过度包装现象？应如何解决？
8. 绿色包装的“绿色”含义应如何理解？
9. 如何理解商品包装设计的适用性和环境友好性？
10. 运输包装标识主要有哪些种类？它们对物流管理有何意义？
11. 销售包装标识一般包括哪些内容？试调研某类商品销售包装标识进行验证。
12. 通过网络调研目前世界与我国商品包装技术发展的主要趋势。

第 10 章
商品储运的质量管理

学习目的

1. 了解商品储存与运输的概念及作用、仓库类型与主要设施、运输方式的种类及特点。

2. 熟悉商品储运中损耗与质量劣变的种类和发生原因以及相应的控制措施。

3. 理解保护储运商品质量的各种技术方法及其原理、商品储存与运输的质量管理原则，了解生鲜商品储运的质量管理知识。

引导案例

超市生鲜经营的损耗

生鲜经营进入中国超市的时间并不长，生鲜经营的损耗控制问题如同“黑洞”困扰着众多生鲜经营管理者。由于生鲜经营的特殊性和复杂性，损耗在经营过程中极易发生，损耗控制业绩取决于整个生鲜区的运作状况和经营管理水平，反过来又在很大程度上影响着生鲜区乃至整个超市的盈亏兴衰。

造成生鲜经营损耗可能有人为的原因，如由于鲜度、水分含量和冷藏温度等不同形成的收验货误差或称重计数错误甚至内外部偷盗等，也可能是因为商品生产质量或超市设备问题导致的报废，仓储管理不当也是一个重要的原因。例如：①有效期管理不当。生鲜商品和原料需要进行严格的有效期管理，做到先进先出，如果管理不当，就会出现较大的损失。②仓管商品和原料保存不当而变质。生鲜商品和原料的保存环境（如温度、湿度条件）达不到要求，也会造成变质损失。③设备故障导致变质。因冷藏、冷冻陈列和储存设备运转不正常或出现故障导致变质损失。④破损/索赔商品管理不当。破损及索赔商品在待赔期间管理不当，发生丢失等，将无法继续获取赔偿，等等。

总而言之，有损耗就必然有产生的原因，只要分析找到了损耗原因就会有解决问题的办法。损耗控制涉及超市管理的诸多方面，需要采购、储运和各有关管理部门共同协作。

第1节　商品储运概述

商品储运是商品储存和商品运输的总称。它是连接商品生产和商品消费的桥梁，也是商品流通中的重要环节。

一　商品储存

（一）商品储存的概念与作用

商品储存是指商品在流通中的暂时停留过程。物流中称其为“保管”，是保存和管理物品的一系列活动的总称。

商品储存形成的原因在于商品生产与商品消费的不一致或背离。例如有些商品（如单冷空调、羽绒服等）是常年均衡生产，消费则相对集中于某个季节；还有些商品（如粮食、水果）是季节性生产，却要常年供应。另外，商品生产的批量性与商品消费的零星性的矛盾，也会导致生产与消费在时间上的背离，由此形成供求矛盾。例如批发企业处于生产企业和零售企业之间，发挥着中间商的商品传递作用。一方面，下游的零售企业需要批发企业细水长流地向其提供小批量、多批次、多品种的商品；另一方面，上游的生产企业却希望批发企业尽快地、不断地购进大批量的商品。为了满足上下游企业的需求并调节两者之间的供需矛盾，批发企业拥有必要的商品储存，使其发挥保障商品传递的“蓄水池”作用。国家平时也必须进行一定的战略储备，以应付意外事件（如自然灾害、战争等）。这些时间背离的矛盾都需要通过商品储存来进行调节和解决。商品储存起到了确保商品流通顺畅而不会中断的重要作用。

（二）仓库及其类型与仓库设施

商品储存是通过仓库实现的。仓库是商品储存的场所。由供应链上游组织来的商品在此汇集，然后直接或做一段时间的停留后流向下游组织。在集散之间，商品的检验、分类、重包装、分拣、配货等业务活动也可以在此进行。

仓库有多种类型：

（1）按使用目的可分为以流通为主型仓库、以存储为主型仓库。

（2）按使用性能可分为营业型仓库、自用型仓库。

（3）按储存功能可分为普通仓库、露天仓库、简易仓库、冷藏仓库、恒温仓库、危险品仓库等。

（4）按地理位置可分为港口仓库、车站仓库、机场仓库、市区仓库、郊区仓库等。

（5）按建筑物形态可分为平房仓库、多层仓库、地下仓库、水上仓库、立体仓库。

不同类型的仓库有不同的特点和要求，具有不同的使用方向和使用效率。实践中应根据具体要求灵活选择，如冷藏仓库需要配置具有冷却（一般在10℃以下）功能和隔热功能的设备，常用于冷冻食品如肉联厂加工的肉食及其相关产品的储存。

随着仓储科学与物料搬运技术的发展，自动化立体仓库开始广泛应用。立体仓库是由高层货架、巷道式堆垛起重机、出入库输送机系统、自动控制系统、计算机仓库管理系统及其周边设备组成的，可对集装单元货物实现自动储存和计算机管理的仓库。它广泛应用于大型生产企业的采购件、成品件仓库，柔性制造系统（FMS）以及流通领域的大型流通中心、配送中心。

仓库设施是实现商品储存功能的必要条件。根据不同的需要，仓库设施有多种形式，其中以货架最为重要。货架是由立柱片、横梁和斜撑等构件组成，用于存放货物的结构件。根据货架的使用范围不同，货架及其货架系列大致可分为：工业货架系统、托盘货架系统、重力货架系统、移动货架系统、贯通货架系统、阁楼式货架、滑动式货架、悬臂式货架等类型。随着物流现代化进程的加快，仓库设施日益追求与智能叉车等现代化搬运工具相配合，共同朝自动化、标准化和现代化方向发展。

二　商品运输

（一）商品运输的概念与作用

商品运输是指商品在空间上的流通或移动的过程。运输是解决商品从产地送达销售地，或者商品从制造商经由批发商、零售商送达消费者手中的问题。对于集中生产、分散消费的商品，商品运输是商品流通正常进行的保证。

在物流中，运输有两种说法：一是指运输（transportation），即地区之间或仓库（物流中心）之间长距离、大宗物品的输送活动；二是指配送（distribution），即由配送中心或商店向客户提供的短距离、少量物品的输送活动。

商品运输最终所要解决的是商品如何从产地顺利地到达销地的问题，或者说是商品如何从生产商经由批发商、零售商到达消费者手中的问题。其本质还是一个或长或短的空间距离问题。例如有些商品（如煤炭、钢铁、电力等）是在个别地区集中生产，全国分散消费；有些商品（如茅台酒、西湖龙井等）是只在某一地区集中生产，全国分散消费。这些商品的消费必须通过运输来解决，所以做好商品运输工作是使商品流通能正常进行的根本保证。

（二）商品运输方式及其特点

常用的商品运输方式有铁路运输、公路运输、水路运输、航空运输、管道运输等。它们之间大多可以相互替代。

（1）铁路运输。铁路运输具有受天气影响小、中长途货运费用较低、运输能力和安全系数较大、网络覆盖面较大等优点，但与公路运输相比，缺乏灵活性和机动性，不适合短距离运输和紧急运输，商品滞留时间长且装卸地点不能随意变更。铁路运输可分为集装箱运输和车皮运输两种方式。前者具有加快运输周转速度、防止商品在运输途中受损、提高装载效率、降低运输成本和节省包装费用等优点；后者是租用适合商品形状、数量等特点的车皮来运输商品，它适合输送大宗商品，但运输效率较低，且需要配备专用的搬运和装卸装置。

(2) 公路运输。公路运输主要以卡车为运输工具，包括专用运输车辆，如集装箱、散装、冷藏、危险品等运输车辆。这些车辆有大型和中小型之分，前者适合长距离的大宗商品运输，后者适合短距离的商品配送。由于公路车辆购置成本低，因此，公路运输可以采用自行运输和委托运输两种方式。公路运输的优点是：不受路线和车站的约束，较灵活、机动；可直接把商品从发货处送到收货处；集散速度较快，适合市内配送；近距离运输费用低；可以简化包装。缺点有：不适合大批量的长途运输；运输能力较小；运输质量和安全性较低。

(3) 水路运输。水路运输是一种较为经济的水上运输方式。它依托海洋、河流和湖泊，成本低廉。水路运输主要有远洋、近洋、沿海、内河和湖泊运输等几种形式。它以船舶为运输工具，包括专用船（如矿石专用船、木材专用船、粮食专用船、汽车专用船、油轮等）、集装箱船、冷藏船、混装船等。其优点主要有：长距离运输费用低廉；特别适合超大型、超重物和大批量的商品运输。缺点有：受天气、航道等自然条件限制，使用范围相对较窄；运输速度慢、航行周期长、运输时间难以保证；港口设施要求高（如集装箱运输需要配备专用集装箱码头）；搬运成本高。

(4) 航空运输。航空运输主要有客运飞机、客货混载机和专用货物运输机三种运输工具，其中专用货物运输机具有良好的应用前景，尤其是其单元化的装载系统，有效地缩短了商品装卸时间。航空运输的最大优点是速度快，适合高附加值、高时效性的小批量商品如保鲜食品的运输。此外，航空运输体具有安全系数大、商品损坏少、不受地理条件的限制等优点。航空运输的缺点是：费用高，质量（重量）受限制，物流中心或仓库不能离机场太远。

(5) 管道运输。管道运输有地面、地下和架空安装三种方式，主要适合自来水、石油、煤气、煤浆、成品油、天然气等液态气态商品的运输。近年来，随着技术的发展，管道运输已发展到粉粒状商品（如矿石粉）的短距离配送。管道运输的优点是：不占用或较少占用地面位置，维修成本低，运输效率和设备运转效率高，安全系数大。缺点是：对管道运输技术水平有较高的要求；不适合固态商品的运输。

第 2 节　商品在储运中的损耗与质量劣变

一　商品在储运中的损耗

损耗是指商品在储运过程中，由于自然环境因素与商品本身特性的正常作用和非正常的人为原因而造成的数量损失和消耗。商品损耗时，也往往伴随着商品一定程度的质量下降。商品损耗的原因在于储运过程中商品发生了物理变化和机械损伤。

(一) 物理变化

商品的物理变化是指仅改变商品本身的外部形态，不改变商品性质的变化。商品在储运过程中，由于各种因素的作用，会发生各种形式的物理变化，如挥发、溶化、熔化、凝结、发硬、发软、脆裂、干缩、渗漏、黏结、串味等变化。

（1）挥发。某些液体商品或经液化的气体商品（液氨、液氮）在一定的条件下，其表面分子能迅速汽化而变成气体散发到空气中去的现象叫挥发。具有挥发性的液态商品，一般其表面分子都比较活跃，会不断地散发到空气中去。液态商品的挥发，不仅商品数量减少，商品质量也会降低，例如，各种香水中的香精受热易挥发，导致香水质量降低，而且有些商品挥发出来的蒸汽（如乙醚、丙酮）还会影响人体健康，甚至发生燃烧或爆炸事故。

液态商品的挥发速度与商品中易挥发成分的沸点、气温高低、空气流速以及与它们接触的空气表面积等因素有关。在一般情况下，商品中易挥发成分的沸点越低，气温越高，空气流速越快，接触空气表面积越大，挥发的速度就越快；反之，则慢。因此，对易挥发的低沸点的液态商品，如汽油、白酒、氨水、松节油、花露水、香水以及文化用品中的涂改液等，应特别注意其包装容器的严密性，严格控制仓库温度，保持在低温条件下储存，并要经常检查，防止事故的发生。

（2）溶化。溶化是某些具有较强吸湿性和水溶性的晶体、粉末或膏状商品（如食品中的食糖、糖果等，化工商品中的明矾、氯化镁、硫代硫酸钠、氯化钙等，化肥中的氮肥及某些医药中的制剂等）吸收潮湿空气中的水分至一定程度后溶解的现象。

影响商品溶化的因素主要是商品的吸湿性和水溶性，二者缺一不可，还与空气接触表面积、空气相对湿度和气温等有关。一般情况下，气温和相对湿度越高，这类商品越容易溶化。这类商品在储运过程中应避免其防潮包装受损，也不能与含水量大的商品混存，要保持储运环境的干燥凉爽，堆码不宜过高，以防止压力过大而加速商品溶化流失。对这类商品还可采用密封的方法进行存放保管。

（3）熔化。熔化是指某些固体商品在温度较高时，发生变软变形甚至熔融为液体的现象。易发生熔化的商品有：医药商品中的油膏类、胶囊类；化妆品中的香脂、发蜡等；日用品中的蜡烛；化工商品中的松香、石蜡、硝酸锌等。商品熔化的结果，有的会造成商品流失；有的会浸入包装，使商品和包装粘连在一起；有的商品产生体积膨胀，胀破包装；有的可能沾污其他商品；有的甚至因商品软化而使货垛倒塌，造成损失。

造成商品熔化的内在因素是商品成分熔点较低和易熔商品中含有某些杂质；其外界因素是日光直射和气温较高。这类商品在储运中应控制在较低的温度，采用密封和隔热措施，防止日光照射，尽量减少温度的影响，特别是在炎夏季节，还要根据情况适当采取降温措施。

（4）脆裂、干缩。某些商品在干燥空气中或经风吹后会出现脆裂、干缩现象。如纸张、皮革及其制品、木制品、糕点、水果、蔬菜等。

商品的脆裂、干缩会导致商品质量严重降低，也会给储存、运输和销售部门带来很大不便。储运这类商品，应控制环境的相对湿度，防止日晒、风吹，使其含水量保持在合理范围内。

（5）渗漏、黏结。渗漏是指液体商品，由于包装容器不严，包装质量不合格，包装内液体或因受热或因结冰膨胀等而使包装破损所发生的外漏现象。

商品的渗漏不但会造成商品流失，还会造成严重的空气和环境污染。对这类商品的储运，应加强交接验收、定期检查以及环境温湿度控制和管理。木质容器要防止干燥干裂，金属容器要注意防潮防锈。另外，还要根据商品的特性，做好防高温或防冻工作。

黏结是稠状液体商品，如桶装黄油、水玻璃、建筑用胶、化妆品等，因黏着于容器或包装，不能取出的那一部分所造成的减量现象。商品发生的这种损耗属于正常损耗，通常很难避免，但应注意这些商品容器或包装不能随意丢弃，以免污染环境。如桶装的各种油漆、建筑用胶等，应集中回收处理。

（二）机械损伤

商品在运输、搬运、装卸和堆码时，往往受到外力的碰撞、摩擦和挤压等机械作用而发生形态的变化，称为机械损伤。

商品机械损伤形式主要有破碎、散落、变形等。例如玻璃、陶瓷制品等受到碰、撞、挤、压和抛掷会破碎；搪瓷制品会掉瓷；铝制品会变形或压瘪；皮革制品受压变形后影响美观；有的商品，由于包装不严，易脱落散开等。

商品的机械损伤，有时会造成数量损失，有时会使质量发生变化，有时甚至完全失去使用价值。上述商品在储运过程中应轻拿轻放，避免高温、曝晒、撞击、湿度过大、重压，并保持包装完整。

|知识应用10-1|　超市的商品损耗及其有效控制

损耗是指商品在储运过程中，由于自然环境因素与商品本身特性的正常作用和非正常的人为原因而造成的数量损失和消耗。基于损耗的概念，超市的商品损耗主要包括常规损耗和管理损耗。

(1) 常规损耗。主要指生鲜商品变质、水分流失以及商品销售中的自然损耗，比如，蔬菜水分丢失，顾客摘叶，挑选碰伤等。这些损耗是无法避免的，只能尽量控制。

(2) 管理损耗。主要指门店在商品进、销、存各个环节，由于管理失误或者操作不当导致的商品损失、损坏及过期损耗。具体包括下面几项：

①收货、验收损耗。收货时对于品质把控不严、不符合验收标准的商品予以收货，如生鲜商品。食品的生产日期、保质期是否按照要求验收，原则上供应商送的货必须是最新的生产批次，否则不予收货，不同的企业要求不同。

②商品储存不当损耗。低温商品验收后没有及时放入冷库，储存的温度不达标。

③上架陈列损耗。没有按照先进先出原则进行陈列，陈列时没有按照商品的属性进行陈列，如挂面竖着放容易折断，易碎商品陈列太多拿取时容易损坏。

④生鲜商品管理不当损耗。主要指生鲜商品在初加工处理、上架陈列、整理排面时操作不规范导致的商品损伤。

⑤商品有效期管理不善损耗。商品订货不准导致销售不完而又没有及时清退，导致过期，重点是食品。

⑥卖场作业不当损坏商品。上货、搬运等作业途中不小心损坏商品。

(3) 如何有效控制商品损耗。提升管理人员业务能力，强化商品业务管理，实施关键节点控制。

①优化商品结构，提升商品的动销率与周转率。这是商品损耗产生的源头，如果商品结构出现问题，引进的新品都不是适销对路的商品，引进后卖不掉就要清理，清不掉就过

期，从而产生损耗。另外，大量的商品不动销会导致门店的库存积压，周转慢进一步增加门店商品的管理难度。

②订货管控，严格按照销量订货，避免库存积压。合理备货成为零售企业的必修课，建立一套以销量为基础的订货运算逻辑非常关键。订的少影响销售，订的多增加库存、增加资金占用、增加库存管理难度，损耗增加在所难免。

③强化收货作业的规范管理，保证商品货单同行。按照不同品类制定详细的验收标准，商品品质、数量验收需要收货人员及商品部专业人员双方确认。

④建立门店商品管理的标准化实操手册。按照商品的流转过程，即商品验收、储存、搬运、上货、陈列、促销、销售、退货等各个环节制定详细的操作细则、规范，针对不同类商品采取不同的管理方式，重点是生鲜商品、日配商品、食品等品类，提升门店员工的商品管理专业能力。

⑤强化对于操作标准的专业培训，提升实操能力。门店实操标准随着企业的沉淀可以逐步建立，但人员的流动性大是零售企业不得不面临的一个问题，需要建立一套完整的新员工培训机制，确保合格上岗。

⑥定期盘点，及时掌握损耗数据，分析损耗原因。不同的门店、不同的企业损耗的构成不尽相同，建立重点损耗品类的监控台账，根据数据的差异做到有的放矢，最大限度降低损耗。

资料来源：联商论坛，www. linkshop. com. cn/club/（i0vrave2qo4hh1mpgvdpxbrk）/archives/2019/997936. shtml.

二　商品在储运中的质量劣变

质量劣变是指商品在储运过程中，由于外界环境因素的作用，发生化学变化、生理生化变化和生物学变化，造成商品质量劣变，甚至完全丧失使用价值的现象。常见的化学变化形式有氧化、分解、水解、聚合、老化、腐蚀等。生理生化变化形式主要有动植物食品商品的呼吸作用、后熟作用、发芽、抽薹、僵直、成熟和自溶等。生物学变化形式有霉变、发酵、腐败、虫蛀、鼠咬等。

（一）化学变化

（1）分解、水解。分解是指某些化学性质不稳定的商品，在光、热、酸、碱及潮湿空气作用下，会发生化学分解的现象。分解不仅使商品的质量变劣，而且会使其完全失效，有时产生的新物质还有危害性。例如用作漂白剂和杀菌剂的双氧水，在常温下缓慢分解，在高温下则迅速分解，生成氧气和水，此时双氧水失去了效用，氧气若遇到强氧化性物质还会发生燃烧或爆炸。

水解是指某些商品在一定条件（如酸性或碱性条件）下与水作用而发生的复分解反应的现象。不同的商品在酸或碱的条件下发生水解的情况也不一样。例如棉纤维在酸性溶液中，特别是在强酸的溶液中，易于水解，使纤维的大分子链断裂，分子量降低，大大降低纤维的强度。但是棉纤维在碱性溶液中比较稳定，这就是棉纤维制品怕酸不怕碱的道理。

羊毛纤维制品则恰恰相反，怕碱不怕酸。这些商品在储运中应尽量避免发生这些变化所需的外部条件，尤其要注意避免与酸性或碱性商品混存。

（2）氧化。商品与空气中的氧或其他氧化性物质接触会被氧化。商品氧化不仅会降低商品质量，有时还会在氧化过程中产生热量，发生自燃，甚至发生爆炸事故。

易于氧化的商品种类很多。例如化工原料中的亚硝酸钠、亚硫酸钠、硫代硫酸钠、保险粉等，都属于易氧化的商品；棉、麻、丝等纤维织品，如长期与日光接触，会发生变色现象，这也是织品的纤维材料被氧化的结果。此外，桐油布、油纸等桐油制品，若尚未干透即行打包储存，就易发生自燃。对于上述商品在储运中应选择低温避光条件，避免与氧接触，同时还要注意通风散热等，如有条件可在包装容器内放入脱氧剂。

（3）腐蚀。金属与周围环境发生化学反应或电化学反应所引起的破坏现象，即为金属腐蚀。由于金属所处环境的差异，所引起的化学反应也不相同。主要有化学腐蚀和电化学腐蚀两种。

在干燥的环境中或无电解质存在的条件下，金属制品遇到空气中的氧而产生氧化反应，叫化学腐蚀。化学腐蚀的结果是在其表面形成一层薄薄的氧化膜，它可使金属表面变暗，有些金属的氧化膜对金属还能起到保护作用。如家具中铜床的床头，使用久了，外观色泽变暗、变旧，但对制品质量无显著影响。这种腐蚀约占腐蚀总量的 10%～20%。

在潮湿的环境中，金属制品通过表面吸附、毛细管（表面裂纹和结构缝隙）凝聚，特别是结露作用，水蒸气可在金属表面形成水膜，水膜溶解表面的水溶性黏附物或沉淀物（多为盐类物质）和空气中的二氧化碳、二氧化硫等可溶性气体，最终成为一种具有导电性的电解液。金属制品接触到这种电解液后，电位较低的金属成分成为负极（阳极），电位较高的杂质或其他金属成分成为正极（阴极），从而引起电化学反应，反应中金属以离子形式不断进入电解液而被溶解，这种腐蚀称为电化学腐蚀。

电化学腐蚀的结果是使金属制品表面出现凹陷、斑点等现象，然后使破坏掉的金属转变成金属氧化物或氢氧化物而附于金属表面，最后或快或慢地往里深入，最终成片地往下脱落。腐蚀严重的，使商品内部结构松弛，机械强度降低，甚至完全失去使用价值。电化学腐蚀是金属商品的主要破坏形式。电化学腐蚀取决于金属电位的高低，电位越低的金属越容易发生腐蚀。另外环境因素中最主要的是湿度、温度和氧，同时还与金属表面附着的尘埃、污物和空气中的二氧化碳、二氧化硫等气体有关。

（4）老化。老化是某些以高分子化合物为主要成分的商品如橡胶制品、塑料制品以及合成纤维制品等，受日光、热和空气中氧等环境因素作用而失去原有优良性能，以致最后丧失使用价值的化学变化。

上述商品的老化变质，主要是高分子化合物在光、热等因素的作用下，其成分发生了裂解或聚合反应所引起的。例如橡胶制品在高温或烈日下曝晒，会发软、发黏而变质；塑料制品和合成纤维在日光、热和空气中的氧等因素作用下，会发生变色、发脆、强力降低等。因此，在储运这些商品时，要注意防止日光照射和高温，尤其是曝晒，同时堆码不能过高，以免底层的商品受压变形。

（二）生理生化变化

（1）呼吸。呼吸是鲜活食品在储运中最基本的生理活动。其本质是在酶的参与下进行的一种缓慢的生物氧化过程。呼吸作用具有两种类型：一种是有氧呼吸，是指鲜活食品在储运中，为了维持生命需要，在体内氧化还原酶的作用下，其体内葡萄糖和其他简单有机物与吸入的氧发生氧化反应，如葡萄糖的氧化，即 $C_6H_{12}O_6+6O_2 \rightarrow 6CO_2+6H_2O+674$ 千卡。另一种是缺氧呼吸，是指在无氧或缺氧情况下的呼吸，即 $C_6H_{12}O_6 \rightarrow 2C_2H_5OH+2CO_2+28$ 千卡。从上述两种呼吸类型可看出，它们的呼吸基质是一样的，最终都是消耗了有机体内的营养成分并产生热量。

有氧呼吸产生的热量，部分用作鲜活食品生理活动的能量，部分释放到外界环境中，可使储藏环境的温度升高，加速鲜活食品的腐烂变质，同时还会促使霉腐微生物生长繁衍，这对保持储运的植物性鲜活食品如原粮、蔬菜、水果等的质量是十分不利的。

缺氧呼吸实质是酒精发酵，其最终产物是酒精（C_2H_5OH）和中间产物乙醛等，会破坏鲜活食品的组织，使其腐烂，如积累过多，还会引起鲜活食品细胞中毒，其后果比有氧呼吸更为严重。据研究，在苹果组织中乙醇积累等超过 0.3%就遭受毒害。乙醛浓度在 0.04%以上时，果品细胞组织即被杀死，且易产生生理病害，这不仅降低果品的品质，而且影响耐储藏性，缩短储藏期。

综上所述，鲜活食品商品在储运中由于呼吸作用的进行，其营养物质和水分不断消耗而导致重量减轻和组织衰老，同时放出热量和二氧化碳等气体而改变储运环境的条件。因此储运鲜活食品商品时往往要控制它们的呼吸作用，采取必要的管理措施，如控制储运场所适宜的低温和储运环境中适度的氧，或者视不同种类和品种选择合理的气体比例等，以使鲜活食品商品的呼吸作用降到最低限度。但对储运的动物性鲜活食品如活禽、活家畜、活水产品等来说，为了延长其生命，还必须提供能满足其正常呼吸所需的氧气和温度。这两类食品商品在储运中应做到保持较弱的有氧呼吸，防止缺氧呼吸。这是这两类商品进行储运时需要掌握的基本原则。

呼吸作用进行的快慢，常用呼吸强度表示（CO_2毫克或毫升/小时/千克）。在储运期间，鲜活食品呼吸强度的大小，直接影响其品质及储藏期限。呼吸强度大，消耗养料多，加速衰老过程，缩短储藏期；呼吸强度过低，正常的新陈代谢遭到破坏，产生生理病害，降低对微生物的抵抗力，也会缩短其储藏期。因此，控制呼吸作用的最低强度，也是这两类食品商品储运的关键。呼吸强度的变化，又受其生物学特性（如种类、品种、成熟度、不同器官和组织以及不同的发育时期等）和外界环境条件（如湿度、空气成分、机械伤害和病虫害等）等因素影响。例如，蔬菜的呼吸强度以叶菜最高，果菜次之，块根菜和块茎菜最低。果实的呼吸强度以浆果最大，仁果次之，核果再次之，柑橘类较小。

（2）后熟。后熟是菜果采收以后其成熟过程的继续。主要发生在果品、瓜类及果菜类（茄子、豆类等）商品的储运中。因这些食品成熟后再采摘，不耐储运且容易腐败变质，所以这些食品必须在成熟前采摘。它们脱离母体后，物质的积累被迫停止，但食品中有机成分的合成（水解平衡更趋向于水解作用方向，呼吸作用更趋向于缺氧呼吸类型）使商品质量和生理特性发生一系列变化，逐渐达到食用成熟度。后熟使这类食品在色泽、香气、口味及口感等方面有明显的提升，食用质量也得以改善。例如，香蕉、柿子、西瓜和甜瓜等，只有到达后熟时，才具备良好的食用价值。但也会因它们的成分在组织或器官之间的转移和重新分配而逐渐进入衰老期，致使商品形态变劣，组织粗老，食用品质大为降低。

促进这类食品后熟的主要因素是高温、氧气和某些刺激性气体的成分，如乙烯、酒精等。例如，苹果组织中产生的乙烯（又称内源乙烯），虽然数量极微，却能大大加快商品的后熟和衰老的进程。苹果在储运中，为了延长或推迟后熟和衰老过程，除采用适宜的低温和掌握适量的通风条件外，还可采取措施如放置活性炭、焦炭分子筛等吸收剂排除苹果库房中的乙烯成分。有时为了及早上市，对于某些菜果如番茄、香蕉、柿子等，还可利用人工催熟的方法加速其后熟过程，以适应市场销售需要。例如，香蕉在密封条件下，温度为20℃，空气相对湿度为85%，乙烯浓度约为空气体积的1‰时，就可催熟。

(3) 发芽和抽薹。发芽和抽薹是两年生的蔬菜（如马铃薯、葱头、大蒜等）在储存时经过休眠期后的一种继续生长的生理活动。发芽是蔬菜短缩茎上的休眠芽开始发芽生长，抽薹则是短缩茎上生长点部位所形成的花茎生长的结果。主要发生在一些变态的根、茎、叶菜储存的后期，如马铃薯芽眼中休眠芽萌发，萝卜顶部抽薹等，发芽和抽薹的蔬菜，因大量的营养成分转向新生的芽或花茎，这类食品组织细胞变得糠松粗老或空心，失去原有的鲜嫩品质，并且不耐储存。

造成蔬菜发芽和抽薹的因素主要有高温、高湿、充足的氧气和日光照射等。因此，储存这类蔬菜时，应将温度控制在5℃以下，相对湿度控制在80%～85%，并采取避光以及采用气调储藏法等措施控制其休眠期，以延缓发芽和抽薹的时间。此外，在蔬菜收获前后，施以适当浓度的植物生长素或者用γ射线辐射处理等，对控制发芽和抽薹也有明显的效果。

(4) 僵直。僵直是刚屠宰的家畜、家禽和刚死亡的鱼等动物性生鲜食品的肌肉组织发生的生理生化变化。

动物死亡之后，呼吸停止，依靠血液循环的肌肉供氧也随之停止，但这时肉中的各种酶仍未失活，一些酶催化的生化反应仍在进行，此时因无氧存在，糖原、葡萄糖的分解只能以无氧酵解的方式进行，其产物为乳酸。这样使肉的pH值逐渐下降，原来使肌肉呈柔软状态的成分如二磷酸腺苷也减少，其结果造成肌肉组织收缩，失去原有弹性和柔软性，肉质变得僵硬。处于僵直阶段的肉，弹性差，保水性也差，无鲜肉自然气味，烹饪时不易煮烂，熟肉的口感也差，不宜直接食用。但僵直阶段的鲜肉（鱼）的主要成分尚未分解，基本保持了原有的营养成分，适合直接冷冻储藏。

(5) 成熟和自溶。当肉的酸度达到其最低的pH值时，肉的僵直程度也达到了最高点，肉中的水解酶开始活化并分解肌肉中的蛋白质、三磷酸腺苷等，一方面使肌肉的pH值逐渐回升，另一方面使肌肉的保水性增强，同时由于三磷酸腺苷的分解，还生成了肉的特殊香味成分次黄嘌呤。成熟过程使肉变得柔软且有弹性，有汁液、光泽，易熟、易消化且风味鲜美。

当肉的成熟作用完成后，肉的生物化学变化就转向自溶作用。

自溶作用是肉腐坏作用的前奏。在自溶酶的作用下，肌肉中的复杂有机化合物进一步分解为分子量低的物质过程叫作自溶。空气中的二氧化碳与肉中的肌红蛋白的相互作用，可使肉色泽变暗，弹性降低，处于自溶阶段的肉，虽尚可食用，但气味和口感已大为逊色，而且随着自溶作用的进行，肉的pH值逐渐向中性发展，这就为各种细菌的繁殖创造了适宜的条件。实际上，肉在自溶阶段的后期，常伴随有细菌的活动，处于自溶阶段的肉，已不适合长期保存。

肉的成熟和自溶与外界温度条件有密切关系。当温度低时，成熟和自溶作用缓慢，当温度高时，成熟和自溶作用则加速进行，这主要是温度可以影响自溶酶的活性所致。因此，生鲜肉类、禽类和水产品都需要在低温下储存和运输。

（三）生物学变化

（1）霉变。商品霉变是由于霉菌在商品上生长繁殖而导致的商品变质现象。霉菌是一种低等植物，无叶绿素，菌体为丝状，主要靠孢子进行无性繁殖。空气中含有很多肉眼看不到的霉菌孢子，商品在生产、储运过程中，它们落到商品表面，一旦外界温度、湿度适合其生长，商品上又有它们需要的营养物质，就会生长菌丝。其中部分伏在商品表面或深入商品内部，有吸取营养物质排泄代谢产物的功能，称为营养菌丝；另一部分菌丝竖立于商品表面，在顶端形成子实体或产生孢子，称之为气生菌丝。菌丝集合体的形成过程，就是商品出现"长毛"或有霉味的变质现象。

霉菌在世界上有 30 000 多种，每年霉坏的商品数量惊人，但在生产实践中，对霉菌的应用也很广泛。例如毛霉是制腐乳、豆豉等食品的重要菌种，也是药材、肉类、粮食、水果、蔬菜、糕点、香烟、鞋帽商品上经常生长的霉腐微生物，对商品的破坏性很大。霉菌中对商品危害较大的除毛霉外，还有根霉、曲霉和青霉。

霉菌在生长和繁殖中所需的营养物质有水分、碳源、氮源和无机盐等。水分是霉菌机体的重要组成成分，是其吸收其他营养物质的载体。如溶解营养物质、吸收代谢热和调节细胞温度等。水分约占霉菌体重的 75%～85%。碳源即含碳物质，如糖类、有机酸、纤维素、醇类和酯类等，它是构成霉菌细胞和代谢产物中碳素来源的营养物质，也是霉菌能量的主要来源。氮源指含氮物质，如蛋白质、氨基酸、铵盐、硝酸盐等，它是构成霉菌细胞和代谢产物中氮素来源的营养物质，也是合成霉菌原生质和细胞结构的原料。无机盐是霉菌所需的灰分营养，即为霉菌提供其生命活动所必需的硫、磷、钾、镁、钙、铁等元素。具有上述营养物质的商品种类很多，如粮食及加工制品、水果、蔬菜及干制品、茶叶、酒类、皮革制品、棉纺织品、棉鞋帽、卷烟等，所以它们非常容易发生霉变。

霉菌因不含叶绿素，不会自己制造养料，所以只能寄生于含营养的物质，只能靠菌丝细胞膜的渗透作用，通过水的溶解作用将养分吸入体内或将代谢产物排出体外。但霉菌的细胞膜只能透过低分子物质，对淀粉、纤维素、木质素等大分子物质，只能靠体内释放出的酶，先将大分子分解为水溶性的低分子物质，才能吸收到体内。因此霉菌种类不同，其所含的酶的种类也不同，对商品的危害也有差异。例如根霉因含有丰富的淀粉酶，故主要危害粮谷、面粉、糕点等商品；曲霉中含有丰富的淀粉酶和蛋白酶，其中黑曲霉对植物性商品的破坏力强，对含淀粉的商品破坏更甚；黄曲霉不仅危害含淀粉的食品而且危害含蛋白质的商品，其产生的黄曲霉毒素是致癌物质，能诱发癌症，其中尤以花生、玉米、大米、薯干等商品最易受黄曲霉毒素的污染；青霉对有机商品的破坏力很强，能使粮食、糕点、鲜果、蔬菜、香烟、茶叶、针棉制品、布鞋等霉腐，同时还产生青霉毒素，有剧毒。因此，霉变后的食品不能再食用。

商品霉变是霉菌在商品上吸取营养物质与排泄废物的结果。这是因为霉菌吸收营养时必然要分解商品体原有的成分，使商品内在质量受到不同程度的破坏；霉菌代谢产物如色素、有机酸和其他有机物，又使商品污染上色，破坏其外观，产生难闻的霉味及毒素；同时，商品的组织结构由于其成分被分解和有机酸等代谢产物的作用，还会出现变糟、发脆或强度降低等变质现象。

（2）发酵。发酵是某些酵母（尤其是野生酵母）和细菌所分泌的酶，作用于食品中的糖类、蛋白质而发生的分解反应。发酵分为两种。一种是正常发酵，它广泛应用于食品酿造业。例如，我国白酒的生产工艺概括起来有固态发酵工艺、半固态发酵工艺和液态发酵工艺。另一种是非正常发酵，即空气中的微生物在适宜环境条件下作用于食品而进行的发酵。常见的这类发酵有酒精发酵、醋酸发酵、乳酸发酵和酪酸发酵等。这些微生物能在酱油、醋、葡萄酒等商品表面形成一层薄膜，不但破坏了食品中的有益成分，使其失去原有的品质，而且会出现不良气味，影响食品的风味和质量，有的还会产生有害人体健康的物质。因此，防止食品在储运中发酵，除了注意卫生外，密封和控制较低温度也是十分重要的。

（3）腐败。腐败主要是腐败细菌作用于食品中的蛋白质而发生的分解反应，尤其是含水量大和含蛋白质较多的生鲜食品最容易出现腐败。例如，植物性食品中的豆制品、动物性食品中的肉、乳、鱼、蛋等。腐败的基本原理是，细菌通过自身分泌出的蛋白酶，先把食品中的蛋白质分解成氨基酸，除吸收一部分外，余下的将进一步分解成多种有酸臭味和有毒素的低分子化合物，同时还放出硫化氢、氨等有臭味的气体。食品腐败后，不仅其营养成分分解，产生恶臭，更严重的是还产生许多剧毒物质，如胺类化合物等，使食品完全丧失食用价值，危及食用者的健康。

引起商品霉变、发酵和腐败的微生物统称为霉腐微生物，包括霉菌、酵母菌和部分细菌。它们能在商品体上生长、繁殖，除商品上有它们需要的营养物质外，还与外界环境因素有密切关系，如水分、温度、日照、酸碱度等。霉腐微生物中，细菌、酵母菌属于高湿性微生物，个别属于中湿性，多数霉菌属于中湿性。其最适宜的生长温度分别为 30℃～60℃和 25℃～37℃，适宜发育的最低相对湿度为 90％以上和 80％～90％。霉腐微生物属于好氧性微生物，其细胞的呼吸作用要在有氧条件下进行。光对霉菌的影响很大，如霉菌在日光下曝晒数小时，大多数会死亡，因此，对发霉商品可采取日光下曝晒的方法治霉。人们可以有意识地控制某一因素并使其劣化至霉腐微生物无法适应的范围，微生物便无法生长繁殖，从而可防治或避免商品霉腐。如在储运中采用低温（10℃以下）或将相对湿度控制在 65％以下或造成低氧环境，均能取得防治商品霉腐的良好效果。因此，研究微生物的生长发育条件，对防治霉腐微生物危害商品有着非常重要的实际意义。

（4）虫蛀、鼠咬。商品在储运过程中，经常遭受仓库害虫的蛀食和老鼠的咬损，使商品体及其包装受到损失，它们排泄的各种代谢废物还玷污了商品，有的甚至使商品完全丧失使用价值。

仓库害虫种类较多，在我国有记载的达 200 多种，在商业仓储部门发现危害商品的就有 40 多种，危害包装物的 120 多种。主要代表性仓虫是鞘翅目昆虫，俗称甲虫，是目前仓库中种类最多、危害性最大的仓虫。容易受虫蛀的商品主要是碳水化合物、蛋白质和油脂等营养含量较高的动植物性商品，如毛织品、丝织品、毛皮制品、竹制品、藤制品、纸张及纸制品、卷烟和烟叶、干果等，因为这些商品可提供仓虫生命活动所需的营养物质和它们喜食的成分。

鼠类虽不属仓虫范围，但其危害比仓虫有过之而无不及，也是仓储的大害。仓储中的主要鼠类是褐鼠、黑鼠和小家鼠。鼠类有咬啮的习惯，以使门齿保持适当的长度，因此，凡是硬度比鼠齿小的商品或物品，均是老鼠咬啮的对象，如包装物、工业品（木制品、竹制品、皮箱、聚氯乙烯制品等）、建筑材料、通信设备等。此外，纤维制品还常成为老鼠觅取做窝的材料，它们的粪便还玷污了商品，传染疾病。

对虫蛀、鼠咬的防治，应熟悉虫、鼠的生活习性和危害规律。首先立足于防，尽力做到商品进仓无虫，仓内无虫，对鼠捣其巢穴，断其来路，进行诱捕，搞好运输工具和仓库的清洁卫生工作，加强日常管理；其次是采用化学药剂或其他方法杀虫、灭鼠，坚持经常治理与突击围剿相结合的方针。

第 3 节　保护储运商品质量的技术方法

一　防霉腐方法

商品的成分结构和环境因素是霉腐微生物生长繁殖的营养来源和生活的环境条件，因此，商品的防霉腐工作必须根据微生物的生理特性采取适宜的措施进行防治。

（一）药剂防霉腐

药剂防霉腐是利用化学药剂使霉腐微生物的细胞和新陈代谢活动受到破坏或抑制，进而达到杀菌或抑菌，防止商品霉腐的目的。

药剂防霉腐要和生产部门密切配合。在生产过程中就把防霉剂、防腐剂加到商品中，这样既方便又可收到良好的防霉腐效果。对批量小的易霉腐的工业品商品如皮革制品等，也可在储运时把防霉腐药剂加到商品表面。例如工业用防霉腐剂可用于纺织品、鞋帽、皮革、纸张、竹木制品等商品的防霉腐；食品防霉腐剂可用于汽酒、汽水、面酱、蜜饯、山楂糕、果味露、罐头等食品的防霉腐。防霉腐药剂的选用必须遵循低毒、高效、无副作用、价格低廉等原则，在使用时还必须考虑对使用人员的身体健康无不良影响和对环境不造成污染等。

（二）气相防霉腐

气相防霉腐是利用药剂挥发出来的气体渗透到商品中，杀死霉腐微生物或抑制其生长和繁殖的方法。这种方法效果较好，应用面广。常用的气相防霉剂有：多聚甲醛、环氧乙烷等。多聚甲醛是甲醛的聚合物，在常温下可徐徐升华解聚成有甲醛刺激气味的气体，能使菌体蛋白质凝固，以杀死或抑制霉腐微生物。使用时将其包成小包或压成片剂，与商品一起放入包装容器内加以密封，让其自然升华扩散。环氧乙烷作为防霉腐剂，能与菌体蛋白质，酚分子的羧基、氨基，羟基中游离的氢原子结合，生成羟乙基，使细菌代谢功能出现障碍而死亡。环氧乙烷分子穿透力比甲醛大，杀菌力也比甲醛强，环氧乙烷可在低温下使用，比较适用于怕热、怕潮的商品防腐包装。但环氧乙烷能使蛋白质液化，会破坏粮食中的维生素和氨基酸，还会残留有毒物质氯乙醇，因此不宜用作粮食和食品的防霉腐，只可用于皮革制品的防霉。应注意的是，气相防霉腐要求包装材料和包装容器具有透气率小、密封性能好的特点。气相防霉剂还应与密封仓库、大型塑料膜罩或其他密封包装配合使用才能获得理想效果。另外，使用中要注意安全，严防毒气对人体的伤害。

对于已发生霉腐的商品，为避免进一步变化造成更大的损失，应及时采取措施救治。霉腐商品的救治方法很多，常用的方法有：晾晒、烘烤、熏蒸、机械除霉及加热灭菌等。使用时应根据实际情况合理选择。

（三）气调防霉腐

气调防霉腐是根据好氧性微生物需氧代谢的特性，通过调节密封环境（如气调库、商品包装）中气体（二氧化碳、氮气、氧气等）的组成成分，降低氧气浓度，来抑制霉腐微生物的生理活动、酶的活性和鲜活食品的呼吸强度，达到防霉腐和保鲜目的的一种方法。二氧化碳具有抑制大多数腐败细菌和霉菌生长繁殖的作用，空气中二氧化碳的浓度达到10%～14%时开始对霉腐微生物有抑制作用，空气中二氧化碳的浓度超过 40%时则对霉腐微生物有明显的抑制和杀死作用。氮气是理想的惰性气体，它一般不与食品发生化学作用，也不被食品吸收，但能减少包装内的含氧量，极大地抑制细菌、霉菌等微生物的生长繁殖，减缓食品的氧化变质及腐败。

气调防霉腐目前用三种方法来进行降氧：一是机械气调降氧法，包括真空充氮法和充二氧化碳法两种；二是化学气调降氧法，采用脱氧剂来使包装内氧的浓度下降；三是自发气调降氧，即靠鲜活食品本身的呼吸作用释放出的二氧化碳来降低包装内的氧气含量，起到气调作用。气调防霉腐还需要适当低温条件的配合，才能较长时间保持鲜活食品的新鲜度。气调防霉腐可用于水果、蔬菜的保鲜，也开始用于粮食、油料、肉及肉制品、鱼类、鲜蛋和茶叶等多种食品的保鲜。

（四）低温防霉腐

低温防霉腐是通过控制储存商品本身的温度，使其低于霉腐微生物生长繁殖的最低温度界限，从而控制酶的活性和抑制霉腐微生物的代谢与生长繁殖，达到防霉腐的目的。

低温防霉腐所需的温度与时间应按具体储存商品而定。一般情况下，温度越低，持续时间越长，霉腐微生物的死亡率越高。按所控温度的高低和时间的长短，分为冷藏和冻藏两种。冷藏防霉腐适用于含水量大又不耐冰冻的易霉腐商品，短时间在 0℃左右冷却储藏，如蔬菜、水果、鲜蛋等。在冷藏期间霉腐微生物的酶几乎都失去了活性，新陈代谢的各种生理生化反应缓慢，甚至停止，生长繁殖受到抑制，但并未死亡。冻藏防霉腐适用于耐冰冻含水量大的易霉腐商品，较长时间在－16℃～－18℃左右冻结储藏，如肉类、鱼类。在冻藏期间，商品的品质基本上不受损害，商品上霉腐微生物因细胞内水变成冰晶脱水，冰晶水损坏细胞质膜而引起死伤。

（五）干燥防霉腐

干燥防霉腐是通过各种措施降低商品本身的含水量，使霉腐微生物得不到生长繁殖所需的水分来达到防霉腐目的。干燥可使微生物细胞蛋白质变性并使盐类浓度增高，从而使微生物生长受到抑制或促其死亡。霉菌菌丝抗干燥能力很弱，特别是幼龄菌种抗干燥能力较弱。干燥防霉腐有自然干燥法和人工干燥法两种。自然干燥法是利用自然界的能量，如日晒、风吹、阴晾等方法使商品干燥。该法经济方便，广泛用于原粮、干果、干菜、水产海味干制品和某些粉类制品。人工干燥法是在人工控制环境条件下对商品进行脱水干燥的方法。比较常用的方法有：热风干燥、喷雾干燥、真空干燥、冷冻干燥及远红外和微波干燥或者在密封的包装内放置一定量的干燥剂等。

（六）电离辐射防霉腐

电离辐射是指能量通过空间传递照射到物质上，射线使被照射的物质产生电离作用。电离辐射一般是放射性同位素（钴-60 或铯-137）产生的 α，β，γ 射线，它们都能使微生物细胞结构与代谢的某些环节受损。α 射线在照射时被空气吸收，几乎不能到达目的物上。β 射线穿透力弱，只限于物体表面杀菌。γ 射线穿透作用强，可用于食品内部杀菌。射线可杀菌杀虫，不会引起物体升温，故可称为冷杀菌。

电离辐射的直接作用是当辐射线通过霉腐微生物时能使微生物内部成分分解而引起诱变或死亡。其间接作用是使水分子离解成为游离基，游离基与液体中溶解的氧作用产生强氧化基团，该基团再使霉腐微生物酶蛋白的巯基（-SH）氧化，酶失去活性，因而使其诱变或死亡。辐射可导致害虫、虫卵、微生物体内的蛋白质、核酸及促进生化反应的酶受到破坏，失去活力，进而终止食品霉腐变质的过程。

包装的商品经过电离辐射后即完成了消毒灭菌的作用，经照射后，如果不再污染，配以冷藏的条件，则小剂量辐射能延长保存期数周到数月，大剂量辐射可彻底灭菌，长期保存。但要注意，辐射射线的剂量过大也可能会加速包装材料的老化和分解，因此要注意控制剂量。

（七）紫外线照射防霉腐

紫外线的波长为 100nm～400nm，其中以波长为 240nm～280nm 范围的紫外线最具有杀菌作用，尤其在波长为 253.7nm 时紫外线的杀菌作用最强。紫外线的杀菌或防霉腐机理是通过紫外线对商品上霉腐微生物的照射，破坏其机体内 DNA（脱氧核糖核酸）的结构，使构成该微生物的蛋白质无法形成，使霉腐微生物立即死亡或丧失繁殖能力。

紫外线杀菌是一种使用简便的灭菌方法，且无药剂残留，效率高、速度快，并可被不同的表面反射，但紫外线穿透力很弱，只能杀死商品表面的霉腐微生物。此外，含有脂肪或蛋白质的食品经紫外线照射后会产生臭味或变色，这些商品不宜使用紫外线杀菌。紫外线一般用于处理包装材料和容器、工作环境以及非食品业的包装商品的杀菌。

（八）微波辐射防霉腐

微波是频率为 300MHz～300GHz、波长为 0.001m～1m 的电磁波。微波防霉腐或者说灭菌的机制主要靠热效应和生物效应两个方面的作用，也就是说，商品上的霉腐微生物在高频电磁场的作用下吸收微波能量后，一方面商品中的霉腐微生物或虫类会因分子极化现象，吸收微波升温，从而使其蛋白质变性，失去生物活性；另一方面高频的电场也使其膜电位、极性分子结构发生改变，使霉腐微生物或虫类体内蛋白质和生理活性物质发生变异，从而丧失活力或死亡。微波杀菌具有穿透力强、节约能源、灭菌快、效率高、操作简单、适用范围广，且便于控制，加热均匀，食品的营养成分及色、香、味在灭菌后仍接近食物的天然品质等特点，可用于液态、固态物品的灭菌，包装好的物品置于微波场中，在极短时间内即可完成灭菌过程。但在使用中应注意防止微波泄漏。目前微波辐射防霉腐主要用于粮食制品类、蔬菜类、水果类、奶制品、调味品、香精香料等商品。

（九）远红外线辐射防霉腐

远红外线是频率高于300万MHz的电磁波。其防霉腐或者说杀菌的机理与微波相似，主要是利用远红外线的光辐射和产生的高温使霉腐微生物迅速脱水干燥而死亡。利用远红外线可以直接照射食品，也可在食品装入塑料袋后以远红外线照射灭菌。食品中的很多成分及微生物对3μm～10μm的远红外线有强烈的吸收。远红外加热灭菌不需要传媒，热直接由物体表面渗透到内部。因此不仅可用于一般的粉状和块状食品的灭菌，而且可用于坚果类食品如咖啡豆、花生和谷物的灭菌与灭霉以及袋装食品的直接灭菌。

（十）高压电场脉冲防霉腐

高压电场脉冲防霉腐是将商品置于两个电极间产生的瞬间高压电场中，高压电脉冲能破坏霉腐微生物的细胞膜，改变其通透性，从而可杀死其细胞，达到防霉腐的目的。高压脉冲电场的获得有两种方法。一种是利用LC振荡电路原理，先用高压电源对一组电容器进行充电，将电容器与一个电感线圈及处理室的电极相连，电容器放电时产生的高频指数脉冲衰减波即加在两个电极上形成高压脉冲电场。由于LC电路放电极快，在几十至几百微秒内即可将电场能量释放完毕，利用自动控制装置，对LC振荡器电路进行连续的充电与放电，可以在几十毫秒内完成杀霉杀菌过程。另一种是利用特定的高频高压变压器来得到持续的高压脉冲电场。杀霉杀菌用的高压脉冲电场强度一般为15千伏/厘米～100千伏/厘米，脉冲频率为1kHz～100kHz，放电频率为1kHz～20kHz。高压电场脉冲防霉腐一般在常温下进行，处理时间为几十毫秒。这种方法有两个特点：一是由于灭菌时间短，处理过程中的能量消耗远小于热处理法；二是由于在常温常压下进行，处理后的食品与新鲜食品相比在物理性质、化学性质、营养成分上改变很小，风味、口感差异不大。

二 防治害虫的方法

储运中害虫的防治工作应贯彻“以防为主，防治结合”的方针。对某些易生虫的商品如原材料，必须积极地向生产企业提出建议和要求，在生产过程中，对原材料采取杀虫措施，如竹、木、藤原料，可采取沸水烫煮、汽蒸、火烤等方法，杀灭隐藏的害虫。对某些易遭虫蛀的商品，在其包装或货架内投放驱避药剂，如天然樟脑或合成樟脑等。此外，储运中害虫的防治还常采用化学、物理、生物等方法，杀灭害虫或使其不育，以维护储运商品的质量。

（一）化学杀虫法

化学杀虫法是利用化学药剂来防治害虫的方法。在实施时，应考虑害虫、药剂和环境三者之间的关系。例如针对害虫的生活习性，要选择其抵抗力最弱的虫期进行施药，药剂应低毒、高效和低残留，且对环境无污染。在环境温度较高时施药，可获得满意的杀虫效果。

化学杀虫按其作用于害虫的方式，主要有熏蒸杀虫、触杀杀虫和胃毒杀虫三种。

（1）熏蒸杀虫。熏蒸就是采用熏蒸剂这类化合物在能密闭或近于密闭的空间（如库房、商品包装、车厢或船舱）内杀死害虫、病菌或其他有害生物（如鼠类）的技术措施。熏蒸剂是指在所要求的温度和压力下能产生使有害生物致死的蒸气浓度的一种化学药剂。熏蒸剂挥发所产生的蒸气，能够渗透到被熏蒸的储存商品或包装或其他物质中去，因而可以有效地消灭隐蔽的害虫或其他有害生物。熏蒸剂的蒸气一般是直接通过害虫的表皮或气门进入呼吸系统，从而渗透到血液中使害虫中毒死亡。其杀虫作用一般认为在于对酶的化学作用。

温度对于熏蒸效果影响极大，温度高于 10℃后再增高，药剂的挥发性增强，气体分子的活动性和化学作用加快，这时害虫也趋于活跃，可因呼吸率加快而加速中毒。温度在 10℃时害虫较不活跃，呼吸率低，熏蒸剂扩散穿透能力也随之降低。当温度低于 10℃时，因低温对害虫的生理活动不利，同时低温虽降低了药剂的蒸发率，却使害虫表皮对蒸气的吸附力增加，故熏蒸效果反而增加。如果延长熏蒸处理时间，较低的浓度也能获得较好的防治效果。熏蒸剂使用剂量要根据熏蒸场所空间体积计算（单位为 g/m^3），浓度根据熏蒸时间、熏蒸场所密闭程度、被熏蒸物的量和对熏蒸剂蒸气的吸附能力等确定。熏蒸时最好选择害虫的幼龄期进行毒杀，因其抗药能力较弱，毒效会更好。

我国使用的熏蒸剂有磷化铝、氯化苦、溴甲烷、环氧乙烷、硫酰氟、氢氰酸、三氯乙烷、二溴乙烷、四氯化碳、二氧化碳等。由于溴甲烷在有效杀死害虫的同时，还消耗臭氧，《蒙特利尔议定书》要求各国逐步淘汰溴甲烷，以保护臭氧层。氯化苦是联合国推荐的臭氧物质溴甲烷替代品之一。三氯乙烷、二溴乙烷、四氯化碳等熏蒸剂主要是麻醉剂，二氧化碳则主要起窒息作用。

（2）触杀杀虫和胃毒杀虫。杀虫剂与害虫表皮或附器接触后渗入虫体或腐蚀虫体蜡质层或堵塞气门而杀死害虫的作用叫触杀作用。具有触杀作用的杀虫剂又称为触杀剂，如常用的锌硫磷、对硫磷、溴氰菊酯、氰戊菊酯等。杀虫剂随着诱饵经虫口进入害虫消化系统，从而起到毒杀的作用叫胃毒作用。这类杀虫剂又称为胃毒剂，如敌百虫、砷素剂、氟素剂等。胃毒剂和触杀剂虽然在毒杀方法和效果上各有不同，但往往具有触杀作用的杀虫剂，也都具有胃毒作用，个别种类杀虫剂还有熏蒸作用。

（二）物理杀虫法

物理杀虫法是利用各种物理因素如热、光、射线等破坏储运商品上害虫的生理活动和机体结构，使其不能生存或繁殖的方法。主要有：高、低温杀虫法；射线杀虫与射线不育法；远红外线与微波杀虫法和充氮降氧杀虫法等。

（1）高、低温杀虫法。高温杀虫法是利用日光曝晒（夏天日光直射温度可达 50℃左右）、烘烤（一般温度为 60℃～110℃）、蒸汽（温度为 80℃左右）等产生的高温作用，使商品中的害虫致死的方法。例如一般害虫在 38℃～40℃时即发生热麻痹；48℃～52℃时，经过一定时间即死亡；54℃时，经 2～6 小时，全部死亡。其原因是：高温下害虫体内水分大量蒸发，蛋白质发生凝固，破坏了虫体细胞组织，最终导致死亡。

低温杀虫法是利用低温，使害虫体内酶的活性受到抑制，生理活动缓慢，处于半休眠状态，不食不动，不能繁殖，时间过久会因体内营养物质过度消耗而死亡。低温杀虫法有：库外冷冻、库内通冷风、机械制冷、入仓冷冻密封等。

（2）电离辐射杀虫与电离辐射不育法。电离辐射杀虫与电离辐射不育法是分别用高剂量的与低剂量的 γ 射线辐射虫体，前者几乎可使所有害虫立即死亡，后者可引起生殖细胞突变，导致害虫机体不育。该法具有杀虫效率高，商品组成成分、商品包装不被破坏，环境不受污染等特点。

（3）微波和远红外线杀虫法。微波杀虫和远红外线杀虫的原理与前面所述的微波灭菌灭霉和远红外线灭菌灭霉的原理相同，在此不再重复。

三 防鼠与灭鼠的方法

防鼠与灭鼠要针对鼠类的特性和危害规律，采取防治与突击围剿相结合的办法，要捣其巢穴，断其来路，消其疑忌，投其所好，进行诱捕。

防鼠的主要方法是，保持库房内外清洁卫生，清除垃圾，及时处理堆积包装物料及杂乱物品，不给鼠类造成藏身的活动场所。另外，还可以用碎瓷片，碎玻璃与黄沙、石灰或水泥掺和，堵鼠洞，截断其活动通路。

灭鼠有多种方法，除一些传统有效的方法（如鼠夹、鼠笼、粘鼠胶等）外，还可用电猫（微电流高压电击灭鼠装置）等新的物理机械灭鼠方法。这些捕鼠方法对人畜比较安全，只是效果差些。目前还是用灭鼠药（如杀鼠灵、氯敌鼠等抗凝血灭鼠剂）毒杀，效果较好，但要妥善处理死鼠，以免被其他动物吃掉，造成死亡或污染环境。在食品储藏库中不宜采用灭鼠药灭鼠。除上述灭鼠方法，还有采用驱鼠剂（如放线酮等）驱除鼠类，或用植物性复合不育剂及生物毒素灭鼠的新方法。驱鼠剂对鼠类口腔黏膜有强烈的刺激作用，鼠类闻到此药会很快逃避。

四 防腐蚀方法

电化学腐蚀是造成金属商品损失的重要因素之一，因此做好金属商品的防腐蚀工作非常重要，也是仓储过程中商品养护的一项重要任务。金属商品的电化学腐蚀除内在因素如金属及其制品本身的组成成分、电位高低、表面状况等外，还主要取决于金属表面电解液膜的存在，因此在防止金属商品电化学腐蚀的方法中，相当多的方法是围绕防止金属表面生成水膜而进行的。在生产部门，为了提高金属的耐腐蚀性能，最常采用的方法是在金属表面涂盖防护层。例如喷漆、喷塑、搪瓷涂层、电镀等，把金属与促使金属腐蚀的外界条件隔离开来，从而达到防腐蚀的目的。在仓储过程中使用的主要防腐蚀方法是：改善仓储条件、涂油防锈、气相防锈和可剥性塑料封存等。

（一）涂油防锈

涂油防锈是常用的一种简便有效的防腐蚀方法。它是在金属表面涂覆一层油脂薄膜，在一定程度上使大气中的氧、水分以及其他有害气体与金属表面隔离，从而达到防止或减缓金属制品生锈的方法。此法属于短期的防锈法（最长不超过 5 年）。随着时间的推移，防锈油会逐渐消耗，或由于防锈油的变质而使金属商品又有重新生锈的危险。目前常用的防锈油种类有：溶剂型薄层防锈油、蜡膜防锈油（含某些油溶性蜡）、水溶性防锈油（环保型）以及凡士林防锈油、气相防锈油等。

（二）气相防锈

气相防锈是利用挥发性气相防锈剂在金属制品周围挥发出缓释气体，来阻隔空气中的氧、水分等有害因素的腐蚀作用以达到防锈目的的一种方法。这是一种较新的防锈方法，具有使用方便、封存期较长、使用范围广的特点。它适用于结构复杂，不易为其他防锈涂层所保护的金属制品的防锈。常用的气相防锈剂有：亚硝酸二环己胺、肉桂酸、福尔马林等。常用的气相防锈形式有三种：

(1) 气相防锈纸防锈。气相防锈纸是用牛皮纸、石蜡纸、仿羊皮纸、防水纸等，浸涂气相防锈剂干燥后而成，用于金属商品的内包装，外层再用塑料袋或蜡纸密封。

(2) 粉末法气相防锈。该法是用气相防锈剂粉末均匀喷洒在金属制品表面或散装在金属制品的包装袋中，也可制成片剂、丸剂放入包装袋，然后密封。

(3) 溶液法气相防锈。此法是用有机溶液或水溶解气相防锈剂而形成的溶液，浸涂或喷涂于金属制品表面，形成一层防锈剂薄膜，然后用塑料袋包装。

应注意的是，采用气相防锈，要根据不同的金属制品，选择不同种类的气相防锈剂，气相防锈的形式也要根据需要和实际情况进行选择，只有这样才能达到满意的效果。

（三）可剥性塑料封存

可剥性塑料是用高分子合成树脂为基础原料，加入矿物油、增塑剂、防锈剂、稳定剂以及防腐剂等，加热溶解后制成的。这种塑料液喷涂于金属制品表面，能形成可以剥落的一层特殊的塑料薄膜，像给金属制品穿上一件密不透风的外衣，它有阻隔腐蚀介质对金属制品的作用，达到防锈目的。可剥性塑料中，常用的树脂有乙基纤维素、醋酸丁酸纤维素、聚氧乙烯树脂、过氯乙烯树脂和改性酚醛树脂等。

可剥性塑料按其组成和性质的不同，可分为热熔型和溶剂型两类。

(1) 热熔型可剥性塑料。该塑料是一种具有一定韧性的固体，它加热熔化后，浸涂于金属制品表面，冷却后能形成一层 1～3 毫米厚的塑料膜层。

(2) 溶剂型可剥性塑料。它是一种黏稠液体，涂刷于金属制品表面，溶剂挥发后能形成一层 0.3～0.5 毫米厚的膜层。溶剂型可剥性塑料适用于一般五金零件的封存防锈。由于膜层较薄，它的防锈期较短。

以上两种薄膜都有阻隔外界环境不良因素、防止生锈的效用，启封时用手即可剥除。

五　防老化方法

防老化是根据高分子材料性能的变化规律，采取各种有效措施减缓老化的速度，达到提高材料的抗老化性能，延长其使用寿命的目的。高分子商品的老化有内因和外因，防老化应从两方面着手。

(一) 提高商品本身的抗老化作用

高分子材料的防老化，首先应提高高分子材料本身对外界因素作用的抵抗能力。例如，通过改变分子构型，减少不稳定结构，或除去杂质，可提高高分子材料本身对外界因素作用的抵抗能力。还可以在加工生产中，用添加防老化剂（抗氧剂、热稳定剂、光稳定剂、紫外线吸收剂等）的方法来抑制光、热、氧等外界因素的作用，提高高分子材料耐老化性能。此外，还可以在高分子材料商品的外表涂以漆、胶、塑料、油等保护层，有显著的防老化作用。如塑料商品可用某些塑料粉末在表面涂一层薄膜，可提高耐磨、耐热和耐气候等性能。

在上述防老化方法中，添加防老化剂是常用且有效的一种方法。防老化剂是一种提高高分子材料和制品的热加工性能和储运、使用寿命的化学物质，其添加量很小，但能使材料和成品的耐老化性能提高数倍乃至数千倍。

(二) 控制储运中引起老化的因素

商品的防老化主要是在生产过程中考虑，在储运中也不能忽视，应采取一系列防老化措施。

（1）妥善包装。完好妥善的包装可使商品与外界环境处于隔离状态，这样可减少外界因素的影响。

（2）控制温度。温度对商品老化有直接的影响，因此高分子商品应存放在受温度影响较小的库房里，不宜露天存放，更不宜曝晒。

（3）合理堆码。高分子商品堆码时要注意通风散热，底层商品承重不能过大，以免造成挤压，加剧老化。

|知识应用 10－2|　塑料类餐具的老化与使用寿命

塑料的出现可以说成功地解决了竹木材质容易发霉的问题。不过塑料也存在不少隐患，最直接的问题就是容易老化。塑料类餐具是家庭中必不可少的一类餐具，这类餐具颜色鲜艳，方便清理，不易打碎，在有小孩的家庭中使用得尤为多，但是塑料制品不如陶瓷制品，其终究有一个老化的过程，因此，专家建议塑料类餐具应定期更新换代。

（1）塑料餐具。最常用于餐具的塑料是聚丙烯，一般微波炉专用塑料餐盒也是用聚丙烯做的。虽然聚丙烯不会释放有毒物质，但长期使用，再加之光照作用，还是会发生降解、慢慢会变软等。这种塑料在老化过程中，常会出现一种塑料特有的裂纹（也就是银纹），如果观察到了这种现象，就说明餐具该更换了。塑料餐具能用多久呢？一次性塑料餐具千万不可重复使用，使用一次后必须丢弃。如果是可以重复使用的塑料餐具，建议使用一两年左右就要更新换代。塑料餐具在使用过程中容易出现磨损，如果塑料餐具出现磨损，原本光滑的塑料表面就会变得粗糙，有的塑料餐具还会有塑料屑掉下来，劣质的塑料餐具还会出现刺鼻的“塑料味”。当塑料餐具出现这种情况，即便使用没有满一年或者两年，也需要马上更换。

（2）仿瓷塑料。仿瓷塑料看起来像陶瓷，其实是塑料，其主要成分是三聚氰胺-甲醛树脂。它倒是不怕光照，但在酸的作用下，会分解成三聚氰胺及甲醛，如果经常吃醋，就不适合使用这类餐具了。一般条件下，这类餐具的使用寿命可以有数年之久，一直用也不会有明显变化。经过实验证明：劣质仿瓷碗使用的不合格材料遇高温确实会释放危害人体健康甚至引发癌症的甲醛等有害物质。如果你对家里的仿瓷餐具不放心，可将餐具在沸水中煮 30 分钟，一旦餐具出现发白、起泡开裂以及散发刺鼻气味等情况，最好就不要使用了。即使是合格的仿瓷碗，最高也只能承受 120℃ 的高温。一旦超过，同样会释放甲醛，所以千万不要用它装高温食物，或者在微波炉中使用。

资料来源：襄阳食品药品监管，http：//dy.163.com/v2/article/detail/EAB2OTKU0514HK6S.html.

第 4 节　储运商品的质量管理

一　储存商品的质量管理

商品在储存过程中发生质量变化，其根本原因在于商品本身的组成成分和性质，但这种质量变化只有通过仓库内外一定的环境因素作用才能发生。因此，在储存商品质量管理工作中必须贯彻“预防为主”的方针，事先采取各种管理措施，把能够影响商品质量的各种外界因素尽可能排除或控制在最低影响水平。从商品入库到商品出库实施全过程管理、全员管理，力求在商品储存期间做到商品质量基本不变。对已经出现质量劣变的商品，能补救的尽量补救，不能补救的另行处理。做好储存商品的质量管理工作，必须把好仓储商品的入库验收关、在库保养关以及出库“五不”关。

（一）入库前的准备工作

入库前的准备工作包括储存仓位（库房、库区、货架等）的定位和编码，搬运器械和人员准备等。

（二）入库验收

储存商品种类繁多，规格不一，性质复杂，经过长途运输，容易受外界因素影响而发生变化，因此加强对商品入库的数量、包装、质量的审核验收工作至关重要。只有通过严格的验收，才可以保质保量，减少差错，为商品保管工作打下良好的基础。商品入库验收的要求如下：

（1）校对凭证，清点检查。商品入库时，要校对凭证，清点检查。主要核对检查货单所列的品名、规格、型号、附件、货物数量和质量（重量）等是否与入库商品实际内容相符。此外，应注意检查食品、药品、化妆品等要求标明保质期的商品是否过期。

（2）商品包装验收。除清点商品规格数量外，还要检查包装，如木箱、塑料袋、纸盒等是否符合要求，有无玷污、残破、拆开等现象，有无受潮水湿的痕迹，有无发霉、虫蛀等问题。

（3）商品质量（品质）验收。商品验收时，除查看包装外部情况外，还要适当开箱拆包，查看内部商品是否有生霉、腐烂、锈蚀、溶化、熔化、虫蛀、鼠咬等质量（品质）劣变。对液体商品，要检查有无沉淀及包装有无破损等。有问题的商品不能进入货区。

（4）及时办理交接、入库手续，建立储存商品档案。

|知识应用10-3| 超市验货程序及收货注意事项

1. 验货程序

超市收货员指引厂商将商品卸到验货区，准备验货。

（1）收货员应对厂商商品的外包装进行检验，对于外包装箱脏损、破洞、变形等，在收货时应作为重点仔细验收。

（2）检查箱内商品的质量，对有保质期的商品，要检查商品的生产日期和保质期。

（3）验收过程中，如发现商品的质量有腐烂、不新鲜、变形、气味不好等不符合收货标准的，请坚决拒收，并告知生鲜主管。

（4）收货员在厂商商品质量良好的情况下，验收商品的重量、数量及保质期等，并将验收后商品的实际重量填写在验收单上，防损员负责监督。

（5）对于店内促销订购的批量商品，收货时要对商品的质量进行抽查验收，称重时防损员与收货员对商品的重量分别记录，以确保收货的准确性。

（6）生鲜商品在收货时要与卖场内理货员一同会点，收货员属于一次验收，理货员属于二次验收，校对完毕后理货员签字确认。

（7）验收时以磅秤为界，左边放已验收的商品，右边放没有验收的商品，或将已验收的商品放到平板车上，以免出现商品重复验收的现象。

（8）将已过磅的商品及时移走，上货架或放在库房。

（9）收货员将验收单交给文件审核员进行输机并核对，收货主管进行审核。

（10）验收完毕后，收货员需对收货区域进行卫生清洁。

2. 收货注意事项

（1）生鲜商品应优先验收，优先程序为（精肉→鱼部→蔬果→半成品→熟食→奶制品）。

（2）配送中心配送的商品优先于供应商验收。

（3）为保证生鲜商品的新鲜度，收货应在较短时间内完成工作。

（4）收货员在验收单上记数时不可以累加（如30+50=80），并且在每次记数后加单位（千克、个等）。

（5）收货员、防损员在验收单上签字确认。

（6）不需要再次清洁的食品必须有保鲜盒保护及封口，并有正常生产日期、保质期及保质环境。

（7）如商品装在容器、筐子里，过磅时要将其重量扣除，以净重为准。

（8）袋装食品的包装如有破损不能接收。

资料来源：fanwen. jianlimoban. net/828244/.

（三）分类、分区、分批管理

各种商品的性质不同，要求储存的条件和允许的保质期限或失效期限也不相同。某些不同种类商品不能混合存放，否则会造成串味、发生化学反应甚至燃烧、爆炸。因此，商品的储存保管必须根据对象特点，进行分类对待，分区管理。例如，对化学危险品、剧毒品等，要归库归类，单独存放；对怕潮、易霉、易溶、易锈蚀、易生虫的商品，要存放在干燥的库房里，库房要有良好的密封、通风和吸潮条件；对受热易燃、易爆炸的商品，要放在阴凉的库房里，最好是专库存放，并配备消防设备；对既怕热又怕冻的水果、蔬菜类商品，应放在温度高于冷藏库的气调库、冬暖夏凉的低层仓库或地下窖中保管，并要保持较高的相对湿度；茶叶易吸收异味气体导致质量下降，因而必须和有气味商品如香皂、香水等分开保管。

分批管理是将储存商品按生产批号、入库日期、保质期或失效日期等倒序堆码，并依据“先产先出、先进先出、近期先出、易变先出”的原则予以管理，以尽可能避免储存商品的质量劣变。

地面潮湿是引起商品变质的一个主要原因，商品在堆码时要注意做好地面的防潮工作。底层库房、货架堆码商品时，一定要采取隔潮措施。堆码的形式和高度，应根据商品的特性、包装情况和储存的季节而定。例如普通库房，对含水量高、易霉、易变质，但适合通风的商品，在梅雨季节应堆通风垛，堆垛不宜过高；对易渗漏商品，应堆成间隔式行列垛，以便于及时检查；对易弯曲变形的商品，应堆成平直交叉式实心垛等。

（四）环境卫生管理

储存环境不卫生，往往会引起微生物、害虫和鼠类的滋生和繁殖，还会使商品被灰尘、油污、垃圾玷污，进而影响商品质量。因此，要经常对库内进行彻底清扫，对库外达到杂草、污水、垃圾三不留。必要时使用药剂消毒杀菌、杀虫灭鼠，以确保商品安全。

（五）商品在库检查

商品在整个储存期间要经常进行定期或不定期、定点和不定点的检查，检查的时间和方法应根据商品的性能及其变化规律，结合季节、储存环境和时间等因素掌握。检查时主要以眼看、耳听、鼻闻、手摸等感官检验为主，必要时可配合使用仪器进行检查，如发现问题，应立即分析原因，并采取补救措施。如翻堆倒垛、加工整理、施放药剂或采取晾晒、密封、通风、吸潮等方法，改善保管条件，保证商品安全。

（六）温湿度管理

商品在储存期间，在各种外界影响因素中，以空气的温度和湿度的影响最主要。可以这样说，商品储存中所有的质量变化都与温湿度有关。因此，必须根据商品的特性、质量变化规律以及本地区气候情况与库内温湿度的关系，加强库内温湿度的管理，采取切实可行的措施，创造商品储存适宜的温湿度条件。控制与调节仓库温度、湿度的方法很多，目前主要采取密封、通风、吸湿、保温等措施。

（1）密封。密封就是利用密封材料（如塑料薄膜）对库房或商品严密封闭，从而消除外界环境不良因素的影响，保证商品安全储存的方法。密封的形式有多种，如整库密封、货垛密封、货架密封和按件密封等。密封不仅能防潮、防热、防干裂、防溶化等，还可收到防霉、防蛀、防老化等多方面的效果。密封是仓库温湿度管理工作的基础，没有密封措施，就无法运用通风、吸湿等方法调节库内的温湿度。

（2）通风。通风是利用空气自然流动规律或借助机械形成的空气定向流动，有目的地使仓库内外空气部分或全部交流，从而调节库内温湿度的方法。通风时要根据商品的要求，对比库内外温湿度的实际情况和变化趋势，并参照风力、风向，有计划地进行，否则，不适宜的通风，不仅不能满足商品储存的要求，而且会造成不应有的损失。精密仪器、金属制品、化肥、农药等，在潮湿条件下易生锈、溶化，通风是为了降低库内湿度，保持空气干燥，可在天亮前2～4小时进行通风。通风的方法有自然通风和机械通风两种。通风按时间长短有长期通风和临时通风之分，长期通风为商品季节性长期密封奠定了基础，临时通风则在短期内进行。还须注意的是，在商品储存中，通风要与密封、吸潮严格配合起来，否则，通风后便难以维持效果。

（3）吸湿或加湿。库内温湿度的管理，除采取适当的通风和密封外，还必须采用有效的吸湿或加湿方法来配合。当库内相对湿度超过储存商品的安全范围，库外天气又不具备通风条件时，如梅雨季节或阴雨天，可在密封库内用吸湿剂吸湿、去湿或加热等方法来吸收空气中的水分，降低库内相对湿度。若库内相对湿度过低，库外相对湿度也不高，对于易干缩、脆裂的商品来说，应采用喷蒸汽、直接喷水使其自然蒸发等加湿措施，使库内相对湿度增加。

（七）出库管理

商品出库必须做到单随货行，单、货数量当面点清，商品质量（品质）要当面检验。包装不牢或破损以及标签脱落或不清的，应修复后交付货主。为了避免商品因储存期过长而发生质变的危险性，出库同种商品时，贯彻“先产先出、先进先出、近期先出、易变先出”的原则。易燃易爆等商品出库时，应依据公安部门的有关规定办理手续。商品出库必须把好“五不”关：

（1）无出库凭证（单据）或凭证无效的商品不出库；

（2）手续不合要求的不出库；

（3）质量不符合要求的不出库；

（4）规格不对或配件不齐的不出库；

（5）未经登记入账的商品不出库。

二 运输商品的质量管理

商品运输也可以看成是移动的商品储存。商品运输过程质量管理的任务与商品储存过程质量管理的任务是一致的，都是要尽可能地防止或降低商品损耗和质量劣变。只是前者除了与后者有共性之外，还有某些特性，运输商品的质量管理要遵循及时、准确、安全、经济的基本原则。

（一）及时原则

及时是指用最少的时间，及时发送，按时将商品从产地运送到消费地，以确保商品质量，及时供应市场。其主要措施如下：

（1）缩短在途时间，减少周转环节。商品运输中常常存在着迂回运输、重复运输和对流运输等不合理的运输现象，结果使商品在途时间过长，经过环节过多等，这样就增加了商品损耗和质量劣变的机会。为了减少商品流通的周转环节，可采用直线直达运输方式，走最便捷的运输路线，使商品运输直线化，不但缩短了商品运输时间，还减少了环境对商品质量造成的不利影响，从而维护商品质量，降低运输费用。

（2）采用集装箱等先进运输工具。集装箱运输是一种现代化运输方式，用其进行运输，有利于装卸机械化，简化运输手续，缩短商品在途时间，保证运输安全，隔绝外界不良因素的影响或创造适于保持商品质量的环境。

（二）准确原则

准确就是按照商品流向组织商品运输。在运输过程中切实防止各种事故，避免商品短缺，做到不错、不乱、不差，正确无误地把商品运送到目的地。

（三）安全原则

安全是指商品在运输过程中，除了发生各种不可抗力的灾害以外，其数量和质量必须保持完整无损。为此，应从管理上采取以下措施：

（1）正确选择商品的运输包装。要根据运输商品的特性和要求，合理选择运输包装，避免商品在运输过程中受到各种环境因素的作用而出现商品散落、渗漏、溢出、破损等现象。例如，对怕潮、易霉变、易生锈商品，应选择防潮包装。

（2）选择合理的运输路线、工具和方式。选择合理的运输路线，能缩短运输商品在途时间，可减少在途中各种意外因素对商品质量的不良影响；选择合理的运输工具，可以大大提高运输商品的安全性，减少商品损失；选择合理的运输方式，可避免各种不同性质的商品在运输中相互污染等。

（3）反对野蛮装卸，提倡文明运输。商品在运输过程中要经过多次装卸搬运，如果装卸搬运操作不当，会给商品造成很大损失。据调查，玻璃器皿、搪瓷制品和家用电器等商品在流通领域中的损坏率是相当大的，有些高达20%，其中绝大多数是由于野蛮装卸和操作不当造成的，因此，要求商品在装卸搬运过程中严格执行操作规范，根据商品的不同性质，参照标志中的注意事项轻装轻卸，减少人为损失。

（四）经济原则

商品运输要采用最经济、最合理的运输路线和工具，有效地利用一切运输设备，节约人力、物力和财力，努力降低商品流通费用。

|知识应用10-4| 生鲜食品订单式采购及其配送管理

生鲜食品是非标准化商品，具有易损耗、不易保存等特性，生鲜配送企业一般都是采用订单式采购，减少生鲜食品损耗与采购库存成本。下面简要介绍生鲜配送企业采购、入库、分拣、配送、验收工作流程。

（1）订单产生这个环节对生鲜配送企业是最难的。因为生鲜配送企业面临的客户是企业、机关食堂、酒店、学校等客户群体，这些客户每天以电话报单、微信语音下单、纸质传真与拍照、在线下单等不同的方式提供所需食材清单，生鲜配送企业需要很多工作人员整理与订单相关的食材，而且不同的客户对食材的叫法也不一样，这给生鲜配送企业接收订单工作带来了很大的难度。

（2）订单汇总功能，是指将客户的订单进行按类别、按商品汇总，方便采购。这里需要非常灵活的汇总方式，因为每个客户不可能在指定的时间将订单食材信息传递过来，而且农副批发市场每种类型的商品出售时间也是不一样的，例如，冻品超过下午3：00基本就采购不到了。另外，因为不同质量的食材价格不同，每个客户所需要的食材质量也不一样，所以需要针对不同客户的食材质量需求分别进行采购，才能保证企业应有的利润。

（3）商品采购可以采用自己采购与供应商送货两种方式。对于大量稳定的食材，可以与供应商协商价格，这样可以保证食材的价格，也可以保证食材的质量。对于少许的食材，只能零星采购了，但是商品采购信息一定要很清晰地传递给采购人员与供应商。

（4）商品采购完成后，一般要进行商品的验收与商品取样农残检测。一般入库验收，按供应商验收，这样方便高效。

（5）订单分拣一般采用按商品分拣和按订单客户分拣两种方式。现在都在使用iPad分拣与电子秤称重分拣，对于标准食材，进行标签式分拣，这样可以提升分拣的速度与准确率，实时地将出库的数量与重量传递至采购管理系统。

（6）订单分拣完毕，打印配送单。企业一般有大量的客户，需要规划不同的线路，分配不同的司机进行配送。需要按照距离客户的路程远近，安排不同的发车时间，尽量满足不同客户早餐准备所需要的食材。

（7）客户收到货物后，进行食材验收操作。因为食材有损耗，而且随天气、温度、湿度的不同，生鲜食材的特性也不一样，所以客户收到的生鲜食材的数量可能与配送中心发出的数量有差异，以最终收到的食材质量、数量与重量为准。

资料来源：https：//www.cnblogs.com/sunplay/p/9081825.html.

▶ 本章小结

商品储存与运输是确保商品流通不可或缺的两个关键因素，它们有效地解决了商品生产与商品消费在空间和时间上的背离。商品在储运过程中不可避免会发生损耗或质量劣变。本章介绍了损耗和质量劣变的类型，分析了发生的原因，提出了相应的控制措施。在此基础上，着重针对商品在储运中发生质量劣变的内因和外因，阐述了保护储运商品质量的技术方法及其原理。最后从商品储存、商品运输两个层面，分别从现有研究成果和实践经验中总结了商品储运的质量管理原则。

▶ 关键术语

商品储存	商品运输	商品养护
损耗	质量劣变	防霉腐
防腐蚀	防老化	入库验收
在库检查	出库管理	

▶ 思考题

1. 如何理解商品储运在商品流通中的重要作用?

2. 试总结商品在储运中的损耗及其主要原因。

3. 举例说明商品老化的基本形态。商品防老化的基本措施有哪些?

4. 什么是呼吸? 如何利用呼吸作用进行水果蔬菜的储存保鲜?

5. 简述商品霉变的基本过程以及商品霉腐防治的主要方法。

6. 试分析商品发生质量劣变的内因和外因。

7. 金属商品生锈的实质是什么? 如何防锈?

8. 商品储存质量管理的关键环节有哪些?

9. 仓储商品出库为什么必须贯彻“先产先出、先进先出、近期先出、易变先出”的原则?

10. 简述商品运输的质量管理原则。

11. 调研超市特别是小超市如何管理和保管各种食品，试归纳总结写出小论文。

12. 果菜类商品储存保鲜有哪些好方法? 其保鲜原理是什么?

参考文献

[1] 万融．商品学概论．第六版．北京：中国人民大学出版社，2016.

[2] 王明贤．现代质量管理．北京：北京交通大学出版社，清华大学出版社，2011.

[3] 李明荣．质量管理工程概论．北京：电子工业出版社，2014.

[4] 李春田．标准化概论．第六版．北京：中国人民大学出版社，2014.

[5] 王能，王彬．现代物流概论．北京：电子工业出版社，2015.

[6] 张斌，陈梦如．家政养老服务标准化研究及应用案例分析．质量探索，2018 (3)：44-48.

[7] 王丽．两种质量观的比较．中国质量万里行，2016 (8)：76-77.

[8] 钱永忠，汤晓艳．农产品质量分级要素及评价技术．农产品质量与安全．2006 (1)：30-33.

[9] 杨丽．分等分级与农产品质量标准．农业质量标准，2005 (2)：24-25.

[10] 刘小静．商品销售包装中的常见标志含义．中国水运，2006 (12)：111-113.

[11] 胡述楫．浅谈农产品质量分等分级标准的制定．农业质量标准，2004 (1)：21-22.

[12] 中国国家标准化管理委员会．GB 6388—86 运输包装收发货标志．北京：中国标准出版社，1986.

[13] 中国国家标准化管理委员会．GB/T 7350—1999 防水包装．北京：中国标准出版社，1999.

[14] 中国国家标准化管理委员会．GB 1445—2000 绵白糖．北京：中国标准出版社，2000.

[15] 中国国家标准化管理委员会．GB/T 10113—2003 分类与编码通用术语．北京：中国标准出版社，2003.

[16] 中国国家标准化管理委员会．GB/T 19538—2004 危害分析与关键控制点 (HACCP) 体系及其应用指南．北京：中国标准出版社，2004.

[17] 中国国家标准化管理委员会．GB 15763.2—2005 建筑用安全玻璃 第 2 部分：钢化玻璃．北京：中国标准出版社，2005.

[18] 中国国家标准化管理委员会．GB/T 19676—2005 黄羽肉鸡产品质量分级．北京：中国标准出版社，2005.

[19] 中国国家标准化管理委员会．GB/T 27000—2006 合格评定 词汇和通用原则．北京：中国标准出版社，2006.

［20］中国国家标准化管理委员会．GB/T 22000—2006 食品安全管理体系 食品链中各类组织的要求．北京：中国标准出版社，2006.

［21］中国国家标准化管理委员会．GB/T 16828—2007 商品条码 参与方位置编码与条码表示．北京：中国标准出版社，2007.

［22］中国国家标准化管理委员会．GB 12904—2008 商品条码 零售商品编码与条码表示．北京：中国标准出版社，2008.

［23］中国国家标准化管理委员会．GB 5296.3—2008 消费品使用说明 化妆品通用标签．北京：中国标准出版社，2008.

［24］中国国家标准化管理委员会．GB/T 4768—2008 防霉包装．北京：中国标准出版社，2008.

［25］中国国家标准化管理委员会．GB/T 4122.1—2008 包装术语 第 1 部分：基础．北京：中国标准出版社，2008.

［26］中国国家标准化管理委员会．GB/T 17306—2008 包装 消费者的需求．北京：中国标准出版社，2008.

［27］中国国家标准化管理委员会．GB/T 191—2008 包装储运图示标志．北京：中国标准出版社，2008.

［28］中国国家标准化管理委员会．GB/T 16288—2008 塑料制品的标志．北京：中国标准出版社，2008.

［29］中国国家标准化管理委员会．GB/T 12947—2008 鲜柑橘．北京：中国标准出版社，2008.

［30］中国国家标准化管理委员会．GB/T 18127—2009 商品条码 物流单元编码与条码表示．北京：中国标准出版社，2009.

［31］中国国家标准化管理委员会．GB/T 23832—2009 商品条码 服务关系编码与条码表示．北京：中国标准出版社，2009.

［32］中国国家标准化管理委员会．GB/T 23833—2009 商品条码 资产编码与条码表示．北京：中国标准出版社，2009.

［33］中国国家标准化管理委员会．GB 23350—2009 限制商品过度包装要求 食品和化妆品．北京：中国标准出版社，2009.

［34］中国国家标准化管理委员会．GB/T 3532—2009 日用陶瓷．北京：中国标准出版社，2009.

［35］中国国家标准化管理委员会．GB/T 24421.3—2009 服务业组织标准化工作指南 第 3 部分：标准编写．北京：中国标准出版社，2009.

［36］中国国家标准化管理委员会．GB 190—2009 危险货物包装标志．北京：中国标准出版社，2009.

［37］中国国家标准化管理委员会．FZ/T 73009—2009 羊绒针织品．北京：中国标准出版社，2009.

［38］中国国家标准化管理委员会．GB/T 4122.5—2010 包装术语 第 5 部分：检验与试验．北京：中国标准出版社，2010.

［39］中国国家标准化管理委员会．GB/T 18455—2010 包装回收标志．北京：中国标

准出版社，2010.

［40］中国国家标准化管理委员会 . GB/T 15624—2011 服务标准化工作指南 . 北京：中国标准出版社，2011.

［41］中国国家标准化管理委员会 . GB/T 27922—2011 商品售后服务评价体系 . 北京：中国标准出版社，2011.

［42］中国国家标准化管理委员会 . GB/T 28001—2011 职业健康安全管理体系 要求 . 北京：中国标准出版社，2011.

［43］中国国家标准化管理委员会 . FZ/T 43007—2011 丝织被面 . 北京：中国标准出版社，2011.

［44］中国国家标准化管理委员会 . GB 1103. 2—2012 棉花 第 2 部分：皮辊加工细绒棉 . 北京：中国标准出版社，2012.

［45］中国国家标准化管理委员会 . GB/T 20000. 1—2014 标准化工作指南 第 1 部分：标准化和相关活动的通用术语 . 北京：中国标准出版社，2014.

［46］中国国家标准化管理委员会 . GB/T 30767—2014 咖啡类饮料 . 北京：中国标准出版社，2014.

［47］中国国家标准化管理委员会 . GB/T 20001. 10—2014 标准编写规则 第 10 部分：产品标准 . 北京：中国标准出版社，2014.

［48］中国国家标准化管理委员会 . GB/T 20001. 3—2015 标准编写规则 第 3 部分：分类标准 . 北京：中国标准出版社，2015.

［49］中国国家标准化管理委员会 . GB/T 20004. 1—2016 团体标准化 第 1 部分：良好行为指南 . 北京：中国标准出版社，2016.

［50］中国国家标准化管理委员会 . GB/T 19001—2016 质量管理体系 要求 . 北京：中国标准出版社，2016.

［51］中国国家标准化管理委员会 . GB/T 24001—2016 环境管理体系 要求及使用指南 . 北京：中国标准出版社，2016.

［52］中国国家标准化管理委员会 . GB/T 19000—2016 质量管理体系 基础和术语 . 北京：中国标准出版社，2016.

［53］中国国家标准化管理委员会 . SN/T 4492—2016 进出口棉花 重量检验方法 自动计重法 . 北京：中国标准出版社，2016.

［54］中国国家标准化管理委员会 . GB/T 5048—2017 防潮包装 . 北京：中国标准出版社，2017.

［55］中国国家标准化管理委员会 . GB/T 4288—2018 家用和类似用途电动洗衣机 . 北京：中国标准出版社，2018.

教师教学服务说明

中国人民大学出版社管理分社以出版经典、高品质的工商管理、统计、市场营销、人力资源管理、运营管理、物流管理、旅游管理等领域的各层次教材为宗旨。

为了更好地为一线教师服务，近年来管理分社着力建设了一批数字化、立体化的网络教学资源。教师可以通过以下方式获得免费下载教学资源的权限：

在中国人民大学出版社网站 www. crup. com. cn 进行注册，注册后进入“会员中心”，在左侧点击“我的教师认证”，填写相关信息，提交后等待审核。我们将在一个工作日内为您开通相关资源的下载权限。

如您急需教学资源或需要其他帮助，请在工作时间与我们联络：

中国人民大学出版社　管理分社

联系电话：010－82501048，62515782，62515735

电子邮箱：glcbfs@crup. com. cn

通讯地址：北京市海淀区中关村大街甲 59 号文化大厦 1501 室（100872）